V&R

Die DDR im Blick der Stasi

Die geheimen Berichte an die SED-Führung

Herausgegeben von Daniela Münkel im Auftrag
des Bundesbeauftragten für die Unterlagen des Staatssicherheitsdienstes
der ehemaligen Deutschen Demokratischen Republik (BStU)

Die DDR im Blick der Stasi 1953

Die geheimen Berichte an die SED-Führung

Bearbeitet von Roger Engelmann

Vandenhoeck & Ruprecht

Mit 5 Abbildungen und einer CD-ROM

Umschlagabbildung: Demonstration in Leipzig am 17. Juni 1953.
Quelle: © Schmidt & Paetzel Fernsehfilme

Informationen zum BStU und zur Edition:
www.bstu.de und www.ddr-im-blick.de

Bibliografische Information der Deutschen Nationalbibliothek

Die Deutsche Nationalbibliothek verzeichnet diese Publikation in der Deutschen Nationalbibliografie; detaillierte bibliografische Daten sind im Internet über http://dnb.d-nb.de abrufbar.

ISBN 978-3-525-37500-6

Gesamtherstellung: ⊕Hubert & Co, Göttingen, www.hubertundco.de

Gedruckt auf alterungsbeständigem Papier.

Inhalt

Vorwort 1953 ... 7

Einleitung 1953 ... 12

1. Zeitgeschichtlicher Hintergrund ... 13
1.1 Der harte politische Kurs seit Sommer 1952 ... 13
1.2 »Neuer Kurs« und Volksaufstand ... 16
1.3 Staatssicherheit im Umbruch ... 19

2. Ausgewählte Themenfelder der Berichte ... 21
2.1 Der Volksaufstand ... 21
2.2 Entwicklung der allgemeinen Stimmungslage ... 23
2.3 Arbeiterschaft zwischen Aufbegehren und Anpassung ... 29
2.4 Konflikte in der Landwirtschaft ... 36
2.5 Versorgungsprobleme ... 41
2.6 Rückkehrer ... 45
2.7 »Feindtätigkeit« ... 48

3. Der Beginn des Berichtswesens und die Gründung der Informationsgruppen in der Staatssicherheit ... 50

4. Die Berichterstattung ... 55

5. Adressaten ... 59

6. Druckauswahl und Formalia ... 65

7. Schlussbetrachtung ... 67

Editionsgrundsätze ... 69

Faksimiles von Dokumenten ... 74

Ausgewählte Dokumente ... 79

Abkürzungsverzeichnis ... 312

Gesamtübersicht der Dokumente 1953 ... 316

Vorwort

Daniela Münkel

Die DDR im Blick der Stasi
Die geheimen Berichte an die SED-Führung 1953 bis 1989

Mit dem Jahrgang 1953 beginnt die regelmäßige Berichterstattung der »Zentralen Auswertungs- und Informationsgruppe« (ZAIG) des Ministeriums für Staatssicherheit bzw. ihrer Vorläufer an die Partei- und Staatsführung der DDR. Die regelmäßigen Berichte für die politische Führung können als eine Folge des Juni-Aufstandes 1953 angesehen werden. Der erste Bericht datiert vom 17. Juni 1953.

Die Berichte, die 36 Jahre lang in unterschiedlichen Formen und Frequenzen angefertigt wurden, sind eine zeitgeschichtliche Quelle von hohem historischem Wert. Sie offenbaren den spezifischen Blick der Stasi auf und in die DDR: Hinweise auf vermeintliches oder wirkliches oppositionelles Verhalten sind dort ebenso zu finden wie die Beschreibung von Problemlagen in Wirtschaft und Versorgung, die Wiedergabe von Stimmungen in der Bevölkerung sowie Statistiken zu Devisenumtausch, Ausreise- und Fluchtfällen. Scheinbar Triviales steht hier neben den größeren und kleineren »Schwierigkeiten«, die sich bei der Etablierung und Aufrechterhaltung der SED-Herrschaft und dem Aufbau des »real existierenden Sozialismus« ergaben. Es entfaltet sich ein breit gefächertes Spektrum, eine Art Tiefenbohrung in die DDR-Gesellschaft, geprägt von der geheimpolizeilichen Sicht, die vor allem darauf bedacht war, politisch abweichendes Verhalten und sicherheitsrelevante Probleme aufzudecken und zu neutralisieren. Darüber hinaus mussten die MfS-Verantwortlichen aber auch ihre besondere »Parteiergebenheit« und politisch-ideologische Festigkeit unter Beweis stellen, was ihren Blick trüben konnte und sie zeitweise daran hinderte, über politische Stimmungen und Missstände völlig ungeschminkt zu informieren. Dabei ist jedoch zeitlich zu differenzieren: In der Frühzeit waren die Berichte viel weniger ideologisch überformt und damit authentischer als in den siebziger Jahren. Manche Berichte sind auch als Zeugnisse einer politisch-ideologischen Selbstvergewisserung zu verstehen. Der Wert der hier edierten Quelle ist ambivalent: In den unterschiedlichen Schwerpunkten, die die Staatssicherheit in ihrer Berichterstattung über die Jahrzehnte hinweg setzte, spiegeln sich in komprimierter Form objektive Problemlagen von Gesellschaft, Politik und Ökonomie. Gleichzeitig offenbaren sich der spezifische Tunnelblick und die ideologisch bedingten Wahrnehmungsverzerrungen der Staatssicherheit. All dies schmälert nicht den Wert der Berichte, muss aber bei ihrer Interpretation berücksichtigt werden.[1]

1 Zum Quellenwert von MfS-Unterlagen allgemein vgl. Engelmann, Roger: Zum Quellenwert

Bei den geheimen Berichten des MfS an die SED-Führung handelt es sich, mit Ausnahme der ersten Jahre, nicht in erster Linie um allgemeine Stimmungs- und Lageberichte – diese sind zwar zu finden, aber selten in dichter Abfolge. Bei dem Gros der Texte handelt es sich um Meldungen von Einzelvorkommnissen und deren »Analyse«. Ein direkter Vergleich mit den vom Sicherheitsdienst der SS seit 1938 verfassten »Meldungen aus dem Reich« ist demzufolge nur bedingt möglich.[2]

Das Berichtswesen der DDR-Staatssicherheit an die SED-Führung unterlag zwischen 1953 und 1989 mannigfaltigen Veränderungen. Dies gilt für den Aufbau und den Charakter der Berichte genauso wie für den organisatorischen Rahmen ihrer Entstehung.[3] Auch hier lässt sich wie insgesamt für das Ministerium für Staatssicherheit ein Ausbau- und Professionalisierungsprozess konstatieren.

Am Beginn der regelmäßigen Berichtsserie an die SED-Führung standen der Aufstand vom 17. Juni 1953 und die daraus resultierenden Reaktionen der Partei- und Staatsführung. Um für nachfolgende Zeiten zu gewährleisten, dass die Parteiführung rechtzeitig über »sicherheitsrelevante« Entwicklungen informiert wird, installierte der neue Chef der Staatssicherheit, Ernst Wollweber, im August 1953 ein hierarchisch von unten nach oben organisiertes Informationssystem: vom Kreis über den Bezirk bis hin zur Zentrale in Berlin. In der MfS-Zentrale und den Bezirksverwaltungen wurden Informationsgruppen gebildet, die aus einer Vielzahl von Einzelinformationen die zur »Lagebeurteilung« relevanten Sachverhalte auswählen sollten. So entstand ein »Informationsdienst zur Beurteilung der Situation« mit einem festen Gliederungsschema, der bis Ende 1954 täglich produziert wurde. Danach wurde die Berichtsfrequenz auf zweimal wöchentlich festgelegt und im November 1955 auf einmal alle zwei Wochen reduziert. Außerdem gab es in der Anfangszeit die Serie »Sonderinformationen«, die in der Edition als Vorläufer der Hauptserie »Informationen« behandelt wird, und eine »Analysen« genannte Serie von 14-täglichen Überblicksberichten.

Im Jahr 1957 geriet die Informationstätigkeit der Stasi in den Strudel der Auseinandersetzungen zwischen Ernst Wollweber und Walter Ulbricht.[4]

der Unterlagen des Ministeriums für Staatssicherheit. In: Henke, Klaus-Dietmar; Engelmann, Roger (Hg.): Aktenlage. Die Bedeutung der Unterlagen des Staatssicherheitsdienstes für die Zeitgeschichtsforschung. Berlin 1995, S.23–55; zu den ZAIG-Berichten vgl. u.a. Münkel, Daniela: Die DDR im Blick der Stasi 1989. In: APuZ 21–22/2009, S.26–32.

2 Vgl. Boberach, Heinz (Hg.): Meldungen aus dem Reich. Die geheimen Lageberichte des Sicherheitsdienstes der SS. 17 Bde., Herrsching 1984.

3 Zu Veränderungen von Aufbau und Struktur der »Zentralen Auswertungs- und Informationsgruppe« (ZAIG) im MfS sowie zur Entwicklung des Berichtswesens vgl. ausführlich Engelmann, Roger; Joestel, Frank: Die Zentrale Auswertungs- und Informationsgruppe (MfS-Handbuch). Hg. BStU. Berlin 2009.

4 Vgl. Engelmann, Roger; Schumann, Silke: Der Ausbau des Überwachungsstaates. Der Konflikt Ulbricht – Wollweber und die Neuausrichtung des Staatssicherheitsdienstes der DDR 1957. In: Vierteljahrshefte für Zeitgeschichte 43(1995)2, S.341–378.

Letzterer war insbesondere über die Stimmungsberichte erbost, die er als »Schädigung der Partei« und Instrument, welches die »Hetze des Feindes legal« verbreite, bezeichnete.[5] Der »Informationsdienst« wurde zum Ende des Jahres 1957 eingestellt, das Stimmungs- und Lageberichtswesen der Staatssicherheit stark eingeschränkt. Die Schwerpunkte der Berichterstattung wurden nunmehr auf die sogenannte »Feindtätigkeit« und Mängel in der Produktion gelegt.

Zu einer Neuordnung und Systematisierung des MfS-Berichtswesens kam es dann in den Jahren 1959/60: Die »Zentrale Informationsgruppe« (ZIG) war nun die zuständige Instanz für das gesamte Informationswesen der Staatssicherheit inklusive der HV A (Hauptverwaltung A – Aufklärung). Im Dezember 1960 erließ Erich Mielke, der seit November 1957 an der Spitze des Ministeriums für Staatssicherheit stand, den Befehl 584/60, mit dem die Informationstätigkeit des Ministeriums auf eine neue Grundlage gestellt wurde. Die »Informationsarbeit« wurde wieder als eine Kernaufgabe des MfS festgeschrieben. Hieraus resultierte auch eine personelle Expansion der ZIG. Die Berichte, die jetzt wieder Bevölkerungsstimmungen enthalten sollten, befassten sich darüber hinaus vor allem mit den Themen »Feindtätigkeit«, »Republikflucht« sowie Missständen aller Art in der DDR-Ökonomie. Im Unterschied zur Anfangszeit des Berichtswesens der Staatssicherheit kam der »Analyse« jetzt ein stärkeres Gewicht im Rahmen der »Informationstätigkeit« zu.[6] Mit diesen Umstrukturierungen ging eine besonders strenge Handhabung des Geheimschutzes der Berichterstattung einher, das heißt, die Berichte durften nur an namentlich genannte Adressaten oder deren engste Mitarbeiter ausgehändigt und mussten nach Kenntnisnahme zurückgegeben werden. Außerhalb der Führungshierarchie des MfS bekamen in der Regel Mitglieder des Politbüros, des Sekretariats des ZK der SED sowie des Ministerrates die Informationen zugestellt. Ein analoges Informationswesen bestand in den Bezirken und Kreisen.

Die nächste wichtige Veränderung folgte im Jahr 1965: Mit der Einrichtung eines einheitlichen Auswertungs- und Informationssystems im MfS wurde die ZIG in die »Zentrale Auswertungs- und Informationsgruppe« (ZAIG) umgebildet, was für die Diensteinheit einen bedeutenden Kompetenzzuwachs und längerfristig auch einen Expansionsschub zur Folge hatte. Neu war nun vor allem, dass Bewertung und Zuordnung von Informationen einen zentralen Stellenwert erhielten und die Informationsflüsse innerhalb des MfS-Apparates präzise geregelt wurden. Einen weiteren Einschnitt bilde-

5 Sitzung des Kollegiums des Ministeriums für Staatssicherheit vom 7. Februar 1957, dokumentiert in: Engelmann, Roger; Schumann, Silke: Der Ausbau des Überwachungsstaates. Der Konflikt Ulbricht – Wollweber und die Neuausrichtung des Staatssicherheitsdienstes der DDR 1957. In: Vierteljahrshefte für Zeitgeschichte 43(1995)2, S. 356–365, hier 357.

6 Insgesamt wurden nun fünf Berichtsformen festgelegt: »Sofortmeldung«, »Ergänzungsmeldung«, »Einzelinformation«, »Bericht«, »Militärische Sonderinformation«.

te die Zeit von 1969 bis 1974: Die ZAIG expandierte erneut und wurde nun endgültig zu einem »Funktionalorgan des Ministers« ausgebaut. Der Einsatz der EDV professionalisierte das Informations- und Auswertungswesen des MfS in den folgenden Jahren weiter. Im Jahr 1972 wurde das Aufgabenprofil der ZAIG dann nochmals neu konturiert: Zentral blieben die permanente Analyse der »politisch-operativen Lage« sowie die Informationstätigkeit für die Partei- und Staatsführung. Diese Aufgaben wurden im Bereich 1 der ZAIG thematisch spezialisierten Arbeitsgruppen zugeordnet, zu denen im Jahr 1981 noch eine weitere hinzukam, die sich überwiegend um die Themen Kirche, Kultur und politische Dissidenz kümmerte.[7] Nun hatte sich für das Informations- und Auswertungswesen der Staatssicherheit eine Struktur herausgebildet, die bis zu ihrer Auflösung Ende 1989 Bestand haben sollte.

Was die Form der Berichte betrifft, so unterlagen auch diese deutlichen Veränderungen. Ab Juni 1956 bildeten die Einzelinformationen eine durchnummerierte Reihe mit lückenlos überlieferten Verteilern, die erkennen lassen, dass der überwiegende Teil dieser Berichte neben den internen Empfängern auch an Vertreter der politischen Führung ging. Aus dieser Berichtsreihe entwickelten sich dann Ende der sechziger und Anfang der siebziger Jahre drei nicht scharf voneinander abzugrenzende Serien: die Serie »Informationen«, die für die politische Führung bestimmt war, sowie die Serien »K« (Verschiedenes, ab 1969) und »O« (Reaktionen der Bevölkerung, ab 1972), in die hochrangige Berichte aufgenommen wurden. Die Reihen erschienen in unregelmäßigen Abständen mit einem Gesamtumfang von ca. 350 Berichten pro Jahr.

Die »Informationen« waren die zentrale Berichtsreihe des MfS, mit der vor allem die Mitglieder des SED-Politbüros über einzelne sicherheitspolitische Ereignisse und Vorgänge in Kenntnis gesetzt wurden. Die O-Reihe entstand möglicherweise deshalb, weil die Berichterstattung über die Bevölkerungsstimmung auch unter Erich Honecker eine heikle Angelegenheit blieb. Das MfS fertigte primär zur Information seiner eigenen Leiter Berichte mit einem internen Verteiler über die Reaktionen der DDR-Bevölkerung auf bestimmte Ereignisse an. Dennoch gingen einige dieser Dokumente auch an Erich Honecker und andere hochrangige Vertreter der politischen Führung. Die Berichte, die nach der Prüfung durch die Verantwortlichen des MfS nicht als »Information« klassifiziert und ausgefertigt wurden, wurden in der ZAIG-Mappe K zur Ablage gebracht. Die übrigen Adressaten waren im Regelfall die Stellvertreter des Ministers für Staatssicherheit sowie andere hochrangige Leiter von MfS-Diensteinheiten.

Die Berichtsreihen, die sich auf das DDR-Inland beziehen, werden vollständig ediert. Nicht erfasst werden die Berichte, die sich mit dem Ausland,

7 Die Zuständigkeitsbereiche der Arbeitsgruppen waren daneben u. a. Folgende: internationale Themen, Spionage- und Terrorabwehr, Volkswirtschaft und Verkehr, Flucht, Ausreise, grenzüberschreitender Verkehr sowie Militärabwehr.

in der Regel dem westlichen Ausland – mit einem Schwerpunkt auf der Bundesrepublik –, befassen und von der HV A erstellt wurden.[8]

Die Edition wird in zwei unterschiedlichen Publikationsformen zugänglich gemacht: einer Buchversion im Umfang von 320 Seiten, die eine ausführliche Einleitung und im Dokumententeil eine Auswahl des jeweiligen Gesamtjahrganges präsentiert, sowie einer CD-ROM, auf der der komplette Jahrgang in Form einer Datenbank hinterlegt ist und die komfortable Recherchemöglichkeiten bietet. Ein Jahr nach Erscheinen eines Bandes wird der jeweilige Jahrgang auch im Internet unter www.ddr-im-blick.de zugänglich sein. Damit werden auch jahrgangsübergreifende Recherchen möglich.

Die Erstellung jedes einzelnen Jahrganges ist immer aufs Neue eine große Herausforderung, die nur mit einem funktionierenden Team zu leisten ist und jedem Einzelnen viel abfordert. Dafür sei allen gedankt. Mein ganz besonderer Dank geht an den Bearbeiter dieses Jahrgangs, Roger Engelmann. Ilko-Sascha Kowalczuk danke ich sehr für zahlreiche Hinweise und seine sachkundigen Kommentare. Des Weiteren gilt es meinen Mitarbeitern Henrik Bispinck, Ronny Kietzmann, Frank Joestel, Bernd Florath, Petra Hein, Kristina Steinmetz und Ina Herrmanowski für ihr großes Engagement zu danken; Gleiches gilt für den Leiter unseres Publikationssachgebietes Christian Adam und seine Mitarbeiter Jörg Hallepape, Christiane Neumicke, Martin Erdmann und Beate Prinz für ihre sachkundige Unterstützung.

8 Die Listen der sogenannten Westberichte, die sehr große Überlieferungslücken von knapp 50 % aufweisen, sind mit Titel und Signatur auf der BStU-Homepage recherchierbar (www.bstu.bund.de).

Einleitung 1953

Roger Engelmann

1953 ist ein Schlüsseljahr der DDR-Geschichte. Es ist geprägt von einem doppelten Scheitern: dem Scheitern des SED-Regimes bei dem Versuch, die »sozialistische Umgestaltung« in einem Parforceakt zu vollziehen, und dem Scheitern der Volksbewegung bei dem Versuch, die Machthaber – die ihr eigenes Scheitern mit der Verkündung des »Neuen Kurses« gerade eingestanden hatten – am 17. Juni abzuschütteln. Aus den Ereignissen entstand ein doppeltes Trauma, das der Funktionäre, die mit einer gegen sie revoltierenden »Arbeiterklasse« konfrontiert waren und denen die Macht bereits entglitten war, und das der Regimegegner, die erkennen mussten, dass die Sowjetunion ihren deutschen Satellitenstaat in keinem Fall aus der Hand geben würde. Dieses doppelte Trauma wirkte noch lange, es bestimmte die Politik der DDR-Führung und das Verhalten der verschiedenen Bevölkerungsgruppen einschließlich der Opposition.[1]

Das Jahr 1953 markiert somit eine Zäsur für alle politischen Akteure in der DDR, nicht zuletzt auch für die Staatssicherheit, die sich mit dem Vorwurf der Partei konfrontiert sah, versagt zu haben. Sie musste versuchen, den Erwartungen der Politbürokratie zu entsprechen und unter Anleitung der damals noch allgegenwärtigen sowjetischen Berater aus dem Geschehen spezifische geheimpolizeiliche Lehren zu ziehen.[2]

Eine Konsequenz war die Einrichtung eines institutionalisierten Berichtssystems mit dem Ziel, die politische Führung auf der Grundlage von geheimdienstlich ermittelten Informationen über die aktuelle Lage auf dem Laufenden zu halten. Das MfS war jedoch – insbesondere wegen der bescheidenen intellektuellen Fähigkeiten seiner damaligen Kader – auf diese Aufgabe nicht gut vorbereitet. Die frühen Berichte wirken dilettantisch, ihr sprachliches und analytisches Niveau ist niedrig. Die Kehrseite dieser Schwäche erweist sich jedoch als ihre Stärke. Die Meldungen bestehen häufig aus notdürftig zusammengesetztem Rohmaterial, das weithin noch die Authentizität der zugrunde liegenden Primärquellen aufweist. Hinzu kommt die generelle Stärke der Staatssicherheitsberichte, die auf Informationen zurückgreifen konnten, die mit konspirativen Mitteln beschafft worden waren.

1 Vgl. Eisenfeld, Bernd: Der »17. Juni« – das doppelte Trauma: Machthaber und Opposition. In: Engelmann, Roger; Kowalczuk, Ilko-Sascha (Hg.): Volkserhebung gegen den SED-Staat. Eine Bestandsaufnahme zum 17. Juni 1953. Göttingen 2005, S. 349–377.

2 Vgl. Engelmann, Roger: Geheimpolizeiliche Lehren aus der Krise? Die Staatssicherheit 1953 und 1961. In: Diedrich, Torsten; Kowalczuk, Ilko-Sascha (Hg.): Staatsgründung auf Raten? Auswirkungen des Volksaufstandes 1953 und des Mauerbaus 1961 auf Staat, Militär und Gesellschaft der DDR. Berlin 2005, S. 139–151.

Die Lage- und Stimmungsberichte des Jahres 1953 zeichnen ein vielseitiges Bild der DDR-Wirklichkeit in den Monaten nach dem Volksaufstand. Sie zeigen eine Gesellschaft, die noch lange in Aufruhr war und sich nur widerwillig und schrittweise dem Machtanspruch und den Machtritualen der SED beugte. Sie zeigen den allgegenwärtigen Mangel, der den DDR-Alltag bestimmte und auch durch die verschiedenen Regierungsbeschlüsse zugunsten des Konsums nur gemildert werden konnte. Und sie zeigen nicht zuletzt die Defizite einer Wirtschaftsorganisation, die durch Willkür und bürokratische Ineffizienz gekennzeichnet war.

Einige der hier edierten Berichte gehören zu den ersten MfS-Quellen, die überhaupt in der Geschichtswissenschaft verwendet wurden. Der Historiker Armin Mitter war 1990 als Mitglied des Berliner Bürgerkomitees im MfS-Zentralarchiv auf sie gestoßen und veröffentlichte bereits im Januar 1991 auf dieser Quellengrundlage einen Aufsatz zum Juni-Aufstand und seiner unmittelbaren Nachgeschichte.[3] Auch im späteren Schrifttum zum 17. Juni blieben die Berichte von Bedeutung, selbst wenn sich schon bald das Spektrum der für die Thematik verwendeten Quellenbestände stark erweiterte.[4] Doch die zentralen Staatssicherheitsberichte enthalten – insbesondere für die Phase der wiedereinsetzenden Konsolidierung ab August 1953 – noch zahlreiche andere thematische Aspekte, und diese jenseits des Juni-Aufstandes und seiner Ausläufer liegenden Inhalte wurden von der Historiographie bisher kaum ausgewertet – wohl auch, weil die betreffenden Informationen in der Regel in zahlreichen Tagesmeldungen »verstreut« sind. Durch die vorliegende vollständige digitale Edition ist nunmehr auch für andere thematische Zugänge eine komfortable Auswertungsmöglichkeit gegeben.

1. Zeitgeschichtlicher Hintergrund

1.1 Der harte politische Kurs seit Sommer 1952

Viele Inhalte der mit dem Juni-Aufstand einsetzenden regelmäßigen Berichterstattung der Staatssicherheit an die politische Führung sind nur vor dem Hintergrund der SED-Politik des vorangegangenen Jahres zu verstehen. Von Stalin ermuntert, hatte die SED ab Sommer 1952 die Sowjetisierung der Gesellschaft der DDR forciert. Auf der 2. Parteikonferenz im Juli 1952 rief Walter Ulbricht den »planmäßigen Aufbau der Grundlagen des Sozialismus« aus

3 Mitter, Armin: Die Ereignisse im Juni und Juli 1953 in der DDR. Aus den Akten des Ministeriums für Staatssicherheit. In: APuZ, Heft B 5/91 v. 25.1.1991, S. 31–41. Die Quellen wurden auch ausgewertet im Kapitel »Die gescheiterte Revolution des Jahres 1953«, in: Mitter, Armin; Wolle, Stefan: Untergang auf Raten. Unbekannte Kapitel der DDR-Geschichte. München 1993, S. 27–162.

4 Vgl. z.B. Kowalczuk, Ilko-Sascha; Mitter, Armin; Wolle, Stefan (Hg.): Der Tag X. 17. Juni 1953. Die »Innere Staatsgründung« der DDR als Ergebnis der Krise 1952/54. Berlin 1996.

und gab damit den Startschuss für eine aggressive und repressive Gangart in nahezu allen Politikbereichen. Der eingeschlagene Kurs lief auf einen »totalen sozialen Krieg« (Werkentin)[5] gegen alle Schichten der Bevölkerung hinaus und steigerte sich zeitweise zu einem regelrechten politischen Amoklauf.

Bereits Ende Mai 1952 hatte die DDR-Führung die Abriegelung der Zonengrenze zu Westdeutschland mit einem gestaffelten System von Sperrzonen verfügt und anschließend Personen, die sie als politisch oder sozial unzuverlässig ansah, aus dem Grenzraum ausgesiedelt.[6] Ende Juli wurden die Länder aufgelöst und durch eine in 14 Bezirke gegliederte zentralistische Verwaltungsstruktur ersetzt. Der Aufbau der bewaffneten Organe, insbesondere der als »Kasernierte Volkspolizei« (KVP) getarnten Armee[7] und der Staatssicherheit,[8] wurde forciert.

Auch fuhr die SED jetzt einen verstärkten antikirchlichen Kurs, der sich im Frühjahr 1953 zu einem regelrechten »Kirchenkampf« steigerte und mit der Verhaftung von Geistlichen und kirchlichen Laien einherging. Insbesondere die »Jungen Gemeinden« waren heftigen Angriffen ausgesetzt, weil sie Jugendliche vor dem Zugriff des Staatsjugendverbandes FDJ abschirmten.[9] Die Kirchen waren die einzigen unabhängigen Institutionen im Lande, in denen sich politischer Protest noch offen artikulieren konnte. Kirchliche Würdenträger nutzten ihre Position, um staatliche Übergriffe zu verurteilen. In den Gottesdiensten wurden regelmäßig Fürbitten für Inhaftierte verlesen.[10]

Der neue politische Kurs richtete sich vor allem gegen alle selbstständig Wirtschaftenden, denen in der aufzubauenden sozialistischen Gesellschaft kein Existenzrecht mehr eingeräumt wurde. Im Frühjahr 1953 wurden Selbstständige aus der allgemeinen Kranken- und Sozialversicherung ausgeschlossen und erhielten keine Lebensmittelkarten mehr.[11] Darüber hinaus setzte eine teils schleichende, teils in regelrechten Kampagnen organisierte Drangsalierung des gewerblichen Mittelstandes und der privaten Bauern ein. Nichterfüllung des Abgabesolls, Steuerrückstände oder geringfügige Verstö-

5 Werkentin, Falco: Der totale soziale Krieg. Auswirkungen der 2. Parteikonferenz der SED im Juli 1952. In: Jahrbuch für Historische Kommunismusforschung 2001, S. 23–54.

6 Vgl. Bennewitz, Inge; Potratz, Rainer: Zwangsaussiedlungen an der innerdeutschen Grenze. Analysen und Dokumente. 4., aktual. u. erw. Aufl., Berlin 2012, S. 14–84.

7 Vgl. Diedrich, Torsten; Wenzke, Rüdiger: Die getarnte Armee. Geschichte der Kasernierten Volkspolizei der DDR 1952–1956. Berlin 2001, S. 86–223.

8 Vgl. Gieseke, Jens: Die hauptamtlichen Mitarbeiter der Staatssicherheit. Personalstruktur und Lebenswelt. 1950–1989/90. Berlin 2000, S. 85–90.

9 Vgl. Wentker, Hermann: »Kirchenkampf« in der DDR. Der Konflikt um die Junge Gemeinde 1950–1953. In: Vierteljahrshefte für Zeitgeschichte 42(1994)1, S. 95–127.

10 Zum Kontext vgl. Halbrock, Christian: Evangelische Pfarrer der Kirche Berlin-Brandenburg 1945–1961. Amtsautonomie im vormundschaftlichen Staat? Berlin 2004, S. 421–444.

11 Vgl. Steiner, André: Von Plan zu Plan. Eine Wirtschaftsgeschichte der DDR. München 2004, S. 77.

ße gegen die bestehenden Bewirtschaftungsregelungen lieferten Vorwände für administrative oder strafrechtliche Maßnahmen, die häufig auf den Ruin und die Enteignung der Betroffenen hinausliefen. Häufig wurden Gummiparagraphen des Wirtschaftsstrafrechts genutzt, um die Betroffenen zu kriminalisieren.

Besonders eklatant ist in dieser Hinsicht das Beispiel der Aktion »Rose«, bei der im Frühjahr 1953 – von Volkspolizei und Staatsanwaltschaft stabsmäßig geplant – an der Ostseeküste Hotels, Pensionen und Gaststätten beschlagnahmt wurden, um sie dem Feriendienst des FDGB zu übertragen. Hunderte Hotel- und Gaststättenbesitzer wurden unter den fadenscheinigsten Beschuldigungen festgenommen und zumeist zu Haftstrafen und Vermögenseinzug verurteilt. Viele von ihnen zogen es vor, rechtzeitig in den Westen zu fliehen und überließen der DDR ihr Eigentum auf diese Weise.[12]

Auf dem Lande ging es vielen Mittel- und Großbauern ähnlich: Sie wurden im Hinblick auf Abgabeverpflichtungen und auf die Versorgung mit Maschinen und Saatgut zunehmend diskriminiert und gerieten – insbesondere wenn schlechte Ernten hinzu kamen – nicht selten in eine Situation, in der sich Steuerschulden und Abgaberückstände akkumulierten, was wiederum entsprechende Strafverfahren auslöste. Unter diesen Umständen zog es mancher Privatbauer vor, Zuflucht in einer Landwirtschaftlichen Produktionsgenossenschaft zu suchen oder in den Westen zu fliehen.[13]

Die Drangsalierung von Privatbauern und privatem Handel sowie die Kollektivierung der Landwirtschaft führten zu einer Verschlechterung der Versorgungslage. Hinzu kamen eine Missernte im Sommer/Herbst 1952 und die aus militärpolitischen Gründen erfolgte Aufstockung der Staatsreserve. Im Frühjahr 1953 kam es so bei bestimmten Lebensmitteln zu einer regelrechten Versorgungskrise: Insbesondere Butter, Margarine, Fleisch, Gemüse und Zucker wurden zur Mangelware. Der forcierte Ausbau der Grundstoff- und Schwerindustrie zulasten anderer Industriezweige verstärkte zudem den Mangel auch im Bereich der industriellen Konsumgüter.[14]

Doch der scharfe politische Kurs richtete sich nicht nur gegen die besitzenden Schichten. Um die ehrgeizigen ökonomischen Ziele zu erreichen und den Aufbau der KVP zu finanzieren – im Jahr 1952 stiegen die Rüstungsausgaben auf fast das Doppelte –, musste die Produktivität gesteigert werden. So erhöhte sich der Druck auf die Belegschaften, Normenerhöhungen zu akzeptieren. Oftmals ging dies mit der Einführung sogenannter »technisch begründeter Arbeitsnormen« (TAN) einher, die auf scheinbar exakten Berechnungen der möglichen Arbeitsleitung basierten, häufig aber nicht realistisch

12 Vgl. Werkentin, Falco: Politische Strafjustiz in der Ära Ulbricht. Vom bekennenden Terror zur verdeckten Repression. 2., überarb. Aufl., Berlin 1997, S. 46–64.

13 Vgl. ebenda, S. 76–80.

14 Vgl. Steiner, André: Von Plan zu Plan. Eine Wirtschaftsgeschichte der DDR. München 2004, S. 73–78.

waren. Für die Arbeiter bedeutete das in der Regel Lohnkürzungen.[15] Zudem wurden die ermäßigten Arbeiterfahrkarten abgeschafft, was große Empörung auslöste.

Auch im Bereich des Strafrechts kam es zu einer drakonischen erziehungsdiktatorischen Neuerung nach stalinistischem Vorbild. Im Oktober 1952 trat das Gesetz zum Schutz des Volkseigentums in Kraft, das auch für kleinste Bagatelleigentumsdelikte, die nicht selten aus den allgegenwärtigen Versorgungsproblemen resultierten, eine Mindeststrafe von einem Jahr Zuchthaus vorsah. Die sich daraus ergebende Strafrechtspraxis traf ganz überwiegend Angehörige der Arbeiterschaft und war für einen dramatischen Anstieg der Häftlingszahlen verantwortlich. Hatte es im Juli 1952 noch 31 000 Gefangene gegeben, so war ihre Zahl im Mai 1953 auf 66 000 angewachsen, in weniger als einem Jahr auf mehr als das Doppelte.[16]

Zunehmende Repression gegen den Mittelstand, verstärkter ideologischer Anpassungsdruck, der »Kirchenkampf« und nicht zuletzt die eskalierenden wirtschaftlichen Probleme führten zu einem dramatischen Anstieg der Flüchtlingszahlen, die im Frühjahr 1953 Höchstwerte erreichten; im Spitzenmonat März waren es rund 42 000. Insgesamt verließen im ersten Halbjahr 1953 fast 200 000 Menschen die DDR.[17]

1.2 »Neuer Kurs« und Volksaufstand

Die SED-Politbürokratie zeigte sich von der katastrophalen Bilanz ihrer Politik zunächst wenig beeindruckt. Die nach dem Tod Stalins im März 1953 an die Macht gekommene Moskauer Führungsgruppe dagegen beobachtete den anschwellenden Flüchtlingsstrom mit zunehmender Sorge und verordnete der SED-Führung – nach längeren internen Diskussionen – einen scharfen politischen Kurswechsel. Am 2. Juni mussten Ulbricht, Grotewohl und Oelßner in Moskau antreten, um ein politisches Memorandum entgegenzunehmen, in dem die politischen Eckpunkte eines »Neuen Kurses« bereits festgeschrieben waren. Den überraschten SED-Politikern wurde eine »fehlerhafte politische Linie« vorgehalten, die zu einer »äußerst unbefriedigenden politischen und wirtschaftlichen Lage« und einer »ernsten Unzufriedenheit« in der Bevölkerung geführt habe. Es sei ein grundlegender Fehler gewesen, »Kurs auf einen beschleunigten Aufbau des Sozialismus« zu nehmen, ohne

15 Vgl. Kowalczuk, Ilko-Sascha; Mitter, Armin: »Die Arbeiter sind geschlagen worden, aber sie sind nicht besiegt!« Die Arbeiterschaft während der Krise 1952/53. In: Dies.; Wolle, Stefan (Hg.): Der Tag X – 17. Juni 1953. Die »Innere Staatsgründung« der DDR als Ergebnis der Krise 1952/54. Berlin 1996, S. 31–74, hier 39 f.

16 Vgl. Werkentin, Falco: Politische Strafjustiz in der Ära Ulbricht. Vom bekennenden Terror zur verdeckten Repression. 2., überarb. Aufl., Berlin 1997, S. 106.

17 Zahlen in: Melis, Damian van; Bispinck, Henrik (Hg.): »Republikflucht«. Flucht und Abwanderung aus der SBZ/DDR 1945 bis 1961. München 2006, S. 255.

dass hierfür die »objektiven Voraussetzungen« vorhanden gewesen seien. Eine Totalrevision dieser Politik wurde verlangt. Im Einzelnen bedeute dies die Auflösung derjenigen Landwirtschaftlichen Produktionsgenossenschaften (LPG), die »auf einer unfreiwilligen Basis« geschaffen worden seien oder sich als lebensunfähig erwiesen hätten, den Verzicht auf Diskriminierung und Überbesteuerung des »mittleren und kleinen Kapitals«, eine »Lockerung des überspannten Tempos der Entwicklung der Schwerindustrie« und eine erhebliche Stärkung des Konsumgütersektors, außerdem die »Stärkung der Gesetzlichkeit«, Überprüfung ergangener Urteile sowie die Rücknahme antikirchlicher Maßnahmen und die Einstellung der Verfolgung der einfachen Mitglieder der Jungen Gemeinden.[18]

Der abrupte Kurswechsel der Sowjetunion führte zu einer Schwächung der Position Walter Ulbrichts, der als Generalsekretär den harten politischen Kurs weitgehend autokratisch durchgesetzt hatte. Die Diskussion der sowjetischen Vorgaben in der folgenden Sitzung des SED-Politbüros am 9. Juni ging übergangslos in eine allgemeine Kritik an Ulbrichts selbstherrlichem Führungsstil über und mündete in einen schweren Machtkampf, der die SED-Führung sechs Wochen lang in Atem halten und teilweise lähmen sollte.[19]

Als der »Neue Kurs« zwei Tage später als Kommuniqué des Politbüros im SED-Zentralorgan »Neues Deutschland« verkündet wurde, übertrug sich der politische Schwächezustand auf die gesamte SED. Die Basis der Partei war angesichts der Hundertachtzig-Grad-Wendung desorientiert und die Bevölkerung empfand den Kurswechsel überwiegend als Eingeständnis der Schwäche, ja als politische Bankrotterklärung. Diese für die Machthaber ausgesprochen schwierige psychologische Situation war eine entscheidende Voraussetzung für den Ausbruch des Aufstandes wenige Tage später.[20]

Nachdem die Machthaber mit dem »Neuen Kurs« den bürgerlichen Schichten weitreichende Konzessionen und auch schon einzelne Rückzieher mit Blick auf die Arbeiterschaft gemacht hatten, etwa bei der Wiedereinführung der ermäßigten Arbeiterfahrkarten und der Preisreduktion bei Süßwaren,[21] breitete sich offenbar die Erwartung aus, dass die SED auch in der Fra-

18 Alle Zitate in: Stöckigt, Rolf: Ein Dokument von großer politischer Bedeutung vom Mai 1953. In: Beiträge zur Geschichte der Arbeiterbewegung 32(1990)5, S. 648–672. Zum Kontext vgl. Wilke, Manfred; Voigt, Tobias: »Neuer Kurs« und 17. Juni. Die zweite Staatsgründung der DDR 1953. In: Wilke, Manfred; Hegedüs, András B. (Hg.): Satelliten nach Stalins Tod: Der »Neue Kurs« – 17. Juni in der DDR – Ungarische Revolution 1956. Berlin 2000, S. 24–135.

19 Vgl. Müller-Enbergs, Helmut: Der Fall Rudolf Herrnstadt. Tauwetterpolitik vor dem 17. Juni. Berlin 1991, S. 222–309. Außerdem die Dokumentation: Otto, Wilfriede: Die SED im Juni 1953. Interne Dokumente. Berlin 2003.

20 Vgl. Kowalczuk, Ilko-Sascha; Mitter, Armin: »Die Arbeiter sind geschlagen worden, aber sie sind nicht besiegt!« Die Arbeiterschaft während der Krise 1952/53. In: Dies.; Wolle, Stefan (Hg.): Der Tag X – 17. Juni 1953. Die »Innere Staatsgründung« der DDR als Ergebnis der Krise 1952/54. Berlin 1996, S. 31–74, hier 48–62.

21 Vgl. Kommuniqué über die Sitzung des Ministerrats der DDR vom 11. Juni 1953 und entsprechende Verordnungen. In: ND, Berliner Ausgabe, v. 12.6.1953, S. 1.

ge der Normenerhöhung umgehend den Rückzug antreten würde. Ihre Kompromisslosigkeit in diesem Punkt brüskierte die Arbeiterschaft und wirkte wie Sprengstoff.

Die Belegschaften hatten seit Monaten Widerstand gegen »freiwillige« Normenerhöhungen geleistet. Deshalb beschloss das Zentralkomitee der SED am 14. Mai 1953 auf seinem 13. Plenum eine generelle und bindende Erhöhung der Arbeitsnormen um mindestens 10 % und am 28. Mai folgte der entsprechende Ministerratsbeschluss.[22] Als Endtermin für die Umsetzung wurde der 30. Juni festgelegt – es war Ulbrichts Geburtstag –, was weder zur Popularität der Maßnahme noch zu der des SED-Generalsekretärs beitrug.

Angesichts der Unruhe, die wegen der Normenfrage in den Betrieben bereits herrschte, was vereinzelt auch schon zu Streiks geführt hatte, war die »administrative Normenerhöhung« eine riskante Entscheidung. Sie entsprach allerdings dem ungehemmten politischen Voluntarismus Ulbrichts in dieser Phase und lag ganz auf der Linie der anderen rücksichtslosen und selbstherrlichen Maßnahmen der Zeit. Als aber Mitte Juni die Wut der Arbeiter über die zu erwartenden Lohneinbußen auf den politischen Schwächezustand der SED nach der Ausrufung des »Neuen Kurses« traf, ergab sich eine explosive Situation, bei der nur noch der Funke für die Detonation fehlte.

Dieser Funke wurde auf einer Baustelle des Krankenhauses Berlin-Friedrichshain geschlagen, auf der es bereits am Montag, dem 15. Juni, zu einer Arbeitsniederlegung kam. Eine an den Ministerpräsidenten Otto Grotewohl gerichtete Resolution wurde verfasst, in der die Rücknahme der Normenerhöhung verlangt wurde. Der Text der Resolution wurde verbreitet, insbesondere auf der Großbaustelle Block 40 an der Stalinallee entstand am Folgetag ein weiterer Streikherd. Als die Arbeiter das Gefühl bekamen, nicht ernst genommen zu werden, bildeten sie spontan einen Demonstrationszug, der auf seinem Weg durch das Stadtzentrum stark anwuchs. Die Demonstranten zogen zum Haus der Ministerien, wo sie nach Ulbricht und Grotewohl verlangten. Die Parolen hatten sich inzwischen bereits politisiert, es wurden freie Wahlen und der Rücktritt der Regierung gefordert. Als der Minister für Hüttenwesen und Erzbergbau Fritz Selbmann zu den Demonstranten sprach und die inzwischen erfolgte Rücknahme der Normenerhöhung bekannt gab, konnte das die Gemüter nicht mehr beruhigen. Die Parole Generalstreik machte die Runde, am nächsten Tag wollte man nochmals mit mehr Macht demonstrieren.[23]

Von entscheidender Bedeutung war, dass es einer Abordnung von Arbeitern gelang, die Redaktion des RIAS in Westberlin dazu zu bewegen, sich ih-

22 Beschluss des ZK der SED v. 14.5.1953. In: Dokumente der Sozialistischen Einheitspartei Deutschlands, Bd. IV, Berlin 1954, S. 410–414; Beschluss des Ministerrates über die Erhöhung der Arbeitsnormen v. 28.5.1953. In: GBl. 1953, S. 781–783.

23 Zum Hergang vgl. u a. Fricke, Karl Wilhelm; Engelmann, Roger: Der »Tag X« und die Staatssicherheit. 17. Juni 1953 – Reaktionen und Konsequenzen im DDR-Machtapparat. Bremen 2003, S. 40–51.

rer Sache anzunehmen. Der RIAS berichtete laufend über die Ostberliner Ereignisse, verbreitete die Forderungen der Arbeiter und übertrug eine Rede des Westberliner DGB-Vorsitzenden Ernst Scharnowski, der den Demonstrationsaufruf für den kommenden Tag unterstützte.[24]

Am 17. Juni breiteten sich Streiks und Demonstrationen über nahezu die gesamte DDR aus. Die Ereignisse entwickelten sich in den unterschiedlichen Aufstandszentren fast immer nach dem gleichen Muster: In den Betrieben versammelten sich die Arbeiter, beschlossen zu streiken und formierten sich zu Demonstrationszügen, die sich in Richtung der Innenstädte bewegten und auf ihrem Weg weitere Betriebsbelegschaften dazu animierten, sich anzuschließen. Die Demonstranten nahmen die Gebäude der Machtorgane ins Visier. Haftanstalten, Dienststellen der Volkspolizei und Staatssicherheit und die Gebäude von SED und Massenorganisationen wurden gestürmt. In den meisten industriellen Zentren, aber auch in vielen Kleinstädten und auf dem Lande, schien die Macht der SED gebrochen.[25]

Erst durch die Ausrufung des Ausnahmezustandes und das Eingreifen der sowjetischen Truppen konnten die Machtverhältnisse, teilweise allerdings erst nach Tagen, wiederhergestellt werden. Durch Massenverhaftungen und standrechtliche Erschießungen wurde die Bevölkerung unmittelbar eingeschüchtert, doch die Herrschaftsstrukturen waren angeschlagen und der SED-Apparat brauchte Wochen und Monate, bis er seine Verunsicherung überwunden und seine Durchgriffsmöglichkeiten restauriert hatte.

1.3 Staatssicherheit im Umbruch

Die regelmäßige Berichterstattung der Staatssicherheit, die mit dem 17. Juni einsetzte, muss vor dem Hintergrund der sich in dieser Phase vollziehenden Krise der Institution gesehen werden. Der Minister für Staatssicherheit, Wilhelm Zaisser, war einer der unterlegenen Protagonisten des Machtkampfes im SED-Politbüro. Als Ulbricht ihn auf der 15. Tagung des ZK am 26. Juli demontierte und entmachtete, ging das einher mit einer parteioffiziellen Kritik am MfS, dem vorgeworfen wurde, am 17. Juni vollkommen versagt zu haben, weil es die Machenschaften der Drahtzieher des »faschistischen Putschversu-

24 Zur Rolle des RIAS vgl. Wacket, Markus: »Wir sprechen zur Zone«. Die politischen Sendungen des RIAS in der Vorgeschichte der Juni-Erhebung 1953. In: Deutschland Archiv 26(1993)9, S. 1035–1048.

25 Liste von 701 Orten, in denen es in den Tagen vom 16. bis 21.6.1953 zu Demonstrationen, öffentlichen Kundgebungen, Streiks oder Gewalttätigkeiten gegen Personen oder Einrichtungen kam bei: Kowalczuk, Ilko-Sascha: 17. Juni 1953 – Volksaufstand in der DDR. Ursachen – Abläufe – Folgen. Bremen 2003, S. 284–293. Das Schrifttum zum 17. Juni ist inzwischen schier unüberschaubar. Literaturüberblick bei: Kowalczuk, Ilko-Sascha: Die gescheiterte Revolution – »17. Juni 1953«. Forschungsstand, Forschungskontroversen und Forschungsperspektiven. In: Archiv für Sozialgeschichte 44(2004), S. 606–664.

ches« nicht rechtzeitig aufgedeckt habe. Die Ursachen für das Versagen identifizierte Ulbricht insbesondere in der Distanz zum Parteiapparat und in der Vernachlässigung seiner »Hauptaufgabe«, des Kampfes gegen die »faschistische Untergrundbewegung«.

Die Staatssicherheit wurde formal zu einem Staatssekretariat im Ministerium des Innern zurückgestuft. Das war zwar schon beschlossen worden, als Zaisser noch fest im Sattel saß, und der Beschluss trug zu diesem Zeitpunkt nicht den Charakter einer Strafmaßnahme, sondern war als Angleichung an die entsprechenden institutionellen Strukturen in der Sowjetunion und anderen Staaten des kommunistischen Lagers gedacht.[26] Zum Zeitpunkt, als die Strukturveränderung offiziell umgesetzt wurde, nämlich am 23. Juli,[27] musste sie jedoch als Maßregelung erscheinen. Der gleichzeitig zum Staatssekretär für Staatssicherheit berufene Ernst Wollweber, ehemaliger Staatssekretär für Schifffahrt, der sich in der Weimarer Zeit als revolutionärer Haudegen und kommunistischer Politiker einen Namen gemacht hatte und später im skandinavischen Exil Sabotagespezialist des NKWD gewesen war,[28] musste die Staatssicherheit im Lichte der Parteikritik neu ordnen. Das bedeutete eine stärkere Anbindung an den Parteiapparat, die Ausweitung des inoffiziellen Netzes insbesondere in den Bereichen, die sich als Brennpunkte der Aufstandsbewegung erwiesen hatten,[29] und die Implementierung einer offensiveren Arbeit, die auf eine Zerschlagung erkannter westlicher Verbindungen in der DDR zielte und im Herbst 1953 in die Praxis der »konzentrierten Schläge«, das heißt in großangelegte Verhaftungsaktionen gegen Kontaktleute westlicher Geheimdienste und politischer Organisationen, mündete. Die SED-Führung war in diesem Prozess der Neuausrichtung der Staatssicherheit nicht die einzige maßgebende Instanz, eine noch entscheidendere Rolle spielte die sowjetische Geheimpolizei, die in Gestalt von Beratern im SfS-Apparat auf allen Ebenen präsent war und den Veränderungsprozess konzeptionell anleitete.[30]

26 Vgl. Versuchte Neuordnung der Sicherheitsorgane: Handschriftliche Mitteilung von Zaisser an Grotewohl v. 13.7.1953, dokumentiert in: Hoffmann, Dierk; Schmidt, Karl-Heinz; Skyba, Peter (Hg.): Die DDR vor dem Mauerbau. Dokumente zur Geschichte des anderen deutschen Staates 1949–1961. München 1993, S. 178 f.

27 Mit diesem Tag wird im vorliegenden Text und in der Kommentierung der Dokumente des Berichtsjahrgangs 1953 von Staatssekretariat für Staatssicherheit (SfS) gesprochen.

28 Zur Biographie Wollwebers vgl. Flocken, Jan von; Scholz, Michael F.: Ernst Wollweber: Saboteur, Minister, Unperson. Berlin 1994; Engelmann, Roger: Ernst Wollweber (1898–1967). Chefsaboteur der Sowjets und Zuchtmeister der Stasi. In: Krüger, Dieter; Wagner, Armin (Hg.): Konspiration als Beruf. Deutsche Geheimdienstchefs im Kalten Krieg. Berlin 2003, S. 179–206.

29 Vgl. Fricke, Karl Wilhelm; Engelmann, Roger: Der »Tag X« und die Staatssicherheit. 17. Juni 1953 – Reaktionen und Konsequenzen im DDR-Machtapparat. Bremen 2003, S. 132–141.

30 Vgl. Fricke, Karl Wilhelm; Engelmann, Roger: »Konzentrierte Schläge«. Staatssicherheitsaktionen und politische Prozesse in der DDR 1953–1956. Berlin 1998, S. 24–41.

Eine entscheidende organisatorische Folge des 17. Juni und der sich anschließenden Kritik der Parteiführung war die Schaffung eines täglich aktuellen Berichtswesens mit festen Strukturen in der Staatssicherheit, das den Machthabern als ein Frühwarnsystem im Hinblick auf eine zukünftige herrschaftsgefährdende Situation dienen sollte. Die Themen der Berichterstattung und die Art ihrer Behandlung sind vor diesem Hintergrund zu sehen. Bei der Einschätzung der Berichte ist daher zu berücksichtigen, dass die Staatssicherheit bei der Information der politischen Führung bemüht war, ihr Versagen am 17. Juni wiedergutzumachen. Bemerkenswerterweise blieb sie dabei jedoch keineswegs in der parteioffiziellen Deutung des Juni-Aufstandes als eines von »westlichen Agenturen« gesteuerten »faschistischen Putschversuchs« befangen, sondern berichtete über weite Strecken relativ wirklichkeitsnah über Stimmungen und Missstände. Die Berichterstattung über die eigentliche »Feindtätigkeit« spielte in den Meldungen eher eine untergeordnete Rolle.

2. *Ausgewählte Themenfelder der Berichte*

2.1 *Der Volksaufstand*

Die aus den laufend eingehenden Meldungen gefertigten Lageberichte zum Juni-Aufstand sind überwiegend knapp gehalten und liefern daher kaum Details zum Geschehen. Sie geben Momentaufnahmen wieder, keine abschließende Bestandsaufnahme oder Bewertung der Ereignisse. Ihre Vorläufigkeit wird dadurch unterstrichen, dass sie neben dem Datum teilweise eine Uhrzeitangabe tragen. Entsprechend unvollständig sind auch die Zahlenangaben zu Toten, Verletzten und Verhafteten. Auch sonstige Angaben sind manchmal ungenau oder sogar fehlerhaft, weil die zugrundeliegende telefonische oder telegrafische Übermittlung der Primärinformationen Fehlerquellen in sich barg und für eine Überprüfung der Meldungen keine Zeit vorhanden war.

Trotzdem lässt sich anhand dieser Berichterstattung ein Eindruck von der geographischen Ausbreitung und der zeitlichen Entwicklung des Juni-Aufstandes gewinnen. Die langsame Normalisierung der Lage ab dem 18. Juni mit Ausnahme der Küstenstädte, wo die Unruhen an diesem Tag erst richtig aufflammten, ist nachvollziehbar. Es wird deutlich, dass die Streiks teilweise noch tagelang anhielten. So meldet die »Information Nr. 3« vom 21. Juni, dass in den Bau-Unionen noch immer nur die Hälfte der Belegschaft arbeite, im Elektromotorenwerk Wernigerode sogar nur 5 %.[31]

31 Information Nr. 3 v. 21.6.1953 [Meldung Nr. 18/53]. Zu den Ereignissen bei ELMO in Wernigerode, wo der Streik erst am 22.6.1953 beendet war, vgl. Kowalczuk, Ilko-Sascha: 17. Juni 1953 – Volksaufstand in der DDR. Ursachen – Abläufe – Folgen. Bremen 2003, S. 295 f., und dort beiliegende CD-ROM, die eine Tonaufzeichnung der Belegschaftsversammlung am 18.6.1953 enthält.

Auch in dieser frühen Phase wird bereits über die Stimmung in der Bevölkerung berichtet, überwiegend durch die Wiedergabe von Einzelzitaten. Eine Verallgemeinerung oder Gewichtung der unterschiedlichen Äußerungen unterbleibt zumeist, nur in einem Lagebericht über den 18. Juni findet sich die bilanzierende Aussage: »Ein nicht unbedeutender Teil der Arbeiter sympathisiert zweifellos mit den Streikenden, verwirft aber gleichzeitig das verbrecherische Vorgehen.«[32]

Immerhin benennt das MfS die Einschüchterung der Bevölkerung als Schwierigkeit bei der Ermittlung der tatsächlichen Stimmung: »Über die Verhaftungen der Streikleitungen und Provokateure« finde »unter den Werktätigen keine allzu starke Diskussion statt«. Dies sei darauf zurückzuführen, dass »eine gewisse Furcht« herrsche, dass diejenigen, die sich gegen die Verhaftung »dieser Aufrührer« aussprächen, »ebenfalls als Provokateure betrachtet« würden.[33]

Bemerkenswert ist, dass sich die Staatssicherheit nicht scheute, direkt und indirekt Kritik an der Untätigkeit der Partei zu üben. So betonte sie am 20. Juni, es sei dringend erforderlich, »dass die Agitationsarbeit in den Betrieben und Häusern mit den Werktätigen verstärkt« werde. Von Werktätigen werde geäußert, dass sie besonders am 17. Juni auf ein Flugblatt des Politbüros gewartet oder erwartet hätten, dass ein Mitglied des Politbüros »zu den Fragen Stellung« nimmt, um »die feindlichen Provokateure zu entlarven und die Kampfaufgaben zu stellen«.[34]

Obwohl die Staatssicherheit selbstkritisch feststellen musste, dass ihre »Informationen über die Lage auf dem Lande ungenügend« seien, »weil unsere Mitarbeiter in den Städten sehr stark beansprucht werden«, lieferte sie aus der Zeitphase des Aufstandes zwei entsprechende Berichte,[35] von denen der erste neben Meldungen über Auflösungserscheinungen bei den LPG auch Informationen über die Bauernunruhen in Jessen und Mühlhausen am 17. Juni enthält. Obwohl er nicht sehr ausführlich ist, wurde er immerhin für so wichtig gehalten, dass er im ZK-Apparat vervielfältigt wurde.[36]

Der letzte Bericht, der nach dem Muster der Lageberichte zum 17. Juni gefertigt war, wurde am 22. Juni verfasst. Zu diesem Zeitpunkt hielt das MfS den Aufstand offensichtlich für endgültig beendet und ging zu Tagesberichten über, deren Konzeption von einer relativen Normalisierung der Lage ausging.[37]

32 Situationsbericht vom 18.6. für die Zeit von 18.30 bis 24.00 Uhr, o. D. [Meldung Nr. 9/53].

33 Stimmungsbericht über die Ereignisse am 17.6. und 18.6.1953 v. 20.6.1953 [Meldung Nr. 14/53].

34 Ebenda.

35 Bericht über die Lage auf dem Lande, o. D. [18.6.1953, Meldung Nr. 8/53] sowie Bericht über die Lage in der Landwirtschaft v. 20.6.1953 [Meldung Nr. 17/53].

36 Vgl. w. u. Abschnitt Nr. 5 Adressaten.

37 Situationsbericht über die Lage in den Bezirken der Republik und in Groß-Berlin am 22.6.1953, 4.00 Uhr, v. 22.6.1953 [Meldung Nr. 20/53].

2.2 *Entwicklung der allgemeinen Stimmungslage*

Eine Stärke der Berichterstattung des Jahres 1953 zeigt sich bei der Wiedergabe von Stimmungen, die einen sehr großen Raum einnimmt und häufig außerordentlich authentisch wirkt, was daran liegt, dass Äußerungen durchweg mehr oder weniger wörtlich zitiert werden. Die spätere Scheu, »feindliche« Meinungsbekundungen im Originalton zu reproduzieren, ist hier noch nicht vorhanden. So wird unmittelbar nach dem Juni-Aufstand ein Bauarbeiter aus Prenzlau mit der Äußerung zitiert, Grotewohl und Ulbricht sollten »sich die Brust waschen und fertig machen zum Erschießen«.[38] Noch am 31. Juli wird aus einer Blocksitzung in der Gemeinde Karnin, Kreis Stralsund, gemeldet, die Vertreter der Blockparteien CDU, NDPD und DBD lehnten Ulbricht als SED-Chef ab, weil er »auch heute noch mit der verhassteste Mensch in der DDR« sei.[39]

Ein Schneidermeister aus Weimar wird mit folgendem Ausspruch zu den Inhaftierungen von Spitzenfunktionären zitiert: »1950 hat man Merker,[40] Kreikemeyer[41] und andere verhaftet, sie wurden nie verurteilt. Dann kamen 1952/53 Hamann[42] und Dertinger[43] in die roten Haftzellen, auch ohne bisher verurteilt worden zu sein, Fechner folgte ihnen. Dem Schwein schadet es zwar nichts, denn er hat viele anständige Menschen auf dem Gewissen. Aber auch ihn wird man nicht aburteilen, die Menschen verschwinden alle auf Nimmerwiedersehen. Das Regime weiß genau, dass es Schiffbruch erleiden würde, wenn es die Urteile bekannt geben und begründen soll.«[44]

38 Auswertung der Stimmungsberichte aus der Bevölkerung zu den faschistischen Provokationen v. 22.6.1953 [Meldung Nr. 22/53].

39 Information Nr. 1029 v. 31.7.1953.

40 Paul Merker, Jg. 1894, 1946–49 Mitglied des Parteivorstandes und Zentralsekretariates, 1949/50 des Politbüros der SED und Staatssekretär im Ministerium für Land- und Forstwirtschaft der DDR. Im August 1950 aus der Partei ausgeschlossen und aus allen Ämtern entfernt, 1950–52 Leiter einer HO-Gaststätte in Luckenwalde; im November 1952 verhaftet und erst im März 1955 zu acht Jahren Zuchthaus verurteilt, 1956 Haftentlassung.

41 Willi Kreikemeyer, Jg. 1894, 1947–49 Präsident der Reichsbahndirektion Berlin, 1949/50 Generaldirektor der Deutschen Reichsbahn für die SBZ/DDR, August 1950 Parteiausschluss, Entlassung und Verhaftung, wurde nachweislich vom Staatssekretär im MfS Erich Mielke persönlich verhört, angeblich am 31.8.1950 durch Suizid in der Haft gestorben, eine Version, die erst 1957 bekannt gegeben wurde und an der erhebliche Zweifel bestehen. Vgl. Kießling, Wolfgang: Willi Kreikemeyer, der verschwundene Reichsbahnchef (Hefte zur DDR-Geschichte Nr. 42). Berlin 1997.

42 Karl Hamann, Jg. 1903, LDPD-Politiker, 1949–52 Minister für Handel und Versorgung der DDR. Im Dezember 1952 verhaftet und im Juni 1954 unter dem Vorwurf, die Versorgung der Bevölkerung »sabotiert« zu haben, zu zehn Jahren Zuchthaus verurteilt.

43 Georg Dertinger, Jg. 1902, 1949–53 Minister für Auswärtige Angelegenheiten der DDR, 1952/53 2. Vorsitzender der Ost-CDU, am 15.1.1953 vom MfS verhaftet und im Juni 1954 vom Obersten Gericht der DDR wegen »Spionage« zu 15 Jahren Zuchthaus verurteilt, 1964 begnadigt.

44 Information Nr. 1025 v. 27.7.1953.

Als Otto Grotewohl auf einer Volkskammersitzung am 27. Juli verkündete, die DDR würde die Bundesrepublik im Hinblick auf den Lebensstandard bald überrundet haben und diese Sequenz in den Kino-Wochenschauen »Der Augenzeuge« gezeigt wurde, berichtete die Staatssicherheit aus den unterschiedlichsten Orten, dass in den Vorstellungen »bei diesen Worten ein lautes und höhnisches Gelächter« ausbreche.[45]

Nach den inszenierten Regierungsverhandlungen zwischen der Sowjetunion und der DDR und der Veröffentlichung des sowjetisch-deutschen Kommuniqués vom 23. August, das immerhin nicht unerhebliche sowjetische Konzessionen enthielt, die durchaus populär waren, wie der Verzicht auf Reparationen, zusätzliche Warenlieferungen und die Entlassung deutscher Kriegsgefangener, veranstaltete die SED in Berlin eine große Kundgebung, zu der sie versuchte, insbesondere in den Großbetrieben zu mobilisieren. Dem betreffenden Bericht ist zu entnehmen, wie widerwillig die Belegschaften mitmachten. Die Beteiligung sei in einigen Betrieben gering gewesen. Es habe der Eindruck bestanden, dass die Teilnehmer nur aus Pflichtgefühl mitmachten. Zahlreiche Personen hätten sich noch vor Erreichen des Kundgebungsplatzes entfernt. Bei der Ansprache des Ministerpräsidenten Grotewohl habe der größte Teil der Anwesenden zwar noch aufmerksam zugehört, doch während der anschließenden Rede von Ulbricht habe »wieder ein starkes Gehen« eingesetzt, wobei »unter den abgehenden Personen sich ein großer Teil von Genossen befanden«. Zum Schluss der Kundgebung seien nur noch 10000 Personen auf dem Platz gewesen, was nur einem knappen Zehntel der ursprünglich mobilisierten Kundgebungsteilnehmer entsprach.[46]

Es findet sich jedoch von Anfang an auch die MfS-typische stereotype Zurückführung SED-kritischer Ansichten auf westliche Beeinflussung. Das gilt gerade auch für die Situation während des Aufstandes, als das MfS im Meinungsbild »bei verschiedenen Teilen der Bevölkerung eine gewisse Einheitlichkeit« konstatiert und das als Indiz dafür deutet, dass die Meinungen »von westlichen Agenturen in die Bevölkerung hineingetragen wurden«.[47] Eine besondere Rolle spielen dabei Hinweise auf den Einfluss von RIAS-Sendungen, die sich durch den gesamten Berichtsjahrgang ziehen. Immer wieder wird die Identität »feindlicher« Äußerungen mit den »RIAS-Parolen« festgestellt. Allerdings wird auch deutlich, wie populär der RIAS in der DDR-Bevölkerung als Alternative zu den SED-gelenkten Medien war. Sogar der 1. Sekretär der SED-Gebietsleitung der Wismut AG, Günther Röder, wird mit der offenbar unmittelbar nach dem 17. Juni gemachten Äußerung zitiert:

45 So z.B. in Arnstadt, Information Nr. 1040 v. 14.8.1953, sowie u.a. in Berlin, Halle und Quedlinburg, Information Nr. 1046 v. 21.8.1953.

46 Bericht zur Demonstration und Kundgebung am 26.8.1953 auf dem Marx-Engels-Platz über die Ergebnisse der Verhandlungen in Moskau v. 27.8.1953 [Information Nr. 1/53].

47 Stimmungsbericht über die Ereignisse am 17.6. und 18.6.1953 v. 20.6.1953 [Meldung Nr. 14/53].

»Ich bin gezwungen den RIAS zu hören, die Parteiführung lässt uns voll und ganz im Stich. Ich höre jetzt RIAS, damit ich meine Arbeit danach einstellen kann und damit ich endlich weiß, was los ist.«[48]

Bemerkenswert ist, dass sich die Staatssicherheit gerade in den Wochen nach dem Juni-Aufstand bei ihrer Stimmungsberichterstattung durchaus um ein methodisches Vorgehen bemühte. Im Tagesbericht vom 26. Juni heißt es: »Um einen Schlüssel bzw. um einen Anhaltspunkt für die prozentuale Einstellung der Bevölkerung zu unserer Regierung und den Maßnahmen zu bekommen, wurden absolut von staatlichen Stellen unbeeinflusste Unterhaltungen durchgeführt. Die Methode der Unterhaltung wurde gewählt, damit bei der Befragung auch nicht die leiseste Befürchtung einer evtl. Benachteiligung bei offener Aussprache entstehen konnte.« Ob diese Vorkehrung ausreichte, um ein realistisches Bild zu bekommen, darf angesichts des Ergebnisses bezweifelt werden. Das MfS sammelte mit dieser Methode bei der Befragung von 200 Personen in Ostberlin rund 75 % »positive« und 25 % »negative« Stellungnahmen, während sich bei den 200 Personen, die in den Bezirken befragt wurden, 60 % »negativ« und nur 40 % »positiv« äußerten.[49]

Knapp zwei Wochen später ermittelte das MfS mit diesem Verfahren an zwei aufeinanderfolgenden Tagen insgesamt ein Verhältnis der positiven zu den negativen Stimmen von 60 % zu 40 % und stellte befriedigt fest, dass »gegenüber dem Resultat früherer Befragungen bereits eine Verschiebung zugunsten der positiven Stimmen eingetreten« sei, was »sich zweifellos bei guter Durchführung der Ministerratsbeschlüsse besonders im Hinblick auf die Versorgung der Bevölkerung fortsetzen werde«.[50] Weitere zehn Tage später fertigte die Staatssicherheit schließlich einen Bericht, der das Verhältnis von positiven und negativen Stimmen über den Zeitraum vom 12. bis zum 17. Juli auflistete und einen durchschnittlichen Wert von 62 % positiven zu 38 % negativen Stimmen sowie einen weiteren positiven Trend feststellte.[51]

Die Aussagekraft dieser Werte dürfte sehr begrenzt sein, aber eine gewisse Beruhigung der Lage scheint gegen Ende Juli durchaus eingetreten zu sein – das legt die Berichterstattung auch jenseits der Zahlen nahe. In dieser Situation lief die US-amerikanische Lebensmittelhilfe für die DDR an, die von Dwight D. Eisenhower als Element der »Psychologischen Kriegsführung« durchaus in destabilisierender Absicht beschlossen worden war.[52] Die Lebensmittelpakete, die an Westberliner Verteilerstellen von Mitarbeitern der Senatsverwaltung sowie der Ostbüros und der Kampfgruppe gegen Unmenschlichkeit ausgegeben wurden, fanden bei Ostberlinern und DDR-Bür-

48 Information Nr. 1002, o. D. (1.7.1953).
49 Tagesbericht Nr. 3 [Meldung Nr. 26/53] v. 26.6.1953.
50 Information Nr. 1008 v. 8.7.1953.
51 Information Nr. 1017 v. 18.7.1953.
52 Vgl. Stöver, Bernd: Die Befreiung vom Kommunismus: Amerikanische »Liberation Policy« im Kalten Krieg 1947–1991. Köln u. a. 2002, S. 485–490.

gern sofort regen Zuspruch. Bei der ersten Aktion, die vom 27. Juli bis zum 27. August lief, wurden 2700 000 Pakete verteilt. Es schloss sich unmittelbar eine zweite Aktion an, bei der bis zum 10. Oktober weitere 2 800 000 Pakete zur Verteilung kamen.

Für die SED-Führung und die Sowjetunion, die mit dem »Neuen Kurs« beweisen wollten, dass sie der DDR-Bevölkerung attraktive Lebensverhältnisse bieten konnten, war der Run auf die »Bettelpakete« ein politisch-psychologisches Problem erster Ordnung. Um den Zuspruch für die US-Lebensmittelaktion einzudämmen, wurde deshalb in der Nacht vom 1. auf den 2. August der Verkauf von Fahrkarten nach Berlin eingestellt, außerdem wurde der Besitz von mehr als einem Personalausweis bzw. die Weitergabe von Personalausweisen an eine andere Person unter Strafe gestellt – Ostberliner und DDR-Bürger hatten, ausgestattet mit fremden Personalausweisen, in großem Stil Pakete für Verwandte und Bekannte abgeholt. Schließlich wurden Reisende in und um Berlin nach »Bettelpaketen« durchsucht und diese beschlagnahmt.[53] Entdeckte »Paketabholer« wurden teilweise öffentlich an den Pranger gestellt und aus ihren Betrieben entlassen. Erst durch diese repressiven Maßnahmen – das zeigen die entsprechenden SfS-Berichte recht deutlich – wurde die »Paketaktion« für die DDR zu einem echten politischen Problem.

Aus dem Reichsbahnausbesserungswerk Brandenburg-West (Kirchmöser) wurden beispielsweise am 4. August »sehr heftige Diskussionen über die Westpakete« gemeldet, nachdem »Arbeitern, die nur durchschnittlich 300 DM verdienen«, die Pakete abgenommen worden waren. Ein SED-Mitglied gab sein Parteidokument demonstrativ zurück, nachdem ihm in der Nacht ein Paket, das er für seine Tochter geholt hatte, durch Parteiaktivisten beschlagnahmt worden war. Die allgemeine Stimmung sei, »dass man das Vertrauen zur Partei restlos verloren hat«. Wenn die Partei jetzt noch etwas wolle, solle sie sofort eine 50%ige Preissenkung bei den HO-Lebensmitteln durchführen.[54]

Die Organisierung künstlicher Empörung gegen die Paketabholer und die Inszenierung der Zustimmung zu ihrer Entlassung scheiterte in den Betrieben oftmals am Widerstand der Belegschaften. Solche Fälle wurden von der Staatssicherheit aus dem Reichsbahnamt Rostock[55] oder vom Bahnhof Neubrandenburg berichtet.[56] Am Bahnhof Potsdam-Babelsberg kam es laut SfS-Bericht am 1. September nach der Beschlagnahme von Lebensmittelpaketen

53 Vgl. Ostermann, Christian F.: »Die beste Chance für ein Rollback«? Amerikanische Politik und der 17. Juni 1953. In: Kleßmann, Christoph; Stöver, Bernd: 1953 – Krisenjahr des Kalten Krieges in Europa. Köln u. a. 1999, S. 116–139, hier 128–131.

54 Information Nr. 1031 v. 4.8.1953.

55 Information Nr. 1058 v. 3.9.1953.

56 Informationsdienst Nr. 2001 v. 23.10.1953.

sogar »zu einer Zusammenrottung von ca. 400–500 Personen«, die von der Volkspolizei zerstreut werden musste.[57]

Die US-Lebensmittelaktion und ihre Auswirkungen machten deutlich, dass die Lage in der DDR in den Monaten nach dem Juni-Aufstand noch ziemlich instabil war. Repressive Maßnahmen konnten in dieser Situation nur dosiert eingesetzt werden, und so versuchten die Machthaber ihre Position durch zahlreiche Konzessionen insbesondere sozialpolitischer Art zu stärken, die mit großem propagandistischem Aufwand verkauft wurden. Die sowjetische Politik spielte dabei eine maßgebliche Rolle.

Vom 20. bis zum 22. August 1953 wurden in Moskau »Regierungsverhandlungen« zwischen der Sowjetunion und der DDR inszeniert, die mit der Veröffentlichung eines sowjetisch-deutschen Kommuniqués endeten, das neben einer deutschlandpolitischen Initiative weitreichende politische Konzessionen an die DDR ankündigte. Weitgehend auf der altbekannten deutschlandpolitischen Linie der Sowjetunion lag der Vorschlag zur Einberufung einer Friedenskonferenz, diesmal unter Beteiligung der »Vertreter Deutschlands«, die zur Bildung einer provisorischen gesamtdeutschen Regierung führen sollte, deren Hauptaufgabe es sei, »freie gesamtdeutsche Wahlen vorzubereiten und durchzuführen«. Für die Bevölkerungsstimmung entscheidender dürften jedoch die konkreten Zugeständnisse an die DDR gewesen sein – wie der Verzicht auf die Reparationsverpflichtungen, die Überführung der noch bestehenden Sowjetischen Aktiengesellschaften in DDR-Eigentum, die Senkung der Zahlungsverpflichtungen für den Unterhalt der sowjetischen Truppen in der DDR, ein Schuldenerlass und zusätzliche Warenlieferungen für das laufende Jahr im Werte von etwa 590 Mio. Rubel sowie ein Kredit über 485 Mio. Rubel. Für die Bevölkerungsstimmung von großer Bedeutung war insbesondere die Ankündigung der Entlassung deutscher Kriegsgefangener, die bis dahin noch in der Sowjetunion festgehalten wurden.[58]

Die SfS-Berichte vermitteln den Eindruck, dass die Stimmung durch dieses Maßnahmenbündel tatsächlich positiv beeinflusst wurde und auch die flankierende Propaganda recht erfolgreich war. In Görlitz etwa, einer Hochburg des Juni-Aufstands, gelang die Mobilisierung von 10 000 »Werktätigen« für eine Demonstration, bei der Dankbarkeit gegenüber der Sowjetunion bekundet wurde. Im Lokomotivbau Elektrotechnische Werke Hennigsdorf, ebenfalls ein Brennpunkt des 17. Juni, sei – so der Bericht – in einer Versammlung der Lehrlingsausbilder und der Verwaltung der Verlesung des Kommuniqués Beifall gespendet worden, »eine solch beifällige Aufnahme

57 Information Nr. 1058 v. 3.9.1953.

58 Vgl. Über die Ergebnisse der Verhandlungen zwischen der Regierung der UdSSR und der Regierung der Deutschen Demokratischen Republik. Sowjetisch-deutsches Kommuniqué v. 23.8.1953. In: Dokumente zur Deutschlandpolitik der Sowjetunion. Hg. v. Deutschen Institut für Zeitgeschichte, Bd. 1, Berlin (Ost) 1957, S. 345–350.

irgendwelcher Dokumente« sei »dort noch nie zu verzeichnen gewesen«. Auch die Ingenieure und Techniker des Berliner Entwicklungsbüros für Industrie und Bau hätten »zum ersten Mal positiv über eine solche Maßnahme« diskutiert.[59]

Trotzdem ist unverkennbar, dass die SED auch noch sozialpolitische Konzessionen »nachlegen« musste, um die Bevölkerungsstimmung zu stabilisieren. Zu diesen Maßnahmen zählte die Senkung der Steuern für die unteren und mittleren Einkommen am 15. Oktober,[60] die in der Bevölkerung natürlich überwiegend begrüßt wurde. Ein neuralgischer Punkt blieben allerdings noch die Preise der (ohne Lebensmittelkarten) in den HO-Läden frei verkäuflichen Waren. Die teuren HO-Preise waren eines der Themen gewesen, die im Juni-Aufstand eine Rolle gespielt hatten, und sorgten auch noch in den Monaten danach für negative Stimmungen. Ende Juli waren bereits die Preise für einige Güter herabgesetzt worden.[61] Doch die Bevölkerung erwartete Preissenkungen auf breiterer Front, vor allem bei Gütern, die für das Budget von Geringverdienerhaushalten eine größere Rolle spielten. Solche Preissenkungen bei HO-Waren hatte es in den vergangenen Jahren wiederholt gegeben.[62] Ulbricht nahm das Thema in seiner Grundsatzrede auf der 16. Tagung des ZK am 17. September auf und kündigte für 1954 das Ende der Rationierung und eine Senkung der Preise an.[63]

Die Stimmungsberichte zeigen jedoch sehr klar, dass die Bevölkerung weithin enttäuscht auf die Ankündigung Ulbrichts reagierte, weil man eine Preissenkung allgemein schon für das Jahr 1953 erwartet hatte. Die SED-Führung lenkte bereits fünf Wochen später ein und verkündete eine große Preissenkung bei zahlreichen Lebensmitteln und Gütern des täglichen Bedarfs.[64] Die Staatssicherheitsberichte melden durchgängig positive, teilweise enthusiastische Reaktionen. Die Preissenkung werde besonders »von den Werktätigen und Hausfrauen [...] freudig begrüßt«. Es sei »ein wesentlicher Umschwung in der Haltung der Werktätigen erzielt« worden. In den Betrieben zeige sich »eine größere Arbeitsfreudigkeit und Bereitschaft mitzuhelfen am neuen Kurs«. Das Vertrauen zu Partei und Regierung habe sich wesent-

59 Information Nr. 1050 v. 25.8.1953.

60 Verordnung zur Änderung der Besteuerung des Arbeitseinkommens vom 15.10.1953. In: GBl. 1953, S. 1031–1033.

61 Vgl. Verordnung über die Herabsetzung der Verbraucherpreise für Reis, schwarzen Tee, Vitalade-Konfekt, Wasch- und Feinseife, kunstseidene Damenstrümpfe, Perlon-Damenstrümpfe, Glühlampen und Schreibmaschinen vom 23.7.1953. In: GBl. 1953, S. 888.

62 Vgl. Schevardo, Jennifer: Vom Wert des Notwendigen. Preispolitik und Lebensstandard in der DDR der fünfziger Jahre. München 2006, S. 93–110.

63 Wortlaut in: ND, Berliner Ausgabe, v. 20.9.1953, S. 3.

64 Es handelte sich um ca. 1200 Warenpositionen. Vgl. Kommuniqué über die außerordentliche Sitzung des Ministerrats der DDR und Verordnung über die weitere Senkung von Preisen bei Lebensmitteln, Genussmitteln und Verbrauchsgütern vom 24.10.1953. In: ND, Berliner Ausgabe, v. 25.10.1953, S. 1.

lich gefestigt. Selbst unter den werktätigen Bauern zeige sich »eine Besserung in ihrer Meinung zur Politik der Regierung, obwohl aus diesen Kreisen noch die meiste Unzufriedenheit kommt«. »Dass der Umschwung besonders unter den Arbeitern erzielt« worden sei, bewiesen »die umfangreichen Produktionsverpflichtungen, Normenerhöhungen und vielen Sonderschichten, besonders in den Schwerpunktbetrieben«.[65]

Auch wenn diese Darstellung etwas übertrieben wirkt und von Floskeln der SED-Propaganda geprägt ist, wird man diesen Feststellungen – vor dem Hintergrund zeitgleicher, durchaus nicht geschönt wirkender Meldungen – nicht jeglichen Realitätsbezug absprechen können. Die sozialpolitischen Maßnahmen, die im Übrigen eine erhebliche wirtschaftliche Belastung für die DDR darstellten,[66] scheinen – neben den wieder besser greifenden Disziplinierungsmechanismen – durchaus einen Anteil an der Beruhigung der Lage zum Ende des Jahres 1953 gehabt zu haben.

2.3 Arbeiterschaft zwischen Aufbegehren und Anpassung

Ein Aspekt des 17. Juni war für die SED-Machthaber besonders schmerzhaft, weil er den Kern ihres politischen Selbstverständnisses infrage stellte: Neben den Bauarbeitern waren es die Arbeiter der größeren volkseigenen Industriebetriebe, die das Geschehen in den meisten Aufstandszentren durch Streiks und Demonstrationen ausgelöst hatten und das Rückgrat der Bewegung bildeten.[67] Die »Arbeiterklasse«, in deren Namen die Staatspartei vorgab zu herrschen, hatte sich gegen sie gewandt. Es entsprach somit durchaus auch einer rationalen Schwerpunktsetzung, dass die Beschäftigung mit der Lage in den Betrieben in der Berichterstattung einen zentralen Platz einnahm.

Linientreue Funktionäre hatten in den Betrieben auch noch Wochen nach dem Aufstand einen außerordentlich schweren Stand. Im Tagesbericht vom 7. Juli 1953 wird diese Situation mit den Worten geschildert, »wenn auch nur eine Person sozusagen im Auftrag der Belegschaft in Versammlungen gegen unsere Regierung hetzt, diese den überwiegenden Teil der Belegschaft auf seiner Seite hat«.[68] Zur Erläuterung schildert der Bericht anschließend die Lage im Kraftwerk Klingenberg, in dem alle SED-konformen Äußerungen »mit allgemeinem Gelächter aufgenommen« würden und unter anderem »scharf gegen unsere Justiz Stellung genommen« werde, »mit dem Bemerken, dass

65 Informationsdienst Nr. 2004 v. 27.10.1953.

66 Vgl. Steiner, André: Von Plan zu Plan. Eine Wirtschaftsgeschichte der DDR. München 2004, S. 81 f.

67 Vgl. Kowalczuk, Ilko-Sascha; Mitter, Armin: »Die Arbeiter sind geschlagen worden, aber sie sind nicht besiegt!« Die Arbeiterschaft während der Krise 1952/53. In: Dies.; Wolle, Stefan (Hg.): Der Tag X – 17. Juni 1953. Die »Innere Staatsgründung« der DDR als Ergebnis der Krise 1952/54. Berlin 1996, S. 53–62.

68 Information Nr. 1007 v. 7.7.1953.

die Urteile [...] schon vor der Verhandlung fertig seien«. Gerichtsverhandlungen würden »nur der Form halber durchgeführt«.[69]

Noch Anfang August wird ein Schlosser aus dem Braunkohlenkombinat Gölzau im Bezirk Halle mit der Äußerung zitiert: »Warum kommt ihr Funktionäre jetzt so oft in den Betrieb? Ihr wollt doch nur wissen, wie die Stimmung der Kollegen gegenüber der Regierung und SED ist und welche Forderungen gestellt werden.« Auf die Frage, welche Forderungen das denn seien, antwortete er laut Bericht: »Sturz der Regierung, einheitliche und freie Wahlen für ganz Deutschland, Zulassung der einzelnen Parteien, Freilassung der politischen Häftlinge, Absetzung der Hilde Benjamin und Trennung der Gewerkschaft von der SED.«[70]

In einigen Großbetrieben war die Stimmung wochenlang so explosiv, dass ein Wiederaufflammen des Aufstandes alles andere als ausgeschlossen erschien. Als das SED-Politbüromitglied Fred Oelßner zum Beispiel am 26. Juni auf einer Belegschaftsversammlung in den Buna-Werken in Schkopau auftrat, hatte er mit einer durchweg feindseligen Stimmung zu kämpfen. Der Bericht schildert, nach seinem Referat hätten »mehrere Belegschaftsmitglieder hetzerische Reden gegen die DDR und die Volkspolizei« gehalten, »die von den übrigen Teilnehmern größtenteils beifällig aufgenommen« worden seien. Oelßners Schlusswort sei mehrfach »durch provokatorische Zwischenrufe und Lachen unterbrochen« worden und die vom Sekretär der Betriebsparteiorganisation eingebrachte Resolution, mit der eine Distanzierung »von den Brandstiftern« zum Ausdruck gebracht werden sollte, habe man »mit großer Stimmenmehrheit« abgelehnt.[71]

Im Juli setzte dann eine regelrechte betriebliche Streikwelle ein, die vor allem einige wichtige Großbetriebe wie Zeiss, Buna und Leuna erfasste. Den Anfang machte Carl Zeiss Jena. Am 10. Juli berichtete das MfS von einer Versammlung des Gewerkschaftsaktivs vom Vortag, die aus SED-Sicht völlig aus dem Ruder gelaufen war.[72] Der anwesende Vorsitzende der IG Metall im FDGB, Hans Schmidt, der das Hauptreferat hielt, hatte das nicht verhindern können, was ihm später als »versöhnlerische Haltung« zum Vorwurf gemacht wurde und ihn seine Funktion kostete.

Der zentralen Gewerkschaftsversammlung waren Versammlungen in den einzelnen Abteilungen vorausgegangen, auf denen die Delegierten für das zentrale Gewerkschaftsaktiv gewählt und verschiedene Forderungskataloge verabschiedet worden waren. Die Forderungen reichten von der Aufhebung der Nachtschicht, der Abschaffung des Prämiensystems und der Wiedereinführung des alten Zeiss-Statuts über Steuer- und Preissenkungen bis hin zur Freilassung aller Inhaftierten des 17. Juni, freien geheimen Wahlen, Wegfall

69 Ebenda.
70 Information Nr. 1033 v. 6.8.1953.
71 Information Nr. 5 v. 29.6.1953 [Meldung Nr. 29/53].
72 Information Nr. 1010 v. 10.7.1953.

der Zonengrenzen und »Freigabe der Ostgebiete«.[73] Die Staatssicherheit berichtete, auf der Gewerkschaftsaktivtagung hätten die meisten Redner »negativ im Sinne der gestellten Forderungen« diskutiert und die Diskussionsredner der SED seien »mit Johlen und Pfeifen empfangen« worden.[74] Eines der Hauptanliegen sei die sofortige Freilassung des zu zwei Jahren Haft verurteilten Gewerkschaftsgruppenorganisators und Streikführers Eckhard Norkus gewesen, für die im Betrieb bereits 1300 Unterschriften gesammelt worden seien. »Bisher unbekannte Kräfte« hätten für den Fall, dass einer Haftentlassung nicht stattgegeben werde, einen Sitzstreik für den 10. Juli angekündigt. Hier zeige sich, »dass die Stimmung und Situation in unseren Betrieben noch großer Aufmerksamkeit bedarf«.[75] Am 11. Juli fand dann tatsächlich ein Streik für die Freilassung von Norkus statt, an dem sich 1500 bis 2000 Betriebsangehörige beteiligten. Am gleichen Tag kamen der sowjetische Stadtkommandant von Jena, der Sekretär der SED-Bezirksleitung Gera, Werner Aßmus, und der Bezirksstaatsanwalt, Herbert Wolf, beim Werksleiter von Zeiss, Hugo Schrade, mit den vom Streik betroffenen Betriebsleitern und Abteilungsleitern sowie dem 1. Sekretär der Betriebsparteiorganisation, Fritz Wolf, zusammen, um diesen aufzuzeigen, »in welcher Form sie den streikenden Arbeiten entgegentreten sollen«.[76]

Am gleichen Tag berichtete die Staatssicherheit von der Verabschiedung eines ähnlichen Forderungskatalogs beim VEB ABUS Maschinenbau Nordhausen.[77] Hier griff die Staatsmacht sofort ein, der für den Forderungskatalog verantwortliche Gewerkschaftsgruppenorganisator Otto Reckstatt wurde am 17. Juli verhaftet.

Als es Mitte Juli auch bei Buna in Schkopau zu einem Streik kam, war das für die Staatssicherheit am 23. Juli der Anlass, einen ausführlichen Bericht mit vier Anlagen zu fertigen, in dem die gesamte Entwicklung in diesem Betrieb seit Mitte Juni unter die Lupe genommen wurde.[78] Der am 14. Juli ausgebrochene Streik zog sich über vier Tage hin. Es wurde eine Vielzahl von betrieblichen, tariflichen, sozialpolitischen und allgemeinpolitischen Forderungen aufgestellt.[79] Da sich die Karbidfabrik am Streik beteiligte und alle

73 Vgl. Anlage 1 zur Information Nr. 1011 v. 11.7.1953, Information Nr. 1011a: Besondere Vorkommnisse.

74 Ein Wortprotokoll der Diskussion auf dieser Gewerkschaftsaktivtagung ist überliefert in: BStU, MfS, AS 225/53, Bl. 3–119. Zum justizpolitischen Kontext vgl. Weber, Petra: Justiz und Diktatur. Justizverwaltung und politische Strafjustiz in Thüringen 1945–1961. München 2000, S. 385–387.

75 Information Nr. 1010 v. 10.7.1953.

76 Information Nr. 1012 v. 13.7.1953.

77 Ebenda.

78 Information Nr. 1021 v. 23.7.1953: Analyse über die Vorkommnisse in den Chemischen Werken Buna vom 17.6. bis 22.7.1953, einschließlich Anlagen 1–4 (Informationen Nr. 1021a–d).

79 Anlage 1 zur Information Nr. 1021 v. 23.7.1953: Information Nr. 1021a (Dokumentation der Forderungskataloge vier verschiedener Betriebsbereiche).

acht Karbidöfen abgestellt wurden, mussten die an die Karbidproduktion angeschlossenen Betriebe die Arbeit ebenfalls niederlegen, was dazu führte, dass mehr Produktionsbereiche stillstanden als am 17. Juni. Bemerkenswert an der Berichterstattung zu Buna ist ihre Detailfreude, in den Anlagen finden sich die Forderungskataloge der Belegschaften verschiedener Teilbetriebe,[80] eine Liste mit 70 Belegschaftsangehörigen, die seit dem 17. Juni aus der SED ausgetreten waren,[81] sowie ausführliche Darlegungen zur Rolle der Partei- und Gewerkschaftsfunktionäre des Betriebs[82] und, was außergewöhnlich ist, eine genaue und teilweise durchaus selbstkritische Analyse der eigenen Rolle.[83]

Die Ereignisse bei Buna waren Anlass zu der Befürchtung, die Unruhe könnte auch auf die nur wenige Kilometer entfernten Leuna-Werke übergreifen. Tatsächlich gab es in einem Teilbetrieb von Leuna einen kleinen Streik, der aber im Keim erstickt wurde. Doch auch dies war der Anlass zu einem längeren Bericht, der eine Bestandsaufnahme der Lage im Betrieb seit dem 17. Juni zum Inhalt hatte.[84] Interessant ist vor allem die Anlage zu diesem Bericht, in der die Rolle der SED-Parteiorganisation in den Leuna-Werken kritisch behandelt wird. Insbesondere, dass die SED-Kreisleitung sich außerstande sah, einen Forderungskatalog vom schwarzen Brett zu entfernen, in dem unter anderem der Rücktritt der Regierung, freie Wahlen und die Absetzung der Betriebsgewerkschaftsleitung gefordert wurden, zog die Kritik der Staatssicherheit auf sich. Am Ende steht das Fazit: »Die Parteileitung hat es bis heute noch nicht verstanden, die gesamte Mitgliedschaft der SED im Betrieb zu mobilisieren, sondern lässt die Angriffe der Intelligenz und anderer negativer Elemente des Betriebes über sich ergehen.« Karl Hertel, der 1. Sekretär der betrieblichen SED-Kreisleitung in Leuna, wurde wenig später wegen »kapitulantenhaften Verhaltens« seiner Funktion enthoben.[85]

Ausführlich berichtete die Staatssicherheit auch – gleichsam in eigener Sache – über einen Protest der Belegschaft des VEB Maschinenfabrik NEMA in Netzschkau, Kreis Reichenbach, die durch das Verhalten des amtierenden MfS-Kreisdienststellenleiters von Reichenbach ausgelöst worden war.[86] Der Vorfall ist sehr aufschlussreich und soll daher hier ausführlich geschildert werden. Der MfS-Offizier hatte einen Arbeiter, den er als »Provokateur« im

80 Anlage 1 zu Information Nr. 1021 v. 23.7.1953: Information Nr. 1021a.

81 Anlage 2 zu Information Nr. 1021 v. 23.7.1953: Information Nr. 1021b.

82 Anlage 3 zu Information Nr. 1021 v. 23.7.1953: Information Nr. 1021c: Das Verhalten der Partei und des FDGB vom 15. bis 18.7.1953 in den Buna-Werken.

83 Anlage 4 zu Information Nr. 1021 v. 23.7.1953: Information Nr. 1021d: Eingreifen der Organe des Ministeriums für Staatssicherheit bei den Vorkommnissen vom 15. bis 18.7.1953 in den Buna-Werken.

84 Information Nr. 1023 v. 25.7.1953: Analyse über die Ereignisse im Leuna-Werk »Walter Ulbricht« in der Zeit vom 17.6. bis 21.7.1953, sowie Anlage 1: Information Nr. 1023a: Die Rolle der Partei in den Leunawerken »Walter Ulbricht«.

85 Vgl. ND, Berliner Ausgabe, v. 24.3.1954, S. 1.

86 Information Nr. 1016 v. 17.7.1953.

Betrieb festnehmen wollte, laut und vernehmlich aufgefordert »mitzukommen und kein großes Aufsehen zu machen«, sonst bekäme »er etwas zwischen die Rippen gejagt«. Daraufhin stellten die Arbeiter der betreffenden Produktionshalle die Arbeit ein, begaben sich geschlossen vor das Verwaltungsgebäude und forderten von der Betriebsparteileitung und der Betriebsgewerkschaftsleitung eine Erklärung zu diesem Vorfall. Der festgenommene Arbeiter wurde wieder freigelassen und bestätigte den Versammelten den Ausspruch des Kreisdienststellenleiters. Jetzt legten auch die anderen Betriebsbereiche die Arbeit nieder und versammelten sich ebenfalls auf dem Werkhof.

Vom Kreisdienststellenleiter – so der Bericht – wurde eine Stellungnahme gefordert, in der er bestätigte, diesen Ausspruch tatsächlich gemacht zu haben, »was unter Johlen und Grölen von den Arbeitern aufgenommen wurde«. In die Enge getrieben behauptete er zudem, er habe den betreffenden Arbeiter nur zu einem Brand im benachbarten Foschenroda befragen wollen und stellte unter dem Druck der Versammelten eine schriftliche Bescheinigung aus, dass gegen den Arbeiter nichts Belastendes vorliege und er nicht verhaftet werde. Die Belegschaft drohte, dass sie sofort in den Streik treten würde, wenn es doch zu einer Verhaftung käme. Schließlich verfassten die Betriebsparteileitung und die Betriebsgewerkschaftsleitung ein Schreiben an Ulbricht (im MfS-Bericht wörtlich dokumentiert), in dem festgestellt wurde, »dass das nicht der neue Kurs der Regierung« sei, wenn »man einfach Arbeiter grundlos vom Arbeitsplatz verhaftet und sie mit unflätigen Worten bedroht«. Mit diesen »Gestapo-Methoden« seien die Kollegen »nicht mehr einverstanden, sie lehnen dieselben konsequent ab«. Als Folge wurde die Entlassung des Kreisdienststellenleiters gefordert.

Die Berichte verdeutlichen, dass es den Machthabern erst Ende Juli gelang, die Situation in den Betrieben langsam wieder unter Kontrolle zu bringen. Dabei spielte die Entfernung von SED-kritischen Wortführern, in den Quellen durchweg »Provokateure« genannt, eine große Rolle. Dies wurde häufig tribunalartig, unter Beteiligung der Betriebsbelegschaften, organisiert, um den Maßnahmen einen demokratischen Anstrich zu geben. Unter der Regie der Betriebsparteiorganisationen wurde in Betriebsversammlungen über die Entlassung der »Provokateure« abgestimmt, doch funktionierte diese inszenierte Unterwerfung der Belegschaften unter das SED-Regiment nicht immer reibungslos. Trotz großen Drucks und des Risikos für den Einzelnen, bei Unbotmäßigkeit selbst zum »Provokateur« gestempelt zu werden, kam es hierbei bis weit in den September hinein immer wieder zu Verweigerungen. Im Kalk- und Zementwerk Rüdersdorf stimmten zum Beispiel noch in der zweiten Septemberhälfte 70 % der Belegschaft gegen die Entlassung der gebrandmarkten Kollegen.[87] Wenig später sprach sich auch in der Abteilung

87 Information Nr. 1072 v. 19.9.1953.

Verkehr des Stahlwerkes Riesa eine Mehrheit gegen die Entlassung eines Kollegen aus.[88] Noch Ende September musste das SfS konstatieren, dass »die Entlarvung und Entlassung von Provokateuren« noch oft »durch versöhnlerische Tendenzen« großer Teile der Betriebsbelegschaften gehemmt werde.[89] Zudem berichtete die Staatssicherheit auch über unerwünschte Nebeneffekte der Kampagne. »Ein ernstes Zeichen« sei »die gedrückte Stimmung in Suhler Betrieben«. Ein »Propagandist« habe berichtet, »dass die meisten Arbeiter, ja selbst Genossen, überhaupt nichts mehr sagen, weil sie durch die Entlassung von Provokateuren eingeschüchtert worden seien«. »Das werde sich auch im Parteilehrjahr auswirken, wo man kaum mit offenen und ehrlichen Diskussionen rechnen könne.«[90]

Noch bis weit in den Herbst hinein äußerte sich betrieblicher Protest auch in der Verweigerung der Zahlung von FDGB-Mitgliedsbeiträgen. Bereits mit dem 17. Juni waren diese Zahlungen verbreitet eingebrochen. Anfang August meldete die Staatssicherheit zum Beispiel, dass im Bereich des Post- und Fernmeldewesens Stendal seit dem Juni-Aufstand keine FDGB-Beiträge mehr gezahlt worden seien. Die Begründung lautete, der FDGB sei »keine Kampforganisation« und habe den Streik am 17. Juni nicht organisiert, »sondern unterdrückt«.[91] Im Braunkohlenwerk Greifenhain, wo zuvor monatlich ca. 5000 DM Beiträge kassiert worden waren, seien für den Monat Juli nur 500 DM eingezahlt worden.[92]

Die Verweigerung von Beitragszahlungen mit der Begründung, der FDGB vertrete nicht die Interessen der Arbeiter, war weit verbreitet. Das SfS meldete Ende August massiv ausbleibende Beiträge unter anderem aus den Kreisen Schmölln und Eilenburg, dem Kunstseidewerk Premnitz, dem Karl-Marx-Werk Babelsberg und dem Schlepperwerk Brandenburg.[93] Im Bezirk Magdeburg seien im August 893098 DM kassiert worden, im Vergleich zu den 1332595 DM vom April 1953. Das Problem konzentriere sich insbesondere auf die Magdeburger Großbetriebe und die Bau-Union der Stadt.[94] Auch im VEB Carl Zeiss Jena seien die Beitragseinnahmen in manchen Bereichen um bis zu 50 % gesunken, im Elektrochemischen Kombinat Bitterfeld wollten viele die FDGB-Beiträge erst wieder zahlen, wenn der Lohnausfall vom 17. und 18. Juni bezahlt werde.[95] Noch Mitte September meldete das SfS »aus allen Betrieben [...] mangelhafte FDGB-Beitragszahlung«. Als Beispiel wird der Bezirk Cottbus angeführt, wo die Beitragszahlung für die IG Metall

88 Information Nr. 1080 v. 29.9.1953.
89 Information Nr. 1081 v. 30.9.1953.
90 Informationsdienst Nr. 1086 v. 6.10.1953.
91 Information Nr. 1031 v. 4.8.1953.
92 Information Nr. 1038 v. 12.8.1953.
93 Information Nr. 1051 v. 26.8.1953.
94 Information Nr. 1077 v. 25.9.1953.
95 Information Nr. 1059 v. 4.9.1953.

im Kreis Finsterwalde um 60 %, im Kreis Forst um 50 %, im Kreis Senftenberg um 40 %, im Kreis Herzberg um 35 % und im Kreis Weißwasser um 30 % gefallen sei.[96] In der Lederfabrik Hirschberg verweigerte sogar ein Teil der SED-Mitglieder den Parteibeitrag.[97]

Erst im Oktober ließ die Verweigerung der FDGB-Beitragszahlungen nach. Die Staatssicherheit meldete Mitte des Monats, in den Bezirken Dresden und Halle hätten die Zahlungen fast wieder den alten Stand erreicht und sich in den Bezirken Erfurt, Schwerin, Magdeburg und Rostock um 20 bis 30 % erhöht.[98] In der zweiten Oktoberhälfte trat offenbar eine fast vollständige Normalisierung ein.[99]

Auch andere thematische Aspekte der Berichterstattung verweisen darauf, dass der Parteiapparat die Betriebe im Oktober wieder vollständig im Griff hatte. Die Meldungen vermitteln jedenfalls den Eindruck, dass es der SED pünktlich zum »Tag der Aktivisten« am 13. Oktober gelang, bei der Propagierung von Wettbewerben und Produktionsverpflichtungen wieder in die Offensive zu kommen. In den letzten zweieinhalb Monaten des Jahres verstärken sich die Erfolgsmeldungen auf diesem Gebiet. Die SED dirigierte mit großer Energie und offensichtlich auch mit einem gewissen Erfolg eine Kampagne zur qualitativen Verbesserung und quantitativen Ausweitung der Produktion. Galionsfigur dieser Kampagne war die Weberin Frida Hockauf, die sich als »Beitrag zur Verwirklichung des neuen Kurses« am 29. September auf einer Gewerkschaftsaktivtagung der Mechanischen Weberei Zittau verpflichtet hatte, im IV. Quartal 45 laufende Meter Stoff bester Qualität über ihren persönlichen Plananteil hinaus zu weben. Ihr wurde der Leitspruch zugeschrieben: »So wie wir heute arbeiten, wird morgen unser Leben sein.«[100] Als zweites leuchtendes Vorbild diente der Bereich Schwefelsäureanlage des Kunstfaserwerkes »Wilhelm Pieck« in Schwarza, der sich verpflichtet hatte, im IV. Quartal überplanmäßig 200 Tonnen Schwefelsäure zu produzieren, und gleichzeitig die anderen volkseigenen Betriebe zu ähnlichen Anstrengungen aufgerufen hatte.[101] Anfang November meldete das SfS bereits, dass »die Verpflichtungen zur Verbesserung der Produktion und die Wettbewerbsbewegung« die »wichtigsten Betriebe und in verschiedenen Bezirken teilweise 50 % der Industrie« erfasst habe.[102] Die Aussagekraft dieser Feststellung ist sicherlich begrenzt, aber der Kontrast zur Berichterstattung des Früh- und Hochsommers, in denen die Betriebe für die SED zuweilen geradezu als Feindesgebiet erscheinen, ist trotzdem augenfällig.

96 Information Nr. 1067 v. 14.9.1953.
97 Information Nr. 1074 v. 22.9.1953.
98 Analyse vom 1. bis 15. Oktober 1953, o. D. [Nr. 3/53].
99 Vgl. Informationsdienst Nr. 2001 v. 23.10.1953.
100 Vgl. das Portrait von Frida Hockauf in: ND, Berliner Ausgabe, v. 3.10.1953, S. 3.
101 Wettbewerbsaufruf in: ND, Berliner Ausgabe, v. 22.10.1953, S. 1.
102 Analyse vom 16. bis 31. Oktober 1953, o. D. [Nr. 4/53].

2.4 Konflikte in der Landwirtschaft

Mit der Verkündung des »Neuen Kurses« veränderte sich die Situation auf dem Lande entscheidend.[103] Durch zwei Verordnungen vom 11. Juni 1953 wurde geflohenen und anderen Bauern, denen die Verfügung über ihre Betriebe entzogen worden war, in Aussicht gestellt, wieder in ihre alten Rechte eingesetzt zu werden.[104] Es folgte am 25. Juni eine Verordnung, die das System der Pflichtablieferung für die Privatbauern abmilderte.[105] Der Druck auf die Privatbauern ließ beträchtlich nach, was in vielen LPG, insbesondere denjenigen, deren Zustandekommen von Zwangsmaßnahmen begleitet gewesen war, Auflösungserscheinungen zur Folge hatte. Hinzu kam der bereits im Mai, vor der Verkündung des »Neuen Kurses«, auf sowjetischen Druck erfolgte ZK-Beschluss, nach dem die LPG keine neuen Mitglieder mehr aufnehmen durften.[106] Auch diese Entscheidung schwächte die Position der LPG-Verfechter zumindest psychologisch.

Das MfS lieferte in einem am 7. Juli ausgefertigten ausführlichen Bericht über die Situation auf dem Lande ein etwas diffuses Stimmungsbild, das sich aus unterschiedlichen Einzeläußerungen ergibt, deren Repräsentativität schwer zu beurteilen ist. Der Bericht enthält aber zahlreiche authentisch wirkende Äußerungen. So wird das gewachsene Selbstbewusstsein der Großbauern mit folgender Feststellung eines Landwirts aus Gösen, Kreis Eisenberg, veranschaulicht: »Ich war doch immer der Meinung, dass sie ohne uns nicht auskommen. Wenn man aber solche Leute in die Regierung setzt, die

103 Vgl. Scherstjanoi, Elke: SED-Agrarpolitik unter sowjetischer Kontrolle 1949–1953. München 2007, S. 552–584; Bauerkämper, Arnd: Ländliche Gesellschaft in der kommunistischen Diktatur. Zwangsmodernisierung und Tradition in Brandenburg 1954–1963. Köln 2002, S. 171–173; Bauer, Theresia: Blockpartei und Agrarrevolution von oben. Die Demokratische Bauernpartei Deutschlands 1948–1963. München 2003, S. 388–396.

104 Verordnung vom 11.6.1953 über die in das Gebiet der Deutschen Demokratischen Republik und den demokratischen Sektor von Groß-Berlin zurückkehrenden Personen und Verordnung vom 11.6.1953 über die Aufhebung der Verordnung zur Sicherung der landwirtschaftlichen Produktion und der Versorgung der Bevölkerung. In: ND, Berliner Ausgabe, v. 12.6.1953, S. 1.

105 Verordnung des Ministerrats über Erleichterungen in den Pflichtablieferungen und zur weiteren Entwicklung der bäuerlichen Wirtschaften vom 25.6.1953. In: ND, Berliner Ausgabe, v. 26.6.1953, S. 1.

106 Das entsprechende Rundschreiben an die Bezirks- und Kreisleitungen der SED und die Politischen Abteilungen der MTS wurde bereits am 21.5.1953 im ZK-Sekretariat abgesegnet, von Ulbricht unterschrieben und wohl auch schon versandt. Am 26.5.1953 wurde es im Politbüro nochmals diskutiert und in der Diktion verschärft. Der entscheidende Satz lautet: »Das ZK der SED ist der Auffassung, dass infolge des ernsthaften Zurückbleibens der Arbeit zur organisatorisch-wirtschaftlichen Festigung der landwirtschaftlichen Produktionsgenossenschaften im Dorfe hinter ihrem zahlenmäßigen Wachstum die Aufnahme neuer Mitglieder in die Genossenschaften und die Organisierung neuer Genossenschaften bis zum Abschluss der Erntearbeiten eingestellt werden muss.« Anlage 8 zum Protokoll der Politbürositzung am 26.5.1953; BArch DY 30 J IV 2/2/282, Bl. 52–55.

keine Ahnung von der Landwirtschaft haben, dann kann man das verstehen. Wir Großbauern haben doch immer die Ernährung gesichert.«[107]

Ein Genossenschaftsbauer aus dem Bezirk Gera, Mitglied der SED, wird mit der Äußerung zitiert: »Die Lage hat sich geändert, es wird noch eine Verordnung kommen, wonach alle LPG aufgelöst werden. Ehe ich austrete, warte ich erst die politische Lage ab. Sollten aber die übrigen Bauern dieselben Vergünstigungen erhalten wie wir, dann trete ich gleich aus und arbeite als Einzelbauer, da kann ich besser wirtschaften.« Der Bericht nennt auch erste Zahlen zu den LPG-Auflösungen, die sich bis zum 1. Juli vollzogen hatten. Demnach hätten sich von 5 082 LPG 58 vollkommen aufgelöst, bei 113 bestehe die Absicht der Auflösung. Aus 202 bestehenden LPG seien 2 197 Genossenschaftsbauern ausgetreten.[108]

Im nächsten ausführlichen Bericht zur Lage in der Landwirtschaft vom 18. Juli wurden (teilweise leicht abweichend) weitere Zahlen aufgeführt, die erkennen ließen, dass sich der Auflösungsprozess inzwischen beschleunigt hatte. Bis Mitte Juli hatten sich demnach 4,3 % aller LPG aufgelöst, weitere 5,3 % (arithmetisch korrekt wären 5,5 %) würden beabsichtigen sich noch aufzulösen, was im Ergebnis zu ca. 10 % aufgelösten LPG führen würde. In weiteren 10 % hätten zahlreiche Mitglieder ihren Austritt erklärt und den eingebrachten Betrieb wieder in Einzelbewirtschaftung übernommen.[109]

Der Bericht versucht auch die Ursachen für die Auflösungserscheinungen zu benennen. Als Erstes werden die oben erwähnten Beschlüsse des Ministerrates vom 11. Juni genannt, die den aus dem Westen heimkehrenden und aus der Haft entlassenen Bauern die Möglichkeit gäben, ihre Betriebe, die den LPG zur Bewirtschaftung übergeben worden waren, wieder zu übernehmen. Die LPG, welche überwiegend solche Flächen übernommen hätten, würden wirtschaftlich unrentabel. Als Zweites nannte das MfS die »Verordnung über die Erleichterungen in den Pflichtablieferungen« vom 26. Juni, die die Rahmenbedingungen für die Privatbauern so stark verbessert habe, dass Genossenschaftsbauern, die »aus Angst vor wirtschaftlichem Ruin in die LPG eingetreten« seien, sich jetzt durch die »Bewirtschaftung der Einzelwirtschaft einen höheren Erwerb« versprächen. Drittens durften bei den Ursachen natürlich die feindlichen Machenschaften nicht fehlen: die Ereignisse des 17. Juni, »durch den Gegner in Umlauf gebrachte Gerüchte«, »Wühlarbeit

107 Anlage 1 zur Information Nr. 1008 v. 8.7.1953: Information Nr. 1008a: Die Lage auf dem Gebiet der Landwirtschaft.

108 Ebenda.

109 Anlage 1 zur Information Nr. 1017 v. 18.7.1953: Information Nr. 1017a: Die jetzige Situation in der Landwirtschaft. Bis zum 10.9.1953 lösten sich dann tatsächlich knapp 8 % der LPG auf. Vgl. die Aufstellung in: Scherstjanoi, Elke: SED-Agrarpolitik unter sowjetischer Kontrolle 1949–1953. München 2007, S. 583.

von Saboteuren, offene Hetze gegen die LPG« und die systematische »Organisierung der Austritte durch Provokateure«.[110]

Ähnlich wie in den Industriebetrieben und auf den Baustellen herrschte im Frühsommer 1953 auch in vielen Dörfern eine renitente Stimmung. Das MfS berichtete etwa über eine Bauernversammlung in der Gemeinde Schraden, Kreis Bad Liebenwerda, am 10. Juli, auf der ein Vertreter des Kreisvorstandes der Gewerkschaft Land und Forst zum »Neuen Kurs« gesprochen hatte. Nachdem sein Referat bereits mehrfach von aggressiven Zwischenrufen unterbrochen worden war, kam es zum Eklat, als der Leiter der Molkerei sich zu Wort meldete und die Bauern aufforderte, ihr Milchsoll abzuliefern. Er ließ die Bemerkung fallen, vor einigen Tagen seien zwei Instrukteure der Regierung dagewesen, die geäußert hätten, »man müsste erst ein paar Bauern aufhängen, damit die anderen ablieferten«. Daraufhin sei eine »Meuterei« in der Gaststube ausgebrochen, einige Bauern hätten gerufen: »Walter Ulbricht müsste man vor den Pflug spannen und ihn aufhängen.«[111]

Zwar deuten die Stimmungsberichte aus dem bäuerlichen Milieu auch auf eine gewisse Entspannung hin, teilweise herrschte sogar Zuversicht im Hinblick auf die weitere Entwicklung der privaten Landwirtschaft. Genauso deutlich wird aber auch, dass viele Privatbauern trotz der eingetretenen Erleichterungen skeptisch blieben. So heißt es in einem Bericht von Ende Juli, »ein Teil des Mittelstandes und der Großbauern« glaube, »dass die gegenwärtigen Maßnahmen unserer Regierung nicht lang anhalten werden«. Als Beispiel wird die Äußerung eines Großbauern wiedergegeben, der gesagt habe: »Nach dem neuen Kurs der Regierung hat wohl die SED den Sozialismus beiseite gestellt, aber in zwei Jahren haben wir dieselben Verhältnisse, das geht doch aus der Geschichte der KPdSU hervor. Was wurde dort mit den Großbauern gemacht, entweder sie wurden vernichtet oder nach Sibirien verbannt.«[112]

Obwohl regelmäßig über Aktivitäten »großbäuerlicher Elemente« berichtet wurde, die gegen »die fortschrittlichen Kräfte im Dorf« arbeiten würden, meldete das SfS im Oktober eine Besserung der Lage im Hinblick auf die landwirtschaftlichen Produktionsgenossenschaften. Die Mehrzahl habe sich gefestigt. Auflösungserscheinungen seien »in den Bezirken verhältnismäßig gering«, mit Ausnahme des Bezirkes Schwerin, in dem noch 1 647 Austrittserklärungen vorlägen und 86 LPG die Auflösung beabsichtigen.[113]

Im Herbst trat ein anderes Konfliktfeld in den Vordergrund. Jetzt spitzten sich Auseinandersetzungen um Sollerfüllung und Erfassung der abzugebenden Ernteerträge zu. Die Staatssicherheit vermutete bei schlechten Ablieferungsquoten reflexartig »feindlichen Einfluss«. Ein verbreiteter Unwille,

110 Ebenda.
111 Information Nr. 1022 v. 24.7.1953.
112 Information Nr. 1028 v. 30.7.1953.
113 Analyse vom 1. bis 15. Oktober 1953, o. D. [Nr. 3/53].

die Verpflichtungen zu erfüllen, ist tatsächlich nicht zu übersehen.[114] Teilweise artete der Unmut der Bauern in Gewaltaktionen gegen die Erfasser aus. Ende November berichtete das SfS für den Bezirk Potsdam, »der Widerstand der Einzelbauern« habe sich in fast allen Kreisen verstärkt. In Retzow, Kreis Nauen, seien zwei Bauern mit der Brechstange auf die Erfasser losgegangen und in der Nachbargemeinde Senzke seien die Erfasser »von ca. 50 Personen mit Knüppeln und Steinen bedroht« worden. »Neben allgemeinen Beschimpfungen« habe man mit einem neuen 17. Juni gedroht. Auch aus dem Bezirk Rostock wurde von Tätlichkeiten gegenüber Erfassern berichtet.[115]

Im Kreis Angermünde kehrten sich die Auseinandersetzungen über die Sollablieferungen gegen die lokalen Funktionsträger. So wurde dem Bürgermeister in Zützen im Kreis Angermünde mit den Worten gedroht, wenn es »einmal anders« käme, sei er der erste, der aufgehängt werde. Durch solche Äußerungen – schreibt die Staatssicherheit – fühlten sich die Bürgermeister »ständig bedroht« und wollten von ihren Ämtern zurücktreten. Nach einer Bauernversammlung im Kreis am 18. November, auf der »fast ausschließlich negativ diskutiert« worden sei, hätten der VdgB-Vorsitzende und zwei Gemeindevertreter ihre Funktionen niedergelegt.[116]

Die Berichterstattung über die Erfassungsproblematik in der Landwirtschaft macht aber auch deutlich, dass die Sollvorgaben, insbesondere bei Kartoffeln, angesichts bescheidener Ernteerträge für viele Bauern immer noch zu hoch waren. Konfrontiert mit erheblichen Engpässen bei der Kartoffelversorgung der Bevölkerung reagierte die Erfassungsbürokratie auf dieses Problem offenbar vollkommen unflexibel. Anfang Dezember berichtete das SfS über die Klage des Leiters der Abteilung Erfassung beim Rat des Kreises Ribnitz-Damgarten, ein Vertreter des Staatssekretariats für Erfassung habe die Anweisung gegeben, das Kartoffelsoll zu 100 % zu erfassen, »ganz gleich, ob der Bauer Speise-, Futter- oder Saatkartoffeln behält«. Diese »unsinnige Anordnung« werde »natürlich prompt durchgeführt«. Wenn man sie nicht bald zurückziehe, werde »genauso eine Republikflucht eintreten« wie vor dem Juni 1953. »Unsere Bauern sind schon jetzt äußerst verbittert.«[117] Ein Angestellter des Rates des Kreises Neuruppin wird mit der Äußerung zitiert: »Schon in diesem Jahre waren große Flächen Ackerland unbestellt, weil keine Saatkartoffeln vorhanden waren. Im nächsten Jahr wird es nicht anders werden, da man aus den Fehlern nichts gelernt hat und den Bauern die letzten Kartoffeln herausholt.«[118]

Der Bericht zitiert einen Neubauern aus Groß Nienhagen, Kreis Bad Doberan, mit der Klage: »Nachdem ich abgeliefert habe, was ich konnte, ist man

114 Vgl. z. B. den Informationsdienst Nr. 2030 v. 25.11.1953.
115 Ebenda.
116 Informationsdienst Nr. 2032 v. 27.11.1953.
117 Informationsdienst Nr. 2035 v. 1.12.1953.
118 Informationsdienst Nr. 2044 v. 11.12.1953.

noch zweimal gekommen und hat jedes Mal neu erfasst. Jetzt habe ich gerade noch so viel, dass ich knapp mit meiner Familie leben kann und meine vier Schweine noch acht Tage füttern kann. Ich bin gezwungen, meine Schweine sofort abzuliefern. Was ich nächstes Jahr abliefern soll, weiß ich nicht, die Herren haben es ja nicht anders haben wollen.«[119] Durch die Kategorisierung des Klageführenden als Neubauern (der naturgemäß nur eine kleine Fläche bewirtschaftete) wurde die Glaubwürdigkeit der Aussage unterstrichen, während den »Großbauern« in den Berichten pauschal Ablieferungsverweigerung mit einer tendenziell staatsfeindlichen Motivation unterstellt wurde.

Der »Neue Kurs« änderte nichts an der grundsätzlichen Zuordnung der »Großbauern« zum feindlichen Lager, auch wenn sich die SED agitatorisch in dieser Hinsicht zurückhielt. Auf dem Dorfe drohte jedoch unter den veränderten Bedingungen der gesellschaftliche und politische Einfluss der größeren Landwirte wieder zu wachsen. Das zeigte sich auch darin, dass vielfach das Ansinnen artikuliert wurde, »Großbauern« in die Vorstände der VdgB bzw. der Bäuerlichen Handelsgenossenschaften (BHG) zu wählen und damit ein ungeschriebenes Gesetz zu brechen, nach dem solche Funktionen nur den »werktätigen Bauern« zustanden.

Die »Großbauern« würden versuchen, sich Einfluss zu verschaffen, indem sie die »Mittelbauern« auf ihre Seite zögen. So hätten sich in einer VdgB-Wahlversammlung in Grünberg im Kreis Flöha zwei Großbauern gegen die Bezeichnung »Großbauer« verwahrt und erklärt, dass sie auch als werktätige Bauern anerkannt werden wollten. Die anwesenden Klein- und Mittelbauern hätten sich für sie eingesetzt.[120]

Aus Beilrode, Kreis Torgau, berichtete das SfS über die Forderung, einen »Großbauern« mit 65 Hektar Land in den Vorstand wählen zu können. Wenn dies nicht gestattet werde, wollten alle anderen aufgestellten Kandidaten zurücktreten. Aus der zum selben Kreis gehörenden Gemeinde Loßwig zitiert die Staatssicherheit einen Schmiedemeister mit der Äußerung, es sei ungerecht, dass die Großbauern keine Funktion in der VdgB ausüben könnten. Jeder könne »heute seine Funktionäre selber wählen wie er will, ob Geschäftsleute oder Handwerker, nur der Bauer nicht. Dem werde vorgeschrieben, dass er die Großbauern nicht wählen darf.«[121]

Laut SfS-Meldungen konnte die Wahl von »Großbauern« in die Ortsvorstände der VdgB zumeist verhindert werden. In Einzelfällen war es jedoch zu unerwünschten Wahlergebnissen gekommen. Im Bezirk Frankfurt/Oder wurden insgesamt 14 Großbauern in die Vorstände der VdgB gewählt. Unter den parteilosen Vorstandsmitgliedern, welche ca. 60 % ausmachten, sei ein großer Teil Altbauern sowie ehemalige Offiziere und Umsiedler. Nur ca.

119 Ebenda.
120 Ebenda.
121 Informationsdienst Nr. 2039 v. 5.12.1953.

20 % der gewählten Vorstandsmitglieder seien SED-Mitglieder. Die übrigen 20 % setzten sich aus Mitgliedern der Blockparteien zusammen. Besonders ungünstig seien die Wahlen dort ausgefallen, »wo die Anleitung und Unterstützung sowie die Vorbereitung der VdgB-Wahlen von unseren Genossen Funktionären ungenügend war«. So habe »der Genosse Kreisbeauftragte der VdgB« in Weichensdorf, Kreis Beeskow, nicht verhindert, dass in einen fünfköpfigen Vorstand vier Großbauern gewählt worden seien. Im gesamten Bezirk Frankfurt/Oder sei bei den VdgB-Wahlen der Anteil der Parteilosen sehr stark angestiegen. Bis zum 7. Dezember seien 664 Parteilose sowie 243 Mitglieder der SED, 175 der DBD, 29 der CDU, 21 der LDP und 13 der NDPD in die Vorstände gewählt worden.[122] Hier zeigt sich, dass die SED unter den Vorzeichen des »Neuen Kurses« und der damit verbundenen Schwächung ihres Einschüchterungspotenzials die Verhältnisse auf dem flachen Lande auch zum Jahresende hin noch nicht wieder uneingeschränkt determinieren konnte.

2.5 Versorgungsprobleme

Die verbreitete Unzufriedenheit in der Bevölkerung, die dem Juni-Aufstand vorausging, war – wie bereits erwähnt – nicht unwesentlich durch die chronisch schlechte Versorgungslage in der DDR bedingt, die sich seit dem Sommer 1952 nochmals erheblich verschlechtert hatte und insbesondere Lebensmittel wie Butter, Margarine, Fleisch, Gemüse und Zucker, aber auch industrielle Konsumgüter betraf.[123]

Besonderen Unmut hatten auch die im April 1953 erfolgten Preiserhöhungen für zuckerhaltige Lebensmittel[124] hervorgerufen und an diesem Punkt korrigierte die SED ihre Politik bereits mit der Verkündung des »Neuen Kurses« am 11. Juni.[125] Weitere, sehr viel einschneidendere Maßnahmen folgten auf diesem Gebiet erst nach dem Juni-Aufstand mit den Regierungsbeschlüssen vom 25. Juni. Durch die Freigabe der Staatsreserve und die Erhöhung der Importe sollte das Angebot von Nahrungsmitteln verbessert werden, bei denen es in der jüngsten Vergangenheit besondere Engpässe ge-

122 Analyse vom 1. bis 15. Dezember 1953, o. D. [Nr. 7/53].

123 Vgl. Steiner, André: Von Plan zu Plan. Eine Wirtschaftsgeschichte der DDR. München 2004, S. 76 f., sowie Schevardo, Jennifer: Vom Wert des Notwendigen. Preispolitik und Lebensstandard in der DDR der fünfziger Jahre. München 2006, S. 117 f.

124 Beschluss zur Herstellung der richtigen Preisrelation für zuckerhaltige Waren vom 16.4.1953; BArch DC 20-I/3/184, Bl. 83; Beschluss für verschiedene Erzeugnisse der Nahrungs- und Genussmittelindustrie, die unter Verwendung von Zucker hergestellt werden, vom 16.4.1953; ebenda, Bl. 84.

125 Beschluss vom 11.6.1953 über Preisänderungen für Süßwaren, Dauerbackwaren, Feinbackwaren, Kunsthonig, Marmelade und Fruchtsirup und die entsprechenden Preisverordnungen Nr. 308 über die Handelsspannen für Marmelade und Nr. 309 über Preise bei Kunsthonig, die auch am 11.6.1953 erlassen wurden. In: GBl. 1953, S. 807.

geben hatte: Zucker, Margarine, Butter und Schlachtfette, Fleisch, Fischkonserven, Getreide, Obst und Gemüse.[126] Außerdem wurde beschlossen, dass zusätzliche Industriewaren, vor allem Textilien und Schuhe sowie Fahr- und Motorräder, durch Liquidation der Staatsreserve in den Handel gebracht werden sollten.[127]

Auch die häufigen Stromabschaltungen, verursacht vor allem durch die Forcierung energieintensiver Industriezweige, hatten zu großem Unmut in der Bevölkerung geführt. Der Ministerrat verpflichtete daher, ebenfalls in einem Beschluss vom 25. Juni, das Staatssekretariat für Energie, »alle erforderlichen Voraussetzungen zu schaffen, damit ab 1. Juli 1953 die Abschaltungen in der Versorgung der Bevölkerung mit Strom völlig beseitigt werden.«[128] Für die Realisierung dieses Beschlusses fehlten allerdings die entsprechenden Kapazitäten, sodass es noch lange zu verbreiteten Stromabschaltungen und einem entsprechenden Glaubwürdigkeitsverlust der Regierung kam – ein immer wiederkehrendes Thema der Stimmungsberichte der folgenden Monate.

Angesichts der Bedeutung der Versorgungslage für die Stimmung der Bevölkerung waren die Meldungen zur Versorgung eine ständige Rubrik in der Berichterstattung der Staatssicherheit. Bereits die erste Tagesberichtserie, die vom 24. bis zum 30. Juni ausgefertigt wurde,[129] enthielt einen festen Abschnitt »Versorgung der Bevölkerung«. Das blieb auch im Juli so, allerdings wurden jetzt wiederholt auch noch umfängliche eigenständige Berichte zur Versorgungslage erarbeitet, die den Tagesberichten als Anlagen beigegeben wurden.[130]

Die Berichte enthalten nahezu alle sinngemäß die einleitende Formulierung, die Versorgung der Bevölkerung sei im Großen und Ganzen gesichert. Anschließend folgen aber eine Vielzahl von Informationen über Mangellagen und Probleme. Gerade auch Güter, die gemäß Regierungsbeschluss vom 25. Juni aus der Staatsreserve ergänzt werden sollten, waren nach wie vor knapp. Das galt insbesondere für Zucker, Butter und Margarine, Fischkon-

126 Beschluss des Ministerrats vom 25.6.1953 über die weitere Verbesserung der Versorgung der Bevölkerung mit Nahrungsmitteln. In: ND, Berliner Ausgabe, v. 26.6.1953, S. 1.

127 Beschlüsse des Ministerrats vom 25.6.1953 über die weitere Verbesserung der Versorgung der Bevölkerung mit Industriewaren sowie über die Verbesserung der Versorgung der Werktätigen mit Arbeitsschutzkleidung und -mitteln. In: ND, Berliner Ausgabe, v. 26.6.1953, S. 1.

128 Kommuniqué über den entsprechenden Beschluss des Ministerrates vom 25.6.1953. In: ND, Berliner Ausgabe, v. 26.6.1953, S. 1.

129 Von Tagesbericht Nr. 1 v. 24.6.1953 [Meldung Nr. 23/53] bis Information Nr. 6 v. 30.6.1953 [Meldung Nr. 30/53].

130 Anlage 1 zur Information Nr. 1007 v. 7.7.1953: Information Nr. 1007a: Über die Lage der Versorgung der Bevölkerung – Anlage 2 zur Information Nr. 1011 v. 11.7.1953: Information Nr. 1011b: Zur Lage der Versorgung der Bevölkerung – Anlage 3 zu Information Nr. 1017 v. 18.7.1953: Information Nr. 1017c: Zur Lage der Versorgung der Bevölkerung – Anlage zur Information Nr. 1025 v. 27.7.1953: Information Nr. 1025a: Zur Lage der Versorgung der Bevölkerung.

serven, aber auch zum Beispiel für Textilien und Schuhe. Im Bericht vom 7. Juli benennt die Staatssicherheit einen gravierenden Grund für diese Situation: Ein Teil der im Ministerratsbeschluss genannten Güter war in der Staatsreserve gar nicht mehr vorhanden, weil diese bereits vor dem Beschluss in den Handel gegeben worden waren. Der Bericht enthält eine aufschlussreiche Tabelle, in der die Warenmengen aus dem Ministerratsbeschluss den tatsächlich in der Staatsreserve noch vorhandenen Mengen gegenübergestellt werden. Die Fehlmengen waren beträchtlich, sie lagen mindestens bei 50 %, bei den meisten Gütern noch höher.[131]

Am 11. Juli fasste das MfS die Versorgungssituation und die daraus resultierende Stimmung folgendermaßen zusammen: Im Allgemeinen könne man den Diskussionen in der Bevölkerung entnehmen, dass trotz der bei Butter, Margarine, Zucker, Fisch und Fischkonserven eingetretenen Zuwächse »von einer Verbesserung der Lebenslage« nicht gesprochen werden könne, »sondern nur von der Wiederherstellung des bereits einmal gewesenen Zustandes«.[132]

Katastrophale Zustände herrschten vor allem bei den ebenfalls durch den Ministerratsbeschluss ausgeweiteten Importlieferungen von Gemüse und Obst aus den »Volksdemokratien«. Die Transporte dauerten so lang, dass die Ware in den ungekühlten Güterwaggons bei den hochsommerlichen Temperaturen die DDR häufig nicht mehr in einem verzehrbaren Zustand erreichte. Die Staatssicherheit meldete, der verdorbene Anteil belaufe sich bei Gemüse auf 40 bis 60 % und bei Obst auf 80 bis 90 %.[133] Hinzu kam, dass die Importe vielfach überflüssig waren, weil die DDR die meisten der importierten Gemüsesorten in ausreichendem Maße produzierte, das MfS sprach sogar von einer »Obst- und Gemüseschwemme«.[134] Ähnliche Missstände bestanden auch bei den Fleischimporten, wofür das MfS den zuständigen Deutschen Innen- und Außenhandel (DIA) verantwortlich machte. Der DIA habe mit Rumänien einen Importvertrag über 144 Rinderviertel und 800 Schweinehälften abgeschlossen. Als das Fleisch in der DDR eintraf, seien »132 Schweinehälften von Fäulnis stark angegriffen« gewesen, »sodass 2 625 kg als untauglich verworfen wurden und 1 876 kg zum sofortigen Verkauf als Freibankfleisch verfügt wurden«. Die restlichen 668 Schweinehälften seien »von einer leichten Oberflächenfäulnis angegriffen« gewesen und »konnten nur noch zur Kochwurstverarbeitung in die Industrie abgegeben werden«. Die Missstände bei den Lebensmittelimporten seien darauf zurückzuführen, dass der DIA

131 Vgl. Anlage 1 zur Information Nr. 1007 v. 7.7.1953: Information Nr. 1007a: Über die Lage der Versorgung der Bevölkerung.

132 Anlage 2 zur Information Nr. 1011 v. 11.7.1953: Information Nr. 1011b: Zur Lage der Versorgung der Bevölkerung.

133 Anlage 1 zur Information Nr. 1007 v. 7.7.1953: Information Nr. 1007a: Über die Lage der Versorgung der Bevölkerung.

134 Ebenda.

unter anderem »bei dem Abschluss von Verträgen nicht genügend auf die Qualität« achte, keine »Abstimmung des Imports mit dem Inlandsaufkommen« vornehme und die »Verbraucherwünsche« nicht berücksichtige.[135]

Kontinuierlich berichtet die Staatssicherheit über haarsträubende organisatorische Mängel im Bereich von Handel und Versorgung. Ihrer Einschätzung nach waren die »örtlich vorhandenen Schwierigkeiten in der Versorgung der Bevölkerung [...] zum größten Teil auf schlechte Organisation und Planung, auf Mängel in der Belieferung, auf bürokratisches Verhalten bzw. Unfähigkeit der dafür verantwortlichen Stellen zurückzuführen«.[136] In einzelnen Fällen hätten auch »unklar gegebene Anweisungen von höherer Stelle (Ministerium für Handel und Versorgung) eine gute Organisation und Planung verhindert bzw. gestört«. In dem betreffenden Bericht folgen verschiedene Beispiele, etwa dass aus dem Bezirk Erfurt Blumenkohl nach Karl-Marx-Stadt geliefert worden sei und gleichzeitig Erfurt Blumenkohl aus dem ostsächsischen Bad Schandau erhalten habe oder dass eine Möbellieferung aus Raschau an den nur wenige Kilometer entfernten Konsum von Schwarzenberg über die rund 120 Kilometer entfernte DHZ Dresden transportiert worden sei.[137]

Solche bürokratischen Possen im Gütertransport waren umso problematischer, als es extreme Engpässe bei den Transportkapazitäten sowohl auf der Straße als auch auf der Schiene gab, ebenfalls ein Dauerthema in der Berichterstattung. Das wirkte sich teilweise zugunsten der privaten Einzelhändler aus, die, wie etwa Ende Juli aus Karl-Marx-Stadt berichtet wurde, »ihre Waren (besonders Grünwaren) schon in den frühen Morgenstunden anbieten« könnten, wohingegen »die HO und der Konsum erst in den Mittagsstunden die Waren zum Verkauf« brächten.[138]

Zunehmend ging die Staatssicherheit dazu über, in ihren Berichten auch explizite Vorschläge zur besseren Organisation der Versorgung zu machen. Als etwa Anfang August Margarine, bei der noch wenige Wochen zuvor eher Knappheit geherrscht hatte, nicht im ausreichenden Umfang abgesetzt werden konnte und zu verderben drohte, schlug das SfS eine Preissenkung vor.[139] Die Bevölkerung reagierte regelmäßig verstimmt, wenn begehrte Lebensmittel verdarben, weil zu lange mit den notwendigen Preisnachlässen gewartet wurde. Als zum Beispiel Anfang Oktober im Bezirk Halle größere Mengen teurer Importweintrauben schlecht wurden, weil sie nicht abgesetzt werden konnten, kam es zu verbreiteten »Diskussionen«, deren Tenor das

135 Information Nr. 1004 v. 3.7.1953.

136 Anlage 3 zur Information Nr. 1017 v. 18.7.1953: Information Nr. 1017c: Zur Lage der Versorgung der Bevölkerung.

137 Ebenda.

138 Anlage zur Information Nr. 1025 v. 27.7.1953: Information Nr. 1025a: Zur Lage der Versorgung der Bevölkerung.

139 Vgl. Information Nr. 1035 vom 8.8.1953.

SfS wiedergab: »Lieber kann das Zeug verfaulen, ehe man es uns rechtzeitig für billigeres Geld geben würde.«[140]

Dauerbrenner bei der Berichterstattung waren die Versorgungsprobleme bei Kartoffeln und bei Kohlen für den Hausbrand. Als es im Herbst um die Bevorratung beider Güter für den Winter ging, war das Thema in den Berichten ständig präsent. Bereits im September zitiert das SfS den Leiter der Abteilung Materialversorgung beim Rat des Bezirkes Cottbus mit den Worten, die Situation bei der Brennstoffversorgung sei so schlecht, »dass dies bereits keine Frage der Versorgung mehr [...], sondern eine politische Frage geworden« sei.[141]

Schon im Juli hatte die Staatssicherheit vor Engpässen gewarnt, die sich aus dem zu knappen Angebot ergäben. Der vom Ministerrat bestätigte Verteilungsplan für das 2. Halbjahr 1953 gehe von einem Bedarf an Briketts und Rohbraunkohle aus, der »nach vorläufigen Berechnungen« durch die Produktion nicht gedeckt werden könne, daher sei die gesamte Kohlenversorgung gefährdet. Das Problem sei, dass die Produktion »den Anforderungen der Verbraucher« nicht gerecht werde.[142]

Versorgungsprobleme blieben für die DDR ein sicherheitspolitisch relevantes Dauerthema und daher auch Gegenstand der Berichterstattung. Die Staatssicherheit schrieb zu diesen Missständen und zum Unmut, den sie in der Bevölkerung hervorriefen, auch in späterer Zeit meistens Klartext.

2.6 Rückkehrer

Gemäß den Vorgaben der sowjetischen Führung waren die Eindämmung der »Republikflucht« und die Förderung der Rückkehr geflüchteter DDR-Bürger und Ostberliner zentrale Ziele des »Neuen Kurses«.[143] Den Rückkehrern wurde in der entsprechenden Verordnung vom 11. Juni die Rückgabe des beschlagnahmten Eigentums, die Wiedereinsetzung in ihre Rechte und die Wiedereingliederung »in das wirtschaftliche und gesellschaftliche Leben« in Aussicht gestellt.[144] Die Bedeutung dieses politischen Ziels erklärt die intensive Berichterstattung der Staatssicherheit zum Rückkehrerthema, die schon unmittelbar nach dem 17. Juni einsetzte. Bereits die Berichte der ersten Klein-

140 Informationsdienst Nr. 1090 v. 10.10.1953.

141 Information Nr. 1070 v. 17.9.1953.

142 Anlage zur Information Nr. 1025 v. 27.7.1953: Information Nr. 1025a: Zur Lage der Versorgung der Bevölkerung.

143 Zur Rückkehrerproblematik im Jahre 1953 vgl. Schmelz, Andrea: Migration und Politik im geteilten Deutschland während des Kalten Krieges. Die West-Ost-Migration in die DDR in den 1950er und 1960er Jahren. Opladen 2002, S. 95–109.

144 Verordnung über in das Gebiet der Deutschen Demokratischen Republik und den demokratischen Sektor von Groß-Berlin zurückkehrende Personen vom 11.6.1953. In: ND, Berliner Ausgabe, v. 12.6.1953, S. 1.

serie vom 19. und 21. Juni enthielten unter einer eigenen Rubrik Zahlen zu den über die Berliner Grenzübergänge Zurückgekehrten.[145] Am 25. und 26. Juni folgten dann die ersten eigenständigen Berichte über die Stimmung unter den Rückkehrern.[146]

Im Bericht vom 26. Juni legte das MfS dar, dass er »durch unbeeinflusste, zwanglose Unterhaltungen« mit 34 Personen, die aufgrund des Ministerratsbeschlusses vom 11. Juni in die DDR zurückgekehrt seien, zustande gekommen sei. Er enthält die geradezu agitatorisch anmutende und mit verschiedenen Zitaten erläuterte Behauptung, der Ministerratsbeschluss verbreite sich »wie ein Lauffeuer in den Flüchtlingslagern Westberlins und Westdeutschlands« und die zurückgekehrten Personen brächten »ihre Freude über diese Maßnahmen der Regierung zum Ausdruck« und verpflichteten sich, »aktiv beim Aufbau in der DDR zu helfen«. Die Stimmung in den westlichen Flüchtlingslagern sei schlecht. Eine Hausfrau wird mit den Worten zitiert, das »Elend in den Lagern« sei nicht mehr auszuhalten und man müsse »unter den unmenschlichsten Bedingungen hausen«. »Trotz der schlechten Stimmung in den Flüchtlingslagern und der Tatsache, dass mindestens 80 % der Flüchtlinge gern zurückkehren würden«, bestehe verbreitet »Zweifel an der Ehrlichkeit der Durchführung der Regierungsbeschlüsse«. Man wolle »erst abwarten, wie es den Rückkehrern in der DDR ergeht«. Außerdem würde von Presse und Rundfunk und den offiziellen Stellen im Lager gegen die Rückkehr agitiert. Ein zurückgekehrter Fleischer wird mit der Aussage zitiert, »einige unbekannte Personen« seien ins Lager gekommen und hätten Rückkehrwillige gewarnt: »Sie sollten nicht in die DDR zurückkehren, da sie sonst von den Russen verhaftet werden und nach Sibirien kommen.«[147]

Das blieb im Wesentlichen der Tenor der Berichterstattung zu diesem Thema, das ab 30. Juni in einem festen Gliederungsschema abgehandelt wurde: 1. Einstellung der zurückgekehrten Personen zum Ministerratsbeschluss; 2. Stimmung der Flüchtlinge und Hemmungen bei ihrer Rückkehr; 3. Maßnahmen und Agitation vonseiten der Bonner Regierung, um die Flüchtlinge von ihrer Rückkehr in die DDR abzuhalten; 4. Durchführung der Maßnahmen des Ministerratsbeschlusses bei zurückgekehrten Personen.[148] Diese ausführliche Art der Berichterstattung über das Rückkehrerthema erstreckte sich bis zum 11. August. Mehrmals wurden in diesem Zeitraum auch eigenständige Berichte zum Thema gefertigt, die teilweise als Anlagen zu den Ta-

145 Information Nr. 2 v. 19.6.1953 [Meldung Nr. 13/53] sowie Information Nr. 3 v. 21.6.1953 [Meldung Nr. 18/53].

146 Stimmungsberichte von den zurückgekehrten Personen aus Westdeutschland und Westberlin v. 25.6.1953 [Meldung Nr. 24/53] und v. 26.6.1953 [Meldung Nr. 27/53].

147 Ebenda.

148 Information Nr. 6 v. 30.6.1953 [Meldung Nr. 30/53]. Ab 11.7.1953 in den Formulierungen leicht verändert.

gesberichten fungierten bzw. (nahezu) alleiniges Thema von Tagesberichten waren.[149]

Bemerkenswert ist die geradezu fürsorgliche Haltung gegenüber den Rückkehrern, die darin zum Ausdruck kommt, dass sehr genau darüber berichtet wird, ob die von der Regierung beschlossenen Integrationsmaßnahmen auch umgesetzt wurden. Fast komisch wirkt es, wenn die Staatssicherheit beispielsweise beklagt, es gebe »noch Stellen, wo die Rückkehrer trotz stärkstem Bemühen ihrerseits keine Arbeit erhalten«, was zum Teil damit begründet werde, »dass man sie erst einmal überprüfen muss, ob sie auch keine Spione sind«. Dies rufe unter diesen Rückkehrern »starke Empörung« hervor und manche trügen sich mit dem Gedanken wieder nach Westdeutschland zurückzukehren. »Briefe von schlecht behandelten Rückkehrern können sehr schlechte Folgen mit sich bringen, schon wenn es nur Einzelne sind, da ein Brief von diesen geschrieben, schnell im Lager die Runde macht.«[150]

Ab Mitte August lässt die Berichterstattung über die Rückkehrerproblematik nach, nur am 22. Oktober erscheint nochmals ein ausführlicher Bericht zur Stimmung unter den Rückkehrern.[151] Ansonsten wurde jetzt vor allem über die Rückkehrerzahlen (im Verhältnis zu den Flüchtlingszahlen) berichtet. Die Anzahl der Rückkehrer wurde in der 14-täglichen »Analyse« von Mitte Oktober mit 3 217 im August und mit 3 633 im September angegeben, die Zahlen der Zuwanderer entsprechend mit 938 und 1 332.[152] Das entspricht in etwa den konsolidierten Zahlen, die die Zentralverwaltung für Statistik später festhielt.[153] Die Hoffnungen der DDR-Führung, dass die Maßnahmen des »Neuen Kurses« zu einer besseren Wanderungsbilanz führen würden, erfüllten sich durchaus, wenn auch in einem bescheidenen Umfang.[154]

149 Anlage 2 zur Information Nr. 1007 v. 7.7.1953: Information Nr. 1007b: Stimmung von Rückkehrern in das Gebiet der DDR; Anlage 2 zur Information Nr. 1017 v. 18.7.1953: Information Nr. 1017b: Stimmung von Rückkehrern in das Gebiet der DDR; Information Nr. 1024 v. 25.7.1953 (nahezu ausschließlich »Stimmung von Rückkehrern in das Gebiet der DDR«); Anlage zur Information Nr. 1030 v. 1.8.1953: Information Nr. 1030a: Stimmung der Rückkehrer in das Gebiet der DDR; Information Nr. 1037 v. 11.8.1953: Stimmung der Rückkehrer in das Gebiet der DDR.

150 Information Nr. 1024 v. 25.7.1953.

151 Anlage zum Informationsdienst Nr. 2001 v. 22.10.1953: Stimmung von Rückkehrern in das Gebiet der DDR.

152 Analyse vom 1. bis 15. Oktober 1953, o. D. [Nr. 3/53].

153 Vgl. Melis, Damian van; Bispinck, Henrik (Hg.): »Republikflucht«. Flucht und Abwanderung aus der SBZ/DDR 1945 bis 1961. München 2006, S. 255. Hier wird die Gesamtzuwanderung (Rückkehrer und sog. Erstzuziehende zusammen) für August mit 4 000 und für September mit 5 265 angegeben.

154 Dies wird in der einschlägigen Literatur teilweise übersehen. Vgl. z. B. Schmelz, Andrea: Migration und Politik im geteilten Deutschland während des Kalten Krieges. Die West-Ost-Migration in die DDR in den 1950er und 1960er Jahren. Opladen 2002, S. 95–109.

2.7 *»Feindtätigkeit«*

Interessant ist, dass Meldungen zum Zuständigkeitsbereich der Staatssicherheit im engeren Sinn, der »Feindtätigkeit«, im Vergleich zur allgemeinen Lage- und Stimmungsberichterstattung schon 1953 einen eher kleinen Raum einnehmen. Ab dem 18. August[155] findet sich eine regelmäßige Rubrik »Feindtätigkeit«, in der – bezeichnenderweise immer ganz am Ende des Berichts – über die Verbreitung westlicher Flugschriften, Gewalttaten gegen Funktionäre oder vermutete Sabotageakte berichtet wurde. Die Meldungen sind hier sehr knapp gehalten, Versuche einer synthetischen Darstellungsweise oder analytischen Einordnung sind kaum zu finden.

Indirekt kam außerdem das Thema »Feindtätigkeit« im Zusammenhang mit der Berichterstattung über politische Strafprozesse oder Festnahmeaktionen der Staatssicherheit zur Sprache, bei der es in erster Linie um die betreffenden Reaktionen in der Bevölkerung ging. Auch die Staatssicherheit achtete jetzt stärker auf die öffentliche Wirkung ihrer Tätigkeit, was sich in der Tagesberichterstattung über Prozesse gegen »Staatsfeinde« und »Agenten« niederschlug. Am 10. Oktober war der »Informationsdienst« gleich mit vier Anlagen zu unterschiedlichen politischen Strafprozessen versehen: dem Prozess gegen acht ehemalige Leitungskader des sächsischen Steinkohlebergbaus vor dem Obersten Gericht von Ende September, den KgU-Prozessen von Magdeburg und Leipzig von Anfang Oktober und dem wenig später vor dem Bezirksgericht Gera stattgefundenen Verfahren gegen zehn leitende Mitarbeiter der Zeiss-Werke.[156]

Die wiedergegebenen Äußerungen zu den durchweg harten Urteilen (im Magdeburger KgU-Prozess erging sogar ein Todesurteil) sind überwiegend zustimmend, es werden nicht wenige Stimmen zitiert, die sogar noch härtere Urteile forderten. Nur vereinzelt werden auch andere Meinungen aufgeführt. So werden ein Abteilungsleiter und der Arbeitsdirektor des Karl-Marx-Werkes Zwickau mit der Äußerung zitiert, der zu viereinhalb Jahren Haft verurteilte Obersteiger Bruno Fankhähnel habe »doch keine Verbrechen begangen« und »immer seine ganze Kraft eingesetzt«.[157] Die Stimmen zum Magdeburger KgU-Prozess fasst das SfS folgendermaßen zusammen: »In den uns bekannten Stellungnahmen wird fast ausschließlich die feindliche Tätigkeit der Agenten erkannt und ihre Handlungsweise aufs Schärfste verurteilt.

155 Information Nr. 1039 v. 13.8.1953.

156 Anlagen 1–4 zum Informationsdienst Nr. 1090 v. 10.10.1953: Stimmungsberichte aus der Bevölkerung über den Prozess gegen die Schädlingsgruppe im Zwickauer Steinkohlenrevier; Stimmungsberichte aus der Bevölkerung über den Prozess gegen sieben Agenten der KgU in Magdeburg; Stimmungsberichte aus der Bevölkerung über den Prozess gegen sieben Agenten der KgU in Leipzig; Stimmungsbericht über den Prozess gegen die Agentengruppe von Zeiss/Jena in Gera am 5. und 6. Oktober 1953.

157 Anlage 1 zum Informationsdienst Nr. 1090 v. 10.10.1953: Stimmungsberichte aus der Bevölkerung über den Prozess gegen die Schädlingsgruppe im Zwickauer Steinkohlenrevier.

Dabei bringt man zum Ausdruck, dass solche Elemente nicht hart genug verurteilt werden können. Nur einzelne Personen sind sich über die Gefährlichkeit dieser Agenten noch nicht voll bewusst und äußern, dass diese Urteile nur als Abschreckung dienen, damit keiner seine wahre Meinung zum Ausdruck bringt.«[158]

Intensiver wurde die Berichterstattung in eigener Sache nach der groß angelegten Staatssicherheitsaktion »Feuerwerk«, dem ersten »konzentrierten Schlag«, bei dem vom 28. bis 30. Oktober über 100 Personen, vorwiegend V-Leute der Organisation Gehlen, verhaftet wurden.[159] Am 9. November präsentierte das DDR-Presseamt auf einer internationalen Pressekonferenz »Enthüllungen über USA-Spionagetätigkeit in der DDR«, unter anderem kam es dort zu dem spektakulären Auftritt des ehemaligen stellvertretenden Leiters einer Westberliner Filiale der Organisation, Hans Joachim Geyer, eines abgezogenen Doppelagenten der Staatssicherheit.[160] Im Anschluss daran traten leitende Kader der Staatssicherheit über Wochen in Betriebsversammlungen auf und versuchten, anhand dieses »operativen Erfolgs« die Arbeit der Staatssicherheit zu »popularisieren«.

In der Berichterstattung der Staatssicherheit werden diese Auftritte fast durchweg als großer Erfolg ausgegeben. So heißt es im Überblicksbericht zur ersten Novemberhälfte: »Die teilweise bestehende Meinung, dass die Staatssicherheit der ›schwarze Mann‹ in der DDR sei«, sei durch die Auftritte »größtenteils zerschlagen« worden. Vielfach werde der Wunsch geäußert, solche Versammlungen öfter durchzuführen.[161] Der Bericht über die zweite Novemberhälfte betont, durch die Betriebsversammlungen, auf denen »Funktionäre des Staatssekretariats für Staatssicherheit« gesprochen hätten, sei »ein großer Umschwung in der Meinung der Arbeiter« eingetreten. Außer in einigen Fällen, bei denen eine schlechte organisatorische Vorbereitung eine geringe Beteiligung zur Folge gehabt habe, seien diese Versammlungen sehr erfolgreich gewesen. »Einmütig begrüßten die Arbeiter, dass die Staatssicherheit in die Betriebe kommt und mit ihnen Kontakt aufnimmt.« Oft hätten sich die Arbeiter »zur erhöhten Wachsamkeit in ihren Betrieben und zur Unterstützung der Organe der Staatssicherheit« verpflichtet. Sie würden strengste Bestrafung der Verbrecher fordern. Das »ausgestellte Beweismaterial« sei interessiert betrachtet worden.[162]

Einen besonderen Erfolg erzielte offenbar der Leiter der Verwaltung Wismut des SfS, Karl Kleinjung, bei den Wismut-Bergarbeitern in Johanngeor-

158 Anlage 2 zum Informationsdienst Nr. 1090 v. 10.10.1953: Stimmungsberichte aus der Bevölkerung über den Prozess gegen sieben Agenten der KgU in Magdeburg.

159 Vgl. Fricke, Karl Wilhelm; Engelmann, Roger: »Konzentrierte Schläge«. Staatssicherheitsaktionen und politische Prozesse in der DDR 1953–1956. Berlin 1998, insbes. S. 42–47.

160 Veröffentlicht in: ND, Berliner Ausgabe, v. 10.11.1953, S. 1 u. 3.

161 Analyse vom 1. bis 15. November 1953, o. D. [Nr. 5/53].

162 Analyse vom 16. bis 30. November 1953, o. D. [Nr. 6/53].

genstadt. Da der vorgesehene Saal mit 1200 Mann überbesetzt gewesen sei, hätte seine Rede mit Lautsprechern übertragen werden müssen. »Nach einer mehrstündigen kämpferischen Diskussion« hätten die Kumpel Kampfgruppen gebildet, »um die Wachsamkeit zu erhöhen und die Organe der Staatssicherheit zu unterstützen«.[163] Es drängt sich der Eindruck auf, dass bei diesem Thema eine beschönigende Absicht die Feder der Staatssicherheitsoffiziere führte.

3. Der Beginn des Berichtswesens und die Gründung der Informationsgruppen in der Staatssicherheit

Schon vor dem Juni-Aufstand gab es im MfS Strukturen, die in begrenztem Umfang eine Berichterstattung zur Stimmung in der Bevölkerung gewährleisteten.[164] Stimmungsberichte wurden regelmäßig von den seit Mai 1951 sowohl in der Zentrale als auch in den Länderverwaltungen bestehenden Referaten Information der Abteilungen VIa erarbeitet, die für Postkontrolle zuständig waren und etwa zur Jahreswende 1951/52 in Abteilungen M umbenannt wurden.[165] Diese Berichte wurden aus der geöffneten Post herausgefiltert und sollten gemäß der einschlägigen internen Anweisung vom 25. Mai 1951 das MfS in die Lage versetzen, »jederzeit ein einwandfreies Bild über die Stimmung der Bevölkerung der verschiedenen sozialen Schichten zu den einzelnen politischen und wirtschaftlichen Fragen zu geben« – differenziert nach ostdeutscher und westdeutscher Bevölkerung.[166] Diese Stimmungsberichte blieben aber offenbar MfS-intern.

Daneben wurde im Januar 1953 ein Informationsbüro unter der Leitung des kommunistischen Altkaders Joseph Gutsche geschaffen, das dem Minister Wilhelm Zaisser direkt unterstellt war und »zwecks Information des Ministers in alle Dokumente und Akten« der MfS-Diensteinheiten »ohne Einschränkung« Einsicht nehmen konnte.[167] Gutsche war eine der wichtigsten Figuren im frühen MfS. Er hatte als Bolschewik 1917/18 an den revolutionären Kämpfen in Russland teilgenommen und war in der Weimarer Zeit einer der führenden Kader des M-Apparates der KPD gewesen. 1930 emigrierte er in die Sowjetunion und war später unter anderem Regimentskommissar der

163 Informationsdienst Nr. 2040 v. 7.12.1953.

164 Zu den Ausführungen in diesem Abschnitt vgl. Engelmann, Roger; Joestel, Frank: Die Zentrale Auswertungs- und Informationsgruppe (MfS-Handbuch). Hg. BStU. Berlin 2009, S. 17–20.

165 Vgl. Labrenz-Weiß, Hanna: Abteilung M (MfS-Handbuch). Hg. BStU. Berlin 2005, S. 12–22.

166 Anweisung des Generalinspekteurs Otto Walter (vom Staatssekretär Erich Mielke abgezeichnet) vom 25.5.1951: Verbesserung der Arbeit der Abteilung VIa; BStU, MfS, BdL-Dok. 3464.

167 Befehl 14/53 des Ministers Zaisser vom 14.1.1953; BStU, MfS, BdL-Dok. 110.

Roten Armee, Agent und Partisan. 1947 wurde er Präsident des Landeskriminalamtes Sachsen und 1949/50 Leiter der Länderverwaltung Sachsen des MfS.[168]

Was Gutsches Informationsbüro im Einzelnen gemacht hat, ist wegen der schlechten Überlieferungslage nur rudimentär zu rekonstruieren, wahrscheinlich fungierte es als Stabsstelle mit unterschiedlichen übergeordneten Aufgaben. Angesichts der Vita von Gutsche ist bei ihm eine besondere Nähe zu den sowjetischen Beratern anzunehmen, die den Apparat der Staatssicherheit damals noch weitgehend dominierten.[169] Auch bei der Herausbildung der Lageberichterstattung unmittelbar nach dem Juni-Aufstand haben deren Wünsche offensichtlich eine zentrale Rolle gespielt. Auf dem ersten Gliederungsentwurf für eine tägliche Lageberichterstattung, der ab 25. Juni für die ersten Tagesberichte maßgeblich war, steht abschließend: »Diese tägliche Zusammenstellung wünschen die Freunde bis spätestens 22.00 Uhr.«[170]

In der ersten Phase nach dem Juni-Aufstand war es jedenfalls Gutsche, dem die Lageberichterstattung des MfS unmittelbar unterstand.[171] Wahrscheinlich waren in seinem Informationsbüro für diesen Zweck ad hoc zusätzliche Kräfte zusammengezogen worden. Spätestens ab dem 24. Juni 1953 konsolidierte sich diese Berichterstattung zu sogenannten »Tagesberichten«, mit einer rudimentären thematischen Struktur. Berichtet wurde über die allgemeine Lage, die Versorgung, die Bevölkerungsstimmung sowie über »neu eingegangenes Material über die Entstehung der Bewegung« (gemeint war der Volksaufstand) und die »Absichten des Feindes«. Bald wurden auch umfassende Berichte zur Lage in bestimmten Bereichen, etwa in den Blockparteien CDU und LDPD oder den Kirchen, gefertigt.[172]

Die faktische Federführung für dieses ad hoc organisierte Berichtswesen lag bei Erich Mielke, der zu diesem Zeitpunkt noch 1. Stellvertreter des Ministers Wilhelm Zaisser war. Die aus den Bezirksverwaltungen eintreffenden Berichte gingen anfangs überwiegend über seinen Schreibtisch und wurden von ihm – manchmal schon vorredigiert – an Gutsche »zur Auswertung« weitergereicht.[173] Bereits eine Woche nach dem 17. Juni zeichnete sich jedoch ab, dass die Berichterstattung verstetigt werden sollte und dafür entsprechende Strukturen geschaffen werden mussten. Hierzu ist ein »Vorschlag zur Be-

168 Vgl. Gieseke, Jens (Hg.): Wer war wer im MfS (MfS-Handbuch). Hg. BStU. Berlin 1995, S. 26.

169 Vgl. Engelmann, Roger: Diener zweier Herren. Das Verhältnis der Staatssicherheit zur SED und den sowjetischen Beratern 1950–1959. In: Suckut, Siegfried; Süß, Walter (Hg.): Staatspartei und Staatssicherheit. Zum Verhältnis von SED und MfS. Berlin 1997, S. 51–72.

170 Gliederungsentwurf mit dem Titel »Die Lage in Berlin und in der DDR«, o. D. (spätestens 24.6.1953); BStU, MfS, AS 9/57, Bd. 13, Bl. 207.

171 Fernschreiben von Erich Mielke, 1. Ministerstellvertreter, an alle Bezirksverwaltungen vom 27.6.1953; BStU, MfS, AS 9/57, Bd. 12, Bl. 11.

172 Berichte vom 24.6. bis 31.7.1953; BStU, MfS, AS 9/57, Bde. 3a/b.

173 Siehe das Material in: BStU, MfS, AS 9/57, Bd. 18.

richterstattung« vom 25. Juni 1953 überliefert,[174] dessen Duktus die Vermutung nahelegt, dass es sich um ein aus dem Russischen übersetztes Papier der sowjetischen Berater handelt.[175] Es ist der erste aus einer ganzen Reihe solcher »Vorschläge«, die für die Konstituierungsphase der MfS-Berichterstattung im Juni und Juli 1953 maßgeblich waren.

Das Papier vom 25. Juni enthält die Forderung, in den Bezirksverwaltungen eine Auswertungsgruppe zu schaffen, »die von sämtlichen Abteilungen der Bezirksverwaltung das Material zur Auswertung erhält und den zentralen Tagesbericht nach Berlin reicht«. Die operativen Abteilungen der Berliner MfS-Zentrale sollten analog verfahren. Die Berichte der Bezirksverwaltungen sollten um 9.00 Uhr morgens in Berlin vorliegen. Es folgt eine detaillierte Vorgabe zur thematischen Gliederung der Berichte, die für die Berichterstattung der nächsten Tage maßgeblich war – in den grundlegenden Punkten auch darüber hinaus. Hauptpunkte waren: Besondere Vorkommnisse, Stimmung der Bevölkerung, Versorgung, Untersuchungsergebnisse zur Aufstandsbewegung, Absichten des Feindes. Auch den Grund ihres Eingreifens hielten die sowjetischen »Freunde« fest: Es werde »zur Zeit sehr viel geschrieben«, »aber die konkreten Punkte, die zur Berichterstattung benötigt« würden, fehlten in den Informationen.[176]

Die Dringlichkeit der Bildung von Auswertungsgruppen in den Bezirksverwaltungen wurde auch durch eine wahrscheinlich von Gutsche stammende handschriftliche Notiz unterstrichen: Bisher – so der Vermerk – lebe er »von dem Material der Abteilungen«,[177] das heißt die Informationsflüsse liefen noch über die dienstlichen Stränge der operativen Linien, was für eine täglich aktuelle Berichterstattung offensichtlich zu schwerfällig war. In der Tat ist die frühe Berichterstattung manchmal erstaunlich inaktuell.

Es folgten weitere »Vorschläge« zur Organisation der Berichterstattung und zur Ausgestaltung der Berichte. Sie dürften ebenfalls von den sowjetischen Beratern stammen und von Joseph Gutsche niedergeschrieben oder übersetzt worden sein. Demnach sollte das Hauptaugenmerk der Berichterstattung auf der Stimmung in den volkseigenen Betrieben liegen. Insbesondere sollten die Argumente von Personen wiedergegeben werden, die die Regierungsbeschlüsse zum »Neuen Kurs« ablehnten. Die Berichterstattung sollte in der Hauptsache auf Berichten von Geheimen Informatoren basieren[178],

174 Vgl. die entsprechenden Anlagen zu den Informationen Nr. 1003, 1004, 1005, 1008, 1009, 1013 und 1016.

175 Darauf deutet schon der Begriff »Vorschlag« hin, ein typischer Euphemismus für die Defacto-Anweisungen der Berater. Zudem wird die vorschlagende Instanz durch einen unbestimmten Plural bezeichnet: »Um eine zentrale operative Auswertung zu gewährleisten, schlagen wir Folgendes vor.«

176 Vorschlag zur Berichterstattung o. Verf. v. 25.6.1953; BStU, MfS, AS 9/57, Bd. 13, Bl. 203.

177 Handschriftlicher Vermerk auf dem Gliederungsentwurf »Die Lage in Berlin und in der DDR«, o. D. (spätestens 25.6.1953); BStU, MfS, AS 9/57, Bd. 13, Bl. 207.

178 Vorschlag o. Verf., o. D.; BStU, MfS, AS 9/57, Bd. 13, Bl. 199 f.

allerdings sollte auch weiterhin das aus der Postkontrolle gewonnene Material der Abteilung M einfließen.[179]

Noch Ende Juli bestand Unzufriedenheit über die Qualität der bis dahin von den Bezirksverwaltungen gelieferten Stimmungsberichte. Es handle sich »einzig und allein um aneinandergereihte Diskussionsbeispiele«, die nicht die Möglichkeit böten, »ein ungefähres Bild über die Stimmung der Bevölkerung zu entwerfen«.[180] Um diesem Zustand abzuhelfen – so ein Papier vom 29. Juli –, sollten die Kreisdienststellen angehalten werden, eigene Stimmungsberichte als Grundlage für die Berichte der Bezirksverwaltungen zu erstellen. Außerdem wurde abermals die Bildung von Auswertungsgruppen in den Bezirksverwaltungen angemahnt, da so »bei Nachfragen oder besonderen Hinweisen nicht immer der Leiter der Bezirksverwaltung in Anspruch genommen werden müsste«.[181]

Der am 23. Juli 1953 ins Amt des Staatssekretärs für Staatssicherheit berufene Ernst Wollweber machte das Berichtswesen dann unverzüglich zur Chefsache. Seine Dienstanweisung vom 3. August 1953 zur Neustrukturierung der Staatssicherheit sah bereits eine ihm direkt unterstellte Abteilung Information vor.[182] Vier Tage später befahl Wollweber dann formell die Bildung von Informationsgruppen in der Zentrale der Staatssicherheit und den Bezirksverwaltungen mit der Aufgabenstellung, Tagesberichte zu fertigen. Die täglichen Informationsberichte der Bezirksverwaltungen waren laut Befehl bis 6.00 Uhr morgens fertigzustellen und bildeten die Grundlage für den zentralen Bericht des Staatssekretariats, der bis 10.00 Uhr zu erarbeiten war und in den zusätzlich die Lageberichte der verschiedenen Polizeiorgane (Volks-, Grenz- und Transportpolizei) sowie der »Abhörbericht« des RIAS und andere wesentliche westliche Presseberichte einfließen sollten. Besonderen Wert legte Wollweber auf die zeitnahe Berichterstattung. Die politische Führung müsse den Bericht zum Vortag bereits am Morgen vorliegen haben.[183]

Offensichtlich nahmen jedoch nicht alle Bezirksverwaltungsleiter die Berichterstattung so ernst, wie das in der Berliner Zentrale erwartet wurde, denn Joseph Gutsche sah sich auf einer Dienstbesprechung mit den Leitern der zentralen Abteilungen und der Bezirksverwaltungen veranlasst zu betonen, dass für die Erarbeitung des »Informationsdienstes« »politisch und ope-

179 Vorschlag zur Berichterstattung o. Verf. v. 21.7.1953; BStU, MfS, AS 9/57, Bd. 13, Bl. 201 f.

180 Vorschlag o. Verf. v. 29.7.1953; BStU, MfS, AS 9/57, Bd. 13, Bl. 196–198.

181 Ebenda, Bl. 196.

182 Dienstanweisung 24/53 v. 3.8.1953; BStU, MfS, BdL-Dok. 3005.

183 Befehl 279/53 Wollwebers vom 7.8.1953 [zur Bildung von Informationsgruppen und zum Informationsdienst]. Dokumentiert in: Engelmann, Roger; Joestel, Frank: Grundsatzdokumente des MfS (MfS-Handbuch). Hg. BStU. Berlin 2004, S. 58–60. Vgl. auch Mitter Armin; Wolle, Stefan: Untergang auf Raten. Unbekannte Kapitel der DDR-Geschichte. München 1993, S. 146 f.

rativ erfahrene Genossen« eingesetzt werden müssten. Die Arbeit der Informationsgruppen müsse gut funktionieren, das sei auch wichtig, um das angeschlagene Verhältnis zur Partei wieder zu verbessern.[184]

Zum Leiter der Informationsgruppe im Berliner Staatssekretariat wurde am 17. August 1953 der bisherige, für den operativen Bereich zuständige stellvertretende Leiter der Bezirksverwaltung Dresden, Oberstleutnant Heinz Tilch, berufen.[185] Dabei handelte es sich keineswegs um eine Beförderung, sondern eher um eine Disziplinarmaßnahme. Tilch war in Misskredit geraten, weil er es nach dem Ausbruch des Juni-Aufstandes nicht für nötig gehalten hatte, freiwillig seinen Urlaub zu unterbrechen, sondern »geholt werden musste«, obwohl er sich ganz in der Nähe seines Dienstortes Dresden befand.[186] Von Bedeutung für die Berufung des gelernten Lithographen Tilch scheint gewesen zu sein, dass er für die damaligen Verhältnisse der Staatssicherheit über ein überdurchschnittliches analytisches Vermögen und ordentliche sprachliche Fähigkeiten verfügte. Nach seiner Berufung zeigt sich jedenfalls ein deutlicher Qualitätssprung in der Berichterstattung.

Im Zuge der Stärkung der Stellung der SED-Bezirksleitungen gegenüber den Staatssicherheitsorganen in ihrem territorialen Verantwortungsbereich im September 1953 ergänzte Wollweber die Regelung zum Informationsdienst durch die Bestimmung, dass auch die jeweiligen 1. Bezirkssekretäre einen eigenen Tagesbericht zur Lage im jeweiligen Bezirk erhalten sollten.[187]

Laut Gründungsbefehl sollten die Informationsgruppen in den größeren Bezirksverwaltungen drei, in den kleineren zwei Mitarbeiter haben. Die zentrale Informationsgruppe im Staatssekretariat übertraf ihre Sollstärke von vier Mitarbeitern bereits am 31. August 1953 um einen Mitarbeiter. Es handelte sich neben dem Leiter Tilch sowie einer Stenotypistin um drei Sachbearbeiter im Offiziersrang.[188] Aus der nunmehr qualitativ konsolidierten Berichterstattung ist zu ersehen, dass das System der Informationsgruppen ab September ordnungsgemäß zu arbeiten begann. Der tägliche Informationsdienst hatte jetzt eine thematische Gliederung, die nur noch leicht variierte.

184 Protokoll der Besprechung mit den Leitern der Bezirksverwaltungen und den Abteilungsleitern im Staatssekretariat am 21.8.1953; BStU, MfS, SdM 1921, Bl. 203–228, hier 217 f.

185 Heinz Tilch (Jg. 1914) wurde 1950 Leiter der KD Aue (Sachsen) und 1952 zunächst Chef der Abteilung III (Volkswirtschaft) und dann Stellvertreter Operativ der BV Dresden. Nach seinem Ausscheiden aus der Abteilung Information 1957 war er noch in verschiedenen MfS-Diensteinheiten Abteilungsleiter (HA II, HA VIII, BV Potsdam) bis er 1973 in Rente ging. Vgl. Gieseke, Jens (Hg.): Wer war wer im MfS (MfS-Handbuch). Hg. BStU. Berlin 1995, S. 71 f. Einsetzung Tilchs durch Wollwebers Befehl 290/53 vom 17.8.1953; BStU, MfS, KuSch 1359, Bl. 219.

186 Vgl. Fricke, Karl Wilhelm; Engelmann, Roger: Der »Tag X« und die Staatssicherheit. 17. Juni 1953 – Reaktionen und Konsequenzen im DDR-Machtapparat. Bremen 2003, S. 180 u. 268.

187 Anweisung Wollwebers zum Befehl 279/53 vom 10.9.1953; BStU, MfS, BdL-Dok. 184.

188 Informationsgruppe an Abteilung Personal v. 31.8.1953: Zahlenmäßige Aufstellung der Mitarbeiter nach Dienstgraden; BStU, MfS, AS 9/57, Bd. 12, Bl. 187.

Ab 6. Oktober 1953 erschien der Informationsdienst dann mit einem gedruckten Vorblatt und einer festen Gliederung. Auf die formale Entwicklung wird weiter unten noch detaillierter einzugehen sein.

Auch nach der Bildung der Informationsgruppen behielt die Abteilung M (Postkontrolle) zunächst weiterhin die Aufgabe, Stimmungsberichte zu erarbeiten. Diese blieben als eigenständiger Berichtsstrang erhalten und flossen darüber hinaus auch in die übergeordnete Berichtstätigkeit der Informationsgruppen ein.[189]

4. Die Berichterstattung

Die Staatssicherheit wurde auf dem Gebiet der Lageberichterstattung durch den Aufstand des 17. Juni gleichsam »ins kalte Wasser« gestoßen. Sie war auf das, was ihr plötzlich abverlangt wurde, in keiner Weise vorbereitet. Das MfS besaß zu diesem Zeitpunkt für diese Tätigkeit keine entsprechenden Strukturen, keine eingespielten Verfahren und Abläufe, außerdem waren die intellektuellen und sprachlichen Kompetenzen, die für eine Berichterstattung dieser Bedeutung nötig gewesen wären, im Apparat kaum vorhanden. Entsprechend dilettantisch sind die Berichte der ersten Wochen. Sie variieren extrem in Form und Umfang, strotzen von orthographischen und grammatikalischen Fehlern sowie von Stilblüten aller Art. Die Texte entstanden, indem verschiedene Materialien – insbesondere Fernschreiben aus den Bezirksverwaltungen – kurzfristig zusammengestellt und von Schreibkräften in einen äußerlich einheitlichen Text gebracht wurden. Auch vom Umfang her lief die Berichterstattung, vor allem im Juli, völlig aus dem Ruder. Die mit Anlagen teilweise 40 bis über 50 Seiten langen »Informationen« dürfte kaum einer der vielbeschäftigten Adressaten vollständig gelesen haben. Das Mitgeteilte war in diesem Zeitraum auch häufig redundant, manchmal tauchen wortgleiche Passagen in verschiedenen Berichten auf. Das verweist darauf, dass manche Informationen – trotz der täglichen Berichterstattung – keineswegs tagesaktuell waren. Eine deutliche qualitative Verbesserung der Berichterstattung trat erst im August im Nachgang zu Wollwebers Grundsatzbefehl 279/53 ein, als die Informationsgruppen in der Zentrale des Staatssekretariats und in den Bezirksverwaltungen eingerichtet wurden.

Hinsichtlich von Form und Inhalt der Staatssicherheitsberichte ist eine Ähnlichkeit zur Berichterstattung der SED unübersehbar. Die Gesamtberichte zur Lage nach dem 17. Juni, die von der ZK-Abteilung »Leitende Organe der Partei und Massenorganisationen« gefertigt wurden, enthalten neben dem Hauptpunkt »Die Arbeit und die Lage der Partei«, in dem es überwiegend um die Situation in den Betrieben geht, die Gliederungspunkte

189 Dienstanweisung 41/53 des stellvertretenden Staatssekretärs Martin Weikert vom 30.11.1953 für die Arbeit in der Abteilung »M«, S. 6; BStU, MfS, BdL-Dok. 3017.

»Stimmung der Bevölkerung«, »Lage auf dem Lande« und »Gegnerische Tätigkeit«.[190] Diese thematische Struktur bildet auch das Grundgerüst der sich herausbildenden Berichterstattung der Staatssicherheit. Allerdings ist unübersehbar, dass die SED-Berichterstattung in dieser Zeit präziser, analytischer und sprachlich ausgereifter ist. Das gilt tendenziell auch für andere Bericht erstattende Institutionen und Organisationen wie etwa die Blockparteien[191] und sogar für die Volkspolizei.[192] Der Wert der Staatssicherheitsberichterstattung liegt in der besonderen Authentizität insbesondere der Stimmungsberichte, die sich offensichtlich in hohem Maße aus Informationen von Geheimen Informatoren speiste und von der ungeschminkten, oftmals wörtlichen Wiedergabe von Äußerungen lebt.

Die Berichterstattung des Jahres 1953 kann grob in drei Phasen eingeteilt werden. Die erste Phase war durch eine Ad-hoc-Berichterstattung über den Aufstand sowie seine unmittelbaren Ausläufer und Folgen gekennzeichnet und erstreckte sich vom 17. bis zum 22. Juni 1953. Es handelte sich um eine intensive Berichtstätigkeit – in fünf Tagen wurden insgesamt 22 Berichte gefertigt, zwei noch am 17. Juni selbst, die restlichen verteilten sich relativ gleichmäßig auf die folgenden Tage mit Ausnahme des 21. Juni, einem Sonntag, an dem nur ein Bericht gefertigt wurde. Es sind unterschiedliche Berichtstypen auszumachen: Der beherrschende Berichtstypus ist elf Mal vertreten. Es handelt sich um allgemeine Lageberichte, die Einzelmeldungen aus einem angegebenen Zeitraum enthalten und dabei meistens zuerst Berlin und anschließend die Bezirke der DDR abhandeln. Ähnlich strukturiert sind ein Bericht speziell zu den »tätlichen Übergriffen«[193] und zwei Berichte, die sich ausschließlich mit der Lage in der Landwirtschaft befassen.[194] Darüber hinaus sind in dieser Phase fünf reine Stimmungsberichte überliefert, darunter erstaunlicherweise ein sehr früher – man muss ihn vermutlich auf den 18. Juni datieren –, bei dem sich das MfS trotz des fast noch im Gange befindlichen Aufstands den Luxus leistete, ausschließlich die Reaktion der Bevölkerung auf die Ausrufung des »Neuen Kurses« wiederzugeben.[195] Schließlich wurden am 19. und 21. Juni drei Lageberichte mit einer einheitlichen Gliederung und einer laufenden Nummerierung gefertigt – der Beginn einer Serie,

190 Vgl. die Berichte in BArch DY 30, IV 2/5/560.

191 Vgl. Wengst, Udo: Der Aufstand am 17. Juni 1953 in der DDR. Aus den Stimmungsberichten der Kreis- und Bezirksverbände der Ost-CDU im Juni und Juli 1953. In: Vierteljahrsheft für Zeitgeschichte 41(1993)2, S. 277–321.

192 Vgl. Diederich, Torsten; Hertle, Hans-Hermann (Hg.): Alarmstufe »Hornisse«. Die geheimen Chef-Berichte der Volkspolizei über den 17. Juni 1953. Berlin 2003.

193 Meldung von tätlichen Übergriffen und deren Folgen in Groß-Berlin und in den Bezirken der Republik, o. D. [18.6.1953, Meldung Nr. 7/53].

194 Bericht über die Lage auf dem Lande, o. D. [18.6.1953, Meldung Nr. 8/53], sowie Bericht über die Lage in der Landwirtschaft v. 20.6.1953 [Meldung Nr. 17/53].

195 Stimmungsberichte zum Kommuniqué des ZK der SED, o. D. [18.6.1953, Meldung Nr. 4/53].

die aber sofort wieder abgebrochen wurde, wahrscheinlich weil das Berichtsschema zu starr war und für die inzwischen deutlich ruhigere Situation nicht mehr passte.

Die zweite Phase der Berichterstattung beginnt mit einem Tag Pause am 23. Juni, einem Dienstag, was darauf hindeutet, dass die Akteure die relative Entspannung der Lage nutzten, um die Berichterstattung neu auszurichten. Am Folgetag wurde der erste Tagesbericht gefertigt, der bis einschließlich 27. Juni auch noch so heißt und am 25. und 26. Juni von speziellen Stimmungsberichten über Rückkehrer aus Westdeutschland und Westberlin begleitet war. Handschriftliche Vermerke legen nahe, dass diese Rückkehrerberichte als Anlagen zu den entsprechenden Tagesberichten zu werten sind, obwohl sie nicht explizit so ausgewiesen werden. Diese vier »Tagesberichte« sind lediglich datiert, aber ursprünglich nicht mit einer laufenden Nummer versehen. Der fünfte Tagesbericht vom 29. Juni trägt dagegen die Nummer 5, heißt aber jetzt »Information«, so wie die nachfolgenden Tagesberichte. Nachträglich wurden die vier vorangegangenen Tagesberichte entsprechend durchnummeriert, sodass der Seriencharakter ersichtlich ist. Allerdings wird diese laufende Nummerierung lediglich einen Tag weitergeführt. Am 30. Juni erscheint die Information Nr. 6 und hier bricht die Zählung wiederum ab.

Am 1. Juli setzt mit der Information Nr. 1002 eine neue Nummerierung an, deren Systematik auch nach der Umbenennung der »Informationen« in den »Informationsdienst zur Beurteilung der Situation« am 6. Oktober 1953 und sogar die folgenden Jahre beibehalten wird.[196] Weshalb diese Änderung erfolgt, ist unklar, sie ergibt sich weder aus der Sache, noch findet sich in den Akten irgendein Hinweis auf den Grund. Auffällig ist, dass die Berichte mit dem Amtsantritt von Ernst Wollweber am 23. Juli deutlich knapper und stringenter werden. Sie konzentrierten sich jetzt auf das tatsächliche Tagesgeschehen. Im Wesentlichen bleiben sie ab jetzt im Rahmen der »maximal fünf bis sechs Schreibmaschinenseiten«, die am 7. August vom Befehl 279/53 verbindlich vorgegeben wurden. In den folgenden drei Wochen variieren Inhalt und Gliederung der »Informationen« noch ein wenig, doch nach der Berufung von Ernst Tilch zum Leiter der Informationsgruppe des Staatssekretariats am 17. August bildete sich relativ schnell die thematische Gliederung des späteren »Informationsdienstes« heraus. Am 27. August unterbreitete Tilch Wollweber den folgenden »Vorschlag zur Gliederung der täglichen Informationsberichte«:

1. Stimmung in den Betrieben,
2. Stimmung der Bevölkerung außerhalb der Betriebe,
3. Ereignisse von besonderer Bedeutung,

196 Es ist nur ein nicht zu erklärender Sprung in der Nummerierung im Oktober 1953 zu verzeichnen. Nach dem Informationsdienst Nr. 1099 v. 21.10.1953 springt die Zählung am Folgetag auf Nr. 2000. Sprünge dieser Art sind später nicht mehr vorhanden.

4. Organisierte Feindtätigkeit,
5. Vermutlich organisierte feindliche Tätigkeit,
6. Kritik und Vorschläge,
7. Einschätzung der Situation.[197]

Bezeichnenderweise schlug er vor, »die Einzelbeispiele von Stimmungen aus Westberlin und Westdeutschland vorläufig aus dem Bericht herauszulassen, da man aus dem bisher noch zu wenig erreichbaren Material keine konkreten Schlussfolgerungen ziehen kann«.[198] Das scheint aber bei Wollweber (und den sowjetischen Beratern) nicht auf Zustimmung gestoßen zu sein, denn der Gliederungspunkt »Stimmen aus Westberlin und Westdeutschland« ist im überarbeiteten Gliederungsentwurf vom 1. September aufgeführt. Aus »Stimmung in den Betrieben« wurde »Lage in der Wirtschaft«, differenziert nach Wirtschaftssektoren. Die Lage sollte offenbar nicht ausschließlich auf die in den einzelnen Bereichen herrschenden Stimmungen reduziert werden, in der Praxis betrieb die Informationsgruppe des SfS unter dieser Überschrift jedoch ganz überwiegend Stimmungsberichterstattung.

Der Punkt »Stimmen aus Westberlin und Westdeutschland« wurde später fester Bestandteil der Gliederung auf dem gedruckten Vorblatt des Informationsdienstes. Doch Tilch lag in der Sache mit seinem Einwand offenbar richtig, denn der in der Normgliederung zum Ausdruck kommende Anspruch wurde im Jahr 1953 nur selten tatsächlich eingelöst. Der Abschnitt zu den westlichen Stimmungen ist im Informationsdienst nur vereinzelt vorhanden und hier auch noch oftmals verkürzt auf »Stimmen aus Westberlin«. Dagegen fiel der in den Entwürfen vom 27. August und 1. September noch vorhandene Punkt »Kritik und Vorschläge« in der endgültigen Gliederung des Informationsdienstes ganz unter den Tisch, nachdem er im September nur ein einziges Mal und hier auch nur mit einem einzigen, inhaltlich dürftigen Satz eingelöst worden war.[199]

Ab dem 31. August tragen die »Informationen« bereits weitgehend den Charakter des späteren »Informationsdienstes zur Beurteilung der Situation«, einschließlich der Rubrik »Einschätzung der Situation« am Ende der Berichte, in der eine Quintessenz des Berichtes geliefert wird. Außerdem treten jetzt auch die im Befehl 279/53 neben den Tagesberichten definierten

197 Tilch an Wollweber vom 27.8.1953; BStU, MfS, AS 9/57, Bd. 12, Bl. 5.

198 Vgl. das Deckblatt des Informationsdienstes vom 6.10.1953; BStU, MfS, AS 39/58, Bd. 2, Bl. 209. Zum Entscheidungsprozess siehe: Informationsgruppe, Oberstleutnant Tilch, an Staatssekretär Wollweber vom 1.9.1953 (einschl. Anlage): Vorschlag zum Druck eines Deckblattes für die täglichen Informationsberichte; BStU, MfS, AS 9/57, Bd. 12, Bl. 2 f. Der Vorschlag enthält noch folgende Gliederung: 1. Die Lage in der Wirtschaft, 2. Stimmung der übrigen Bevölkerung, 3. Ereignisse von besonderer Bedeutung, 4. Feindtätigkeit, 5. Kritik und Vorschläge, 6. Stimmen aus Westberlin und Westdeutschland, 7. Einschätzung der Situation.

199 Vgl. Information Nr. 1060 v. 5.9.1953.

Sonderberichtsformen auf: die »Sonderinformation«, die »bei plötzlichen Veränderungen« zusätzlich herausgegeben werden sollte, und die 14-täglichen »Analysen«, die im Wesentlichen die Inhalte der Tagesberichte in zusammengefasster Form wiedergaben. Der erste Bericht aus der Serie »Analysen« wurde für die erste Septemberhälfte gefertigt.

Eine »Sonderinformation« wurde erstmals am 3. September erstellt. Es handelte sich tatsächlich um eine brisante Angelegenheit: Von einem Westberliner Staatssicherheitsinformanten war mitgeteilt worden, dass aus der DDR stammende »Hauptagenten«, wahrscheinlich Mitarbeiter der Kampfgruppe gegen Unmenschlichkeit (KgU), des Untersuchungsausschusses freiheitlicher Juristen (UFJ) oder der Ostbüros, nach Hannover-Langenhagen ausgeflogen worden seien, um in Westdeutschland festgenommene SED- und FDJ-Agitatoren zu identifizieren. Diese waren mit dem Auftrag entsandt worden, sich in den bundesdeutschen Wahlkampf einzuschalten.

Ab 6. Oktober 1953 hießen die Tagesberichte dann »Informationsdienst zur Beurteilung der Situation« und erhielten ein gedrucktes Vorblatt mit einer festen Gliederung, die in den konkreten Berichten – außer im Hinblick auf den Punkt »Stimmen aus Westberlin und Westdeutschland« – zumeist auch abgehandelt wurde:

1. Die Lage in der Industrie, Verkehr, Handel und Landwirtschaft,
2. Stimmung der übrigen Bevölkerung,
3. Ereignisse von besonderer Bedeutung,
4. Feindtätigkeit,
5. Stimmen aus Westberlin und Westdeutschland,
6. Einschätzung der Situation.[200]

5. *Adressaten*

Beim Jahrgang 1953 ist die Bestimmung der Adressaten der Berichterstattung wesentlich schwieriger als für die Jahrgänge nach 1956, wo die Verteiler für die einzelnen Berichte nahezu lückenlos überliefert sind. Für die Phase unmittelbar nach dem 17. Juni sind lediglich einige Mutmaßungen möglich. Tatsache ist, dass der in der Nacht vom 17. auf den 18. Juni verfasste Gesamtbericht »Über die Lage am 17. Juni 1953 in Groß-Berlin und der DDR«, der eindeutig der Staatssicherheit zugeordnet werden kann, ausschließlich im Büro Ulbricht des SED-Parteiarchives überliefert ist. Ob der Bericht unmittelbar nach seiner Erarbeitung dorthin gelangt ist oder erst nachträglich, ist unklar. Sein Überlieferungsweg deutet aber darauf hin, dass Berichte dieses Typs, also solche, die keinen Kopf, keine Verfasserangaben und keine Angaben enthalten, die detaillierte Rückschlüsse auf interne Strukturen oder auf

200 Vgl. das Deckblatt des Informationsdienstes vom 6.10.1953; BStU, MfS, AS 39/58, Bd. 2, Bl. 209.

die eingesetzten operativen Mittel erlauben, potenziell (auch) zur Information der politischen Führung angefertigt wurden.

Zwei dieser Berichte sind als Matrizenabzüge in einer textgleichen, aber nicht schriftbildidentischen Version sowohl im SED-Bestand, ZK-Abteilung »Leitende Organe der Partei und Massenorganisationen«, als auch im Nachlass des damaligen Politbüromitglieds und stellvertretenden Ministerpräsidenten Heinrich Rau überliefert.[201] Inhalt und Diktion weisen diese Dokumente als MfS-Berichte aus, sodass die im Sekretariat des Ministers für Staatssicherheit überlieferten Exemplare als die Originale angesehen werden können. Hinweise darauf, wie die Berichte in den ZK-Apparat gelangt sind und warum man sie dort offenbar einem größeren Kreis von Adressaten zugänglich gemacht hat (davon zeugt der Matrizenabzug), ließen sich nicht finden. Der beschriebene Sachverhalt rechtfertigt jedoch die Aufnahme aller gleichartigen Berichte aus dem Teilbestand »Sekretariat des Ministers«[202] in die Edition, auch ohne weitere konkrete Hinweise auf eine entsprechende Verteilung.

Die sowjetischen Berater bzw. der Bevollmächtigte des Sowjetischen Innenministeriums (MWD) in Ostberlin sind ebenfalls als regelmäßige Adressaten der Berichterstattung anzunehmen, auch wenn es darauf nur wenige Hinweise gibt. Im Anschluss an einen Gliederungsentwurf für die Tagesberichte, der spätestens auf den 25. Juni zu datieren ist, steht etwa die Bemerkung: »Diese tägliche Zusammenstellung wünschen die Freunde bis spätestens 22.00 Uhr.«[203] Außerdem enthält die Anlage zur Information Nr. 1003 vom 2. Juli (es handelt sich um einen als 4. Exemplar ausgegebenen Durchschlag) zahlreiche russische Randvermerke, die von einer intensiven Auseinandersetzung mit dem Inhalt des Berichts und einer ausgeprägten Lehrmeisterhaltung gegenüber den MfS-Offizieren zeugen.[204]

Die ersten genauen Nachweise über die Übermittlung der Berichte an die SED-Führung setzen Ende Juni ein. Am 29. Juni ist lediglich der Ausgang eines Berichts über Flugblätter der »Nur-Gewerkschaftlichen Opposition« (Ostbüro des DGB) an Ulbricht verzeichnet, der nicht Teil der Serie ist und auch nicht an anderer Stelle ermittelt werden konnte.[205] Dass es in diesem Monat noch kein eingespieltes Verfahren zur schriftlichen Information der SED-Führung durch das MfS gab, zeigt sich auch daran, dass laut Postaus-

201 Meldung von tätlichen Übergriffen und deren Folgen in Groß-Berlin und in den Bezirken der Republik, o. D. [Meldung Nr. 7/53] sowie Bericht über die Lage auf dem Lande, o. D. [Meldung Nr. 8/53], beide auf den 18.6.1953 datiert. Im Bestand ZK-Abteilung »Leitende Organe der Partei und Massenorganisationen«: DY 30 IV/2/5/530, Bl. 19–25 sowie 39–41, und im Nachlass Heinrich Rau: NY 4062/95, Bl. 12–14 sowie 254–260.

202 Unter der Signatur: BStU, MfS, SdM 249.

203 Handschriftlicher Vermerk auf dem Gliederungsentwurf »Die Lage in Berlin und in der DDR«, o. D. (spätestens 25.6.1953); BStU, MfS, AS 9/57, Bd. 13, Bl. 207.

204 Anlage zur Information Nr. 1003 v. 2.7.1953: Information Nr. 1003a: Zur Lage in der CDU.

205 Anschreiben Mielkes an Ulbricht vom 30.6.1953; BStU, MfS, SdM 1893, Bl. 510.

gangsbuch Grotewohl und Ulbricht am 3. Juli nachträglich 42 Blatt nicht näher bestimmter Informationsberichte erhielten.[206] Dieser Befund muss vor dem Hintergrund der Entwicklungen im SED-Politbüro betrachtet werden: In den auf den 17. Juni folgenden zwei Wochen war Ulbricht in der Parteiführung in der Defensive. Zaisser hatte noch politisches Oberwasser und repräsentierte als derjenige, der im Politbüro für Sicherheitsfragen zuständig war, letztlich selbst die Partei. Eine regelmäßige und detaillierte schriftliche Lageberichterstattung an den 1. Sekretär des ZK oder den Ministerpräsidenten konnte unter diesen Umständen als obsolet betrachtet werden, zumal Ulbricht in dieser Phase damit beschäftigt war, sich überhaupt an der Macht zu halten.

Im Machtkampf an der SED-Spitze begann sich das Blatt erst Anfang Juli zu wenden, und so scheint es kein Zufall zu sein, dass Grotewohl und Ulbricht am 3. Juli die erste formell nachgewiesene Lieferung von »Informationen« erhielten – wohlgemerkt in dieser Reihenfolge, was auf die immer noch schwache Position des SED-Chefs schließen lässt. Am 10. Juli erhielt Ulbricht laut MfS-Postausgangsbuch einen Bericht über die am Vortag stattgefundene Gewerkschaftsaktivtagung bei Carl Zeiss Jena, der nicht ermittelt werden konnte.[207]

Am 15. Juli erhielt nochmals ausschließlich Ulbricht – wiederum nachträglich – vier »Informationen«, die diesmal aber genau ausgewiesen sind,[208] »mit der Bitte um Kenntnisnahme und Information für das Politbüro«.[209] Auch dieses Datum dürfte nicht zufällig sein, denn es korrelierte ziemlich genau mit dem Zeitpunkt, an dem Ulbricht machtpolitisch wieder fest im Sattel saß und zum Angriff auf seine innerparteilichen Widersacher, insbesondere Zaisser und Herrnstadt, überging.

Die Lieferungen der »Informationen« an Ulbricht »mit der Bitte um Kenntnisnahme und Information für das Politbüro« wurden jetzt regelmäßig. Am 17. Juli betraf das die Information Nr. 1015 zusammen mit zwei weiteren Berichten zur Lage in Buna bzw. Karl-Marx-Stadt, die nicht ermittelt werden konnten.[210] Bis zum 22. Juli, also fast bis zum 15. ZK-Plenum, gingen alle »Informationen« lückenlos und zusammen mit teilweise umfänglichen Anlagen, die den Charakter von eigenen Berichten haben, an den 1. Sekretär.[211]

206 VS-Ausgangsbuch des Sekretariats Mielkes; BStU, MfS, SdM 526, Bl. 11.

207 Der Inhalt dieses Berichtes dürfte sich mit den entsprechenden Passagen in der Information Nr. 1010 v. 10.7.1953 weitgehend decken.

208 Es handelt sich um die Information Nr. 1008 v. 8.7.1953, die Information Nr. 1009 v. 9.7.1953, die Information Nr. 1012 v. 13.7.1953 und die Information Nr. 1013 v. 14.7.1953.

209 Getrennt abgelegtes Anschreiben Mielkes v. 15.7.1953; BStU, MfS, SdM 1893, Bl. 505.

210 Ebenda, Bl. 504. Allerdings sind die entsprechenden Themen auch der Information Nr. 1015 (Buna) und Nr. 1016 (Buna und vor allem Karl-Marx-Stadt) behandelt.

211 Am 18. Juli die Information Nr. 1016 v. 17.7.1953, einschließlich Anlagen a und b; am 20. Juli die Information Nr. 1017 v. 18.7.1953, einschließlich Anlagen a, b, c und d; am 21. Juli die Information Nr. 1018 v. 20.7.1953; am 22. Juli die Information Nr. 1019. Siehe getrennt abgelegte Anschreiben Mielkes; BStU, MfS, SdM 1893, Bl. 506–509.

Im unmittelbaren zeitlichen Umfeld und während des 15. ZK-Plenums, das vom 24. bis zum 26. Juli abgehalten wurde, sind keine Ausgänge von »Informationen« an Ulbricht oder an ein anderes Mitglied der politischen Führung dokumentiert. Offenbar bestanden in dieser Phase Unsicherheiten hinsichtlich des Adressatenkreises der Berichte, denn in dem vermutlich von den sowjetischen Beratern verfassten oder zumindest inspirierten konzeptionellen Papier vom 29. Juli steht: »Verteiler der Information muss noch durchgesprochen werden.«[212]

Am 3. und 5. August sind im VS-Ausgangsbuch des »Vorzimmers« des ehemaligen Ministers, jetzt also des seit dem 23. Juli amtierenden Staatssekretärs Wollweber, noch punktuell Lieferungen an Ulbricht und Grotewohl verzeichnet.[213] Für die letzte dokumentierte externe Lieferung, der Information Nr. 1031, ist auf dem Vorblatt zum Bericht erstmals auch der interne Verteiler überliefert, der die Namen aller Stellvertreter Wollwebers, einschließlich des 1. Sekretärs der SED-Parteiorganisation in der Staatssicherheit, Otto Walter, enthält.[214] Die hier zum Ausdruck kommende Sachlage wird von Wollweber drei Tage später mit dem Befehl 279/53 gleichsam kodifiziert. Hier heißt es, die täglichen »Informationen« sollten »am anderen Morgen über den vorhergehenden Tag [...] zur Information des Politbüros, des Ministerpräsidenten, des Ministers des Innern, des Staatssekretärs für Staatssicherheit und der Stellvertreter des Staatssekretärs, vorliegen«.[215]

Es ist wahrscheinlich, dass das Politbüro auch in der folgenden Zeit durch das an Ulbricht gehende Exemplar als informiert angesehen wurde, das in der Vergangenheit »mit der Bitte um Kenntnisnahme und Information für das Politbüro« übersandt worden war. Auch dass der Innenminister Willi Stoph in den Verteiler aufgenommen wurde, obwohl es bis zum Erlass des Befehls 279/53 keinen Hinweis darauf gibt, dass er zum Kreis der Adressaten gehörte, liegt auf der Hand. Schließlich war er seit zwei Wochen formal der Vorgesetzte des Staatssekretärs für Staatssicherheit.

Ein anderer Adressat, der in Postausgangsbüchern und Verteilern gar nicht vorkommt, aber die Berichte wahrscheinlich regelmäßig zur Kenntnis bekommen hat, ist der jeweils als sowjetischer Chefberater in der Staatssicherheit fungierende Offizier.[216] Das würde der internen Organisationslogik der damaligen DDR-Staatssicherheit entsprechen, die in vielem noch ein

212 Vorschlag o. Verf. v. 29.7.1953; BStU, MfS, AS 9/57, Bd. 13, Bl. 196–198, hier 198.

213 BStU, MfS, SdM 527, Bl. 32. Es handelt sich um die Information Nr. 1030 v. 1.8.1953, einschließlich der Anlage Nr. 1030a, und die Information Nr. 1031 v. 4.8.1953.

214 Verteiler zur Information Nr. 1031 v. 4.8.1953; BStU, MfS, AS 39/58, Bd. 2, Bl. 596.

215 Befehl 279/53 Wollwebers vom 7.8.1953 [zur Bildung von Informationsgruppen und zum Informationsdienst]. Dokumentiert in: Engelmann, Roger; Joestel, Frank (Bearb.): Grundsatzdokumente des MfS (MfS-Handbuch). Hg. BStU. Berlin 2004, S. 58–60, hier 59.

216 Bis zum 16. Juli handelte es sich um den amtierenden MWD-Bevollmächtigten Iwan A. Fadeikin oder einen seiner Stellvertreter, ab diesem Zeitpunkt um den neuen Bevollmächtigten Jewgeni P. Pitowranow oder einen seiner Stellvertreter.

Hilfsorgan der sowjetischen Staatssicherheit war. Die russischen Randnotizen auf der Anlage zur Information Nr. 1003 vom 2. Juli 1953, einem Bericht über die Lage in der Ost-CDU, geben uns einen Einblick über die Haltung der »Freunde« gegenüber dem MfS und in der Sache. Es handelt sich vor allem um eine in einem belehrenden Ton gehaltene handwerkliche Kritik an einzelnen Punkten der Berichterstattung über die Blockpartei CDU, die zu dieser Zeit zwar schon weitgehend politisch gleichgeschaltet war, aber in der besonderen Situation von Juni/Juli 1953 wieder vermehrt oppositionelle Tendenzen zeigte. Der »Freund«, bei dem es sich – angesichts der Bedeutung der Materie und des dezidierten Tons – durchaus um den amtierenden Bevollmächtigten des MWD in Berlin-Karlshorst, Iwan A. Fadeikin, persönlich gehandelt haben kann, merkte an, es gehe nicht darum – wie im Bericht behauptet –, dass sich die Haltung der Mitglieder der CDU noch nicht herausgebildet habe, sondern darum, dass die Staatssicherheit sie offensichtlich nicht kenne. Auf jeden Fall gehe diese Haltung aus dem vorliegenden Bericht nicht hervor. Die Randglossen des sowjetischen Offiziers verdeutlichen das damalige, noch ausgesprochen asymmetrische Verhältnis zwischen den beiden Geheimpolizeien. Sie zeigen sehr anschaulich die bestehende De-facto-Weisungskompetenz und Lehrmeisterrolle der sowjetischen Seite.

Es ist bisher nicht quellenmäßig belegbar, dass ein Verteiler, der der oben genannten Adressatenregelung im Befehl 279/53 entsprach, auch tatsächlich umgesetzt wurde. Für die folgende Zeit fehlen merkwürdigerweise alle diesbezüglichen Einträge in den verschiedenen infrage kommenden Postausgangsbüchern. Auch Anschreiben zu Informationslieferungen sind nicht mehr überliefert. Für die Zeit vom 5. bis 27. August gibt es lediglich die internen Verteiler mit den Namen der Stellvertreter des Staatssekretärs auf Vorblättern zu den »Informationen«. Dabei handelte es sich regelmäßig um Erich Mielke,[217] Otto Last,[218] Martin Weikert[219] und Rudolf Menzel,[220] den 1. Se-

217 Erich Mielke, Jg. 1907, seit Gründung des MfS im Februar 1950 »zweiter Mann« nach dem Minister mit dem Rang eines Staatssekretärs bzw. 1. Stellvertreters, was er auch nach der Herabstufung der Staatssicherheit zum Staatssekretariat im Ministerium des Innern am 17.7.1953 (offiziell 23.7.1953) blieb. Sein Anleitungsbereich umfasste bis November 1953 die Abteilungen II (Gegenspionage), VI (Spionageabwehr), V (Untergrund), VI (Staatsapparat), IX (Untersuchung), XIV (U-Haft), XI (Chiffrierdienst), M (Postkontrolle), ab Ende November 1953 wanderten die letzten beiden Diensteinheiten in den Bereich von Weikert.

218 Otto Last, Jg. 1906, seit 1951 stellv. Minister für Staatssicherheit, sein Anleitungsgebiet umfasste die Bereiche Volkswirtschaft und Verkehr. Nach der Herabstufung der Staatssicherheit zum Staatssekretariat war er stellv. Staatssekretär, zuständig für den gleichen Anleitungsbereich sowie die Transportpolizei. Ende November 1953 wurde diesem Bereich auch die Abteilung XII (Erfassung, Statistik, Archiv) zugeschlagen.

219 Martin Weikert, Jg. 1914, seit Februar 1953 stellv. Minister für Staatssicherheit, sein Anleitungsgebiet umfasste die Abteilungen VII (Volkspolizei), VIII (Beobachtung, Ermittlung), X (Fahndung), XV (Informanten im Strafvollzug), PS (Personenschutz) sowie das Wachregiment. Nach der Herabstufung der Staatssicherheit zum Staatssekretariat war er stellv. Staatssekretär, zuständig für den gleichen Anleitungsbereich. Ende November 1953 verlor sein

kretär der SED-Parteiorganisation in der Staatssicherheit, Otto Walter,[221] der bis etwa zu diesem Zeitpunkt auch die Bezeichnung »Stellvertreter für Politkultur« trug, sowie Joseph Gutsche,[222] der in dieser Phase als Stellvertreter Mielkes fungierte.

Nach dem 27. August ist gar kein Nachweis mehr hinsichtlich der externen oder internen Verteilung vorhanden, wenn man von den Einträgen zur Verteilung der »Analysen« an die Leiter der Bezirksverwaltungen im Postausgangsbuch der Informationsgruppe ab September 1953 absieht. Über die Gründe für diese lückenhafte Quellensituation lässt sich nur spekulieren. Da die Dokumentation genau ab dem Zeitpunkt fehlt, an dem das Informationswesen der Staatssicherheit im August 1953 in geordnete Bahnen überführt wurde, ist anzunehmen, dass von da an ein gesonderter Nachweis über die Verteilung geführt wurde, der nicht überliefert ist.

Über die Rezeption der Staatssicherheitsberichte in der SED-Führung lässt sich wenig Präzises sagen. Festzuhalten ist, dass die politische Führung in der zweiten Hälfte des Jahres 1953 teilweise sehr schnell politisch auf Missstimmungen reagierte. Ein extremes Beispiel war, wie bereits erwähnt, das Thema Preissenkungen. Am 17. September hatte Ulbricht auf dem 16. ZK-Plenum für das Jahr 1954 generelle Preissenkungen angekündigt,[223] was extrem schlecht ankam, weil die Bevölkerung eine solche Maßnahme zu einem sehr viel früheren Zeitpunkt erhofft hatte. Die schlechte Stimmung spiegelt sich drastisch in den Berichten der Staatssicherheit wieder. Bereits Ende Oktober 1953 reagiert die DDR-Regierung mit einer weitgehenden Preissen-

Anleitungsbereich den Personenschutz und das Wachregiment und bekam dafür die Abteilungen XI (Chiffrierdienst), M (Postkontrolle), »Vau« (Verschlusssachen) sowie Z (Militärverbindungsmissionen).

220 Rudolf Menzel, Jg. 1910, seit 1950 stellv. Minister für Staatssicherheit, nach der Herabstufung der Staatssicherheit zum Staatssekretariat stellv. Staatssekretär, sein Anleitungsgebiet umfasste verwaltende Diensteinheiten (u.a. Abt. Allgemeines, Abt. Verwaltung und Wirtschaft), im Herbst 1953 wechselte er als stellv. Minister in den polizeilich-militärischen Bereich des Ministeriums des Innern.

221 Otto Walter, Jg. 1902, seit 1950 1. Sekretär der (nichtterritorialen) SED-Bezirksleitung im MfS, seit 1952 in dieser Funktion auch Stellvertreter des Ministers und Leiter der Hauptabteilung Politkultur. Nach der Herabstufung der Staatssicherheit zum Staatssekretariat ist sein Status unklar. Ende November 1953 Berufung zum stellv. Staatssekretär mit dem Anleitungsbereich Hauptabteilung Verwaltung und Wirtschaft, Abteilung Allgemeines und Abteilung Finanzen.

222 Joseph Gutsche, Jg. 1895, Altkommunist, Veteran der Oktoberrevolution, Vertrauensmann der Sowjets, bis Januar 1953 Leiter der Bezirksverwaltung Dresden des MfS, seitdem Leiter des Informationsbüros im MfS und im Juni/Juli 1953 verantwortlich für die zentralen Berichte. Laut Dienstanweisung 24/53 v. 3.8.1953 (BStU, MfS, BdL-Dok. 3005) auch Stellvertreter Erich Mielkes, Ende November 1953 zum Leiter der Abt. z.b.V. (Aktionen im Operationsgebiet) berufen.

223 Grundsatzrede auf der 16. Tagung des ZK am 17.9.1953. In: ND, Berliner Ausgabe, v. 20.9.1953, S.3.

kung für Güter des täglichen Bedarfs.[224] Welchen Anteil die SfS-Berichterstattung dabei hatte, ist schwer zu sagen, weil diese Stimmungen natürlich auch auf den anderen Berichtssträngen des SED-Staates transportiert wurden.

Bemerkenswert ist darüber hinaus, dass 1953 die Nichtreaktion der politisch Verantwortlichen auf die Berichterstattung in den Berichten selbst thematisiert wird. Im Informationsdienst Nr. 2024 vom 19. November 1953 heißt es zum Beispiel zum Thema »Gerüchte und negative Diskussionen« bei den Wismut-Kumpeln über die Zukunft der Wismut AG: »Es ist unverständlich: Seit Wochen wird darüber im Informationsdienst berichtet, doch bis jetzt ist noch keine offensive Aufklärungsarbeit unter den Kumpeln geleistet worden, um diese Diskussionen, die zuweilen zu einem Nachlassen der Arbeitsfreudigkeit und zu einer Senkung der Arbeitsproduktivität geführt haben, zu zerschlagen.«[225] Ein solcher Ton kann vor dem Hintergrund der Berichterstattung der späteren Jahre als durchaus ungewöhnlich eingestuft werden, die Staatssicherheit hätte spätestens nach 1957 hierbei wahrscheinlich den Vorwurf riskiert, die Partei »kommandieren« zu wollen. Allerdings könnte das Selbstbewusstsein des SfS in diesem konkreten Fall auch dadurch bedingt gewesen sein, dass bei Wismut-Angelegenheiten die Interessen der »Freunde« tangiert waren; vielleicht gaben sie an dieser Stelle auch nur den Unmut der sowjetischen Berater wieder.

6. Druckauswahl und Formalia

Der Korpus der hier edierten Staatssicherheitsberichte des Jahres 1953 hätte – umgerechnet auf das Buchformat – einen Umfang von über 1 600 Seiten. Er findet sich vollständig auf der beiliegenden CD-ROM, in einer der elektronischen Volltextrecherche zugänglichen Form. Aus diesem Gesamtkorpus wurde für den Druck eine kleine Auswahl getroffen, die einen repräsentativen Querschnitt der Berichtsformen und -inhalte darstellt. Natürlich wurde auch darauf geachtet, inhaltlich besonders interessante Berichte in die Druckauswahl aufzunehmen.

224 Kommuniqué über die außerordentliche Sitzung des Ministerrats der DDR und Verordnung über die weitere Senkung von Preisen bei Lebensmitteln, Genussmitteln und Verbrauchsgütern vom 24.10.1953. In: ND, Berliner Ausgabe, v. 25.10.1953, S. 1.

225 Hintergrund ist die entschädigungslose Übergabe der Betriebe, die sich noch in sowjetischem Eigentum befanden und somit die Rechtsform einer Sowjetischen Aktiengesellschaft (SAG) hatten, in das Eigentum der DDR zum 1.1.1954. Das galt nicht für die SAG Wismut, die, ebenfalls zum 1.1.1954, als Sowjetisch-Deutsche Aktiengesellschaft (SDAG) neu gegründet wurde. In den SAG-Betrieben und speziell bei der Wismut AG waren Löhne und Prämien besonders hoch, die Arbeiter befürchteten daher eine Schlechterstellung. Vgl. auch Information Nr. 1080 v. 29.9.1953, Informationsdienst Nr. 1086 v. 6.10. und Nr. 1089 v. 9.10.1953.

Die MfS-Nummerierung der »Informationen« bzw. des »Informationsdienstes« weist vier Lücken auf, die darauf hinweisen könnten, dass einzelne Berichte nicht überliefert sind. In einem Fall deckt sich diese Lücke allerdings mit einem Sonntag,[226] an denen in dieser Phase in der Regel gar kein Bericht gefertigt wurde. Es ist daher wahrscheinlich, dass in diesem Fall kein Dokument fehlt, sondern nur die Zählung gleichsam »weiterlief«. Ein Grund für diese Praxis ließ sich nicht ermitteln. Die anderen drei Leerstellen in der Nummerierung, die nicht auf Sonntage fallen,[227] weisen dagegen wahrscheinlich tatsächlich auf Überlieferungslücken hin. In einem Fall, der Information Nr. 1053 vom 28. August 1953, ist die Existenz des Berichtes durch die Überlieferung des entsprechenden Vorblatts mit einem (partiellen) Verteiler belegt.[228] Trotz intensiver Recherche konnten dieser und die anderen beiden Berichte in der einschlägigen Ablage bisher nicht ermittelt werden.

Undatierte Berichte wurden, wenn keine Informationen zum Datum der Ausfertigung anderweitig überliefert sind, anhand der jüngsten im Bericht vorkommenden Information datiert.

Durchgängig weisen die Originalberichte erhebliche orthographische, grammatikalische und stilistische Mängel auf. Dies gilt besonders für die häufig fehlerhafte Schreibweise von Personen- und Ortsnamen. Sind die Schreibfehler geringfügiger Natur, so wurden sie stillschweigend korrigiert. Weichen sie von der korrekten Schreibweise erheblich ab, wird dies in einer Fußnote kommentiert. In einigen Fällen weicht die Schreibung so stark ab, dass Personen, Orte und andere Begriffe nicht oder nicht mit letzter Sicherheit ermittelt werden konnten. In diesen Fällen wird in einer Kommentarfußnote in der Regel eine mögliche Lösung angeboten.

Die teilweise stark fehlerhafte und uneinheitliche Interpunktion wurde ebenfalls stillschweigend berichtigt bzw. vereinheitlicht. Ungewöhnliche Abkürzungen wurden stillschweigend in übliche umgewandelt oder aufgelöst. Kleinere Grammatikfehler, etwa falsche Endungen, wurden wie Orthographiefehler behandelt. Größere Grammatikfehler und stilistische Unebenheiten wurden aus Gründen der Quellenauthentizität unverändert ediert und, wenn sie erheblich sind, mit einem »sic!« in eckigen Klammern gekennzeichnet. Randvermerke werden in entsprechenden Kommentarfußnoten angezeigt. Das gilt auch für Randmarkierungen mit inhaltlicher Bedeutung. Die im Berichtsjahrgang 1953 ab September zahlreich vorkommenden Randmar-

226 Der fehlende Informationsdienst Nr. 1061 hätte nur am 22.11.1953, einem Sonntag, gefertigt werden können.

227 Dabei handelt es sich neben der w. u. genannten Information Nr. 1053 v. 28.8.1953, deren Existenz belegt ist, um die nachfolgende Information Nr. 1054, wahrscheinlich v. 29.8.1953 (Samstag), und die Information Nr. 1061, wahrscheinlich v. 7.9.1953 (Montag).

228 Im Verteiler sind die stellv. Staatssekretäre Otto Last und Otto Walter aufgeführt: BStU, MfS, AS 39/58, Bd. 2, Bl. 156.

kierungen mit eher technischer Bedeutung werden nur pauschal im Dokumentenapparat erwähnt.

Datenschutzrechtlich begründete Streichungen sind ebenfalls mit eckigen Klammern gekennzeichnet. Mit der eindeutigen Kennzeichnung von anonymisierten Personen (meistens durch Nummerierung) wird dabei ein möglichst unbeeinträchtigter Nachvollzug der Berichtsinhalte gewährleistet.

7. Schlussbetrachtung

Im Jahr 1953 durchlief die DDR eine tiefe Krise, die sich aus unterschiedlichen Krisen zusammensetzte: eine allgemeine Wirtschaftskrise, eine Versorgungskrise, eine Krise des politischen Systems, eine Krise der herrschenden SED und im Hintergrund nicht zuletzt auch eine Krise der sowjetischen Besatzungsmacht. Das Krisenszenario kulminierte im Juni mit dem Aufstand, war aber mit dessen Niederschlagung nicht beendet. Die zweite Hälfte des Jahres war vom verzweifelten Bemühen der Machthaber geprägt, das Krisengeschehen zu beenden oder zumindest zu mildern. Das bedeutete zu allererst, exponierte SED-Gegner auszuschalten, unzureichend »standhafte« Funktionäre auszusondern und SED-feindliche Äußerungen wieder aus dem öffentlichen Raum zu verdrängen. Es bedeutete auch, die Bevölkerung durch Disziplinierungsmaßnahmen und Zugeständnisse ruhigzustellen, Produktion und Handel im Zeichen des »Neuen Kurses« neu zu ordnen und in der innerdeutschen Auseinandersetzung zu bestehen. All das erwies sich als schwierig angesichts objektiver Probleme, fortbestehender Widerstands- und Unzufriedenheitspotenziale sowie gegenläufiger westlicher Einflüsse. Trotzdem kam es im Laufe des zweiten Halbjahres zu einer relativen Konsolidierung der Verhältnisse, in der die Herrschaftsmechanismen des SED-Staates wieder besser griffen. Dieser wechselvolle und widersprüchliche Prozess wird von den Lageberichten der Staatssicherheit intensiv ausgeleuchtet, Herrschaftsalltag erscheint in vielfältiger und anschaulicher Form.

Die regelmäßige Berichterstattung der Staatssicherheit an die politische Führung, die bis Dezember 1989, also fast 37 Jahre lang, eine feste Einrichtung werden sollte, ist somit ein Kind des 17. Juni, und dieser Ursprung prägte sie noch lange, in einigen wesentlichen Aspekten bis zum ihrem Ende. Die Erfahrung, dass die Unzufriedenheit der Bevölkerung politisch eskalieren und zum Machtverlust führen konnte, bestimmte die Berichtsinhalte sowie das System der Informationserhebung und -verarbeitung. Das gilt vor allem für die Fünfzigerjahre und ganz besonders für die Zeit bis 1955.

Im Jahr 1953, unmittelbar nach dem Aufstand, schien die Situation eine tägliche und tagesaktuelle Berichterstattung an die Parteiführung über alle Entwicklungen zu erfordern, die für die Stabilität des Systems von Bedeutung sein konnten: Stimmungen, Gerüchte, wirtschaftliche Schwierigkeiten, Versorgungsprobleme, westliche Einflüsse, gegnerische Aktivitäten, ja selbst der Ausbruch von Seuchen gehörten dazu. Das führte zu einem enormen Berichtsvolumen. In den sechs Monaten nach dem Aufstand produzierte die Staatssicherheit mehr Meldungen an die politische Führung als in vielen vollständigen späteren Berichtsjahrgängen.

Trotz unübersehbarer handwerklicher Schwächen und zwangsläufiger Redundanzen liefern die Berichte eine Fülle von Informationen, die historische Realität anschaulich werden lassen. Die im Vergleich zu später nur rudimentäre ideologische Überformung der Texte ist dabei ein großer Vorzug. Insbesondere die unbeholfene Authentizität der Stimmungsberichterstattung bietet gutes Material für die Rekonstruktion von Alltag jenseits der Rituale und Fiktionen des Regimes. Damit erweist sie sich als eine wichtige Quelle für die politische Sozialgeschichte der DDR.

Editionsgrundsätze

Daniela Münkel und Frank Joestel

Die geheimen Stasi-Berichte an die SED-Führung werden mit Ausnahme der von der Hauptverwaltung A stammenden Auslandsberichte vollständig ediert; eine weitergehende Auswahl hat nicht stattgefunden. Seit Ende der Fünfzigerjahre wurde für die Berichte ein vorgedrucktes Formblatt verwendet, das den Zusatz »Streng geheim! Um Rückgabe wird gebeten!« im Kopf führt. Die Dokumente sind unabhängig von ihrer Zugehörigkeit zu einer Berichtsserie (»Informationsdienst«, »Analysen«, »Informationen«, »O-Reihe« und »K-Reihe«) chronologisch sortiert.[1] Dabei sind Nummerierung und Datum nicht immer kongruent. Sortierkriterium ist das Datum.

Um den Anforderungen einer zeitgemäßen Edition gerecht zu werden und insbesondere eine digitale Volltextrecherche zu ermöglichen, werden – neben der 320-seitigen Auswahledition in Buchform – der gesamte Textkorpus, die Einleitungstexte, die Faksimiles, die Fußnoten, die Dokumentenköpfe und -apparate sowie das Abkürzungs- und Dokumentenverzeichnis in Form einer Datenbank auf CD-ROM und ein Jahr nach Erscheinen des jeweiligen Jahrgangs im Internet publiziert (www.ddr-im-blick.de). Da die gesamte Edition in elektronischer Form vorliegt und durch die Datenbank mit komfortabler Volltextrecherche erschlossen werden kann, wurde auf die Erstellung von Registern verzichtet.

Kommentierung

Die Kommentierung wird möglichst knapp gehalten. Sie soll den historischen Kontext verständlich machen und eine Orientierungshilfe für die Nutzerinnen und Nutzer sein. Der Kommentar erläutert kurz Begriffe, Ereignisse und Sachverhalte, die aus dem Bericht nicht verständlich werden und ergänzt diese u. U. durch Hinweise auf einschlägige Forschungsliteratur. Darüber hinaus werden textkritische Hinweise gegeben sowie erwähntes veröffentlichtes Schriftgut bzw. audio-visuelle Medienprodukte nachgewiesen. Personennamen werden nur erläutert, wenn die Identität nicht eindeutig ersichtlich oder keine Funktion angegeben ist oder die nötigen Angaben nur schwer zu ermitteln und für das Verständnis des Dokuments unverzichtbar sind. Ansonsten sei auf die entsprechenden Nachschlagewerke verwiesen.[2] Um jedes Dokument für sich verständlich zu machen und eine Häufung von Querver-

1 Zur Erläuterung der diversen Berichtsserien vgl. das Vorwort zu dieser Edition.
2 Vgl. z. B. Müller-Enbergs, Helmut u. a. (Hg.): Wer war wer in der DDR? Ein Lexikon ostdeutscher Biographien. 2 Bde., 5., akt. Aufl., Berlin 2010. Das Lexikon ist online nutzbar über www.stiftung-aufarbeitung.de.

weisen zu vermeiden, wird jedes Dokument eigenständig kommentiert. Deshalb tauchen manche Fußnoten gleichen Inhalts in mehreren Dokumenten auf. Die Fußnotenzählung beginnt für jedes Dokument neu.

Wiedergabe der Berichte

Die Berichte werden vollständig inklusive Titel, Text, Datumsangabe, Verteiler, Vermerke und Anlagen ediert. In der Buchversion werden – aus Platzgründen – Anlagen nur dann mit abgedruckt, wenn sie für das Verständnis des Hauptdokuments gänzlich unverzichtbar sind oder inhaltlich einen eigenständigen Charakter haben. Sofern den Berichten Fotos oder Grafiken als Anlagen beigefügt sind, werden diese in der Regel kurz beschrieben – wenn sie sehr aussagekräftig sind und dies rechtlich möglich ist, auch abgebildet.

Der Text der Berichte wird weitestgehend im Originaltextfluss publiziert. Abgewichen wird davon durch das Ignorieren von Seitenumbrüchen sowie durch die Tilgung von inhaltslosen bzw. inhaltsschwachen Leerzeilen, Zeilenumbrüchen und Trennungen. Die Anlagen werden nach den gleichen Regeln behandelt. Deren Überschrift wird – wenn sie vorliegt – wörtlich übernommen, allenfalls ergänzt um fehlende, aber sprachlich notwendige Bestandteile.

Da die Berichte in ihrer Endfassung archiviert wurden, finden sich in den Originalen nur wenige Streichungen, Zusätze oder Vermerke, die nachzuweisen wären. Die handschriftlichen Notizen am Blattrand sowie bedeutungstragende Unterstreichungen und Hervorhebungen werden in den Fußnoten dargelegt. In Ausnahmefällen konnten Textteile ermittelt werden, die nicht in die Endfassung eingingen; diese werden am Ende des Berichtes nachgewiesen, um die Genesis des Textes für den Benutzer transparent zu machen.

Die Rechtschreibung ist der heute gültigen angepasst. Einfache Tipp- bzw. Schreibfehler werden stillschweigend korrigiert. Stark abweichende fehlerhafte Schreibweisen werden in Fußnoten angezeigt. Vom Bearbeiter vorgenommene Einfügungen und Auslassungen sind mit eckigen Klammern gekennzeichnet. Abkürzungen sind in der elektronischen Version interaktiv mit ihrer Bedeutung verlinkt, im Buch steht ein Abkürzungsverzeichnis zur Verfügung.[3]

Fremdsprachliche Begriffe, Namen und Eigennamen werden wie im Original, jedoch unter stillschweigender Korrektur eventueller Schreibfehler, wiedergegeben. Bereits aus dem Russischen in lateinische Buchstaben übertragene Worte werden nach den geltenden Transkriptionsregeln vereinheitlicht. Ebenfalls einheitlich – nach dem derzeit gültigen Duden – wurde die Schreibweise von »Westberlin« festgelegt.

3 Zu weiterführenden Erklärungen MfS-typischer Abkürzungen siehe www.bstu.bund.de (Service).

Dokumentenkopf und Dokumentenapparat

Der Dokumentenkopf setzt sich aus Datum und Titel des Berichtes zusammen. Die Datierung bei der Reihe »Informationen« bezieht sich entweder auf die Ausfertigung durch die ZAIG oder die Bestätigung durch Erich Mielke bzw. dessen Stellvertreter. Undatierte Berichte sind in der Datumszeile durch den Zusatz [ohne Datum] kenntlich gemacht. Sofern Erklärungen zum Datum nötig waren, sind diese in der Rubrik »Datum« angemerkt. Dies gilt vor allem, wenn die Datierung fehlt oder unvollständig ist und durch die Bearbeiter festgelegt wurde (»Datierung durch den Bearbeiter«). In diesen Fällen wird zusätzlich ein (genaues) Datum festgeschrieben, welches die chronologische Einordnung des Dokuments in die Datenbank ermöglicht (»Einsortierung«).

Der Titel der »Informationen« wird gleichlautend zum Original wiedergegeben. Da vor allem in den fünfziger und sechziger Jahren die Titel der Berichte nicht immer systematisch vergeben wurden, sind diese unter dem Begriff »Information« vereinheitlicht worden. Die Registriernummern der »Informationen« werden in den Titel integriert. Die vom ZAIG-Sekretariat erst bei der Archivierung festgelegten Ablagenummern der Serien O und K werden ebenfalls im Titel nachgewiesen; sie stehen jeweils am Ende in eckigen Klammern. Die Serie »Sonderinformationen« der frühen Fünfzigerjahre wird der Reihe »Informationen« zugeordnet. Diese wie auch die in den ersten Jahren bestehende Serie »Analysen« erhalten eine vom Bearbeiter vergebene – in eckigen Klammern stehende – technische Nummerierung (bestehend aus laufender Nummer, Schrägstrich und den letzten zwei Ziffern des Jahrgangs), um die Verwaltung der Berichte in der Editionsdatenbank zu ermöglichen. Das Gleiche gilt für die Vorformen der Serie »Informationsdienst« im Juni 1953, die eine – ebenfalls in eckigen Klammern gesetzte – technische Bezeichnung und Nummerierung erhalten (»Meldung«, laufende Nummer, Schrägstrich, letzte zwei Ziffern des Jahrgangs). Die Serie »Informationsdienst« selbst (1953–57) wird unter den vom MfS vergebenen vierstelligen Nummern geführt – in der Datenbank mit dem Zusatz: Schrägstrich und letzte beide Ziffern des Jahrgangs, um die Zuordnung zum jeweiligen Berichtsjahrgang zu gewährleisten.

Der Dokumentenapparat gliedert sich in folgende Unterpunkte: Quelle, Serie, Verteiler (mit aufgeschlüsselten Namen, sortiert nach MfS-extern und -intern), Datum, Vermerke, Bemerkungen zu allen übrigen Fakten, Nachweis der Anlagen sowie Verweise, die sich auf ein anderes, gesamtes Dokument im direkten Ereigniszusammenhang beziehen. Verweise, die nur auf einzelne Sachverhalte Bezug nehmen, werden in den Fußnoten nachgewiesen. Die Verweise sind in der elektronischen Version interaktiv verlinkt.

Schutz personenbezogener Daten

Nach dem »Gesetz über die Unterlagen des Staatssicherheitsdienstes der ehemaligen Deutschen Demokratischen Republik« (StUG) notwendige Anonymisierungen werden durch eckige Klammern kenntlich gemacht. Bei der in einigen Fällen unvermeidlichen Streichung längerer Passagen werden die Sachverhalte in eckigen Klammern kurz paraphrasiert. Gemäß § 32a StUG werden Personen der Zeitgeschichte, Inhaber politischer Funktionen und Amtsträger, die in den edierten Berichten vorkommen, vorab darüber informiert, welche Angaben zu ihnen veröffentlicht werden sollen. In der Regel wird in solchen Fällen auch darum gebeten, Anmerkungen oder Ergänzungen zu den Berichten zu machen. Die erhaltenen Rückmeldungen werden bei der Kommentierung berücksichtigt. In den Fällen, für die das StUG die Veröffentlichung von personenbezogenen Daten an die Zustimmung der betroffenen Person knüpft, ist diese erbeten worden.

Immer wiederkehrende MfS-Floskeln

Einige typische verschleiernde MfS-Floskeln tauchen in den Dokumenten immer wieder auf. Diese sollen nachfolgend erläutert werden. Eine sich wiederholende Kommentierung dieser Wendungen in den Fußnoten wird so vermieden. Steht in einem Bericht: dem MfS »wurde intern bekannt«, bedeutet dies in der Regel, dass die Informationen mit nachrichtendienstlichen Mitteln, häufig durch inoffizielle Mitarbeiter, erlangt wurden. Die Formulierung: »Diese Information ist wegen Quellengefährdung nur zur persönlichen Kenntnisnahme bestimmt«, deutet ebenfalls darauf hin, dass die Erkenntnisse aus geheimen Informationen von inoffiziellen Mitarbeitern bzw. mit geheimdienstlichen Mitteln gewonnen wurden.

Funktionen der Datenbank

Das Datenbankprogramm für die Berichte konzentriert sich auf gängige Grundfunktionen. Es bietet zwei unterschiedliche Zugänge zu den Dokumenten an: über den Inhaltsbaum und über die Volltextrecherche. Darüber hinaus gibt es eine Reihe weiterer Servicefunktionen, die die Benutzung und Auswertung der Dokumente für die Nutzerinnen und Nutzer erleichtern.

Das Annähern an die Dokumente mittels navigierender Suche erfolgt über die Funktion »Inhalt«, über den Inhaltsbaum, auf der linken Bildschirmseite. Sie ermöglicht den Zugang zu den einzelnen Einleitungstexten, den Bildern und den Dokumenten auf der rechten Bildschirmseite. Der Ordner »Dokumente« beinhaltet alle erfassten Berichte. Er weist das Datum als Sortierkriterium sowie die Registriernummer und eine Kurzfassung des Dokumententitels aus.

Die Volltextsuche wird über die Funktion »Suche« realisiert. Begriffe können durch eine »UND/ODER«-Verknüpfung verbunden werden, Sonderzeichen können über eine Tabelle in den Suchbegriff eingefügt werden. Mit dem Auswahlfeld »genaues Wort« wird die Suche auf das eingegebene Wort reduziert, Wortvarianten wie flektierte Formen oder Wortzusammensetzungen werden dann nicht ausgewiesen. Eine Phrasensuche einer genauen Wortfolge ist durch die Eingabe der Suchbegriffe in Anführungszeichen möglich.

Zu weiteren Präzisierungen der Suchanfrage bietet das Programm eine Begrenzung auf bestimmte Bereiche innerhalb der Berichte, wie Überschriften oder Fußnoten, auf bestimmte Berichtsserien sowie auf einen tagesgenauen Zeitraum an. Diese Funktionen sind für den Gesamtkorpus der Edition konzipiert.

Um den Anforderungen der Barrierefreiheit gerecht zu werden, werden eine Sprachausgabe, eine veränderbare Schriftgröße und ein Vollbildmodus angeboten. Diese Funktionen sind im Standardlayout verankert.

Ausführliche Erläuterungen zur Benutzung des Datenbankprogramms sind in dessen »Hilfe-Funktion« zu finden.

Seite 1 von (Meldung Nr. 12/53)

Faksimile der Seite 1 von (Meldung Nr. 12/53)

Berlin , den 19.6.1953

0203

Information Nr. 1

BStU
000208

I. **Politische Lage**

Der demokratische Sektor Berlins erreicht wieder den nor = malen Zustand. In den Betrieben wird wieder voll gearbeitet, bis auf einen Teil der Arbeiter , die im Westsektor wohnen. Ab heute ist die Partei in den Betrieben wieder aktiv ge - worden und führt Betriebsversammlungen durch.
In einigen Betrieben wurde durch die Diskussionsredner der Partei nicht der Arbeitsprozess gefördert , sondern die Ar - beiter von der Arbeit abgehalten.
Z.B. fasste eine Parteibetriebsgruppe den Beschluss die Sa- boteure nicht mehr im Betrieb zuzulassen, ohne die Beleg - schaft für diesen Beschluss zu mobilisieren.
Die Stimmung der Arbeiter ist zum Teil zurückhaltend.
Die Partei wird von einem grossen Teil der Belegschaft in diesen Betrieben nicht anerkannt.
Ein Teil der Arbeiter , die aufgrund berechtigter wirtschaft- licher Forderungen glaubten mitstreiken zu müssen, äusserten: " Niemals wären wir mitgegangen, wenn wir gewusst hätten , dass sich ein solches Banditentum entwickln würde."

Stimmungen aus den Kreisen der Bevölkerung :

Stimmungen und Verhalten der Bevölkerung , die nicht an den Ausschreitungen teilnahm :

Ein grosser Teil der Bevölkerung verhielt sich passiv. Konzentrierte Massnahmen von seiten der Partei und der Jugend wurden nicht sichtbar.

Der posetive Teil der Bevölkerung blieb passiv weil er die wirtschaftlichen Massnahmen der Regierung nicht gut- hiess.

Ein anderer Teil der Bevölkerung, der auch die wirt- schaftlichen Massnahmen nicht gut hiess , hat das Verhal- ten dieser Streikenden verurteilt.

- 2 -

Seite 1 von (Meldung Nr. 23/53)

Faksimile der Seite 1 von (Meldung Nr. 23/53)

363

Information Nr. 1001

Berlin, den 24. 6.1953

Tagesbericht vom 24.6.1953

zusammengestellt und ausgewertet aus den vorliegenden Unterlagen der Abteilungen und Bezirksverwaltungen

Die Lage in Berlin und der Deutschen Demokratischen Republik war am 24.6.1953 absolut ruhig. Irgendwelche Ereignisse, Streiks, Demonstrationen usw. sind nicht vorgekommen.
In einigen Betrieben der Deutschen Demokratischen Republik fanden Belegschaftsversammlungen -und teilweise auch Parteiversammlungen statt.

Charakteristisch dafür sind einige Betriebsversammlungen in denen Mitglieder des Politbüros, wie der Genosse Walter Ulbricht im VEB " 7. Oktober ", Otto Grotewohl " TRO Karl-Liebknecht " und Friedrich Ebert " Bergmann-Borsig " zu der Belegschaft sprachen. Trotz des teilweise starken Beifalls war zu erkennen, daß unter den Arbeitern dieser Betriebe noch starke Neigung zur Abwartehaltung vorhanden ist. Obwohl der am stärksten negative Teil den Versammlungen fern bleib, war trotzdem uneingeschränktes Vertrauen zur Regierung und unserer Partei noch nicht erkennbar, jedoch kamen direkt feindliche Stimmungen nicht zum Ausdruck. Die Versammlungen verliefen ohne Zwischenrufe.

Ein anderes Beispiel wird von der Bezirksverwaltung Erfurt gemeldet. Am 23.6.1953 fand im VEB EMW Eisenach Bau-B-Nord eine Belegschaftsversammlung statt. Teilnahme 4o Personen, die sich im Laufe der Versammlung auf 28o Personen erhöhten. Das Referat hielt der 1. Sekretär der Betriebsparteiorganisation, der laufend durch Zwischenrufe, Gejohle usw. unterbrochen wurde. Äußerungen wie: " Er hat uns besoffen gemacht ". " Hängt ihn auf, schlagt ihn tot " usw. wurden getan. Bei den provokatorischen Zwischenrufen handelt es sich um 5 Personen, die bereits am 17.6. und 18.6.1953 zum Streik aufforderten (werden operativ bearbeitet).

Im VEB Optima fand am 23.6.1953 eine Abteilungsversammlung der Abteilung Werkzeugbau statt. Von 5oo Personen sind 4o erschienen. Diskutiert wurde über die hohen Preise, Qualität von Textilien und Normen. " Die Menschen in Deutschland sind Menschen 2. Grades, weil sie nur schlechte Waren bekommen, die guten aber werden exportiert. "

In der Thüringer Konservenfabrik Buttstädt wurde in der Belegschaftsversammlung die von 97% der Belegschaft besucht wurde zum Ausdruck gebracht, daß die Regierung Maßnahmen treffen müßte, um die Grundgesetze mit der Bevölkerung besser zu diskutieren und besser zu erläutern.

Parteiversammlung im Karl-Liebkencht-Werk Magdeburg am 23.6.1953: Von 9o Mitgliedern waren 28 anwesend. Diese Mitgliederversamm-

Seite 1 der Anlage von Info-Dienst Nr. 1003/53

Faksimile der Seite 1 von (Meldung Nr. 1003/53)

4. Expl. = 9 Blatt 337

Information Nr. 3a

Zur Lage in der C D U .

BStU
000337

Nach den Ereignissen am 17. Juni 1953 fand eine Besprechung der Bezirksvorsitzenden der CDU statt, wo durchweg von diesen zum Ausdruck gebracht wurde, daß eine Regierungsumbildung notwendig ist und die CDU nunmehr führend in den Staatsapparat eingebaut werden müßte. Fast alle aus den Kreisen und Bezirken eingesandten Berichte lassen erkennen, daß ein Regierungsrücktritt gefordert wird.

Am 26. 6. 1953 fand in der Jägerstraße eine Hauptvorstandssitzung der CDU statt. Gegenüber sonstigen Hauptvorstandssitzungen fehlten nur sehr wenige. Die gesamte Atmosphäre zeigte, daß etwas Besonderes erwartet wurde. Als N u s c h k e während seiner Rede zu den neuen landwirtschaftlichen Verordnungen sprach und sagte, daß die Regierung Fehler gemacht hätte, aber auch bei den Kreisen und Bezirken sehr viel falsch gemacht worden sei und daß die Regierungsverordnungen in den Bezirken zu hart oder in das Gegenteil ausgelegt worden sind, erhob sich ein Tumult unter der Teilnehmern und es wurden Zwischenrufe laut, wie "Stimmt nicht! – Nee, nee, in Berlin liegen die Fehler" usw. Auch als G ö t t i n g in seinen Ausführungen zu folgenden Formulierungen kam "Wir müssen unsere ganze Kraft einsetzen, um die neuen Regierungsverordnungen in die Tat umzusetzen und auf Grund dieser Verordnungen auch die Wünsche des Handwerks, der Kaufleute erkennen" usw. und in diesem Zusammenhang von einer Partei des Mittelstandes sprach, erhob sich wiederum ein Tumult und es ertönte lautes Lachen.

F r a n k e (Direktor der Vermögenverwaltung) und H ö h n (Pressereferent) erklärten, in diesem Zustand wäre es falsch, nur die festgelegten Diskussionsredner sprechen zu lassen, da die Leute unbefriedigt wären. Man müsse eine freie Aussprache stattfinden lassen, dann würde man etwas zu hören bekommen.

Während der Mittagspause, in der die Ausführungen lebhaft negativ diskutiert wurden, war überall eine Unzufriedenheit spürbar. Nach der Pause gab G ö t t i n g gleich eine Erklärung ab, in der er seine Ausführungen näher begründete, um die Mißstimmung zu beseitigen. Diese Ausführungen wurden ohne Beifall

– 2 –

Postausgangsbuch (Verteiler) für Info-Dienst Nr. 1030/53 und 1031/53

Faksimile des Postausgangsbuchs (externer Verteiler) für Info-Dienst Nr. 1030/53 und Info-Dienst Nr. 1031/53

32 BStU 000032

Lfd. Nr.	Datum	Signatur der VS	Empfänger	Betreff	Quittung
63	24.7.1953	GVS 1680/53	Staatssekretär IX	Haftentlassung d. [illegible] [illegible] 1. Exempl.- 2 Blatt	Gärtner 27.7.53
64	3.8.1953	GVS 2640/53	ZK der SED Walter Ulbricht	Information Nr. 1030 u. 1030 a insges. 11 Blatt	Gärtner 3.8.53
65	3.8.1953	GVS 2640/53	Ministerpräsid. Otto Grotewohl	Information Nr. 1030 u. 1030 a ins: 11 Blatt	Gärtner 3.8.53
66	4.8.1953	GVS 1730/53	Gen. Mielke	Haftentlassung der [illegible] 1. Ex.- 1 Blatt	Gärtner 5.8.53
67	5.8.1953	GVS	ZK der SED Gen. W. Ulbricht	Information 1031 - 6 Blatt	Gärtner 5.8.53
68	5.8.1953	GVS	Reg. d. DDR-Ministerpräs. O. Grotewohl	Information 1031 - 6 Blatt -	Gärtner 5.8.53

Deckblatt von Info-Dienst Nr. 1086/53

Faksimile des Deckblatts von Info-Dienst Nr. 1086/53

Nr.: 1086 Expl.: 2 Blatt: -6- Berlin, den 6. 10. 1953.

208

Informationsdienst

zur Beurteilung der Situation

Staatssekretariat für Staatssicherheit

Inhalt:

1. Die Lage in Industrie, Verkehr, Handel und Landwirtschaft
2. Stimmung der übrigen Bevölkerung
3. Ereignisse von besonderer Bedeutung
4. Feindtätigkeit
5. Stimmen aus Westberlin u. Westdeutschland
6. Einschätzung der Situation

Redaktion: Telefon 550322 Hausapparat 550

D 407 1053 1.0

Ausgewählte Dokumente

[Ohne Datum]

Bericht über die Ereignisse in Berlin und in der Republik am 17. Juni 1953 bis 19.30 Uhr [Meldung Nr. 1/53]

Quelle: BStU, MfS, SdM 249, Bl. 267–281.
Serie: Informationsdienst (Vorformen).
Verteiler: Kein Nachweis einer externen oder internen Verteilung.
Datum: Datierung durch den Bearbeiter: 17.6.1953 (anhand der Angaben im Bericht).
Bemerkungen: Die Abschnitte I und II des Dokuments wurden, vermutlich aus arbeitstechnischen Gründen, getrennt gefertigt. Der Abschnitt »II. Republik« hat eine eigene Hauptüberschrift (»Zusammenfassender Bericht über die Ereignisse am 17.6.1953 laut eingegangener Berichte um 19.30 Uhr«), eine eigene Seitenzählung und ein eigenes Schriftbild.

I. Groß-Berlin

a) *Die Lage in den Betrieben*

Der am gestrigen Tage ausgebrochene Streik auf den Baustellen des demokratischen Sektors in Groß-Berlin hält weiter an. Eine Reihe von Betrieben schlossen sich im Verlaufe des heutigen Tages dem Streik an. Nach den hier vorliegenden Meldungen traten die Arbeiter folgender Betriebe in den Streik:

- *Wälzlager Rittergutstraße,*
- *KWO, Kupferwalzwerk und Gummi–Asbest,*[1]
- *Niles-Werke »7. Oktober«,*
- *Knorr-Bremse,*
- *VEB Vergaser,*
- *EAW »J. W. Stalin«, Treptow,*
- *RAW Treptow,*
- *Kabelwerk Oberspree (Drahtwerk),*
- *Siemens-Plania*, Brennerei, ca. 200 Arbeiter,
- *Bergmann-Borsig*, 200 Bauarbeiter,
- *Fortschritt-Werk II*, Greifswalder Straße. Ein Westberliner hetzte vor dem Tor zum Streik. Nach einer späteren Meldung sind Demonstranten in das Werk eingedrungen und demolieren es.

Vor den Werken *RAW Revaler Straße* und *Kälte-Richter* diskutieren die Arbeiter lebhaft. Ein Westberliner vom Werk Kälte-Richter fordert zum Streik auf.

- *HF*[2]*-Gerätewerk,*

1 Gemeint ist der Teilbetrieb Gummiwerk des Kabelwerks Oberspree.
2 Im Original »HS«.

- *BWS*,[3]
- *VEB Zentral-Werkstatt.*[4]

Im Betrieb *BBW* forderte der Betriebsschutz die Kollegen auf, sie sollen den Betrieb verlassen und streiken. Der Betriebsschutz wurde daraufhin abgelöst und Genossen eingesetzt und bewaffnet.

Hattstock,[5] es streiken 400 Mann.

In den Werken *EAW »Stalin«, Treptow*, forderten die Streikenden freie Wahlen. Wenn die Forderung nicht binnen einer Stunde erfüllt wird, drohten sie mit Anschluss an Demonstranten.

Im *Kabelwerk Oberspree* forderten die Streikenden in einer Versammlung »die Regierung soll sprechen« und drohten sonst mit Teilnahme an der Demonstration. Die Belegschaft trat in den Streik.

Im *Berliner Glühlampenwerk* forderte der Direktor das Schließen der Tore. Die Arbeiter rissen die Tore wieder auf.

Im *Kraftwerk Klingenberg* verließen 300 bis 400 Arbeiter das Werk.

Im *Kraftwerk Rummelsburg* wurde die Arbeit eingestellt.

- *BHZ* verweigerte die Gemüse-Verladung,
- *RFT Treptow* hat die gesamte Belegschaft die Arbeit niedergelegt,
- *RFT, Edison*straße, die Arbeit ebenfalls niedergelegt.
- Im *Osthafen* verweigert Belegschaft die Arbeit,
- im *Transformatorenwerk* Anzeichen[6] von Streik.
- Die *Haupt-Elektro-Werkstatt der BVG Rudolfstraße* legte die Arbeit nach Aufforderung nieder.
- In der *Stralauer Hütte* haben sich die dort beschäftigten Bauarbeiter dem Streik angeschlossen,
- das *Zweigwerk Weißensee vom Transformatorenwerk Oberspree* schloss sich dem Streik an,
- *Kabelwerk Köpenick* droht den Betriebsschutz zu entwaffnen, weil sowjetische Panzer im Anfahren sind, es wurde eine Streikleitung gebildet.
- *Im Kraftwerk Klingenberg* haben weitere *150 Westarbeiter* das Werk verlassen,
- *Hochfrequenz- und Fernmeldewerk*, vorbeikommende Demonstranten brachen die Tore auf. Einzelne Arbeiter haben das Werk verlassen. In einzelnen Abteilungen wird nicht gearbeitet,
- *Neubauamt 7 in Lichtenberg*, 122 Belegschaftsangehörige legten die Arbeit nieder,

3 Gemeint ist wahrscheinlich die Berliner Werkzeugmaschinenfabrik in Berlin-Friedrichshain (BWF).

4 Gemeint ist der VEB Zentralwerkstätten.

5 Ein Betrieb, der so oder ähnlich hieß, ließ sich nicht ermitteln, es handelt sich vermutlich um einen Hör- oder Übermittlungsfehler.

6 Im Original »Anzeigen«.

– im *RAW Schöneweide* ist das Signal- und Fernmeldewerk in den Streik getreten. Die Arbeiter wollten sich nicht daran beteiligen, wurden aber von anderen RAW dazu aufgefordert.

Um 10.40 Uhr wird gemeldet, dass in der *Hauptreparaturwerkstatt Rudolfstraße* die Arbeit wieder aufgenommen wurde.

Ebenfalls haben im *Werk Wälzlager* 100 Arbeiter und Angestellte die Arbeit wieder aufgenommen.

Um 10.48 Uhr wird gemeldet, dass bei *Bergmann-Borsig* eine Belegschaftsversammlung stattfindet und Streikdrohungen ausgesprochen werden.

TRO: Die Belegschaft streikt. Die Kraftstation wird notdürftig durch Genossen aufrechterhalten.

10.50 Uhr wird gemeldet: *DHZ Kraftstoff- und Mineral-Großtanklager Rummelsburg* – Demonstranten sind in das Werk eingedrungen. Es befindet sich in Gefahr.

Um 11 Uhr wird gemeldet, dass das *Amt für Warenkontrolle* an der Sektorengrenze brennt.

ABUS Lichtenberg: Die Belegschaft befindet sich im Streik.

Im *VEB Hartfettwerk Berlin* trat die Belegschaft um 10 Uhr in den Streik. Im Werk verblieben die gesamte SED-Betriebsgruppe und der Betriebsschutz. Die Streikenden forderten eine Regierungserklärung über Zurückziehung der Normenerhöhung und freie Wahlen. Sie erklärten sich mit den streikenden Bauarbeitern solidarisch.

b) Verkehr

Deutscher Kraftverkehr: 150 Mann fordern Herabsetzung der Normen, Herabsetzung der HO-Preise. Sprechen sich gegen Nationale Streitkräfte aus und nahmen Stellung gegen Minister-Gehälter. Die übrigen Belegschaftsmitglieder werden von diesen Diskussionen nicht erfasst.

Um 13.30 Uhr wird gemeldet, dass das *SB-Betriebswerk Grünau*[7] die Arbeit niedergelegt hat. Ebenfalls um 13 Uhr wurde die Arbeit auf dem *Bahnhof Rothensee* eingestellt.

Im *Bahnbetriebswerk Schöneweide* ist die Lage normal, ebenfalls im *RAW Berlin.*

Im *RAW Tempelhof (Westsektor)* ist die Lage ruhig.

Im *RAW Grunewald (Westsektor)* ist die Lage normal. Belegschaft ist bereit, wenn die Ablösung nicht kommt, weiterzuarbeiten.

Im *Bahnhof Potsdamer Platz* wurden die Fahrkartenschalterfenster zertrümmert. Der Raum zum *Amt zur Kontrolle des Warenverkehrs* wurde ausgeräumt, der HO-Stand für Tabakwaren und Spirituosen geplündert.

7 S-Bahn-Betriebswerk Grünau.

Um 11.55 Uhr wird gemeldet: *RAW Schöneweide* von 2300 Mann nur noch 200 im Werk.

Das *Schaltwerk Markgrafendamm* hat die Arbeit wieder aufgenommen. Die Belegschaft sprach sich für die Richtlinien des ZK[8] aus.

Bahnmeisterei Lichtenberg – die Arbeit wurde niedergelegt.

Abschließend wird festgestellt, dass sowohl in Berlin wie auch in der DDR die Eisenbahner sich in wenigen Fällen an dem Streik beteiligten. Die überwältigende Mehrheit der Eisenbahner ließ sich durch Agenten nicht verhetzen. Lediglich die Arbeiter des Reichsbahnausbesserungswerks machen eine Ausnahme und traten in vielen Fällen in den Streik.

Der S-Bahn-, U-Bahn- und Straßenbahnverkehr wurde im Laufe des Tages auf unsere Anweisung eingestellt. Die aus der Republik nach Berlin verkehrenden Züge wurden nur bis zu bestimmten Bahnhöfen vor Berlin gefahren. Der Transport der Streikenden untereinander wurde durch die oben aufgezeigten Maßnahmen wesentlich behindert.

c) Demonstrationen

Bereits in den Morgenstunden zogen zahlreiche, z.T. starke Kolonnen Streikender nach dem Stadtinnern. Aus den Westsektoren kamen an allen Abschnitten zahlreiche Provokateure, meist Jugendliche, hetzten hier und randalierten. Ca. gegen 7.45 Uhr begab sich ein ca. 200 Personen starker Zug nach dem Marx-Engels-Platz unter der Losung »Generalstreik«.

Gegen 8 Uhr auf der Weidinger Straße bewegten sich ca. 400 Personen in Richtung Strausberger Platz[9]. Auf der Stargarder Straße ca. 100 Personen in Richtung Zentralkomitee.

8.36 Uhr wird gemeldet: 30 Personen in Bauarbeiterkleidung trafen im demokratischen Sektor ein und mischen sich unter die Bevölkerung.

8.50 Uhr wird gemeldet, dass sich erneut 1000 Personen nach dem Haus der Ministerien bewegen. Durch Sprachchöre fordern sie Normen- und Preissenkung. Sie führen ein Transparent: »In der Einheit der Arbeiterklasse liegt die Kraft.«

9.25 Uhr wird gemeldet, dass Unter den Linden ein Demonstrationszug aufgelöst wird. Die Arbeiter haben die Transparente in der Friedrichstraße und Leipziger Straße verbrannt. Teile der Teilnehmer schließen sich anderen Demonstrationszügen an. Um die gleiche Zeit wird gemeldet, dass sich in der

8 Gemeint ist wohl die Rückkehr zu den alten Normen, die am Tag zuvor vom SED-Politbüro verkündet worden war. Wörtlich hieß es: »Die Erhöhung der Arbeitsnormen darf und kann nicht mit administrativen Methoden durchgeführt werden, sondern einzig und allein auf der Grundlage der Überzeugung und der Freiwilligkeit. [...] Es wird vorgeschlagen, die von den einzelnen Ministerien angeordnete obligatorische Erhöhung der Arbeitsnormen als unrichtig aufzuheben.« Erklärung des Politbüros des ZK der SED zur Normenfrage vom 16.6.1953. In: ND, Berliner Ausgabe, v. 17.6.1953, S. 1.

9 Im Original »Straßberger Platz«.

Wilhelmstraße ca. 2000 Demonstranten befinden, die das Sektorenschild bereits beseitigt haben.

9.30 Uhr wird gemeldet, dass auf der Leipziger Straße ein größerer Demonstrationszug nach dem Haus der Ministerien sich bewegt, unter den Rufen: »Wir fordern freie Wahlen.«

Tausende von Demonstranten zogen durch das Brandenburger Tor nach dem Westsektor. Am Brandenburger Tor wurde die rote Fahne heruntergeholt.

Im Kraftwagenwerk Pankow versuchte eine große Menschenmenge Transparente herunterzureißen.

10 Uhr wird gemeldet, dass in der Michaelkirchstraße sich eine größere Menschenmenge angesammelt hat. Es sind meist Arbeiter, vor allem Jugendliche. Sie haben Schilder, die auf den demokratischen Sektor hinweisen, zertrümmert. Gleichzeitig wird gemeldet, dass das Aufklärungslokal der Nationalen Front am Potsdamer Platz brennt. Eine Holzbaracke in der Mauerstraße ist abgebrannt.

10.15 Uhr wird gemeldet, dass sich auf dem Thälmann-Platz einige Tausend Menschen ansammeln. Weiter wird gemeldet, dass sich ca. 2000 Personen Unter den Linden nach Richtung Brandenburger Tor bewegen. Ein Volkspolizeiwagen wurde umgeworfen, rote Fahnen zerrissen, vorbeifahrende Wagen der sowjetischen Armee beschimpft.

In der Nähe des Schlesischen Bahnhofes[10] zog eine Gruppe Demonstranten in Richtung Westsektor. Eine Baubude steht in dieser Gegend in Flammen.

Aus Buch wird gemeldet, dass starke Menschenansammlung[en] sich in Richtung Berlin bewegen. Wasserwerker Buch diskutieren: Arbeitsniederlegung.

Gegen 10 Uhr wurde die Zollbaracke am Potsdamer Platz in Brand gesteckt. Junge Burschen laufen mit Knüppel bewaffnet herum. Demokratische Transparente wurden vernichtet. Angestellte des Ministeriums[11] wurden angegriffen.

10.40 Uhr wird gemeldet, dass ein erneuter Zug von ca. 500 Personen zum Haus der Ministerien zieht unter der Losung: »Wir fordern freie Wahlen und Freiheit.« Um die gleiche Zeit haben an der Schillingbrücke Rowdys den Kontrollposten angebrannt.

10.35 Uhr wird gemeldet, dass insgesamt 40000 Personen sich vom Dönhoffplatz über die Leipziger Straße zum Haus der Ministerien bewegen. In der Leipziger Straße/Ecke Friedrichstraße sangen Demonstrierende das »Deutschlandlied« und das »Schlesier-Lied«. VP setzte Wasserwerfer ein. Die Demonstranten griffen mit Steinen an.

10 Gemeint ist der Ostbahnhof. Die Unbenennung von »Schlesischer Bahnhof« zu »Ostbahnhof« erfolgte bereits zum 1.12.1950.

11 Es ist nicht ganz klar, wer hier gemeint ist. Es könnte sich um Angehörige des MfS oder aber um Angestellte, die im Haus der Ministerien arbeiteten, handeln.

11.15 Uhr wird gemeldet, dass von der Warschauer Straße in Richtung Stalinallee ca. 500 Personen marschierten mit einer schwarz-rot-goldenen Fahne unter der Losung: »Reiht euch ein – wir wollen klüger sein.«

Um 11 Uhr passiert eine größere Menge das Brandenburger Tor in Richtung Stadt-Mitte. Unter den Linden/Ecke Friedrichstraße wurde die Mitschurin-Säule in Brand gesetzt. Demonstranten erklärten, dass die Amis hinter dem Brandenburger Tor Panzer aufgefahren haben.

11.30 Uhr wurde gemeldet, dass am Potsdamer Platz von einem Lautsprecherwagen der berüchtigte Bürgermeister Kressmann[12] von Kreuzberg sprach.

Ein Zeitungskiosk und Sichtwerbung wurde in Brand gesetzt bzw. demoliert.

Gegen Mittag werden starke Ansammlungen beim Postamt Friedrichshagen gemeldet. Die Demonstranten sollen die Absicht haben die Telefonzentrale zu besetzen.

In der Leipziger [Straße]/Friedrichstraße wurden sowjetische Panzer mit Steinen beworfen. Ecke Französische Straße und Jägerstraße wurden ebenfalls sowjetische Panzer mit Steinen beworfen. Antennen von Panzern wurden abgerissen. Nach einigen Schüssen zog sich die Menge zur Sektorengrenze zurück.

Gegen 11.30 Uhr bewegten sich mehrere, ca. 100 Mann starke Demonstrationszüge von der Stalinallee in Richtung Alex. Sie stießen Beleidigungen gegen die Regierung und gegen unsere sowjetischen Freunde aus.

Um 15 Uhr demonstrierten 200 Mann vor der Hauptverwaltung Deutsche Grenzpolizei.

150 bis 200 Demonstranten bewegten sich auf der Grabbeallee am Städtchen Niederschönhausen[13] und provozierten.

In der Druckerei der »Tribüne«[14] dringen Demonstranten ein und demolieren die Inneneinrichtung.

12 Willy Kressmann, Jg. 1901, SPD-Politiker, 1949–62 Kreuzberger Bezirksbürgermeister.

13 Beim »Regierungsstädtchen« Niederschönhausen (Berlin-Pankow) handelte es sich um eine Villensiedlung, die den Majakowski-Ring und angrenzende Straßen umfasste. In diesem abgegrenzten Areal, das über die im Dokument genannte Grabbeallee zugänglich war, wohnten die Spitzenpolitiker der SED, u.a. Walter Ulbricht, Otto Grotewohl, Wilhelm Pieck, aber auch der Minister für Staatssicherheit Wilhelm Zaisser und sein Staatssekretär Erich Mielke. Vgl. Schulze, Hans-Michael: In den Wohnzimmern der Macht. Das Geheimnis des Pankower »Städtchens«. Berlin 2001.

14 Die »Tribüne« war das Zentralorgan des Freien Deutschen Gewerkschaftsbundes (FDGB) der DDR. Diese Tageszeitung hatte den besonderen Zorn der Demonstranten auf sich gezogen, weil der Sekretär des FDGB-Bundesvorstandes Otto Lehmann noch in der Tribüne-Ausgabe vom 16.6.1953 die Normenerhöhung uneingeschränkt verteidigt und Gewerkschaftsfunktionäre aufgefordert hatte, sie durchzusetzen. Vgl. Wilke, Manfred; Voigt, Tobias: »Neuer Kurs« und 17. Juni. Die zweite Staatsgründung der DDR 1953. In: Wilke, Manfred; Hegedüs, András B. (Hg.): Satelliten nach Stalins Tod: Der »Neue Kurs« – 17. Juni in der DDR – Ungarische Revolution 1956. Berlin 2000, S. 24–135, hier 64 f.

Um 17 Uhr wird gemeldet, dass auf dem Oranienplatz Bürgermeister Kressmann[15] zu Streikenden sprach, sie aufforderte nach Hause zu gehen, da um 21 Uhr alle zu Haus sein müssen. Fahrgeld wurde ihnen ausgehändigt.

d) Ministerien

Den stärksten Druck im Laufe des Tages hatte das Haus der Ministerien auszuhalten.

Angehörige des Wachregiments, des Ministeriums für Staatssicherheit, unter direkter Leitung des Genossen Weikert,[16] hinderten die Demonstranten daran, das Haus zu besetzen. Auf unserer Seite sind etwa 20 Verletzte, darunter sechs Schwerverletzte, zu beklagen. Die Demonstranten versuchten im Haus der Ministerien Feuer anzulegen. Durch das Einsetzen von Wasserwerfern und das Eingreifen der Freunde wurden die feindlichen Kräfte abgewiesen. Eine große Anzahl der Rowdys wurde festgenommen.

Ebenfalls stark bedroht wurde das Ministerium für Eisenbahnwesen. Es gelang Demonstranten in das Gebäude einzudringen.

Durch die scharfen Maßnahmen, die im Laufe des frühen Nachmittags erfolgten, insbesondere durch das Eingreifen der Freunde, ist eine Auflockerung der Demonstrationen festzustellen, die im Laufe des Nachmittags immer fühlbarer wird. Im Laufe des Abends tritt eine weitere Beruhigung der Lage ein.

e) Zentralkomitee

Versuche, in das Gebäude des Zentralkomitees einzudringen, scheiterten durch das Eingreifen der Freunde.

f) Gesellschaftliche Institutionen

Rowdys versuchten in das Gebäude des Rundfunk-Komitees einzudringen.

g) Provokateure aus dem Westen

In der Gegend Brunnenstraße/Bernauer Straße geben Lautsprecherwagen bekannt, dass sich die Gruppen am S-Bahnhof Gesundbrunnen sammeln sollen. In der Brunnenstraße wurde schwer demoliert. Der Asphalt der Straße wurde aufgerissen und Barrikaden gebaut.

Westlich entlang der Sektorengrenze sammeln sich die Mitglieder des BDJ.[17] In der Invalidenstraße, Lehrter Straße, Seydlitzstraße[18] und Rathaus-

15 Im Original »Kretzschmar«.

16 Martin Weikert, Jg. 1914, stellv. Minister für Staatssicherheit, zu seinem Anleitungsbereich gehörte u. a. das Wachregiment.

17 Der 1950 gegründete Bund Deutscher Jugend (BDJ) war eine militant antikommunistische Organisation, die sich an jugendbewegt-bündische Traditionen anlehnte. Ihre im April 1951 gegründete geheime Unterorganisation »Technischer Dienst« diente dem Aufbau einer Guerilla-Organisation für den Fall einer kriegerischen Auseinandersetzung mit dem Osten (»Stay-behind-Netz«) und wurde aus US-amerikanischen Geheimdienstquellen finanziert.

straße[19] sammeln sich Mitglieder des BDJ (nach einer Meldung von 17.20 Uhr).

In der Brunnenstraße/Ecke Bernauer Straße wurde die Polizeistelle demoliert, die Fahne angebrannt, Einrichtungen auf die Straße geworfen.

Am »Walter-Ulbricht-Stadion« sind alle Aufklärungslokale demoliert und wurden ausgebrannt. Die Täter sind 15- bis 17-jährige Burschen.

In der Fahrmeisterei West[20] hat ein Beauftragter der englischen Militär-Kommandantur den Genossen aufgefordert den Bahnhof zu öffnen, andernfalls er nach Ablauf von 24 Stunden diesen öffnen lassen wird.

13.17 Uhr wird gemeldet, dass ein Flugzeug über Rummelsburg Flugblätter abgeworfen hat.

Vom Brandenburger Tor wird gemeldet, dass vor jedem Demonstrationszug Radfahrer fahren, die die Verbindung mit dem Westsektor aufrechterhalten. Sie stehen in Verbindung mit dem Pkw Nr. [...].

In einem Demonstrationszug in der Stalinallee befindet sich eine starke westliche Agentengruppe und verteilt Flugblätter.

h) Festnahmen

Namentlich liegen noch wenige Meldungen über Festnahmen vor. Insgesamt wurden gegen Abend etwa 160 Festnahmen gemeldet.[21] Darunter befinden sich Personen, die sehr stark belastet sind.

i) Volkspolizei und Staatssicherheit

Die Organe der Kasernierten Volkspolizei, des Wachregiments des MfS, der Grenzpolizei und die Mitarbeiter des Ministeriums für Staatssicherheit selbst sind bester Stimmung und erfüllen freudig ihre Pflicht und führen alle Befehle gewissenhaft aus.

II. Republik[22]

Bezirk Magdeburg

Die Unruhen erstreckten sich insbesondere auf das Stadtgebiet Magdeburg. Hier formierten sich nach einer Meldung von 9.45 Uhr ca. 500 Personen in

Die Organisation wurde im Januar/Februar 1953 in Hessen, Niedersachsen, Bremen, Hamburg und Baden-Württemberg von den jeweiligen Landesinnenministerien verboten. Vgl. Dudek, Peter; Jaschke, Hans-Gerd: Entstehung und Entwicklung des Rechtsextremismus in der Bundesrepublik. Opladen 1984, Bd. 1, S. 356–388.

18 Im Original »Seidler Straße«.

19 Eine Rathausstraße gibt es dort nicht, es handelt sich wahrscheinlich um die Rathenower Straße.

20 In Berlin-Halensee im Britischen Sektor gelegene Einrichtung der Berliner S-Bahn, die von der Deutschen Reichsbahn der DDR betrieben wurde.

21 Die Festnahmezahlen sind als vorläufig anzusehen, sie liegen deutlich zu niedrig.

22 An dieser Stelle trägt das Dokument noch einmal die eigene Überschrift »Zusammenfassen-

Richtung Stadtmitte. Bereits 9.45 Uhr wurden ca. 3 000 bis 4 000 Personen gemeldet, die sich in einem Demonstrationszug zur Stadtmitte bewegten. Angeblich sollte dort eine Kundgebung stattfinden. Die Losung dieser Demonstranten war: »Wir folgen unseren Berliner Kollegen und fordern freie Wahlen!«

Eine Meldung um 10.30 Uhr besagt, dass der Demonstrationszug das Stadtzentrum erreicht hat. Es demonstrierten ca. 7 000 bis 10 000 Personen. In allen Straßen, in denen sich der Demonstrationszug bewegte, wurden Transparente und Bilder heruntergerissen und abfällige Äußerungen über die Regierung gemacht.

In den wichtigsten Betrieben legten die Arbeiter die Arbeit nieder. In einer Meldung um 8.50 Uhr wurde mitgeteilt, dass die Dreherei im Karl-Marx-Werk um 7.00 Uhr die Arbeit niedergelegt habe, jedoch um 8.15 Uhr wieder aufgenommen hat. In der gleichen Meldung wurde mitgeteilt, dass im Ernst-Thälmann-Werk, Betrieb Nr. 50, Stahlgießerei und Betrieb Nr. 6, 1 000 Arbeiter die Arbeit niedergelegt haben.

Im Dimitroff-Werk wurde die Arbeit stillgelegt. Der Demonstrationszug bewegte sich dann in Richtung Karl-Liebknecht-Werk. Um 9.20 Uhr wurde gemeldet, dass die Stahlgießerei im Ernst-Thälmann-Werk arbeitet. In gleicher Meldung wird gesagt, dass die Betriebe Nr. 13 und 11 nicht arbeiten und ca. 2 000 Arbeiter und Angestellte sich im Demonstrationszug zum Dimitroff-Werk begeben. Um 9.45 Uhr wird gemeldet, dass der Demonstrationszug die Tore vom Karl-Liebknecht-Werk aufgebrochen, die Posten niedergeschlagen [hat] und in die Werkhallen eingedrungen ist. Die Arbeiter wurden gezwungen sich an der Demonstration zu beteiligen. Auch die Arbeiter im RAW Magdeburg und im Bahnbetriebswerk Magdeburg/Buckau haben ebenfalls die Arbeit niedergelegt.

Besonders stark waren die Angriffe auf staatliche Verwaltungen und gesellschaftliche Einrichtungen. Die Reichsbahndirektion Magdeburg, die Fernschreibstelle in Magdeburg wurde durch Demonstranten besetzt.

Die Büroräume des Bezirksfriedensrates wurden vollständig demoliert.

Ebenso das Haus der Gesellschaft für Deutsch-Sowjetische Freundschaft und des FDGB. Laut Meldung um 10.55 Uhr wurde das Haus der FDJ und der »Volksstimme« besetzt und geplündert. Um 11.15 Uhr wurde gemeldet, dass die RBD Magdeburg durch Demonstranten besetzt wurde.

Bauarbeiter und Arbeiter des Dimitroff-Werkes wurden geschlagen und zur Demonstration gezwungen. Der 1. und 2. Parteisekretär des Dimitroff-Werkes wurden verschleppt.

der Bericht über die Ereignisse am 17.6.1953 laut eingegangener Berichte um 19.30 Uhr«. Die Seitenzählung beginnt wieder bei 1 und das Schriftbild verändert sich. Es handelt sich aber nicht um einen eigenständigen Text, sondern lediglich um den zweiten, die Bezirke der DDR betreffenden Teil des Gesamtberichts.

Um 11.25 Uhr wurde gemeldet, dass die Bezirksleitung der Partei demoliert wird.

11.50 Uhr: Die Demonstranten sind ins Gefängnis eingedrungen.

12.50 Uhr: Das Tor unserer Haftanstalt wurde in Brand gesetzt. Die Aufständischen verfügen über 14 Karabiner.

13.45 Uhr wurde gemeldet, dass in Magdeburg-Sudenburg ein VP-Angehöriger und ein Angehöriger des Ministeriums erschossen wurden.[23]

Weitere Meldungen sind von Magdeburg bis 20.30 Uhr nicht eingegangen.

Bezirk Potsdam

In folgenden Betrieben wurde die Arbeit niedergelegt: LEW[24], Walzwerk Brandenburg, Optisches Werk Rathenow, Stahlwerk Hennigsdorf (7000 Arbeiter), Bau-Union Hennigsdorf und Bau-Union Hohenschöpping, Kreuzungsbauwerk Karow.

In Premnitz streikt die gesamte Belegschaft des Kunstseidenwerkes mit Ausnahme der Arbeiter des Kraftwerkes und der Mitglieder der SED. Streiklosungen: Freilassung der politischen Häftlinge, Sturz der Regierung, Preissenkung der HO.

Nach einer Meldung um 13.20 Uhr marschierten 4000 Demonstranten des LEW Hennigsdorf nach Westberlin über Heiligensee. Gegen 9.00 Uhr schlossen sich weitere 3000 Mann von der Reichsbahn-Bau-Union Naumburg den Demonstrationszügen an und überschritten die Sektorengrenze.

Einer Meldung von 11.35 Uhr zufolge wurde die Arbeit im Stahl- und Walzwerk Brandenburg wieder aufgenommen.

In Brandenburg wurden laut einer Meldung von 13.50 Uhr von dem Demonstrationszug das FDGB-Gebäude und das Parteihaus sowie das Gericht gestürmt. Die Gefangenen wurden freigelassen.[25]

23 Hier geht es um die Erstürmung eines großen Gebäudekomplexes im Magdeburger Stadtteil Sudenburg, in dem (neben dem Bezirksgericht und der Bezirksbehörde der Volkspolizei) eine Strafvollzugsanstalt des MdI und eine Untersuchungshaftanstalt des MfS untergebracht waren. Bei der Schießerei kamen *zwei* Volkspolizisten und ein MfS-Mitarbeiter ums Leben. Vgl. Lübeck, Wilfried: Der 17. Juni 1953 in Magdeburg. »Wenn die Freunde nicht dagewesen wären, wäre es zu einer Niederlage gekommen«. In: Rupieper, Hermann-Josef (Hg.): »… und das Wichtigste ist doch die Einheit.« Der 17. Juni 1953 in den Bezirken Halle und Magdeburg. Münster u. a. 2003, S. 106–139, hier 117f.

24 Im Original »ELW«. Gemeint ist der VEB Lokomotivbau Elektrotechnische Werke (LEW) Hennigsdorf.

25 Dabei handelte es sich um 42 Häftlinge, die in der (im Gebäudekomplex des Kreisgerichtes befindlichen) Untersuchungshaftanstalt verwahrt und von einer Delegation von Demonstranten als »Politische« identifiziert worden waren. Bei der großen Strafvollzugsanstalt Brandenburg-Görden, in der zu dieser Zeit viele politische Häftlinge einsaßen, kam es zu keiner Gefangenenbefreiung. Vgl. Kowalczuk, Ilko-Sascha: 17. Juni 1953 – Volksaufstand in der DDR. Ursachen – Abläufe – Folgen. Bremen 2003, S. 185f.

Bezirk Halle

Im Bezirk Halle legten insbesondere in den Großbetrieben die Arbeiter die Arbeit nieder, so zum Beispiel in der Filmfabrik Wolfen, ebenfalls im Elektrokombinat Bitterfeld. In Roßlau war die Schiffswerft in Streik getreten. Einer späteren Meldung zufolge vereinigten sich die Arbeiter der Filmfabrik Wolfen mit der Farbenfabrik zu etwa 10 000 Demonstranten.

In Bitterfeld wurden auch HO-Läden gestürmt, Losungen heruntergerissen usw. Auch in Leuna kam es zu Demonstrationen. Hier sangen die Arbeiter das Deutschlandlied und schlugen Funktionäre demokratischer Organisationen. In Buna und in Thale wurde ebenfalls gestreikt. Die Arbeiter des Otto-Brosowski-Schachtes[26] weigerten sich, einzufahren. In einer Meldung um 12.45 Uhr teilte die HA Transport[27] mit, dass im Elektrokombinat Bitterfeld einzelne Arbeiter und auch Gruppen die Arbeit wieder aufnahmen. Im Bezirk Halle bewegte sich um 12.45 Uhr ein Demonstrationszug in Richtung Geiseltal, um dort die Bergarbeiter zum Streik zu bringen. In Roßlau demonstrierten 6 000 Menschen, insbesondere Arbeiter der Elbe-Werft. Bei Demonstrationen und Überfällen auf öffentliche Institutionen hatte man es insbesondere auf die Kreisdienststellen unseres Ministeriums abgesehen.

In Bitterfeld wurde die Kreisdienststelle gestürmt. Losungen und Bilder wurden abgerissen, Demonstranten verließen dann wieder das Gebäude. Ebenso wurde die Kreisdienststelle Merseburg gestürmt und der Dienststellenleiter mitgeschleppt. In einer Meldung von 14.00 Uhr wurde mitgeteilt, dass sämtliche Unterlagen der Dienststelle weggebracht wurden. (Es geht nicht hervor, durch wen und wohin.)[28]

Häftlinge wurden hier befreit, und zwar Häftlinge des VPKA. Unsere Bezirksverwaltung in Halle wurde belagert. Es wurde ein Gefangenentransportwagen der Dienststelle Halle umgekippt, der zu einem Termin gefahren war. Man hat Mitarbeiter einiger Kreisdienststellen zusammengeschlagen. Das Parteihaus in Halle wurde gegen 12.30 Uhr gestürmt. Die Räume für unsere Sonderverbindung blieben unversehrt. In Halle wurde außerdem eine Gefangenenbefreiung durchgeführt, wobei die Justiz entwaffnet wurde.[29]

26 Im Original »Otto-Rossowki-Schacht«.

27 Gemeint ist hier wohl die Hauptabteilung Transportpolizei, die seit Januar 1953 (bis Februar 1957) Teil des MfS war.

28 Weder in Bitterfeld noch in Merseburg wurde der Dienststellenleiter verschleppt. Der MfS-Kreisdienststellenleiter von Bitterfeld, Major Franz Scharsig, ließ in Panik die beim Sturm auf die Dienststelle beschädigten Akten zusammentragen und verbrennen, anschließend fuhr er kopflos nach Halle, um Hilfe zu holen. Dadurch könnte der Eindruck entstanden sein, er sei verschleppt worden. Vgl. Fricke, Karl Wilhelm; Engelmann, Roger: Der »Tag X« und die Staatssicherheit. 17. Juni 1953 – Reaktionen und Konsequenzen im DDR-Machtapparat. Bremen 2003, S. 109–111.

29 Gemeint ist hier die Befreiung eines einzelnen Gefangenen, der sich im Gerichtsgebäude befand. Später wurden auch die in der Untersuchungshaftanstalt einsitzenden Häftlinge be-

Bezirk Cottbus

600 Arbeiter des TEWA-Drahtwerkes legten um 6.30 Uhr die Arbeit nieder. Ebenso die Baustelle Kraftwerk Sonne im Kreis Spremberg. Auch im RAW Cottbus brach der Streik aus und die Arbeiter demonstrierten. Die Bauarbeiter des Kreises Lübben erklärten sich mit den Bauarbeitern Berlins solidarisch, traten jedoch nicht in den Streik. In Jessen bildeten sich Gruppen von Großbauern, die die Arbeiter der MTS aufforderten, die Arbeit niederzulegen. Nur sechs bis acht Personen der MTS folgten dieser Aufforderung.

In der Großkokerei Lauchhammer wurde das Verwaltungsgebäude demoliert.

Demonstrationen wurden bisher nicht gemeldet.

Bezirk Gera

Im Bezirk Gera streikten die Betriebe Zeiss, Schott und Jena-Farben. Um 11.00 Uhr legten die Arbeiter des RAW Jena die Arbeit nieder und schlossen sich den Demonstranten[30] von Zeiss und Schott an. Laut einem Anruf aus Jena hat sich ein gewisser Doktor Gerlich[31] von den Zeiss-Werken an Erfurt gewendet mit der Aufforderung, sich dem Streik anzuschließen.

Im RAW Jena wurde ein Streikkomitee von zehn Mann gebildet, welches beschloss, dass die Arbeit am Donnerstag, dem 18.6.1953, um 5.15 Uhr, wieder aufgenommen wird. Die Betriebe EKM und »Roter Rekord« streiken ebenfalls. Streikposten wurden aufgestellt. 700 Mann dieser Betriebe marschierten zur Bau-Union Gera. In Gera demonstrierten vor dem Bezirksrat 600 Personen. 30 Kraftwagen der Wismut sind vollgeladen aus Berga, Kreis Rudolstadt, gekommen. Diese demonstrierten ebenfalls vor dem Bezirksrat. Ein Wagen der KVP wurde entwaffnet. Die Waffen von der Masse zerschlagen.

Um 12.30 Uhr wurde gemeldet, dass die Dienststelle in Jena zerschlagen ist und versucht wird, dass VPKA zu stürmen. In Jena sind die Demonstranten in die Haftanstalt eingedrungen. Zwei Volkspolizisten wurden verletzt, sechs Pistolen gelangten in die Hände der Demonstranten. Das Haus der Nationalen Front wurde gestürmt und das Gebäude der Gesellschaft für Deutsch-Sowjetische Freundschaft wurde in den Vormittagsstunden angegriffen.

freit. Vgl. Löhn, Hans-Peter: Spitzbart Bauch und Brille – sind nicht des Volkes Wille! Der Volksaufstand am 17. Juni 1953 in Halle an der Saale. Bremen 2003, S. 68–95.

30 Im Original »Demonstrierten«.

31 Da Eigennamen in den Originalen oft falsch bzw. phonetisch ähnlich geschrieben sind, könnte es sich hier auch um einen Dr. Görlich handeln. Zu dieser Zeit fungierte Paul Görlich, Jg. 1905, renommierter Experimentalphysiker, bei Zeiss als Wissenschaftlicher Hauptleiter. Es findet sich aber ansonsten kein Hinweis auf seine Beteiligung am 17. Juni. Seine Biografie, Görlich war 1946–52 in der Sowjetunion, wurde 1954 Professor für Festkörperphysik an der Universität in Jena und erhielt im selben Jahr den Nationalpreis der DDR, spricht ebenfalls gegen eine Beteiligung.

Bezirk Leipzig

Trotzdem aus dem Bezirk Leipzig keine allzu großen Streiks gemeldet wurden, kam es auch hier zu beträchtlichen Ausschreitungen. Im VEB SANAR[32] Roßwein, Revolverdreherei und Montage, streikten am 15.6.1953 bereits 40 Personen eine Stunde. Am 16.6.1953 streikten 300 Personen im VEB »Hammerschuh« in Döbeln, alle wegen der Frage der Normenerhöhung. Im RAW »Einheit« Leipzig wurde gestreikt. Die Demonstranten belagerten zunächst das Polizeipräsidium. Dann kam es zu Zusammenrottungen vor dem Ernst-Thälmann-Haus. In Delitzsch kam es zu Schießereien unter den Arbeitern, die in Bitterfeld zu einer Demonstration waren und wieder zurückkamen. Sie wollten dann das VPKA stürmen, wobei sich die VP entschieden zur Wehr setzte. In Leipzig drangen um 12.30 Uhr Demonstranten in das Rundfunk-Gebäude ein. Das VPA-T Leipzig wurde von 1 000 Mann gestürmt und besetzt. Die Waffen befanden sich im Panzerschrank, der von den Transportpolizisten verschlossen wurde. Die Bezirksleitung der FDJ wurde besetzt.

16.40 Uhr wurde gemeldet, dass auf dem Hauptbahnhof in Leipzig ein Lkw von den Demonstranten in Beschlag genommen wurde, in dem sich Waffen befanden. Es gelang durch unsere Mitarbeiter, die Waffen sicherzustellen und die Demonstranten wieder zu entwaffnen. Ein Demonstrationszug bewegte sich von Schkeuditz nach Leipzig mit ca. 10 000 Mann. Dies war gegen 13.15 Uhr der Fall.

Bezirk Dresden

Die 6 000 Mann zählende Belegschaft der LOWA-Waggonwerke Görlitz streikten und gingen zur Demonstration über. Dem schlossen sich 2 000 Mann des EKM-Maschinenbaues und 1 000 Mann der NAGEMA-Werke an. Die Belegschaft des Sachsenwerkes Niedersedlitz trat in den Streik und demonstrierte. Die Hillewerke schlossen sich an. Die Schuhfabrik sowie die Press- und Spritzengießerei Heidenau legten die Arbeit nieder. Ca. 1 000 Arbeiter demonstrierten.

Die Dienststelle in Görlitz wurde gestürmt, unsere Mitarbeiter und der 1. Kreissekretär wurden verschleppt.[33] Um 12.30 Uhr wurde in Görlitz die Haftanstalt der Dienststelle gestürmt. Die Häftlinge wurden befreit. Ins Rathaus wurde eingedrungen. Um 12.55 Uhr wurde gemeldet, dass mit der Kommandantur keine Verbindung mehr besteht.

32 Im Original »Sowar«.

33 Der 1. SED-Kreissekretär Karl Weichold war bereits zuvor, beim Sturm auf die SED-Kreisleitung, in die Gewalt der Demonstranten geraten, ging aber dann halb freiwillig mit ihnen mit zur belagerten MfS-Kreisdienststelle. Dort gab er die Anweisung, die Dienststelle für eine Inspektion durch eine Delegation von Demonstranten zu öffnen (man suchte Gefangene). Vgl. Roth, Heidi: Der 17. Juni in Sachsen. Mit einem einleitenden Kapitel von Karl Wilhelm Fricke. Köln u. a. 1999, S. 266–273.

Die Dienststelle Niesky wurde besetzt. Der Dienststellenleiter und zwei Mitarbeiter wurden im Keller eingesperrt.[34] In einem Nachtrag zur Meldung Niesky um 18.35 Uhr wurde mitgeteilt, dass durch Angehörige der Grenzkommandantur Warnschüsse über die Köpfe der Menge abgegeben wurden, die sich daraufhin zurückzog.

Bezirk Erfurt

Im Bezirk Erfurt ist es zu keinerlei größeren Ausschreitungen gekommen. Nach einer Meldung um 9.30 Uhr haben die Arbeiter der Rheinmetallwerke Sömmerda die Arbeit nicht aufgenommen. Diesem Streik haben sich noch zwei kleinere Betriebe angeschlossen. Um 12.15 Uhr wurde mitgeteilt, dass die Menschen in die Betriebe zurückgegangen sind und dort in einen Sitzstreik traten. Um 16.00 Uhr wurde gemeldet, dass es im Funkwerk Erfurt eine Kurzversammlung gab. Danach wurde weitergearbeitet.

In Weimar sind die Arbeiter nach Ansprache eines Instrukteurs in die Betriebe zurückgegangen. Aus Mühlhausen wird berichtet, dass sich die Groß- und Mittelbauern aus den Dörfern zusammenrotten und nach Mühlhausen marschieren. Ein Instrukteur wurde vom Rednerpult heruntergeholt.

Bezirk Karl-Marx-Stadt »W«[35]

In der Nacht vom 16.6.1953 zum 17.6.1953 wurden zwischen Bockau und Blauenthal durch die VP 300 Flugblätter aufgenommen. Ebenso brachten feindliche Elemente Losungen an Hauswänden an. Ebenso wurden nur wenige Flugblätter in Zwickau aufgefunden. Zunächst war in den Objekten der Wismut keine Störung eingetreten. Die Arbeiter hatten ihre Arbeit aufgenommen. Später wurde gemeldet, dass 40 Wismutfahrzeuge, Busse und Kipper, nach Gera fuhren. Um 17.00 Uhr wurde dann gemeldet, dass einige Autos mit ca. 300 bis 400 Personen die Sperre vor der Stadt Gera durchbrochen hatten und auf dem Markt Aufstellung nahmen. Kumpels vereinigten sich mit Industriearbeitern in Weida. Um 18.00 Uhr trafen drei Wismutkipper mit Kumpels in Gera ein. Hier wurden feindliche Losungen durch Sprechchöre ausgerufen. Ab 16.15 Uhr arbeiteten im Zentralschacht 352 in Lichtenberg die Kumpel nicht mehr. Die 2. und 3. Sohle fuhr zur 1. Sohle, führte dort eine Versammlung durch.

34 Der Dienststellenleiter und *drei* seiner Mitarbeiter wurden nicht in den Keller, sondern in den Hundezwinger der Dienstsstelle eingesperrt. Vgl. Kowalczuk, Ilko-Sascha: 17. Juni 1953 – Volksaufstand in der DDR. Ursachen – Abläufe – Folgen. Bremen 2003, S. 242.

35 »W« steht für den operativen Zuständigkeitsbereich Wismut AG, der im MfS zu dieser Zeit als eine eigene Verwaltung mit dem Rang einer Bezirksverwaltung organisiert war.

Bezirk Karl-Marx-Stadt

Aus Karl-Marx-Stadt liegen lediglich zwei Meldungen vor. Um 11.15 Uhr in Werda, Kreis Zwickau, finden Teilstreiks statt. Um 17.10 Uhr auf Anordnung des Kommandanten der Stadt wird um 19.00 Uhr über den Bezirk Karl-Marx-Stadt der Ausnahmezustand verhängt.

Bezirk Neubrandenburg

Von der Bezirksverwaltung Neubrandenburg ist nur eine Meldung gekommen. Diese besagt, dass sich in Teterow vor der U-Haftanstalt ca. 200 Demonstranten versammelt hatten, die die Entlassung eines Häftlings verlangten. Nach Rücksprache mit der Bezirksleitung wurden Agitationsgruppen eingesetzt.

Bezirk Schwerin

Hier wurden keinerlei Unruhen gemeldet. Lediglich traten im RAW Wittenberge ein Eisenbahner und ein Zivilist an den Amtsleiter des Volkspolizeiamtes Transport mit dem Hinweis: »Seht euch vor, in der kommenden Nacht sollen die Objektposten der Transportpolizei, d. h. also auf den Brücken und anderen wichtigen Objekten, entwaffnet werden.«

Bezirk Rostock

Hier wurden keine Unruhen gemeldet. Reise- und Güterverkehr wurde ab sofort gesperrt. Züge gehen nur bis Eberswalde bzw. Löwenberg.

Nachtrag zu Leipzig

Im Kreisgebiet Geithain weigerten sich die Bauern der LPG Giesewald[36] und Reichersdorf, die Milch abzuliefern. Die Bauern stehen auf der Straße und haben ihre Arbeit niedergelegt.

In Heinersdorf soll die neugegründete LPG aufgelöst werden.

Nachtrag zu Potsdam

Aus der LPG im Kreis Kyritz sind von 93 Bauern 54 ausgetreten. Aus der LPG Damelack sind 16 Bauern ausgetreten.

36 Ort wahrscheinlich falsch geschrieben, konnte nicht ermittelt werden.

[Ohne Datum]

Über die Lage am 17. Juni 1953 in Groß-Berlin und der DDR [Meldung Nr. 3/53]

Quelle: BArch DY 30/3688, Bl. 35–46.
Serie: Informationsdienst (Vorformen).
Verteiler: Vermutlich Walter Ulbricht; da im Teilbestand Zentralkomitee der SED, Büro Ulbricht, überliefert – MfS: Bisher keine Angaben in den Stasi-Unterlagen nachgewiesen.
Datum: Datierung durch den Bearbeiter: Nacht vom 17./18.6.1953; Einsortierung: 17.6.1953.
Bemerkungen: Dieser Gesamtbericht über die Ereignisse des 17.6.1953 wurde im Büro Ulbricht (ZK der SED) überliefert. Er ist aufgrund von Inhalt und Diktion dem MfS zuzuordnen.

I. Groß-Berlin

Bereits in den frühen Morgenstunden war es offensichtlich, dass es zu einer weiteren Ausdehnung des Streiks kommen wird. In einer Reihe von Groß- und Mittelbetrieben wurden Versammlungen durchgeführt und beschlossen, ebenfalls in den Streik zu treten und zum überwiegenden Teil sich an der Demonstration zu beteiligen. Hier einige Beispiele dafür:

6.15 Uhr demonstrierten ca. 400 Arbeiter des Fortschrittwerkes Möllendorfstraße in Richtung Stalinallee.

6.20 Uhr die Arbeiter des Betriebes Wälzlager Rittergutstraße, die seit 24 Uhr des vergangenen Tages in den Streik getreten waren.

6.30 Uhr kam es zur Arbeitsniederlegung im KWO-Kupferwalzwerk und Gummi–Asbest[1]. Es wurde zur Demonstration aufgerufen.

7.00 Uhr kam es zur Diskussion in der 11. Abteilung der Niles-Werke »7. Oktober«.

7.10 Uhr stellte das Werk Knorr-Bremse die Arbeit ein und die Belegschaft begab sich auf die Straßen.

7.10 Uhr legten einige Gruppen von Arbeitern des EAW »Stalin« in Treptow die Arbeit nieder.

7.15 Uhr legten die Arbeiter des Kabelwerkes Oberspree, Drahtwerk, die Arbeit nieder mit der Losung »Weg mit der Polizei, Volksarmee und Regierung!«

7.20 Uhr legten 200 Arbeiter in der Brennerei des Werkes Siemens-Plania die Arbeit nieder.

7.20 Uhr verließen 200 Bauarbeiter von Bergmann-Borsig das Werk.

7.40 Uhr stellte das gesamte Werk EAW »Stalin«, Treptow, die Arbeit ein.

7.45 Uhr legte das gesamte Kabelwerk Oberspree die Arbeit nieder.

1 Gemeint ist der Teilbetrieb Gummiwerk des Kabelwerks Oberspree.

Im Verlaufe des Vormittags legte eine Reihe von Belegschaften anderer Betriebe ebenfalls die Arbeit nieder. Z. B.:

- Berliner-Glühlampenwerk,
- RFT Treptow,
- RFT Edisonstraße,
- Kabelwerk Köpenick,
- ABUS Lichtenberg

und andere Betriebe.

Die von den Streikenden erhobenen Forderungen lauteten in der Regel:
»Nieder mit der Normenerhöhung«,
»Wir fordern Lohnerhöhung«,
»Senkung der HO-Preise«,
»Durchführung freier Wahlen«,
»Sturz der Regierung«,
»Nieder mit der SED«,
»Freilassung der politischen Gefangenen«.

Unter diesen Losungen gingen die Streikenden zu Demonstrationen über. Es gelang den Agenten-Provokateuren aus Westberlin, die Arbeiter für ihre politischen Hetzparolen zu missbrauchen.

Der weitaus größte Teil der Demonstrationszüge bewegte sich zum Stadtzentrum, insbesondere auf den Straßen Stalinallee zum Alexanderplatz, Unter den Linden, Leipziger Straße, Potsdamer Platz, Klement-Gottwald-Allee.

Trotz sofort eingeleiteter Gegenmaßnahmen konnte nicht verhindert werden, dass die Demonstranten nach dem Stadtinnern zogen. Dabei gelang es ihnen, Arbeiter anderer Werke mitzureißen. Die Demonstrationen wurden dadurch verstärkt.

Um 7.45 Uhr begab sich ein Demonstrationszug von ca. 200 Personen unter der Losung »Generalstreik« nach dem Marx-Engels-Platz.

Gegen 8.00 Uhr bewegten sich ca. 400 Personen in Richtung Strausberger Platz und auf der Stargarder Straße ca. 100 Personen in Richtung Zentralhaus der Einheit.

8.50 Uhr bewegten sich 1 000 Personen nach dem Haus der Ministerien.

9.25 Uhr befanden sich ca. 2 000 Demonstranten in der Wilhelmstraße.

9.30 Uhr wurde ein größerer Demonstrationszug nach dem Haus der Ministerien festgestellt.

10.15 Uhr wurde eine Ansammlung mehrerer 1 000 Menschen auf dem Thälmannplatz gemeldet. Um die gleiche Zeit bewegten sich ca. 2 000 Personen zum Brandenburger Tor.

10.35 Uhr befanden sich bereits 4 000 Personen auf dem Wege zum Dönhoffplatz über die Leipziger Straße zum Haus der Ministerien.

An zahlreichen Abschnitten der Sektorengrenze kamen Personen, insbesondere Jugendliche aus Westberlin, um an den Demonstrationen randalierend und hetzend teilzunehmen. Sie waren zweifellos die treibenden Kräfte. Es wurde festgestellt, dass an den Spitzen der Züge sich Radfahrer befanden, die mit dem Westsektor bzw. mit von Westen eingedrungenen Pkw Verbindung hielten. Dadurch, dass alle Demonstrationen nach dem Haus der Ministerien vordringen konnten, entstand dort um diese Zeit eine außerordentlich ernste Situation.

Bereits auf dem Wege zum Haus der Ministerien wurden zahlreiche Ausschreitungen begangen. Transparente wurden verbrannt, Sektorenschilder zertrümmert, HO-Kioske angezündet, Geschäfte gestürmt und geplündert. Im Laufe des Tages wurde auch das Columbus-Haus am Potsdamer Platz in Brand gesteckt.

Zu besonderen Ausschreitungen kam es auch in der Markthalle am Alexanderplatz, wo private Kleinhändler die HO und den Konsum zwangen, den Verkauf einzustellen. Beladene HO-Lkw mit Lebensmitteln wurden daran gehindert, die Halle zu verlassen. In der Innenstadt wurden zahlreiche Pkw umgeworfen, darunter drei Funkwagen und ein Pkw des MfS.

Zwei große Demonstrationszüge aus dem Westsektor kommend passierten das Brandenburger Tor und schlossen sich den Demonstranten im demokratischen Sektor an. Die Rowdys versuchten das Haus der Ministerien zu stürmen. Die dort eingesetzten Kräfte des Wachregimentes des Ministeriums für Staatssicherheit unter der Leitung von Oberst Weikert[2] konnten nur mit äußerstem Einsatz dem Ansturm standhalten.

Schließlich wurde der Befehl gegeben, Wasserwerfer einzusetzen. Inzwischen erschien sowjetisches Militär. Durch den energischen Widerstand der Verteidiger des Hauses und das Eingreifen der sowjetischen Truppen wurden die Demonstranten zurückgedrängt.

In den Mittagsstunden versuchte ein starker Demonstrationszug in das Präsidium der Volkspolizei einzudringen. Mit Steinen bewaffnet griffen sie die vor dem Hause postierenden VP-Angehörigen an. Das Eindringen wurde durch Schusswaffengebrauch und Einsatz der Feuerwehr verhindert.

Nachdem energische Maßnahmen gegen die Unruhestifter angedroht und ergriffen wurden, wurde der Höhepunkt der feindlichen Aktionen überschritten und ein langsames aber stetiges Abflauen der Provokationen festgestellt. Im Laufe des Tages wurde vereinzelt die Arbeit in einigen Betrieben, so z.B. im Schaltwerk Markgrafendamm, wieder aufgenommen. Dort wurde z.B. einstimmig beschlossen, nach den Richtlinien des ZK[3] zu arbeiten. Auch

2 Martin Weikert, Jg. 1914, stellv. Minister für Staatssicherheit, zu seinem Anleitungsbereich gehörte u.a. das Wachregiment.

3 Gemeint ist wohl die Rückkehr zu den alten Normen, die am Tag zuvor vom SED-Politbüro verkündet worden war. Wörtlich hieß es: »Die Erhöhung der Arbeitsnormen darf und kann nicht mit administrativen Methoden durchgeführt werden, sondern einzig und allein auf der Grundlage der Überzeugung und der Freiwilligkeit. [...] Es wird vorgeschlagen, die von den einzelnen Ministerien angeordnete obligatorische Erhöhung der Arbeitsnormen als unrich-

im RAW Berlin hat der größte Teil der Belegschaft wieder zu arbeiten begonnen.

Im Wesentlichen blieb aber die Streiklage am 17.6.1953 unverändert. Auch im Laufe des Nachmittags bewegten sich noch einige Demonstrationszüge besonders in der Stadtmitte.

Es muss bemerkt werden, dass das Eisenbahnbetriebspersonal sich, mit wenigen Ausnahmen, an dem Streik nicht beteiligte und ihrer Dienstpflicht nachkam. Die durch den RIAS verbreitete Nachricht, dass die S-Bahner in den Streik getreten sind, entspricht nicht den Tatsachen. S-Bahn, U-Bahn und Straßenbahn wurden auf Anweisung unserer Regierungsorgane eingestellt.

Welche Maßnahmen führten zu einer Entspannung der Lage?

Wie bereits festgestellt, trat im Laufe des Nachmittags eine Entspannung der Lage ein. Die Ursachen dürften Folgende sein:

Am frühen Nachmittag merkten die Demonstranten, dass energische Maßnahmen gegen sie ergriffen werden, mit denen sie offensichtlich nicht gerechnet hatten. Des Weiteren verbreitete der Rundfunk den Befehl des sowjetischen Stadtkommandanten über die Verhängung des Ausnahmezustandes im sowjetischen Sektor von Berlin. Ebenfalls brachte der Rundfunk in regelmäßigen Abständen den Aufruf der Regierung der DDR. Auch das Schließen der Sektorengrenze sowie das Stilllegen der Verkehrsmittel wirkten sich auf das Abflauen der Demonstrationsbewegung aus.

Während von Westberliner Seite aus am Vormittag eine Reihe von Maßnahmen ergriffen wurde, um die Demonstrationen zu vergrößern, forderte der RIAS wie auch der Fraktionsvorsitzende der West-CDU Lemmer[4] auf, keine Unbesonnenheiten zu begehen.

Auch auf einer Kundgebung am Nachmittag forderte Bürgermeister Kressmann[5] die Teilnehmer aus dem sowjetischen Sektor auf zurückzukehren. Er verwies dabei auf die Ausgangssperre ab 21 Uhr und versprach die Auszahlung von Fahrgeld.

Die Stumm-Polizei[6] verhinderte zahlreiche Durchbrüche von Westberliner Demonstranten nach dem sowjetischen Sektor.

tig aufzuheben.« Erklärung des Politbüros des ZK der SED zur Normenfrage vom 16.6.1953. In: ND, Berliner Ausgabe, v. 17.6.1953, S. 1.

4 Ernst Lemmer, Jg. 1898, bis Dezember 1947 2. Vorsitzender der Ost-CDU, dann von der Sowjetischen Militäradministration seines Amtes enthoben und Flucht in den Westen. Von 1950 bis 1956 stellv. Berliner Landesvorsitzender, später Bundespostminister (1956/57) und Bundesminister für Gesamtdeutsche Fragen (1957–62).

5 Willy Kressmann, Jg. 1901, SPD-Politiker, 1949–62 Kreuzberger Bezirksbürgermeister.

6 Umgangssprachliche Bezeichnung für die Westberliner Polizei nach ihrem ersten Polizeipräsidenten Johannes Stumm (1948–63). Unmittelbar nach der Spaltung der Berliner Polizei im Juli 1948 zunächst allgemein verbreitet, später nur noch in SED-nahen Kreisen üblich und pejorativ konnotiert.

Aus den vorhandenen Unterlagen kann noch nicht genau festgestellt werden, welche feindlichen Kräfte in Westberlin die Hauptdrahtzieher sind. Jedoch steht fest, dass sich KgU[7], BDJ[8] aktiv beteiligt haben. Zweifellos haben die Besatzungsmächte, offensichtlich der Amerikaner, an dem Auslösen der Unruhen namhaften Anteil. Das beweist das Abwerfen hetzerischer Flugblätter aus Flugzeugen.

II. Die Lage in der Republik

In den 14 Bezirken ist die Lage unterschiedlich. Aus den Bezirken Schwerin, Rostock, Neustrelitz, Suhl sind so gut wie keinerlei feindliche Aktionen gemeldet worden. In den Bezirken Dresden, Karl-Marx-Stadt, Leipzig, Erfurt werden bereits zahlreiche Aktionen gemeldet. Noch größeren Umfang haben die feindlichen Maßnahmen aber in den Bezirken Halle, Magdeburg, Gera, Potsdam, Cottbus.

Besonders im *Bezirk Halle* war die Lage außerordentlich ernst. Es streikten: Die Filmfabrik Wolfen im Kreis Bitterfeld streikte ganz, die Farbenfabrik streikte teilweise. Sie vereinigten sich zu Demonstrationen. Ebenso streikten die Arbeiter in den größten Werken der Republik: Leuna-Werke »Walter Ulbricht«, Buna-Werke. Auch in Leuna kam es zu Demonstrationen. Hier sangen die Arbeiter das »Deutschlandlied« und schlugen Funktionäre demokratischer Organisationen nieder.

Es hat den Anschein, als wäre man im Bezirk Halle nach einem wohlüberlegten Plan vorgegangen. Im Norden streikten die Bitterfelder-Betriebe, im südlichen Teil des Bezirkes streikten Leuna und Buna. Des Weiteren streikten die Arbeiter der Schiffswerft Roßlau und die Arbeiter des Eisenhüttenwerkes Thale.

7 Die »Kampfgruppe gegen Unmenschlichkeit« (KgU) war eine antikommunistische Organisation, die von Westberlin aus in die DDR hineinwirkte. Sie wurde 1949 u. a. von Rainer Hildebrandt gegründet, 1951 übernahm Ernst Tillich die Leitung. 1959 wurde die KgU aufgelöst. Wegen ihrer Anbindung an amerikanische Geheimdienststellen und des zeitweisen Einsatzes auch militanter Mittel galt sie dem MfS als besonders gefährlicher Gegner. Vgl. Merz, Uwe: Kalter Krieg als antikommunistischer Widerstand. Die Kampfgruppe gegen Unmenschlichkeit 1948–1959. München 1987; Engelmann, Roger: Die Kampfgruppe gegen Unmenschlichkeit. In: Henke, Klaus-Dietmar; Steinbach, Peter; Tuchel, Johannes (Hg.): Widerstand und Opposition in der DDR. Köln u. a. 1999, S. 183–192.

8 Der 1950 gegründete Bund Deutscher Jugend (BDJ) war eine militant antikommunistische Organisation, die sich an jugendbewegt-bündische Traditionen anlehnte. Ihre im April 1951 gegründete geheime Unterorganisation »Technischer Dienst« diente dem Aufbau einer Guerilla-Organisation für den Fall einer kriegerischen Auseinandersetzung mit dem Osten (»Stay-behind-Netz«) und wurde aus US-amerikanischen Geheimdienstquellen finanziert. Die Organisation wurde im Januar/Februar 1953 in Hessen, Niedersachsen, Bremen, Hamburg und Baden-Württemberg von den jeweiligen Landesinnenministerien verboten. Vgl. Dudek, Peter; Jaschke, Hans-Gerd: Entstehung und Entwicklung des Rechtsextremismus in der Bundesrepublik. Opladen 1984, Bd. 1, S. 356–388.

In Bitterfeld wurde die Kreisdienststelle gestürmt. Ebenso die Kreisdienststelle in Merseburg. Hier wurde der Kreisdienststellenleiter mitgeschleppt.[9] In Bitterfeld wurden HO-Läden gestürmt und Losungen heruntergerissen.

Während ein Teil der Streikenden in Halle unsere Dienststelle belagerte, die Bezirksleitung der Partei stürmte und demolierte und Häftlinge vom VPKA befreite, begaben sich andere Streikende nach den Braunkohlenwerken des Geiseltales, um die Bergarbeiter für die Teilnahme am Streik zu gewinnen und dadurch u. a. die Energieversorgung lahmzulegen.

In der Braunkohlengrube Großkayna gelang es den Provokateuren vorerst, die Arbeiter für den Streik zu gewinnen, doch durch den Einsatz des Genossen Werksleiter nahm die Belegschaft nach einer kurzen Zeit die Arbeit wieder auf.

Es hat den Anschein, als hätten die für die Herstellung der Ruhe und Ordnung verantwortlichen Organe nicht energisch genug durchgegriffen.

Im *Bezirk Magdeburg* entstand eine ebenso ernste Lage. Die wichtigsten Betriebe des Schwermaschinenbaus traten ebenfalls teilweise oder ganz in den Streik.

So wurde im Dimitroff-Werk die Arbeit niedergelegt. Ebenso streikte die Dreherei im Karl-Marx-Werk. Demonstranten stürmten das Karl-Liebknecht-Werk und zwangen die Arbeiter, an der Demonstration teilzunehmen. Im RAW Magdeburg und im Bahnbetriebswerk Magdeburg-Buckau wurde ebenfalls gestreikt.

Auch in Magdeburg fanden größere Demonstrationen statt. Demonstranten drangen in die Bezirksleitung der Partei ein und demolierten sie. Ebenso versuchten sie, unser Gefängnis zu stürmen und setzten das Tor zum Gefängnis in Brand. Hier verfügten die Aufständischen über 14 Karabiner.

Auch die Büroräume des Bezirks-Friedensrates, des FDGB und das Haus der Gesellschaft für Deutsch-Sowjetische Freundschaft wurden demoliert. Ferner wurden das Haus der FDJ und die »Volksstimme« besetzt und geplündert. Die Reichsbahndirektion Magdeburg wurde von Demonstranten besetzt.

Bei dem Kampf in Magdeburg sind zwei Volkspolizisten, ein Angehöriger des MfS sowie vier Zivilisten ums Leben gekommen. 42 Personen wurden verletzt.

9 Weder in Bitterfeld noch in Merseburg wurde der Dienststellenleiter verschleppt. Der MfS-Kreisdienststellenleiter von Bitterfeld, Major Franz Scharsig, ließ in Panik die beim Sturm auf die Dienststelle beschädigten Akten zusammentragen und verbrennen, anschließend fuhr er kopflos nach Halle, um Hilfe zu holen. Dadurch könnte der Eindruck entstanden sein, er sei verschleppt worden. Vgl. Fricke, Karl Wilhelm; Engelmann, Roger: Der »Tag X« und die Staatssicherheit. 17. Juni 1953 – Reaktionen und Konsequenzen im DDR-Machtapparat. Bremen 2003, S. 109–111.

Bezirk Potsdam

Auf den Bezirk Potsdam wirkte sich die Nähe Berlins ungünstig aus. In folgenden Betrieben wurde hier gestreikt:
- LEW,[10]
- Walzwerk Brandenburg,
- Stahlwerk Hennigsdorf,
- Optische Werke Rathenow,
- Bau-Union Hennigsdorf,
- Bau-Union Hohenschöpping,
- Kreuzungsbauwerk Karow,
- Kunstseidenwerk Premnitz,

im Letzteren mit Ausnahme der Arbeiter des Kraftwerkes und der Mitglieder der SED.

Um 13.20 Uhr marschierten 4000 Demonstranten des LEW Hennigsdorf nach Westberlin über Heiligensee. Ebenso überschritten Arbeiter der Bau-Union Naumburg die Sektorengrenze. Im Stahl- und Walzwerk Brandenburg wurde die Arbeit 11.35 Uhr wieder aufgenommen. Es ist auch damit zu rechnen, dass auch im Stahlwerk Hennigsdorf und im LEW die Arbeit am 18.6.1953 wieder teilweise aufgenommen wird.

Die Demonstranten gingen dazu über, in den Mittagsstunden das Parteihaus und das FDGB-Gebäude sowie das Gericht zu stürmen. Gefangene wurden freigelassen.

Auch im Bezirk Potsdam kann mit einem Abflauen des Streiks gerechnet werden. Im Karl-Marx-Werk Babelsberg wurde beschlossen, sich nicht an dem Streik zu beteiligen.

Bezirk Gera

Im Bezirk Gera kam es zu Streiks, besonders in Jena bei Zeiss, Schott, Jenapharm und RAW. Die Streikenden gingen hier ebenfalls zu Demonstrationen über. In Jena wurde die Dienststelle des MfS demoliert und man versuchte das VPKA zu stürmen. Demonstranten drangen in die Haftanstalt ein. Das Haus der Nationalen Front wurde gestürmt und das Gebäude der Gesellschaft für Deutsch-Sowjetische Freundschaft angegriffen.

Während die Kumpels der Wismut AG zumeist sich in fast allen Gebieten von Streiks und Demonstrationen fernhielten, versuchten mehrere Hundert Wismut-Arbeiter, die z.T. auf Lastwagen nach Gera fuhren, sich an der Demonstration zu beteiligen. Einem Teil gelang dies.

In Weida wurde das VP-Revier von Wismut-Arbeitern gestürmt. Sie wurden jedoch zurückgeschlagen. Dagegen verpflichteten sich die Wismut-Kum-

10 Im Original »ELW«.

pels in Freital, beim Ausfall von Arbeitskräften in der 3. Schicht freiwillig weiterzuarbeiten, um einen Produktionsausfall zu verhindern.

Bezirk Erfurt

Im Bezirk Erfurt kam es zu keinen größeren Ausschreitungen. In den Rheinmetall-Werken Sömmerda wurde die Arbeit niedergelegt. Zwei kleinere Betriebe schlossen sich diesem Streik an. Später wurde mitgeteilt, dass die Menschen in diesen Betrieben zum Sitzstreik übergegangen sind.

In Langensalza, Bad Tennstedt, hat ein Pfarrer auf einer Kundgebung von 400 bis 500 Menschen zum Sturz der Regierung aufgerufen.[11] Der Bürgermeister hat sich seiner Meinung angeschlossen.

Im Kreis Mühlhausen rotteten sich Groß- und Mittelbauern zusammen, nach Mühlhausen zu demonstrieren, doch hat sich die Demonstration aufgelöst. Zehn Personen wurden festgenommen. Weitere Verhaftungen erfolgen noch.

Bezirk Cottbus

Im Bezirk Cottbus legten Teile der Arbeiter der Großkokerei Lauchhammer die Arbeit nieder, ebenso 600 Arbeiter des TEWA-Drahtwerkes Finsterwalde. Ferner wurde an den Baustellen des Kraftwerkes Sonne im Kreis Spremberg und im RAW Cottbus gestreikt.

In Jessen versuchten Großbauern, die MTS-Arbeiter zur Arbeitsniederlegung aufzufordern. Nur wenige folgten diesen.

Demonstrationen fanden nicht statt.

Bezirk Frankfurt/Oder

Aus dem Bezirk Frankfurt/Oder wird gemeldet, dass in Stalinstadt das Leben den normalen Gang geht. Im Eisenhütten-Kombinat »Stalin« streikten 800 Bauarbeiter der dortigen Bau-Union. Die Arbeiter dieses Betriebes beteiligten sich nicht an dem Streik. Ferner stürmten Demonstranten das Deka-Reifenwerk und versuchten dort, die Arbeiter zur Arbeitsniederlegung zu veranlassen. Der Versuch, das Rathaus von Fürstenwalde zu stürmen, wurde von FDJ-lern verhindert.

Im EKM Eberswalde wurde gestreikt. Das Werk wurde von sowjetischen Truppen besetzt. Daraufhin wurde die Arbeit wieder aufgenommen.

Im ABUS-Kranbau Eberswalde wurde eine Resolution gegen die Streiks angenommen. Die Arbeit läuft dort normal.

11 Gemeint ist Gerhard Sammler, Pfarrer und Superintendent in Bad Tennstedt. Zum Geschehen vgl. Werkentin, Falco: Politische Strafjustiz in der Ära Ulbricht. Vom bekennenden Terror zur verdeckten Repression. 2., überarb. Aufl., Berlin 1997, S. 127 f.

Bezirk Dresden

Im Bezirk Dresden streikten:
- LOWA-Waggonwerk Görlitz,
- EKM-Maschinenbau und
- 1000 Mann des NAGEMA-Werkes,
- Sachsenwerk Niedersedlitz.

Die Belegschaften einiger anderer Werke schlossen sich dem Streik an.

Die Dienststelle Görlitz wurde gestürmt. Der Dienststellenleiter und der 1. Sekretär des FDGB[12] wurden vorerst verschleppt. Beide sind verletzt. Die Haftanstalt der Dienststelle Görlitz wurde gestürmt, die Häftlinge befreit. Die Demonstranten drangen ins Rathaus ein.

Auch die Dienststelle Niesky wurde besetzt und in Brand gesteckt, die Mitarbeiter des MfS stark bedrängt. Um 21.30 Uhr wurde gemeldet, dass die Lage in Görlitz sich bereits beruhigt hat und fünf Personen bis dahin festgenommen wurden. Laut Meldung von 23.55 Uhr war die Dienststelle Niesky wieder in unseren Händen. Vier Mitarbeiter sind verletzt und z. T. im Krankenhaus.

Wahrscheinlich haben die für die Wiederherstellung der Ordnung verantwortlichen Organe in Görlitz und Niesky nicht rechtzeitig und energisch genug durchgegriffen.

Bezirk Karl-Marx-Stadt

Die Arbeiter des Zwickau-Oelsnitzer Steinkohlenreviers beteiligen sich nicht am Streik. Lediglich einige kleinere Betriebe der Leichtindustrie streiken.

Bezirk Leipzig

Bereits am 15.6. und 16.6.1953 fanden einige kleinere Streiks statt. Am 17.6.1953 belagerten Demonstranten das Polizeipräsidium und drangen in das Gebäude des Rundfunks ein. Sie stürmten das VPTA[13] (Trapo). An der Spitze befand sich ein ehemaliger Transportpolizist. Dieser wurde festgenommen.[14]

12 Hierbei handelt es sich um einen Übermittlungs- oder Schreibfehler. Verschleppt wurde der 1. Sekretär der SED-Kreisleitung, Karl Weichold. Vgl. Roth, Heidi: Der 17. Juni in Sachsen. Mit einem einleitenden Kapitel von Karl Wilhelm Fricke. Köln u. a. 1999, S. 266–269.

13 Korrekt VPA-T: Volkspolizeiabschnitt – Transportpolizei.

14 Hierbei handelte es sich um Herbert Kaiser, Jg. 1913, der tatsächlich ehemaliger Angehöriger der Transportpolizei und vor seiner Entlassung im Juni 1951 auf der Wache im Leipziger Hauptbahnhof tätig gewesen war. Er wurde noch am 17.6.1953 um 23.00 Uhr in die Untersuchungshaftanstalt der MfS-Bezirksverwaltung Leipzig in der Beethovenstraße eingeliefert. Dass er der »Rädelsführer« des Sturms auf die Wache gewesen sei, bestritt er in den Verhören. Am 19.6. übergab ihn die Staatssicherheit an sowjetische Stellen. Am 21.6. wurde er von einem sowjetischen Militärtribunal (Truppenteil 08640) zum Tode verurteilt, in die Sowjetunion verbracht und am 15.12.1953 in Moskau hingerichtet. Vgl. Ahrberg, Edda; Hertle,

Ein Demonstrationszug bewegte sich aus Richtung Schkeuditz nach Leipzig in einer Stärke von 10000 Mann. In Delitzsch kam es zu Schießereien unter den Arbeitern, die in Bitterfeld zu einer Demonstration waren und wieder zurückkamen. Im VEB NAGEMA in Schkeuditz hat ein Teil der Arbeiter die Arbeit bereits wieder aufgenommen.

Abschließend muss zur Lage in der Republik gesagt werden, dass bereits vor den Ereignissen in Berlin Anzeichen einer feindlichen Tätigkeit im Bezirk Leipzig vorhanden waren. Drohbriefe wurden in Leipzig an Verwaltungsstellen und Betriebsleitungen gesandt. Hier streikten auch bereits am 15.6.1953 40 Personen eine Stunde im VEB SANAR[15], Roßwein. Am 16.6.1953 streikten 300 Personen im VEB Hammerschuh in Döbeln.

Das Auslösen der feindlichen Aktionen in fast allen Bezirken mit starkem industriellen Einschlag unter den gleichen Losungen und denselben Handlungen zeugen davon, dass die Aktionen offensichtlich von Westberlin aus zentral gesteuert wurden, wobei das Hauptgewicht auf die Lahmlegung der Industrie und die Gewinnung des Industrie-Proletariats für die feindliche Tätigkeit gelegt wurde, obwohl auch vereinzelt, z.B. in den Bezirken Leipzig, Potsdam, Erfurt und Cottbus, die feindlichen Aktionen auf die Landwirtschaft ausgedehnt sind.

Die Organe der kasernierten Volkspolizei, der Wachbereitschaft des MfS, der Grenzpolizei, der Transportpolizei und die Mitarbeiter des Ministeriums für Staatssicherheit selbst sind bester Stimmung, erfüllen freudig ihre Pflicht und führen alle Befehle gewissenhaft aus. U. a. wurden zwei Abteilungsleiter, zwei Referatsleiter und ein Sachbearbeiter des Ministeriums erheblich verletzt und befinden sich im Krankenhaus.[16]

Über die Verletzten in der Republik wurde bereits berichtet.[17]

Bisher wurden in Berlin über 800 Provokateure und in der Republik über 300 festgenommen.

Einschätzung der voraussichtlichen Lage am 18.6.1953

Die Lage am 18.6.1953 in der Republik dürfte sich nicht wesentlich von der Lage in Berlin am gleichen Tage unterscheiden.

Hans-Hermann; Hollitzer, Tobias (Hg.): Die Toten des Volksaufstandes vom 17. Juni 1953. Münster 2004, S. 138–141, sowie Roth, Heidi: Der 17. Juni in Sachsen. Mit einem einleitenden Kapitel von Karl Wilhelm Fricke. Köln u. a. 1999, S. 133 f.

15 Im Original »Sowahr«.

16 Unter anderem wurden Josef Kiefel, Leiter der Abteilung II (Spionageabwehr), Rudolf Gutsche, Leiter der Abteilung VIII (Beobachtung und Ermittlung), und Heinz Kairies, Leiter des Referates 5 (Universitäten) in der Abteilung VI (Staatsapparat), verletzt, Letzterer schwer. Vgl. Fricke, Karl Wilhelm; Engelmann, Roger: Der »Tag X« und die Staatssicherheit. 17. Juni 1953 – Reaktionen und Konsequenzen im DDR-Machtapparat. Bremen 2003, S. 65–67 u. 73.

17 Der Bezug ist unklar, eventuell sind einfach die vorangegangenen Ausführungen zu den Verletzten in den DDR-Bezirken gemeint.

In der Republik wie in Groß-Berlin kann damit gerechnet werden, wenn die für die Wiederherstellung der Ordnung verantwortlichen Organe nach den gegebenen Anweisungen gründlich handeln, dass es zu keinerlei nennenswerten Demonstrationen mehr kommt.

Ebenfalls kann damit gerechnet werden, dass die Streiks in Berlin in allen Bezirken abflauen und die Arbeit in zahlreichen Betrieben allmählich wieder aufgenommen wird.

Für Berlin wie auch für die Republik muss festgestellt werden, dass die Parteiorganisation und auch die verantwortlichen Organe des FDGB offensichtlich den Aufgaben im Betrieb nicht gewachsen waren. Es fehlte an der notwendigen Anleitung. Die Genossen waren ratlos. Obwohl der größte Teil unserer Genossen sich nicht am Streik beteiligte, wussten sie nicht, welche Maßnahmen sie zur Verhinderung des Streiks einleiten sollten.

In fast allen Betrieben wurden Streikleitungen gebildet. Provokateure machten die Vorschläge. Diese Streikleitungen stellten Forderungen auf, die fast überall im Wesentlichen übereinstimmten. Auch hier dürfte der Beweis für eine zentrale Leitung bzw. zentrale Anweisungen seitens des Gegners erbracht sein. Die Rädelsführer selbst gingen in der Regel nicht in die Streikleitung, sondern blieben im Hintergrund.

Wenn die Parteiorganisationen, der FDGB, die FDJ und die für die Wiederherstellung der Ordnung zuständigen Organe ihre Kräfte entsprechend mobilisieren und sie energisch einsetzen und ständige Anleitung der übergeordneten Organe erhalten, dürfte der Aufruhr in kürzester Frist beendet sein.

[Ohne Datum]

Meldung von tätlichen Übergriffen und deren Folgen in Groß-Berlin und in den Bezirken der Republik [Meldung Nr. 7/53]

Quelle: BStU, MfS, SdM 249, Bl. 102–107.
Serie: Informationsdienst (Vorformen).
Verteiler: Kein Nachweis einer externen oder internen Verteilung.
Datum: Datierung durch den Bearbeiter: 18.6.1953 (anhand der Angaben im Bericht).
Bemerkungen: Eine vom Text, aber nicht von Schriftbild und Machart (Matrizenabzug) her identische Version ist jeweils im SED-Bestand, ZK-Abteilung Leitende Organe der Partei und Massenorganisationen (DY 30 IV/2/5/530, Bl. 19–25), und im Nachlass von Heinrich Rau (NY 4062/95, Bl. 254–260) überliefert. Zur Deutung dieses Sachverhalts siehe Einleitung. Der Bericht ist aufgrund von Inhalt und Diktion dem MfS zuzuordnen.

Zu tätlichen Übergriffen kam es in Groß-Berlin und in der Republik vor allem am 17.6.1953. Deshalb liegen diesem Bericht vor allem die Vorkommnisse vom 17.6.1953 zugrunde.

I. Groß-Berlin

Vor dem Haus der Ministerien waren die größten Versammlungen von Demonstranten in den Vormittagsstunden des 17.6.1953 zu verzeichnen. 8.20 Uhr wurde erstmalig von ca. 8 000 Demonstranten die Sperrkette der Volkspolizei durchbrochen. Wenige Minuten später konnten jedoch die angesammelten Menschenmassen wieder zurückgedrängt werden. Bis gegen 8.40 Uhr waren die Demonstranten auf ca. 25 000 angewachsen. Volkspolizisten wurden mit Steinen beworfen. Gegen 8.40 Uhr lösten sich einige Tausend von der demonstrierenden Menge und zogen in verschiedene Richtungen des amerikanischen Sektors.

Durch das Wachregiment war 9.45 Uhr eine Verstärkung eingetroffen, die jedoch den gewaltigen Menschenmassen nicht standhalten konnte. Von allen Seiten rückten die Demonstranten gegen das Haus der Ministerien, wobei 13 VP-Angehörige durch Schlagwaffen verletzt wurden. Von den Angehörigen des Wachregiments wurden 30 verletzt.

Gegen 11.25 Uhr erfolgte der Einsatz der Feuerwehr.[1] Die Demonstranten erwiderten darauf mit Steinwürfen und Durchbrechen der Kette der Volkspolizei bis zur Haupttür des Hauses der Ministerien. Türen und Fenster wurden zertrümmert und ca. 20 Rowdys drangen bis zum zweiten Stock vor. Sie streuten Phosphor und Benzin aus und steckten dieses in Brand. Ge-

1 Die Feuerwehr versuchte mit Wasserspritzen die Demonstranten zu zerstreuen, was allerdings nur teilweise gelang. Vgl. Fricke, Karl Wilhelm; Engelmann, Roger: Der »Tag X« und die Staatssicherheit. 17. Juni 1953 – Reaktionen und Konsequenzen im DDR-Machtapparat. Bremen 2003, S. 61.

gen 12.10 Uhr wurde das Haus der Ministerien von sämtlichen Eindringlingen gesäubert und die Lage vor dem Gebäude klärte sich auf.

11.15 Uhr wurde die Volkspolizeiwache im Columbia-Haus[2] am Potsdamer Platz von Zivilisten entwaffnet und nach dem Westsektor verschleppt. In der weiteren Folge wurde im Columbia-Haus Feuer angesteckt. Gegen 8.20 Uhr gelang es feindlichen Elementen, in den Verlag »Tägliche Rundschau« einzudringen und dort Feuer anzulegen. Der Brand wurde jedoch nach kurzer Zeit gelöscht. 11.20 Uhr versuchten Demonstranten, das Haus der Nationalen Front zu stürmen. Sie wurden durch die Volkspolizei zurückgedrängt. Gegen 11.30 Uhr waren ca. 50 Personen in das Ministerium für Eisenbahnwesen eingedrungen.

In der Nähe des Zentralrates der FDJ wurde gegen 12.00 Uhr ein Bücherstand angezündet. Kurze Zeit später wurde auf dem Potsdamer Platz ebenfalls ein großer Zeitungskiosk angezündet. Durch sowjetische Panzer wurde ein Demonstrationszug nach dem Westsektor zurückgedrängt.

Gegen 14.10 Uhr drangen Demonstranten in die Aufklärungslokale der Nationalen Front in der Nähe des Walter-Ulbricht-Stadions ein und demolierten die Inneneinrichtungen und legten Feuer an. Zur gleichen Zeit wurde in der Brunnenstraße, Ecke Bernauer Straße, das Volkspolizeirevier gestürmt und die Inneneinrichtungen zerschlagen und auf die Straße geworfen. In der Brunnenstraße, Ecke Bernauer Straße, wurde ein HO-Geschäft gestürmt und in Brand gesteckt. Gegen 16.20 Uhr rissen zahlreiche Demonstranten das Straßenpflaster auf und bauten Barrikaden.

Bei den Streikbewegungen kam es zu tätlichen Übergriffen durch die demonstrierenden Arbeiter. Das Wachregiment Berlin hatte bei der Verteidigung des Hauses der Ministerien 30 Verletzte und fünf Schwerverletzte. Das Ministerium in Berlin hat insgesamt fünf Verletzte, davon vier Schwerverletzte und ein Leichtverletzter. Es handelt sich dabei um zwei Abteilungsleiter, zwei Referatsleiter und einen Sachbearbeiter.[3] Diese Verletzungen wurden den Mitarbeitern des Ministeriums beigebracht, als sie in Einzelgruppen gegen die randalierenden Elemente vorgingen.

II. Bezirke der Republik

Bezirk Potsdam

Um 10.30 Uhr wurde das Gerichtsgebäude in Brandenburg von 2000 Demonstranten besetzt. Akten und Einrichtungsgegenstände wurden zerstört

2 Gemeint ist das Columbus-Haus.

3 Unter anderem wurden Josef Kiefel, Leiter der Abteilung II (Spionageabwehr), Rudolf Gutsche, Leiter der Abteilung VIII (Beobachtung und Ermittlung), und Heinz Kairies, Leiter des Referates 5 (Universitäten) in der Abteilung VI (Staatsapparat), verletzt, Letzterer schwer. Vgl. Fricke, Karl Wilhelm; Engelmann, Roger: Der »Tag X« und die Staatssicherheit. 17. Juni 1953 – Reaktionen und Konsequenzen im DDR-Machtapparat. Bremen 2003, S. 65–67 u. 73.

und einige Häftlinge befreit. Den Staatsanwalt Bechtel[4] hat man verschleppt. Staatsanwalt Schreiber wurde in Belzig vor einer Demonstration hergetrieben. In der Ortschaft Friesack besetzten Demonstranten das Rathaus. Die Ruhe wurde durch die VP wiederhergestellt.

In Rathenow wurden vier Angehörigen einer motorisierten VP-Streife die Motorräder und Waffen geraubt. Die Motorräder und Waffen kamen jedoch wieder in ihren Besitz. Die Magazine der Waffen hatte man ihnen entwendet. Gegen 21.20 Uhr besetzten ca. 400 Demonstranten Traktoren und Anhänger der MTS Ludwigsfelde. Um 20.00 Uhr wurden in Nauen drei Funktionäre der Partei tätlich angegriffen und geschlagen.

Der ehemalige Angehörige der Kriminalpolizei Wilhelm Hagedorn, der jetzt beim Betriebsschutz der HO Rathenow beschäftigt war, wurde von Demonstranten bestialisch niedergeschlagen. Man warf ihn in eine Schleuse. An den Folgen der Verletzungen verstarb er um 16.15 Uhr. Er konnte die Haupttäter noch angeben.[5]

Bezirk Karl-Marx-Stadt »W« [6]

In Weida versuchten Demonstranten das VP-Revier zu besetzen. Die VP machte daraufhin von der Schusswaffe Gebrauch. Dabei wurden drei Demonstranten verletzt.

Bezirk Leipzig

Streikende Bauarbeiter waren in das HO-Kaufhaus I eingedrungen und forderten die Schließung, welche jedoch nicht erfolgte. Um 12.30 Uhr drangen Demonstranten in das Haus des Staatlichen Rundfunkkomitees ein. Es gelang ihnen, für längere Zeit den Rundfunkbetrieb zu stören. Die randalierenden Gruppen demolierten Inneneinrichtungen und Büroräume im Studio Leipzig des Staatlichen Rundfunkkomitees. Sie zerschlugen im Rundfunkhaus die Büsten von Lenin und Stalin, zerschlugen Telefone, Fenster und Türen.

4 Im Original »Pechtel«. Bechtel, Staatsanwalt in Brandenburg/Havel, wurde auf die Straße gezerrt und geschlagen. Vgl. http://www.17juni53.de/karte/potsdam/brandenburg.pdf (22.11.2012).

5 Wilhelm Hagedorn, Jg. 1894, Werkschutzleiter der HO in Rathenow, soll 1951 in einer Gastwirtschaft geprahlt haben, er habe an die 300 »Faschisten« und »Agenten« entlarvt und so für ihre Festnahme gesorgt. Wenig später machte der RIAS im Rahmen seiner Spitzelwarnmeldungen seinen Namen bekannt. Am 17. Juni 1953 wurde er in Rathenow von Demonstranten in ihre Gewalt gebracht, schwer misshandelt und in den Havelkanal geworfen. Er wurde von der Volkspolizei geborgen und ins Krankenhaus transportiert, wo er kurz darauf starb. Vgl. Kowalczuk, Ilko-Sascha: 17. Juni 1953 – Volksaufstand in der DDR. Ursachen – Abläufe – Folgen. Bremen 2003, S. 186–190, sowie Ahrberg, Edda; Hertle, Hans-Hermann; Hollitzer, Tobias (Hg.): Die Toten des Volksaufstandes vom 17. Juni 1953. Münster 2004, S. 189–191.

6 »W« steht für den operativen Zuständigkeitsbereich Wismut AG, der im MfS zu dieser Zeit als eine eigene Verwaltung mit dem Rang einer Bezirksverwaltung organisiert war.

Einige Gruppen drangen in die Dienstgebäude der Staatsanwaltschaft ein, warfen Aktenbündel auf die Straße und verbrannten sie zum Teil. Vereinzelt waren sie in die Haftanstalt der VP und bis zur Tür der Haftanstalt des MfS vorgedrungen. Durch Anwendung von Waffengewalt wurden sie zurückgedrückt. Das Ergebnis war ein Toter vonseiten der Demonstranten.[7] Dann drangen die Demonstranten in das Gewerkschaftshaus ein und zerstörten auch hier Inneneinrichtungen.

Das VPA-T Leipzig wurde von ca. 1000 Demonstranten gestürmt und anschließend besetzt. Die Waffen sind im Panzerschrank eingeschlossen. Der Schlüssel befindet sich in den Händen der Genossen der Trapo. Einem anderen Bericht zufolge wurden 40 Schusswaffen entwendet. Diese Angaben sind nicht endgültig, sie werden noch von der HA der Trapo überprüft. Der Rädelsführer dieses Überfalles ist der ehemalige Trapo-Angehörige Kaiser. Er wurde festgenommen.[8]

Vor dem Hauptbahnhof wurde von den Demonstranten ein mit Waffen beladener Lkw in Besitz genommen. Die im Wagen befindlichen Waffen wurden verteilt. Durch das Eingreifen der Mitarbeiter des MfS gerieten 50 Waffen mit Munition wieder in unseren Besitz. Fünf Demonstranten wurden dabei verhaftet. In einem Demonstrationszug wurde die bei den Unruhen umgekommene Leiche [sic!] mitgeführt.[9] Die Dienststelle Eilenburg des MfS wurde von den Demonstranten angegriffen.

Bezirk Dresden

Die Dienststelle Görlitz[10] wurde gestürmt. Die Mitarbeiter des MfS der Kreisdienststelle Görlitz sowie der 1. FDGB-Sekretär wurden verschleppt.[11]

7 Bei dem Toten handelte sich um Dieter Teich, Jg. 1934, Gießereifacharbeiter, beschäftigt beim VEB Mitteldeutscher Feuerungsbau in Holzhausen bei Leipzig. Er wurde vor der Untersuchungshaftanstalt der MfS in der Beethovenstraße von der Polizei erschossen. Anschließend wurde er von den Demonstranten aufgebahrt und unter großer Anteilnahme der Passanten im Demonstrationszug bis zum Hauptbahnhof durch die Straßen getragen. Vgl. Roth, Heidi: Der 17. Juni in Sachsen. Mit einem einleitenden Kapitel von Karl Wilhelm Fricke. Köln u. a. 1999, S. 120 f.

8 Herbert Kaiser, Jg. 1913, ehemaliger Angehöriger der Transportpolizei, vor seiner Entlassung im Juni 1951 auf der Wache im Leipziger Hauptbahnhof tätig. Er wurde noch am 17.6.1953, um 23.00 Uhr, in die Untersuchungshaftanstalt der MfS-Bezirksverwaltung Leipzig in der Beethovenstraße eingeliefert. Dass er der »Rädelsführer« des Sturms auf die Wache gewesen sei, bestritt er in den Verhören. Am 19.6. übergab ihn die Staatssicherheit an sowjetische Stellen. Am 21.6. wurde er von einem sowjetischen Militärtribunal (Truppenteil 08640) zum Tode verurteilt, in die Sowjetunion verbracht und am 15.12.1953 in Moskau hingerichtet. Vgl. Ahrberg, Edda; Hertle, Hans-Hermann; Hollitzer, Tobias (Hg.): Die Toten des Volksaufstandes vom 17. Juni 1953. Münster 2004, S. 138–141.

9 Dabei handelte es sich um den vor der MfS-Untersuchungshaftanstalt in der Beethovenstraße erschossenen Dieter Teich (s. o.).

10 Gemeint ist die Kreisdienststelle des MfS.

11 Diese Information ist teilweise unrichtig. Nicht ein FDGB-Sekretär wurde verschleppt, vielmehr wurde der Görlitzer SED-Kreissekretär Karl Weichold beim Sturm auf das Gebäude

Die Bevölkerung machte den Versuch, die Haftanstalt II zu stürmen. 11.20 Uhr wurde dieselbe gestürmt und Häftlinge befreit. 11.28 Uhr soll die sowjetische Kommandantur gestürmt worden sein.[12] Die Dienststelle wurde um 11.30 Uhr gestürmt. In das Rathaus wurde eingedrungen. Der Dienststellenleiter Niesner, Görlitz, wurde verwundet, auch der 1. FDGB-Sekretär[13] trug schwere Verletzungen davon.

Auf die Grenzkommandantur Niesky wurde ein Angriff der Demonstranten durchgeführt. Durch Warnschüsse konnten sie vertrieben werden. Auch die Dienststelle Niesky wurde von den Demonstranten gestürmt und besetzt. Der Dienststellenleiter und zwei Mitarbeiter wurden eingesperrt,[14] die VP wurde entwaffnet. Von der Dienststelle Niesky wurde ein Genosse schwer verletzt und zwei Genossen befinden sich ebenfalls im Krankenhaus. Ein anderer wurde leicht verletzt. Alle Waffen der Dienststelle wurden entwendet. Bis auf den Panzerschrank des Dienststellenleiters wurden alle Panzerschränke erbrochen und die Akten verstreut und zertrampelt.

Bezirk Rostock

Hier kam es zu keinen Ausschreitungen.

Bezirk Schwerin

Auch hier waren keine Ausschreitungen zu verzeichnen.

Bezirk Suhl

Es kam zu keinen Demonstrationen oder Ausschreitungen.

Bezirk Magdeburg

Ein Demonstrationszug drang gewaltsam in das Karl-Liebknecht-Werk ein. Die Demonstranten erbrachen das Tor und schlugen die Posten nieder. Die Arbeiter des Karl-Liebknecht-Werkes wurden gewaltsam in den Zug eingereiht.[15] Die Bezirksleitung der Partei wurde angegriffen und demoliert.

der SED-Kreisleitung von den Aufständischen als Geisel genommen und zur MfS-Kreisdienststelle gebracht, die anschließend ebenfalls gestürmt wurde. Dabei wurden mehrere MfS-Mitarbeiter, u. a. der Dienststellenleiter Johannes Niesner, verletzt. Vgl. Fricke, Karl Wilhelm; Engelmann, Roger: Der »Tag X« und die Staatssicherheit. 17. Juni 1953 – Reaktionen und Konsequenzen im DDR-Machtapparat. Bremen 2003, S. 112–114.

12 Das trifft nicht zu. Die Demonstranten vermieden am 17. Juni generell Angriffe auf sowjetische Einrichtungen. Das galt auch für Görlitz, wo sich die sowjetischen Soldaten zunächst weitgehend passiv verhielten, weil sie von ihrem Kommandanten Schießverbot hatten. Vgl. Roth, Heidi: Der 17. Juni in Sachsen. Mit einem einleitenden Kapitel von Karl Wilhelm Fricke. Köln u. a. 1999, S. 272 f.

13 Gemeint ist der 1. Sekretär der SED-Kreisleitung Görlitz, Karl Weichold (s. o.).

14 Sie wurden in den Hundezwinger der Kreisdienststelle eingesperrt.

15 Die Formulierung ist missverständlich. Die Demonstranten brachen die Tore zum Werksgelände gewaltsam auf und überwältigten die Angehörigen des Betriebsschutzes, die die Aus-

Ebenso andere öffentliche Gebäude wie [das] des Bezirksfriedensrates, der Nationalen Front, Häuser für deutsch-sowjetische Freundschaft, FDGB und der »Volksstimme«.[16] Demonstrierenden[17] gelang es auch, in das VP-Gefängnis einzudringen und einen großen Teil der Inhaftierten freizulassen.[18] Die Demonstranten verfügten über 14 Karabiner. Das Tor der Haftanstalt unseres Ministeriums wurde in Brand gesetzt. Die Fernschreibstelle der Behörde der Deutschen Volkspolizei wurde besetzt.[19]

Um 17.00 Uhr wurde die Unterkunft der VP (T)[20] in Calbe zerstört. Es gab in Magdeburg hohe Verlustziffern. Gezählt wurden sieben Tote und 42 Verletzte. Von den sieben Toten sind ein Mitarbeiter des MfS,[21] zwei VP-Angehörige[22] und vier Zivilisten.[23] Inzwischen wurden von Magdeburg noch weitere 17 Verletzte gemeldet.

Bezirk Erfurt

Die Grenzbereitschaft Mühlhausen meldete, dass ein Lkw, der sich auf dem Wege nach Halle befand, in Halle aufgehalten wurde und die Grenzpolizisten vom Wagen gezogen wurden. Zehn Grenzpolizisten werden noch gesucht und sieben Grenzpolizisten begaben sich auf das VPKA.

gänge verschlossen hielten. Anschließend schlossen sich rund 4000 Werksangehörige der Demonstration an. Vgl. Lübeck, Wilfried: Der 17. Juni 1953 in Magdeburg. »Wenn die Freunde nicht dagewesen wären, wäre es zu einer Niederlage gekommen«. In: Rupieper, Hermann-Josef (Hg.): »... und das wichtigste ist doch die Einheit.« Der 17. Juni 1953 in den Bezirken Halle und Magdeburg. Münster u. a. 2003, S. 115.

16 Zeitung der SED-Bezirksparteiorganisation Halle.

17 Im Original »Demonstrierten«.

18 Gemeint ist hier das der Volkspolizei unterstehende Strafvollzugsgefängnis am Morizplatz in Magdeburg-Neustadt, aus dem über 200 Gefangene befreit wurden. Vgl. Kowalczuk, Ilko-Sascha: 17. Juni 1953 – Volksaufstand in der DDR. Ursachen – Abläufe – Folgen. Bremen 2003, S. 169–171.

19 Die MfS-Haftanstalt und die Bezirksbehörde der Volkspolizei befanden sich zusammen mit dem Bezirksgericht und eine weiteren VP-Haftanstalt in einem großen Gebäudekomplex in Magdeburg-Sudenburg.

20 Die Abkürzung »T« steht für Transportpolizei.

21 Johann Waldbach, Jg. 1920, seit August Wachschichtleiter des MfS, wurde von Aufständischen auf dem Gelände der MfS-Untersuchungshaftanstalt Magdeburg-Sudenburg erschossen.

22 Gerhard Händler, Jg. 1928, und Georg Gaidzik, Jg. 1921, VP-Wachleute, wurden auf dem Gelände der Strafvollzugsanstalt Magdeburg-Sudenburg von Aufständischen erschossen.

23 In Magdeburg wurden am 17. Juni die Kohletagebauarbeiterin Dora Brochmann, Jg. 1937, der Arbeiter aus dem Schwermaschinenkombinat »Ernst Thälmann« Kurt Fritsch, Jg. 1906, der FDJ-Instrukteur Horst Pritz, Jg. 1935, durch Schussverletzungen getötet. Vgl. Ahrberg, Edda; Hertle, Hans-Hermann; Hollitzer, Tobias (Hg.): Die Toten des Volksaufstandes vom 17. Juni 1953. Münster 2004, S. 163–168.

Bezirk Neubrandenburg

Im Kreis Waren wurden gegen Mitternacht die Kabel der Fernsprechleitungen durchgeschnitten.

Bezirk Frankfurt/Oder

150 Bauarbeiter in Fürstenwalde erbrachen das Tor des Reifenwerkes DEKA[24] und forderten die Arbeiter auf, in den Streik zu treten. Ein Demonstrationszug wollte die Stadtverwaltung besetzen, jedoch wurde das Vorhaben durch FDJ-ler verhindert. Ein FDJ-ler wurde dabei verletzt.

Bezirk Halle

In Halle und Bitterfeld wurden durch Demonstranten HO- und Konsumläden gestürmt. Der Bahnhof Thale/Harz wurde besetzt und demoliert. Die Dienststelle in Bitterfeld wurde dreimal überfallen und alles zerschlagen. Die Dienststelle Merseburg wurde besetzt von Demonstranten, dabei gelang es ihnen, Häftlinge zu befreien.[25] In Halle wurde ein Gefängnistransportwagen unseres Ministeriums umgeworfen. Auch in der Haftanstalt Justiz wurden Gefangene befreit. In Quedlinburg wurde ein Sachbearbeiter zusammengeschlagen. Dieser Sachbearbeiter ist verwundet.[26]

Bezirk Cottbus

In der Großkokerei Lauchhammer wurde das Verwaltungsgebäude zum Teil demoliert.

Bezirk Gera

In Jena drangen Demonstranten in die Dienststelle unseres MfS ein. Die im Hause befindlichen Mitarbeiter wurden ebenfalls zusammengeschlagen. Die Stahl- und Rollschränke wurden durch die Demonstranten aufgebrochen und die Akten entwendet. Einen Teil erhielten unsere Mitarbeiter wieder zurück.

Die Demonstranten drangen auch in den Hof der Haftanstalt ein, sowohl der Volkspolizei als auch des Ministeriums. Demonstranten in ca. 20 Wismut-Wagen gingen aktiv gegen einen Trupp der KVP vor, der versuchte, die Demonstration aufzulösen. Der Wagen der KVP wurde umgeworfen und die Gewehre der Angehörigen der KVP wurden zerschlagen.[27]

24 Die Abkürzung DEKA geht auf die Deutsche Kabelwerk AG zurück, den ursprünglichen Mutterbetrieb des Reifenwerks in Fürstenwalde-Ketschendorf.

25 Gemeint sind die Kreisdienststellen des MfS. Zum Geschehen vgl. Fricke, Karl Wilhelm; Engelmann, Roger: Der »Tag X« und die Staatssicherheit. 17. Juni 1953 – Reaktionen und Konsequenzen im DDR-Machtapparat. Bremen 2003, S. 109–111.

26 Gemeint ist ein Sachbearbeiter des MfS.

27 Schauplatz der in diesem Absatz genannten Vorfälle ist die Bezirksstadt Gera. Eine besonde-

Um 23.10 Uhr am 17.6.1953 wurde in Weida, Kreis Gera, von Wismut-Kumpeln das VP-Revier gestürmt. Hier kam es zu Schießereien. Zwei Angehörige der KVP wurden durch Demonstranten verschleppt. Die Demonstranten schossen auf die KVP. Daraufhin hat die KVP das Feuer erwidert. Zwei Demonstranten wurden verletzt. Einer davon ist inzwischen verstorben.[28]

Bezirk Karl-Marx-Stadt

Hier kam es zu keinen ernsten tätlichen Übergriffen.

Insgesamt gab es in Groß-Berlin:
Tote: –[29]

Verletzte
Ministerium – 5 Personen
VP – 48 Personen
Insgesamt – 53 Personen

Insgesamt gab es in der Republik:

Tote
Ministerium – 1 Person
VP – 2 Personen
Genossen – 1 Person
Demonstranten – 6 Personen
Insgesamt – 10 Personen

Verletzte
Ministerium – 7 Personen
VP – 3 Personen
Genossen – 14 Personen
Demonstranten – 47 Personen
Insgesamt – 71 Personen

re Rolle im Aufstandsgeschehen der Region spielten die Wismut-Kumpel, die in Lkw nach Gera gekommen waren. Vgl. Kowalczuk, Ilko-Sascha: 17. Juni 1953 – Volksaufstand in der DDR. Ursachen – Abläufe – Folgen. Bremen 2003, S. 225 f.

28 Es handelt sich um den Bäcker Alfred Walter, Jg. 1919, aus Weida. Vgl. Ahrberg, Edda; Hertle, Hans-Hermann; Hollitzer, Tobias (Hg.): Die Toten des Volksaufstandes vom 17. Juni 1953. Münster 2004, S. 58–61.

29 Der Wert dieser Aufstellung ist höchst fragwürdig, weil die Zahlen, selbst bei Berücksichtigung des relativ frühen Zeitpunkts der Berichterstattung, unvollständig sind. Für Berlin ist z. B. von einer Mindestzahl von 14 Toten auszugehen. Vgl. Ahrberg, Edda; Hertle, Hans-Hermann; Hollitzer, Tobias (Hg.): Die Toten des Volksaufstandes vom 17. Juni 1953. Münster 2004, S. 13. Selbst die das eigene Ministerium betreffenden Verletztenzahlen sind viel zu niedrig angesetzt. Es werden offensichtlich nur die fünf verletzten Mitarbeiter der operativen Abteilungen berücksichtigt und nicht die am Anfang des Berichts angeführten 30 verletzten Angehörigen des MfS-Wachregiments.

[Ohne Datum]

Bericht über die Lage auf dem Lande [Meldung Nr. 8/53]

Quelle: BStU, MfS, SdM 249, Bl. 95–97.
Serie: Informationsdienst (Vorformen).
Verteiler: Kein Nachweis einer externen oder internen Verteilung.
Datum: Datierung durch den Bearbeiter: 18.6.1953 (anhand der Angaben im Bericht).
Bemerkungen: Eine vom Text, aber nicht von Schriftbild und Machart (Matrizenabzug) her identische Version ist jeweils im SED-Bestand, ZK-Abteilung Leitende Organe der Partei und Massenorganisationen (DY 30 IV/2/5/530, Bl. 39–41), und im Nachlass von Heinrich Rau (NY 4062/95, Bl. 12–14) überliefert. Zur Deutung dieses Sachverhalts siehe Einleitung. Der Bericht ist aufgrund von Inhalt und Diktion dem MfS zuzuordnen.

Die in zahlreichen Betrieben der Deutschen Demokratischen Republik ausgelösten Streiks in Verbindung mit aggressiven Demonstrationen zeigen auch auf dem Lande Auswirkungen. Obwohl unsere Informationen über die Lage auf dem Lande ungenügend sind, weil unsere Mitarbeiter in den Städten sehr stark beansprucht werden, gibt es eine Reihe von Ereignissen auf dem Lande, die von uns beachtet werden müssen.

Vereinzelt wird gemeldet, dass Produktionsgenossenschaften auseinanderzufallen drohen bzw. Genossenschaftsbauern ihren Austritt aus der Produktionsgenossenschaft erklären. Im Bezirk Cottbus erklärten fünf Genossenschaftsbauern der LPG Turnow ihren Austritt.

In Neubrandenburg gibt es gegenwärtig nur einige Anzeichen, wonach Bauern aus den Produktionsgenossenschaften austreten wollen. Zu direkten Austritten ist es noch nicht gekommen, aber einige Bauern haben bereits solche Ausführungen gemacht.

In der LPG Callenberg, Kreis Hohenstein-Ernstthal, wurde am 17.6.1953 eine Vollversammlung inszeniert. Nach unseren Mitteilungen sollte hier die Auflösung der LPG vollzogen werden. Durch Instrukteureinsätze der Kreisleitung der SED sollte erreicht werden, dass die Bauern diesen Schritt nicht tun.

Aus den[1] LPG [im] Kreis Kyritz sind von 93 Bauern 54 ausgetreten.

Im Kreis Meiningen sind in den Produktionsgenossenschaften Bibra, Stedtlingen, Hermannsfeld, Haina, Bettenhausen und Römhild ähnliche Auflösungserscheinungen gemeldet worden. In diesen Produktionsgenossenschaften sind schon seit einigen Wochen Unruhen, die durch die Lage in Berlin noch verstärkt wurden.

Im Kreis Geithain weigerten sich die Bauern der LPG Gießewald[2] und Heinersdorf[3] Milch abzuliefern. Die Bauern stehen auf der Straße und haben

1 Im Original »der«.
2 Ein Ort namens Gießewald ließ sich im Kreis Geithain nicht ermitteln.
3 Ortsteil von Bad Lausick.

die Arbeit niedergelegt. Der Schwerpunkt ist in Heinersdorf zu sehen. Dort soll die neugegründete LPG aufgelöst werden.

Die LPG Gusow, Kreis Seelow, forderte eine 50%ige Sollverminderung. Neben diesen Erscheinungen auf dem Lande zeigen sich auch provokatorische Handlungen vonseiten großbäuerlicher Elemente.

Besonders in Jessen, Bezirk Cottbus, war dies am 17.6.1953 zu verzeichnen. Hier wurde eine Kundgebung vorbereitet, wo man die freigelassenen Bauern empfangen und wieder auf ihre Wirtschaften einweisen wollte. Die Genossen [Name 1] und [Name 2] von der Partei wurden tätlich angegriffen. Ein VP-Angehöriger wurde entwaffnet. Später nahm die Bewegung zu. Es waren zunächst 150 Großbauern mit deren Anhang. Diese Zahl wuchs auf 1 000 Personen an, die eine Demonstration mit folgenden Losungen durchführten:
»Freie und geheime Wahlen in ganz Deutschland«,
»Wir wollen Frieden«,
»Wir fordern die Freilassung der Bauern«.

Eine Abordnung stellte der Kreisverwaltung diese Forderungen. Die Demonstranten zogen dann durch die Stadt zur MTS und versuchten hier die Arbeiter zur Teilnahme an der Demonstration zu gewinnen. Sie rissen die Transparente von der MTS ab.[4]

Aus Potsdam wird berichtet, dass in Belzig Großbauern versuchten, die Jugend-MTS zu besetzen. Die Arbeiter der Bau-Union Belzig versuchten die Mitarbeiter der MTS Niemegk zu zwingen, mit ihnen den Streik am anderen Tage fortzusetzen.

Von Dabendorf[5] in Richtung Rangsdorf[6] demonstrierten gemeinsam Werktätige kleinerer Betriebe, Handwerker und Bauern bewaffnet mit Knüppeln und sonstigen Schlagwerkzeugen nach Westberlin zu.

Aus Mühlhausen wurden zahlreiche Bewegungen der Bauern gemeldet. Hier rotteten sich Groß- und Mittelbauern in den Dörfern um Mühlhausen zusammen, um auf Mühlhausen zu marschieren. Es wurde festgestellt, dass sich am 17.6.1953 eine große Anzahl Bauern von den Dörfern nach der Stadt Mühlhausen bewegten. In Mühlhausen bildeten sich Diskussionsgruppen von Bauern. Einige Bauern erklärten, dass sie sich mit den Streikenden in Berlin solidarisch erklären und endlich freie Bauern sein wollen. Der Genosse Ernst Schröder sprach auf dem Untermarkt zu den Massen. Man hat ihn niedergerufen. Ein Bauer sprang den Genossen Schröder von hinten an und schlug ihn mit der Faust auf den Hinterkopf. Er musste den Platz verlassen.

4 Zu den Vorgängen in Jessen vgl. Seybold, Katja: Ländlicher Protest – Der 17. Juni 1953 in Jessen und Umgebung. In: Rupieper, Hermann-Josef (Hg.): »... und das Wichtigste ist doch die Einheit.« Der 17. Juni 1953 in den Bezirken Halle und Magdeburg. Münster u.a. 2003, S. 140–161, hier 151–157.

5 Im Original »Papendorf«.

6 Im Original »Rahnsdorf«.

Aus dem Bezirk Rostock, Kreis Bergen, wird gemeldet, dass in der Nacht vom 17. zum 18.6.1953 in der LPG Vieregge[7] alle Wasserhähne aufgedreht und die Pumpen abgeschlossen wurden. Die LPG steht unter Wasser. Die Täter waren zum Zeitpunkt der Meldung noch unerkannt.

Aus dem Bezirk Dresden, Kreis Görlitz, wurde gemeldet, dass in Arnsdorf von der BHG, von den Granit-Werken und von Großbauern ein Streik durchgeführt werden sollte. Es wurde ein Kommando KVP dorthin entsandt.

Aus dem Bezirk Karl-Marx-Stadt wurde aus dem Kreis Freiberg, Gemeinde Naundorf, gemeldet, dass auch hier Bauern sich gegenüber dem dortigen Bürgermeister drohend verhalten. Sie erklärten: »Was willst du Zigeuner hier, hau ab, sonst schlagen wir dir den Schädel ein. Wenn die anderen kommen sollten, dann sage ihnen, dass wir auch ihnen den Schädel einschlagen.«

7 Im Original »Vierecke«. Gemeint ist Vieregge bei Neuenkirchen auf Rügen.

19. Juni 1953

Information Nr. 1 [Meldung Nr. 12/53]

Quelle: BStU, MfS, AS 9/57, Bd. 13, Bl. 208–211.
Serie: Informationsdienst (Vorformen).
Verteiler: Kein Nachweis einer externen oder internen Verteilung.
Vermerk: »Nr. 1« im Titel handschriftlich hinzugesetzt.
Bemerkungen: Die Informationen Nr. 1, 2 und 3 vom 19. und 21.6. haben den Charakter von Lageberichten und weitgehend den gleichen inhaltlichen Aufbau (gekennzeichnet mit römischen Ziffern).

[Faksimile der Seite 1]

I. Politische Lage

Der demokratische Sektor Berlins erreicht wieder den normalen Zustand. In den Betrieben wird wieder voll gearbeitet bis auf einen Teil der Arbeiter, die im Westsektor wohnen. Ab heute ist die Partei in den Betrieben wieder aktiv geworden und führt Betriebsversammlungen durch. In einigen Betrieben wurde durch die Diskussionsredner der Partei nicht der Arbeitsprozess gefördert, sondern die Arbeiter von der Arbeit abgehalten. Z. B. fasste eine Parteibetriebsgruppe den Beschluss die Saboteure nicht mehr im Betrieb zuzulassen, ohne die Belegschaft für diesen Beschluss zu mobilisieren.

Die Stimmung der Arbeiter ist zum Teil zurückhaltend. Die Partei wird von einem großen Teil der Belegschaft in diesen Betrieben nicht anerkannt. Ein Teil der Arbeiter, die aufgrund berechtigter wirtschaftlicher Forderungen glaubten mitstreiken zu müssen, äußerten: »Niemals wären wir mitgegangen, wenn wir gewusst hätten, dass sich ein solches Banditentum entwickeln würde.«

Stimmungen aus den Kreisen der Bevölkerung

Stimmungen und Verhalten der Bevölkerung, die nicht an den Ausschreitungen teilnahm:

Ein großer Teil der Bevölkerung verhielt sich passiv. Konzentrierte Maßnahmen vonseiten der Partei und der Jugend wurden nicht sichtbar. Der positive Teil der Bevölkerung blieb passiv, weil er die wirtschaftlichen Maßnahmen der Regierung nicht guthieß. Ein anderer Teil der Bevölkerung, der auch die wirtschaftlichen Maßnahmen nicht guthieß, hat das Verhalten dieser Streikenden verurteilt.

Das Eingreifen der Besatzungsmacht wurde von einem großen Teil der friedliebenden Bevölkerung begrüßt. Ein Teil lehnte den Einsatz der sowjetischen Besatzungstruppen und die Verhängung des Ausnahmezustandes ab.

Unter den Bauarbeitern ist die Stimmung noch schlecht. Es arbeitet nur ein Teil.

Große Diskussion löst jetzt die Frage aus: »Werden die Tage bezahlt oder nicht?«

Im Allgemeinen ist die vorherrschende Meinung, dass es gut ist, dass wieder Ruhe und Ordnung herrscht.

II. Zahl der Verluste auf beiden Seiten

Ohne Veränderung.[1]

III. Zahl der Verhafteten von Anfang des Streiks

Verhaftungen durch MfS, einschließlich Berliner Verwaltung und VP, aus demokratischem Sektor Berlins: 1406, aus Westberlin: 260, insgesamt: 1666.

Darunter befinden sich zwei komplette Streikleitungen und fünf, die die Funktion einer solchen ausübten.

Verhaftet wurden die Streikkomitees von:
- KWO Köpenick,
- Bergmann-Borsig,
- RFT Treptow,
- KW Karl Liebknecht,
- VEB Ausbau,
- KWO Oberspree,
- VEB »7. Oktober«.

Insgesamt 37 Personen plus vier besondere Rädelsführer.

IV. Was wurde bei den Vernehmungen festgestellt?

a) Konnten Angaben über die Leitung der Streikbewegung festgestellt werden?

Ausgangspunkt war der Industriebau, Bauabschnitt Krankenhaus Friedrichshain. Dort beschloss die BGL den Streik für Montag.[2]

1 Offensichtlich hat es einen (bisher nicht aufgefundenen) früheren Bericht gegeben, der Gesamtzahlen zu den Opfern auf beiden Seiten enthielt. In einem Eilfernschreiben Mielkes an die Bezirksverwaltungen und Verwaltungen des MfS vom 18.6.1953, 13.50 Uhr, wurde jedenfalls die Meldung von Festgenommenen, Toten, Verwundeten und Demonstrationen angeordnet. Dokumentiert in: Fricke, Karl Wilhelm; Engelmann, Roger: Der »Tag X« und die Staatssicherheit. 17. Juni 1953 – Reaktionen und Konsequenzen im DDR-Machtapparat. Bremen 2003, S. 251.

2 Diese Feststellung ist unzutreffend und entspricht auch nicht dem damaligen Kenntnisstand der Staatssicherheit. Nur eine einzige Baubrigade (Transportbrigade Metzdorf) hatte wohl so etwas wie einen Streikbeschluss für Montag, den 15. Juni 1953, getroffen. Die allgemeine Arbeitsniederlegung auf der Baustelle Krankenhaus Friedrichshain am Montag war dagegen weitgehend spontan. Einen Streikbeschluss der Betriebsgewerkschaftsleitung (BGL) des VEB Industriebau Friedrichshain gab es nicht. Die BGL unter ihrem Vorsitzenden Max Fettling spielte keine treibende, sondern eher eine beschwichtigende Rolle. Vgl. Kowalczuk, Ilko-Sascha: 17. Juni 1953 – Volksaufstand in der DDR. Ursachen – Abläufe – Folgen. Bremen 2003, S. 111–113; Fricke, Karl Wilhelm; Engelmann, Roger: Der »Tag X« und die Staats-

Es wurde durch die Vernehmungen festgestellt, dass die Mitglieder der Gewerkschaftsleitung in den Betrieben zum großen Teil die Organisatoren waren oder mitmachten. Bisher einzelne Vernehmungen zeigen die Möglichkeit, dass die Organisatoren sogar in der höchsten Spitze der Gewerkschaftsleitung sitzen müssen.

Die Verbindung zum Ostbüro der SPD[3] und zur NGO[4] ist durch die Vernehmungen noch nicht erbracht worden. Die Beteiligung der imperialistischen Geheimdienste ist festgestellt worden.

b) Was verursachte die Teilnahme an der Demonstration?

1. Unzufriedenheit über die wirtschaftliche Lage. Unzufriedenheit über viele Maßnahmen der Regierung.
2. Bewusste Gegnerschaft gegen die DDR unter weitgehender Ausnutzung der berechtigten Unzufriedenheit großer Teile der Bevölkerung.
3. Banditen, Provokateure und Agenten, offene bezahlte Feinde.

V. Lage in der DDR

Im Allgemeinen normal. Einzelne Schwierigkeiten gibt es noch in den Bezirken Magdeburg und Halle.

Festgestellt werden muss, dass in der DDR besonders die Bauarbeiter der Bau-Unionen auch heute noch zu streiken versuchen und der geringste Teil von ihnen arbeitet. Das trifft zu für die Bezirke Cottbus, Neustrelitz, Karl-Marx-Stadt in Freiberg und Frankfurt/Oder.

sicherheit. 17. Juni 1953 – Reaktionen und Konsequenzen im DDR-Machtapparat. Bremen 2003, S. 40–44.

3 Das Ostbüro der SPD wurde 1946 zur Unterstützung der von der Zwangsvereinigung betroffenen ostdeutschen Sozialdemokraten gegründet. Zu seinen Aufgaben gehörten Flüchtlingsbetreuung, Informationsbeschaffung und das Einschleusen von Informations- und Propagandamaterialien in die SBZ/DDR. Vgl. Buschfort, Wolfgang: Parteien im Kalten Krieg. Die Ostbüros von SPD, CDU und FDP. Berlin 2000.

4 Unter der Bezeichnung »Nurgewerkschaftliche Opposition im FDGB« firmierten die propagandistischen Aktivitäten des Ostbüros des DGB in der DDR, die überwiegend von geflohenen ehemaligen Funktionären des FDGB getragen wurden. Die 1951 unter der Ägide des Internationalen Bundes Freier Gewerkschaften gegründete Einrichtung hatte ihren Sitz in Düsseldorf und Westberlin. Leiter des DGB-Ostbüros war Gerhard Haas, Jg. 1920, Rechtsschutzsekretär des Berliner DGB. Vgl. Fricke, Karl Wilhelm; Engelmann, Roger: Konzentrierte Schläge. Staatssicherheitsaktionen und politische Prozesse 1953–1956. Berlin 1998, S. 74–76.

24. Juni 1953

Tagesbericht Nr. 1 [Meldung Nr. 23/53]

Quelle: BStU, MfS, AS 9/57, Bd. 3b, Bl. 363–368.
Serie: Informationsdienst (Konstituierungsphase).
Verteiler: Kein Nachweis einer externen oder internen Verteilung.
Vermerke: Im Dokumentenkopf (handschriftlich): »Information Nr. 1001« (korrigiert, ursprünglich: 1002) – Vertikale Randmarkierung (siehe Fußnote).
Bemerkungen: Die nachträgliche handschriftliche Nummerierung wird in Analogie zu den späteren Berichten dieser »Unterserie« mit »Nr. 1« wiedergegeben.

[Faksimile der Seite 1]

[Titelzusatz:] zusammengestellt und ausgewertet aus den vorliegenden Unterlagen der Abteilungen und Bezirksverwaltungen

Die Lage in Berlin und der Deutschen Demokratischen Republik war am 24.6.1953 absolut ruhig. Irgendwelche Ereignisse, Streiks, Demonstrationen usw. sind nicht vorgekommen.

[Besondere Vorkommnisse]

In einigen Betrieben der Deutschen Demokratischen Republik fanden Belegschaftsversammlungen und teilweise auch Parteiversammlungen statt. Charakteristisch dafür sind einige Betriebsversammlungen, in denen Mitglieder des Politbüros wie der Genosse Walter Ulbricht im VEB »7. Oktober«, Otto Grotewohl [im] »TRO Karl Liebknecht« und Friedrich Ebert [bei] »Bergmann-Borsig« zu der Belegschaft sprachen.

Trotz des teilweise starken Beifalls war zu erkennen, dass unter den Arbeitern dieser Betriebe noch starke Neigung zur Abwartehaltung vorhanden ist. Obwohl der am stärksten negative Teil der Versammlungen fernblieb, war trotzdem uneingeschränktes Vertrauen zur Regierung und unserer Partei noch nicht erkennbar, doch kamen direkt feindliche Stimmungen nicht zum Ausdruck. Die Versammlungen verliefen ohne Zwischenrufe.[1]

Ein anderes Beispiel wird von der Bezirksverwaltung Erfurt gemeldet. Am 23.6.1953 fand im VEB EMW Eisenach, Bau B Nord, eine Belegschaftsversammlung statt. Teilnahme 40 Personen, die sich im Laufe der Versammlung auf 280 Personen erhöhte. Das Referat hielt der 1. Sekretär der Betriebsparteiorganisation, der laufend durch Zwischenrufe, Gejohle usw. unterbrochen wurde. Äußerungen wie: »Er hat uns besoffen gemacht«, »Hängt ihn auf, schlagt ihn tot« usw. wurden getan. Bei den provokatorischen Zwischenrufen handelt es sich um fünf Personen, die bereits am 17.6. und 18.6.1953 zum Streik aufforderten (werden operativ bearbeitet).

1 Vertikale Randmarkierung an diesem Absatz.

Im VEB Optima fand am 23.6.1953 eine Abteilungsversammlung der Abteilung Werkzeugbau statt. Von 500 Personen sind 40 erschienen. Diskutiert wurde über die hohen Preise, Qualität von Textilien und Normen. »Die Menschen in Deutschland sind Menschen 2. Grades, weil sie nur schlechte Waren bekommen, die guten aber werden exportiert.«

In der Thüringer Konservenfabrik Buttstädt wurde in der Belegschaftsversammlung, die von 97 % der Belegschaft besucht wurde, zum Ausdruck gebracht, dass die Regierung Maßnahmen treffen müsste, um die Grundgesetze mit der Bevölkerung besser zu diskutieren und besser zu erläutern.

Parteiversammlung im Karl-Liebknecht-Werk Magdeburg am 23.6.1953: Von 90 Mitgliedern waren 28 anwesend. Diese Mitgliederversammlung war nicht durch eine Leitungssitzung vorbereitet, dementsprechend auch nicht den Erfolg zeigte. Über die festgesetzten Maßnahmen der Regierung zur Verbesserung der Lebenslage wurde nicht diskutiert, jedoch über Schwächen und Mängel im Betrieb und der Regierung. Unter der Partei herrschte in den Streiktagen keine Klarheit und am Ende dieser Versammlung wurde erst Klarheit durch einen Angestellten des MfS über die gegenwärtigen Aufgaben der Partei geschaffen.

Aus allen Berichten über durchgeführte Parteiversammlungen ist aufgrund der Beteiligung und Diskussion zu ersehen, dass das Vertrauen seitens der Bevölkerung zur Partei und Regierung noch nicht voll hergestellt ist. Die Bevölkerung steht den Beschlüssen der Regierung abwartend gegenüber.

Zum Stand der Versorgung der Bevölkerung

Die Versorgung der Bevölkerung ist im Wesentlichen gesichert. Meldungen, dass Lebensmittel oder andere Gegenstände nicht vorhanden sind, liegen nicht vor. Diskussionen aus der Bevölkerung ergeben: Warum werden bevorzugt Konsumgeschäfte mit Waren, Butter, Zucker, Gemüse und dgl. beliefert, während [diese] in Privatgeschäften nicht vorhanden [sind] und die Hausfrauen an den Konsumgeschäften stundenlang stehen müssen.

Große Verärgerung herrscht unter den Rentnern über die vorgestern herausgegebene Mitteilung, dass Freibankfleisch[2] für Berlin nur in dem Bezirk Friedrichshain verkauft werden soll, ohne eine Kontrolle der ausgegebenen Menge. Von ihnen wurde der Vorschlag gemacht, den Verkauf von Freibankfleisch in allen Bezirken zu organisieren und Ausgabekarten mit dem Rentenempfang auszugeben, wonach der Verkauf aufgerufen wird (z.B. gibt es im Bezirk Weißensee über 1000 Rentner, die unmöglich an einem Tage und einer Stelle abgefertigt werden können). Hausfrauen beschweren sich, dass es in der HO noch immer keinen Weißzucker gibt, da doch jetzt die Einkochzeit heran ist. Gleichfalls erzeugt das Nichtvorhandensein und die hohen

2 Zumeist aus Notschlachtungen stammendes, leicht minderwertiges, aber nicht gesundheitsschädliches Fleisch, das zu einem niedrigeren Preis verkauft wurde.

Preise für Butter und Fettstoffe Missstimmung in der Bevölkerung. Aus Berichten von staatlichen Handelsorganen sind folgende Mängel zu ersehen: Die Versorgung von Fleisch ist zwar noch gesichert, jedoch tritt sie in eine sehr kritische Lage, da seit Anfang Juni die Erfassung und der Aufkauf von tierischen Erzeugnissen zurückging und in den letzten Tagen noch weiter unter dem vorgeschriebenen Plan lag. (Hierbei ist die abwartende Haltung vieler Bauern bei dem Verkauf von Schlachtvieh zu berücksichtigen.) Die vorgesehene Menge an Margarine für das 2. Quartal ist bisher nur zu einem Drittel bereitgestellt worden.

Die abwartende Haltung der Bauern kommt in folgendem Beispiel zum Ausdruck: Der parteilose Landwirt [Vorname Name 1], wohnhaft in Lübbenau, [Straße, Nr.], äußerte: »So wie die Sache jetzt aussieht, werden wir doch kein Vieh mehr liefern. Die Sache kommt doch anders, und dann kriegen wir eine andere Währung und das Geld geht uns verloren.« Er versuchte einen Ochsen, den sein Sohn bereits geliefert hatte, wieder aus der Viehaufkaufstelle zurückzuholen, was ihm jedoch nicht gelang.

Charakteristische Beispiele über die Stimmung der Bevölkerung

Kollege [Name 2] aus dem Stahl- und Walzwerk Brandenburg sagte im Namen seiner Kumpel auf die Provokationen antwortend, dass sie ihren Planrückstand aufholen und die Provokateure entlarven helfen. Der Ofen VI erreichte bereits am 22.6.1953, gegen 11.00 Uhr, die Planauflage und erfüllte vorfristig den Halbjahrplan.

Am 22.6.1953 traten die Kumpel des Schmelzbetriebes an den Werksleiter mit der Bitte heran, die Voraussetzung zu schaffen, dass sie als Antwort auf die Provokationen des Klassengegners zu Ehren des Geburtstages von Walter Ulbricht die bisher höchste Tagesproduktion durch eine Stoßschicht erreichen können.

Die Rückkehr der Inhaftierten aus der Bootswerft in Gehlsdorf und ihre positive Diskussion, z.B. ihre gute Verpflegung beim MfS und das Einsehen ihrer Fehler, die Warnung an die Kollegen, dass sie den Inhaftierten nur helfen können, wenn sie ihrer Arbeit ordnungsgemäß nachgehen, wurde von allen Beschäftigten positiv unterstützt.[3]

[Vorname Name 3] vom Betriebsschutz Tuchfabrik, Am Haag, erklärte: »Wir müssen vorsichtig mit den Begriffen RIAS-Hörer und Provokateur umgehen. Die ganzen Fehler, unter deren Auswirkungen wir jetzt leiden, sind durch unsere Überspitzungen hervorgerufen worden. Walter Ulbricht hielt vor Kurzem in Fürstenberg ein großes Referat, wobei er auch über die sozialen Einrichtungen sprach. Wir ergriffen hierauf die Initiative, in unserem Be-

3 Auf der Schiffs- und Bootswerft Gehlsdorf war es erst am 19. Juni zum Streik gekommen, einige Arbeiter wurden festgenommen, trotzdem wurde am Folgetag noch weitergestreikt. Vgl. Koop, Volker: 17. Juni 1953. Legende und Wirklichkeit. Berlin 2003, S. 77.

trieb eine Kinderkrippe einzurichten. Für ein Kind zahlt man 6,50 DM die Woche. Jetzt kam ein neues Gesetz von der Regierung heraus, in dem es heißt, dass Kinderkrippen von den Kollegen selbst finanziert werden müssen, daraufhin erhöhten wir den Betrag auf 12,50 DM die Woche. Dieses Gesetz ist meiner Ansicht nach grundfalsch. Eine soziale Einrichtung muss vom Betrieb finanziert werden, sonst ist es keine. Bedenken wir einmal, dass eine Mutter, welche 45,00 DM die Woche verdient und ein kleines Kind hat, 12,50 DM zahlen soll, damit das Kind untergebracht ist und sie dem Volke ihre Arbeitskraft zur Verfügung stellen kann. Das ruft natürlich unter den Kollegen großen Ärger hervor. Wir Funktionäre müssen jetzt die Regierung auf diese Fehler aufmerksam machen. Hat bisher jemand dagegen gesprochen hieß es: ›Du bist ein RIAS-Hörer, du liegst schief.‹ Das war in der Vergangenheit einer der größten Fehler, dass unsere Funktionäre bisher zu viel gemüllert haben.«

[Vorname Name 4], Großbauer in Rauschwitz: »Nun haben wir den Mist, das ist aber die Politik der SED, immer vorn dran stehen und große Fresse haben. Jetzt sieht man ihre Kunst, unsere Zeit ist aber wieder gekommen, denn ohne uns geht es ja doch nicht. Vielleicht geht es bald noch einmal los, denn da sind die Arbeiter noch nicht beruhigt. Wir halten unsere Schnauze auch nicht.«

[Name 5], Bau-Union Maxhütte: »Der Aufruhr, der bis jetzt gewesen ist, ist noch lange nichts. Erst nächste Woche geht der Generalstreik richtig los. Der Spitzbart, der muss weg (gemeint ist Walter Ulbricht) und überhaupt noch fünf Mann von der Regierung.«

[Name 6], Uffz. Kommando Nostorf: »Wenn ich ledig wäre, wäre ich schon längst abgehauen.«

Neu eingegangenes Material über Entstehung der Bewegung, Organisatoren usw.

Auf der Baustelle vom Staatlichen Rundfunkkomitee wurde von 15.05 Uhr bis 15.10 Uhr von den Bauarbeitern ein Sitzstreik in Verbindung mit der Kundgebung in Westberlin durchgeführt.

Im wissenschaftlichen Institut, Berlin O 112, Neue Bahnhofstraße,[4] haben ca. 100 Personen in der Zeit von 15.45 bis 15.50 Uhr in Verbindung mit der Kundgebung in Westberlin die Arbeit niedergelegt.

In dem wissenschaftlich-technischen Büro, SAG Weißensee, wurde am 23.6.1953, 15.30 Uhr, für einige Minuten nicht gearbeitet. Einem Betriebsangehörigen, welcher den Werkmeister fragte, warum nicht gearbeitet würde,

4 Im Original unvollständige Postleitzahl »O 12«. Gemeint ist das in der Neuen Bahnhofstraße 9–17 ansässige Wissenschaftlich-Technische Büro für Gerätebau Nr. 3 der SAG »Kabel«, es ging im Januar 1954 als Volkseigener Betrieb in DDR-Besitz über und wurde später in Institut für Regelungstechnik umbenannt.

wurde zur Antwort gegeben: »Frag doch die Kollegen selbst und überbring's, wenn ich nicht tragbar bin für diesen Betrieb, dann kann ich ja das Haus verlassen, aber dann weißt du ja selbst was los ist.«

Gegen 11.00 Uhr wurde im RAW Grunewald bekannt, dass gegen 15.30 bis 15.35 Uhr Arbeitsruhe eintreten soll wegen der Demonstration in Westberlin. Wer dies aufbrachte, ist nicht bekannt. Die gesamte Parteileitung wurde sofort in Kenntnis gesetzt und leitete Maßnahmen ein, da ein Teil der Belegschaft für die Pause war. In den Diskussionen mit den Arbeitern wurde Folgendes gesprochen: »Die Pause ist eine Fortführung des Putsches und von faschistischen Elementen angezettelt, um somit einen Schritt weiter zum 3. Weltkrieg zu kommen. Wer für den Frieden ist, soll während dieser Zeit arbeiten.« Daraufhin trat während dieser Zeit keine Arbeitspause ein.

Gesamtzahl der Verhafteten, Stand vom 23.6.1953, morgens 6.00 Uhr

Von den am Morgen des 23.6.1953 insgesamt einsitzenden 6325 Personen wurden im Laufe des 23.6.1953 den Gerichten übergeben: 464 und entlassen: 850.

Es verbleiben somit zum 24.6.53, 6.00 Uhr: 5011. Von diesen befinden sich
- bei der VP: 1101,[5]
- bei der Berliner VP: 865,
- bei der Trapo: 25,
- in den Bezirksverwaltungen des MfS: 1947,
- im Ministerium für Staatssicherheit selbst: 1173.

Summe: 5011.

Die Angaben über neu Verhaftete, Verurteilte, Haftbefehl Erwirkte sowie Entlassene werden von jetzt an täglich im Verhältnis zur Gesamtzahl gemeldet. Neues interessantes Material aus der Untersuchung war im Laufe des heutigen Tages noch nicht zu beschaffen.

Material über Absichten des Feindes

Aus Material der Abteilung V von der Agentenzentrale »Junge Deutsche Aktion«[6] wurde bekannt, dass am 25.6.1953 in Westberlin eine Führerbesprechung stattfinden soll. Hier sollen Maßnahmen und Pläne besprochen werden, wie man sich verhält im Falle, dass die Sowjettruppen Berlin wieder verlassen. Der Hauptagent [Name 7] erklärte, dass man seitens der Organisation keine Ruhe geben will, sondern es wird vielmehr versucht werden,

5 Diese Zahl ist offensichtlich falsch übertragen worden, sie muss 1001 lauten. Vgl. Gesamtzahl der Einsitzenden in den einzelnen Bezirken, Stand 24.6.1953, 6.00 Uhr; BStU, MfS, AS 1/54, Bd. 3, Bl. 127. Die Summe wäre andernfalls auch nicht korrekt.

6 Möglicherweise eine Gliederung der »Deutschen Aktion« von Hubertus Prinz zu Loewenstein.

Gruppen von Jugendlichen in den demokratischen Sektor einzuschleusen, um erneute Unruhen hervorzurufen.

Im gesamten Kreisgebiet Seehausen, Bezirk Magdeburg, geht das Gerücht herum, dass es am 26.6. bis 28.6.1953 blutige Tage geben wird und in diesen Tagen der Amerikaner das Gebiet besetzen soll. Dieses Gerücht hat breite Schichten der Bevölkerung erfasst.

(Abt. VIII,[7] 24.6.1953) In der S-Bahn diskutieren die Fahrgäste, dass am 13.8. und 14.8.1953 die Einheit Berlins erreicht sei, aber nicht so, wie es sich die SED denkt. Man soll solange aushalten.

(GM[8] »Murks«, 23.6.1953) [Vorname Name 8] erzählt, dass ihm ein Funktionär der SPD vom demokratischen Sektor (Friedrichshain) erzählt habe, dass sie vom Westen aus mit Waffen versorgt worden sind, Umfang und Art nicht bekannt.

Der SPD-Mann [Name 9] sagte: »Grotewohl und Ulbricht sollen gestürzt werden. Es dauert nicht mehr lange, dann haben wir die Macht und werden mit den Russen auf unsere Art verhandeln.« (Abt. V,[9] 23.6.1953)

(Abt. XIII,[10] »Alfred«) [Name 10] (Unternehmer aus Westberlin) diskutiert in der Form, dass dieser Einsatz (16.6.–18.6.1953) falsch gestartet worden ist. Man hätte alle VP-Angehörigen ergreifen und vernichten müssen. Zum Schluss meinte [Name 10], dass der nächste Angriff besser vorbereitet wird und dann noch mehr Mittel in aller Beziehung zur Verfügung gestellt werden.

Gerüchte, die in der Bevölkerung kursieren

Aufgrund der Überführung von der Schwerindustrie zur Leichtindustrie werden im EKS Frankfurt Stimmen laut, dass ca. 5000 Arbeiter zuviel sind und dass man die Arbeiter auf die Straße setzen wird.

[Name 11], Großbauer aus Ritze bei Salzwedel: »Aus der VP müssen viele entlassen werden, weil die VP aufgrund einer Abmachung der Regierung schwächer werden soll. In der Gemeinde kursiert das Gerücht, dass eine neue Regierung gebildet wird und zwar aus Funktionären der CDU und LDP.« Dieses Gerücht wird hauptsächlich von den Großbauern in Umlauf gebracht.

Nachsatz zu Maßnahmen des Feindes

Ein Bauarbeiter der VEB Bau-Union Berlin teilt mit, dass die Bauarbeiter am Donnerstag, dem 25.6.1953, in einen Sitzstreik zu treten beabsichtigen, wenn die verhafteten Bauarbeiter (50 oder 80 Mann) bis Mittwochabend nicht frei

7 Abt. VIII des MfS, für Beobachtung und Ermittlung zuständig.

8 Geheimer Mitarbeiter (GM): Kategorie eines inoffiziellen Mitarbeiters, der zu gegnerischen Stellen oder Personen Kontakt hat.

9 Abt. V des MfS, für die Bekämpfung gegnerischer politischer Organisationen zuständig.

10 Abt. XIII des MfS, für die Überwachung des Verkehrswesens, insbesondere der Reichsbahn, zuständig.

sind oder eine stichhaltige Erklärung über den Grund ihrer Inhaftierung abgegeben wird. Dieses Gerücht kommt von der Stalinallee.

Seine Meinung ist, dass obwohl auf seiner Baustelle keine Neigung zu einem erneuten Streik besteht, sich aber trotzdem unbedingt alle Bauarbeiter anschließen würden, falls auf irgendeiner Stelle ein solcher Streik in Kraft treten würde.

Die Verschärfung der Lage hat nicht nur bei kleinmütigen Menschen unserer Partei Mutlosigkeit hervorgerufen, sondern führte auch zu einigen Fällen der Desertion aus den Reihen unserer Grenzpolizei wie z. B. der Gefreite [Name 12] sowie der Soldat [Name 13] vom Grenzkommando Mahlow, die sich nach Westberlin absetzten. Die Waffen (MPi und Karabiner) ließen sie im Gebiet der DDR zurück. Der Soldat [Name 13] ließ ebenfalls seine Uniformjacke zurück. Zu bemerken ist, dass der Vater des Soldaten [Name 13] Mitarbeiter des MfS der Dienststelle Bitterfeld ist.

Zur besseren Übersicht wird ein Teil der eingegangenen Stimmungsberichte der Abteilung VI[11] beigelegt.

[handschriftlicher Vermerk:] Anlage: Information Nr. 1002a[12]

11 Abt. VI des MfS, für die Überwachung des Staatsapparates zuständig.

12 Es ist denkbar, dass damit der folgende Stimmungsbericht vom 25.6.1953 gemeint ist, der im Kopf den Vermerk »Informationsbericht Ia« trägt, was der »Information Nr. 100a« entsprechen würde. Der vorliegende Bericht trug zunächst den handschriftlichen Vermerk »Information Nr. 1002«, was erst später zu »1001« korrigiert wurde.

26. Juni 1953

Stimmungsberichte von zurückgekehrten Personen aus Westdeutschland und Westberlin [Meldung Nr. 27/53]

Quelle: BStU, MfS, AS 9/57, Bd. 3b, Bl. 346–349.
Serie: Informationsdienst (Konstituierungsphase).
Verteiler: Kein Nachweis einer externen oder internen Verteilung.
Vermerk im Dokumentenkopf (maschinenschriftlich): »Informationsbericht Nr. I«. – Handschriftlich: »3a« (möglicherweise ein Hinweis auf die eventuelle Funktion als Anlage zum Tagesbericht vom gleichen Datum).
Bemerkungen: Ein weiteres Exemplar ist überliefert in AS 9/57, Bd. 3b, Bl. 360–362 (keine Vermerke).

[Titelzusatz:] laut Ministerratsbeschluss vom 11.6.1953[1]

Durch unbeeinflusste, zwanglose Unterhaltungen mit 34 Personen, die aufgrund des Ministerratsbeschlusses v. 11.6.1953 in die DDR zurückkehrten, ergibt sich folgende Situation:

Der Ministerratsbeschluss verbreitete sich wie ein Lauffeuer in den Flüchtlingslagern Westberlins und Westdeutschlands. Zurückgekehrte Personen bringen ihre Freude über diese Maßnahmen der Regierung zum Ausdruck und verpflichten sich, aktiv beim Aufbau in der DDR zu helfen.

Der Angestellte [Name 1] sagt: »Aufgrund des Beschlusses vom 11.6.1953 habe ich erkannt, dass es die Regierung der DDR ehrlich meint. Aus diesem Grund kam ich in die DDR.« Der Arbeiter [Name 2]: »Ich begrüße den Ministerratsbeschluss, da mir dadurch die Möglichkeit zur Rückkehr gegeben wurde.« Der [Name 3] sagt: »Nur dieser Beschluss rettete mich vor meinem Tod.«[2]

Die Stimmung in den Flüchtlingslagern Westdeutschlands und Westberlins ist schlecht. So äußerte sich die Hausfrau [Name 4], dass viele der Flüchtlinge sagen, das Elend in den Lagern wäre nicht mehr auszuhalten, denn hier muss man unter den unmenschlichsten Bedingungen hausen. Der Arbeiter [Name 5]: »Die Menschen in den Lagern sind wochen- und monatelang ohne

1 Der Ministerratsbeschluss zum »Neuen Kurs« vom 11.6.1953 basierte auf einem Beschluss des SED-Politbüros vom 9.6.1953, der der SED wiederum von der sowjetischen Führung oktroyiert worden war. Im Kern ging es um die Rücknahme des seit der 2. Parteikonferenz vom Juli 1952 geltenden harten politischen Kurses des »Aufbaus der Grundlagen des Sozialismus«. Einige Maßnahmen, die im Zuge dieser Politik getroffen worden waren, wurden in einem Kommuniqué ausdrücklich als »fehlerhaft« bezeichnet. Insbesondere sollten geflüchtete ehemalige Bauern und Gewerbetreibende durch das Versprechen, wieder in ihre alten Rechte eingesetzt zu werden und ihren Besitz zurückzuerhalten, veranlasst werden, in die DDR zurückzukehren. Vgl. Kommuniqué über die Sitzung des Ministerrats der DDR vom 11. Juni 1953 und entsprechende Verordnungen. In: ND, Berliner Ausgabe, v. 12.6.1953, S. 1.

2 Folgende Passagen decken sich teilweise mit: Stimmungsberichte von den zurückgekehrten Personen aus Westdeutschland und Westberlin vom 25.6.1953 [Meldung Nr. 24/53].

Arbeit und haben lediglich die Möglichkeit in die Fremdenlegion zu gehen.« Der Jugendliche [Name 6]: »Da die Stimmung eine sehr gedrückte war, wurde eine leichtsinnige Stimmung erzeugt. Dazu benutzte man Frauen und Alkohol.«

Trotz der schlechten Stimmung in den Flüchtlingslagern und der Tatsache, dass mindestens 80 % der Flüchtlinge gern zurückkehren würden, besteht bei einem großen Teil Zweifel an der Ehrlichkeit der Durchführung der Regierungsbeschlüsse. So sagt z.B. der Fotograf [Name 7]: »Ein Teil der Flüchtlinge will erst abwarten, wie es den Rückkehrern in der DDR ergeht, ob diese so behandelt werden, wie es in dem Ministerratsbeschluss festgelegt worden ist.« Die Gärtnerin [Name 8]: »Viele Flüchtlinge in Westdeutschland glauben nicht an die Einhaltung des Ministerratsbeschlusses der DDR.«

Agitation von reaktionären Kräften und der Bonner Regierung setzte besonders nach dem Ministerratsbeschluss v. 11.6.1953 ein. So sagt z.B. der Baumeister [Name 9], der am 17.6.1953 zurückkehrte, dass weder von Westdeutschland noch Westberlin, außer dem RIAS und der Presse, gegen die Rückkehr in die DDR agitiert wird. Der Fleischer [Name 10]: »Einige unbekannte Personen kamen ins Lager und diskutierten mit mehreren Personen. Sie sollten nicht in die DDR zurückkehren, da sie sonst von den Russen verhaftet werden und nach Sibirien kommen.« Der Landwirt [Name 11]: »Zurückgekehrte Personen sollen zu Aussagen gepresst werden und sich nur vorübergehend in bestimmten Gebieten aufhalten dürfen. Von Zollbeamten werden Rückkehrer darauf hingewiesen, wenn sie in die DDR zurückkehren, haben sie ihr Asylrecht in Westdeutschland für immer verloren.«

Maßnahmen zur Verhinderung der Rückkehr in die DDR werden von der Bonner Regierung eingeleitet. So sagt der Arbeiter [Name 12]: »Bei Verlassen der Lager wird gegen Flüchtlinge Fahndung erlassen. Anschließend werden sie ins Gefängnis eingeliefert oder ins Lager gebracht. Flüchtlinge, die versuchen illegal die Grenze zur DDR zu überschreiten, werden vom Amerikaner verurteilt, vom Engländer z.T. verurteilt.« Der Angestellte [Name 13]: »Es ist zu verzeichnen, dass eine ziemlich starke Kontrolle vonseiten der Stummpolizei[3] einsetzt, um Personen die in die DDR wollen, festzuhalten.« Der Jugendliche [Name 14]: »Man versucht die Flüchtlinge so schnell wie möglich nach Westdeutschland zu transportieren und sie dazu zu bewegen, einen Schein zu unterschreiben, dass sie nicht mehr in die DDR zurückkehren. Weiterhin darf das Lager nicht mit Gepäck verlassen werden. Seit dem 19.6.1953 wurde das Lager von Stummpolizei umstellt, damit keiner die Möglichkeit hatte, das Lager zu verlassen. Personen, die sich offen für die Rückkehr aussprechen, werden als Spitzel der Ostzone bezeichnet und es wird gedroht mit Auslieferung an die Staatsorgane.«

3 Bezeichnung für die Westberliner Polizei nach ihrem ersten Polizeipräsidenten Johannes Stumm (1948–63). Unmittelbar nach der Spaltung der Berliner Polizei im Juli 1948 zunächst allgemein verbreitet, später nur noch in SED-nahen Kreisen üblich und pejorativ konnotiert.

Wie aus dem vorhandenen Material zu ersehen ist, werden die Maßnahmen des Ministerratsbeschlusses zum überwiegenden Teil durchgeführt. Nur vereinzelt treten Beschwerden zurückgekehrter Personen auf. So sagt z.B.: der Fotograf [Name 7]: »Die Maßnahmen des Ministerratsbeschlusses wurden bei mir zur vollen Zufriedenheit durchgeführt. Ein Kredit in Höhe von 3000 DM wurde mir ohne Schwierigkeiten gewährt.« Der Jugendliche [Name 6] bedankt sich für die vorbildliche Aufnahme bei seiner Rückkehr und erklärt, dass er an drei Lagerinsassen schreiben will, um sie zur Rückkehr zu bewegen. Der Landwirt [Name 11]: »In Duderstadt haben sich 14 Familien geäußert, dass sie geschlossen in die DDR zurückkehren wollen. Obwohl ich mich selbst ordnungsgemäß meldete, wurde ich durch die Grenzpolizei festgenommen und durch die Grenzbereitschaft Nordhausen 48 Stunden inhaftiert. Die Rückgabe meines Hofes wird beim Rat des Kreises vorbereitet.« Der Fleischer [Name 10]: »Zu bemerken wäre, dass man bei der Entlassung versprochen hat, jeden in seinem Beruf einzusetzen, was aber bis heute noch nicht der Fall ist.« Dadurch ist [Name 10] sehr verärgert.

Aus den Befragungen der 34 zurückgekehrten Republikflüchtigen ergibt sich folgende Entwicklung der Lage:

Der Beschluss der Regierung über die Rückkehr Republikflüchtiger wurde ganz allgemein mit großer Freude aufgenommen, obwohl ein gewisser Zweifel an der Einhaltung der in der Regierungsverordnung gemachten Versprechungen vorhanden war und noch ist. Trotzdem zwangen die unmöglichsten Lebensbedingungen in Westdeutschland einige Republikflüchtige den Anfang zu machen und zurückzukehren. Andere, bei denen der Zweifel noch stark und bei denen die Befürchtung besteht, dass sie mit Versprechungen herübergelockt werden sollen, um dann hier festgenommen und zur Bestrafung gebracht zu werden, verhielten sich noch abwartend. Es besteht Grund zu der Annahme, dass, falls von den Erstrückkehrern günstiger Briefbescheid an die dort verbliebenen Bekannten gelangt, die Welle der Rückkehrer immer breiter werden wird. Es muss daher besonders Wert darauf gelegt werden, dass die Behandlung der Rückkehrer wirklich getreu den Anweisungen der Regierung, unbürokratisch und schnell Hilfe zu leisten, erfolgt. Unter den von uns angesprochenen 34 Personen gibt es nur zwei, welche in gewisser Hinsicht Unzufriedenheit äußerten. Siehe die Beispiele [Name 11] und [Name 10].

Wenn zu Anfang, d.h. kurz nach Veröffentlichung des Ministerratsbeschlusses, vonseiten der westdeutschen Organe des Staates größere Agitationen gegen die Rückkehrer nicht geführt wurden, muss festgestellt werden, dass sich außer Presse und RIAS in immer steigenderem Maße auch Agitationen von staatlichen Stellen bemerkbar machten, Einschüchterungen an der Grenze, Nichtausstellung von Pässen usw. Drohungen vonseiten der Behörden und Lagerverwaltungen in Bezug auf das Schicksal der Rückkehrer in die DDR bis zu Fahndungsmaßnahmen gegen Rückkehrwillige, die das Lager verlassen haben. Bei Erfolg einer solchen Fahndung werden die Betreffenden der jeweiligen amerikanischen, englischen und französischen Dienststelle übergeben, welche sie unter Umständen längere Zeit in Haft behalten.

Es muss also alles getan werden, dass der Beschluss des Ministerrates wirklich buchstabengetreu erfüllt wird, dann ist mit einem sich immer mehr verstärkenden Strom von Rückkehrern zu rechnen.

Zur besseren Übersicht werden Kurzauszüge aus den Unterhaltungen mit acht Personen angefügt.

Anlage: 3 Blatt Inf., Berichte Ia[4]

4 Nachträglicher maschinenschriftlicher Hinweis. Bei der Anlage könnte es sich um die Stimmungsberichte vom 25.6.1953 (mit Vermerk im Kopf: »Informationsbericht Nr. Ia«) gehandelt haben, die tatsächlich drei Blatt umfassen und die Äußerungen von acht Personen betreffen. Diese sind teilweise mit denjenigen, die in diesem Bericht vorkommen, identisch.

[Ohne Datum]

Information Nr. 1002

Quelle: BStU, MfS, AS 9/57, Bd. 3b, Bl. 201–216 (4. Expl.) sowie Bl. 225–235 (Anlage).
Serie: Informationsdienst (Konstituierungsphase).
Verteiler: Im VS-Ausgangsbuch von Mielke befinden sich am 2. u. 3.7.1953 pauschale Einträge (BStU, MfS, SdM 526, Bl. 11), die darauf hinweisen, dass Grotewohl und Ulbricht u. a. diesen Bericht erhalten haben könnten. – MfS: keine Angaben.
Datum: Datierung durch den Bearbeiter: 1.7.1953 (anhand des Datums der Anlage).
Anlage: Versorgungslage in der DDR (Information 1002a).

[Stimmung der Bevölkerung]

Es wird immer noch beobachtet, dass sich ein großer Teil der Bevölkerung in öffentlichen Diskussionen sehr zurückhält oder sehr vorsichtig diskutiert. Stimmen, die sich in gemeinster Art und Weise gegen die Regierung richten, werden dem Anschein nach geringer. Dies ist teilweise darauf zurückzuführen, dass Gerüchte im Umlauf sind, die von schweren Strafen sprechen, z. B. äußerte:

[Name 1, Vorname]: »Jetzt braucht sich keiner mehr einzubilden, dass die Streikenden etwas erreichen werden. Alle werden sich jetzt überlegen, ob sie 25 Jahre Zuchthaus haben wollen.«

[Name 2] äußert hierzu: »Der Streik ist noch lange nicht zu Ende, sondern es brodelt noch überall. Es ist auch kein Wunder, denn diese Schikanen lässt sich kein Mensch gefallen. Der in Rathenow Erschlagene[1] hat seinen Tod verdient, da er ein Arbeiterfunktionär war. Er wird schon etwas auf dem Kerbholz gehabt haben.«

Im VEB Funkwerk Köpenick ist zu verzeichnen, dass Betriebsangehörige, die während der Ereignisse am 17.6.1953 feindlich und provokatorisch auftraten, plötzlich ihre feindliche Haltung anscheinend aufgeben und mündlich oder schriftlich positive Stellungnahmen zu ihren feindlichen Handlungen abgaben.

Ein Teil der Bevölkerung, besonders Betriebsarbeiter, diskutiert zzt. etwas offener über die Vorkommnisse. Hier werden besonders Stimmen laut, die sich gegen unsere Presse und Rundfunk richten, worin ihrer Meinung nach Meldungen nicht den Tatsachen entsprechen. Einen besonderen Raum

1 Dabei handelt es sich um Wilhelm Hagedorn, Jg. 1894, Werkschutzleiter der HO in Rathenow. Dieser soll 1951 in einer Gastwirtschaft geprahlt haben, er habe an die 300 »Faschisten« und »Agenten« entlarvt und so für ihre Festnahme gesorgt. Wenig später machte der RIAS im Rahmen seiner Spitzelwarnmeldungen seinen Namen bekannt. Am 17. Juni 1953 wurde er in Rathenow von Demonstranten in ihre Gewalt gebracht, schwer misshandelt und in den Havelkanal geworfen. Er wurde von der Volkspolizei geborgen und ins Krankenhaus transportiert, wo er kurz darauf starb. Vgl. Kowalczuk, Ilko-Sascha: 17. Juni 1953 – Volksaufstand in der DDR. Ursachen – Abläufe – Folgen. Bremen 2003, S. 186–190, sowie Ahrberg, Edda; Hertle, Hans-Hermann; Hollitzer, Tobias (Hg.): Die Toten des Volksaufstandes vom 17. Juni 1953. Münster 2004, S. 189–191.

nimmt hier die Diskussion ein, dass es unmöglich ist, dass dieser Streik einzig und allein vom Westen gesteuert und inszeniert wurde. So sagte [Name 3] aus Leißling: »Die letzten Ereignisse sind als Aufstände des Volkes gegen das herrschende System zu betrachten, die von Agenten ausgenützt wurden. Das trifft aber nur für Berlin zu. Alle anderen Ereignisse in der Republik sind nicht durch Provokateure entstanden. Zzt. kommt schon wieder eine Überheblichkeit der Führer zum Ausdruck, indem sie die Vorkommnisse bagatellisieren.«

In der Diskussion mit Arbeitern zeigt es sich, dass ein wesentlicher Teil das ND nicht liest, weil es für sie ein theoretisch zu hohes Niveau hat und den Arbeitern unverständlich bleibt. In der Diskussion ergab sich, dass sie lieber die BZ lesen, die alle Probleme in leichterer Form verständlich behandelt. Unter anderem wurde in der Diskussion geäußert, dass es vorkommt, dass im ND Dinge über ihren Betrieb stehen, von welchen sie selbst nichts wissen.

Von einem Leser unserer Presse wird die Frage aufgeworfen, wo denn der Stellvertretende Ministerpräsident Nuschke eigentlich entführt wurde.[2] So berichtet das »Neue Deutschland« von der Mühlenstraße,[3] während die »Berliner Zeitung« von der Sebastianstraße als Tatort spricht.[4]

Den Grund der Ereignisse vom 17. und 18.6.1953 sieht ein großer Teil der Bevölkerung in der Unzufriedenheit der Arbeiter in unseren Betrieben. Sie bringen zum Ausdruck, dass es praktisch keinen anderen Ausweg gegeben hätte als diesen, um ihre Forderungen zu Gehör zu bringen. Kritik wurde zum Teil mit Repressalien verfolgt. Aufgezeigte Mängel und Schwächen wurden von den leitenden Funktionären nach ihren Angaben nicht abgestellt.

Nachfolgend ein Beispiel aus der Abteilung Handel und Versorgung, Schönhauser Allee 109, wie von den dort Angestellten jetzt diskutiert wird: Obwohl die Kollegen Klagen hatten, durfte nichts gesagt werden, da sonst die Sprecher gerügt wurden. Auf diese Weise wurde jede Kritik unterbunden. Besonders hervorgehoben wird der (nach ihrer Meinung) übertriebene Personalabbau, der für die verbleibenden Kollegen eine noch größere Arbeitsleistung bedeutet und durch notwendige Überstunden sowie Einsätze zur Wahl

2 Der Dienstwagen von Otto Nuschke, stellv. Ministerpräsident und Vorsitzender der Ost-CDU, wurde am 17. Juni 1953 von Demonstranten in der Mühlenstraße an der Oberbaumbrücke (Berlin-Friedrichshain) gestoppt und nach Berlin-Kreuzberg in den amerikanischen Sektor abgedrängt. Dort wurde Nuschke von der Westberliner Polizei in Sicherheit gebracht. Am 19. Juni kehrte er nach Ostberlin zurück. Vgl. Kowalczuk, Ilko-Sascha: 17. Juni 1953 – Volksaufstand in der DDR. Ursachen – Abläufe – Folgen. Bremen 2003, S. 133 f. Zeitgenössische Berichtsquellen: http://www.17juni53.de/chronik/530619/doc_3.html (7.5.2012).

3 Vgl. »Otto Nuschke von Stumm-Polizei verhaftet. Parteileitung der CDU fordert sofortige Freilassung«. In: ND, Berliner Ausgabe, v. 18.6.1953, S. 1.

4 Die Ortsangabe Sebastianstraße ist nicht korrekt. Allerdings findet sie sich nicht im Bericht der Berliner Zeitung vom 18.6.1953, S. 1. Dort wird die Verlautbarung des Sekretariats der CDU wiedergegeben, in der ebenfalls von der Mühlenstraße die Rede ist.

von Haus- und Straßenvertrauensleuten, Hauskomitee, Aufbauverpflichtungen, Versammlungen, Demonstration usw. unerträgliche Ausmaße angenommen hatte. Stark wird hier die Arbeit des FDGB kritisiert mit dem Bemerken, dass sie nur aus Furcht, die Arbeit zu verlieren, nicht ausgetreten sind. Angestellte, die im März entlassen wurden, sind angeblich heute noch ohne Arbeit. Trotz dieser Unzufriedenheit in der Abteilung, wurde nicht gestreikt.

Der Arbeiter [Name 4]: »Es ist, als ob ein Druck von mir genommen ist, jetzt kann man wenigstens wieder diskutieren. Hoffentlich lassen jetzt die Phrasen nach und man lässt den einfachen Arbeiter auch mal seine Meinung sagen.«

Der Arbeiter [Name 5]: »Ich freue mich, dass die Partei jetzt in die Betriebe geht und dass nicht die Arbeiter mit den Provokateuren gleichgestellt werden.«

Die Aussprache mit einigen Teilnehmern der Belegschaftsversammlung der BVG Berlin ergab, dass von den Belegschaftsmitgliedern der Diskussionsbeitrag des [Name 6], der in aggressiver Form Regierung und Partei angriff, als der beste bezeichnet wurde, da er wenigstens den Mut hätte, ihnen die Wahrheit zu sagen.

Prof. Dr. Ing. *Richter*:[5] »Es darf auf keinen Fall zugelassen werden, dass ein Bürger, der frei und offen seine Meinung sagt, immer noch mit Repressalien zu rechnen hat.«

Dr. [Name 7], Dippoldiswalde: »Erkrankungen an Tuberkulose sind im Verhältnis zum Vorjahr um 100 % gestiegen. Er führt es darauf zurück, dass durch die Steigerung der Arbeitsproduktivität eine Steigerung der Arbeitsintensität erfolgte, die eine besondere Beanspruchung der Arbeiter mit sich bringt.«

Reifenwerk Schmöckwitz: Hier wurde im Streik die Forderung gestellt, den Betrieb wieder an den Unternehmer Müller zu geben. Wie es sich zeigt, wollten sie damit ausdrücken, dass dadurch die alten Verhältnisse wie bei Müller wieder hergestellt werden. Durch Übernahme des Betriebes in Volkseigentum hat sich Verschiedenes zu Ungunsten der Arbeiter verändert: Wegfall der Berliner Lebensmittelkarte A sowie Kohlenkarte, Erhöhung der Preise des Werksküchenessens (ohne Verbesserung), Einführung von Heilkuren unter Anrechnung auf Urlaub, Abbau der Gehälter der Angestellten und Kraftfahrer.[6]

[Name 8], Bäuerin: »Ich habe von meinen Kühen 32 Ltr. Milch und die soll ich alle abgeben. Steht mir keine Milch zu?«

In vielen Fällen wird zum Ausdruck gebracht, dass nicht die Regierung, sondern die unteren Organe, wie FDGB, BPO, Verwaltung usw. durch

5 Hierbei könnte es sich handeln um Alfred Richter, Jg. 1911, promovierter Maschinenbauingenieur, seit 1953 Professor für Fertigungstechnik an der TU Dresden.

6 Das 1942 von Georg Müller (»Reifen-Müller«) gegründete Reifenwerk wurde erst 1953 enteignet. Vgl. http://www.veikkos-archiv.com/index.php?title=Berliner_Reifenwerk (5.5.2013).

schöngefärbte Berichte die Hauptschuld tragen. Dies führte dazu, das ZK und Regierung nicht von der wirklichen Situation und Stimmung unterrichtet waren.

Der Direktor der Hilfsschule Neustrelitz: »Die Partei- und Staatsführung hätte mehr Verbindung mit den Arbeitern halten sollen, dann wäre der Aufstand nicht geschehen. Sie wollen aber alles mit Gewalt machen. Man braucht sich nur die Bezirksverwaltung anzusehen. Die Herren kapseln sich ja völlig vom Volke ab, beschlagnahmen die Orangerie (Gartenlokal) und halten abends dort ihre Vergnügen ab.«

Angestellte vom Bezirksamt Treptow: »Der FDGB versagt in allen Phasen. Die Funktionäre trauen sich nicht mit den Arbeitern oder der Bevölkerung über die täglichen Probleme zu sprechen. Sie müssen Angst haben, zu all diesen Dingen Stellung zu nehmen.«

[Name 9], Fernsprechmonteur: »Es ist klar, dass die Regierung große und entscheidende Fehler gemacht hat, vor allem aber sind die einzelnen verantwortlichen Funktionäre in der BPO und BGL schuld. Sie haben in der letzten Zeit nur schöngefärbte Berichte weitergegeben. In einem weiteren Beispiel führt er an, dass in Pankow eine Konferenz oder Aussprache mit hohen Regierungsbeamten angesetzt war. Was tat der Kreis Pankow? Er bestellte 50 % Genossen, 30 % DFD oder andere Organisationen und 20 % aus der Wohngruppe. Die wirkliche Meinung der Bevölkerung war nicht vertreten.«

Der Landarbeiter [Name 10]: »Die ganzen Unruhen hätten nicht zu sein brauchen, wenn die Regierung die Zügel nicht so straff gezogen hätte und mehr mit dem arbeitenden Volk verbunden wäre. Aber es wurde immer nur angeordnet. Eine Aussprache mit den Arbeitern gab es nicht. Kritik wurde vonseiten der Arbeiter nicht geduldet. Meine Überzeugung ist, dass der ganze Kram bestellte Arbeit vonseiten der Kriegstreiber war und wenn diese Pläne geglückt wären, hätten die Arbeiter noch weniger zu bestellen gehabt wie bisher.«

Ein großer Teil der Bevölkerung verurteilt die Ausschreitungen vom 17. und 18.6.1953 und begrüßt die Beschlüsse und Verordnungen des ZK und der Regierung.[7] Dazu muss jedoch bemerkt werden, dass der überwiegende Teil den Beschlüssen der Regierung abwartend gegenübersteht. So äußern sich z.B. zwei Schlosser, die als RIAS-Hörer bekannt sind: »Dies sind Maßnahmen, die wir uns gefallen lassen. Wir sehen ein, dass die Demonstration,

7 Hier sind vor allem gemeint: Erklärung des Zentralkomitees der SED »Über die Lage und die unmittelbaren Aufgaben der Partei«, auf seinem 14. Plenum am 21.6.1953 abgegeben, mit der Ankündigung von Maßnahmen in zehn Punkten. Dabei geht es u.a. um Lohnabrechnung nach den alten Normen, Fahrpreisermäßigungen, Erhöhung der Mindestrenten und Fürsorgesätze, Förderung des Wohnungsbaus und Versorgung der »Werktätigen« mit Arbeitskleidung. In: ND, Berliner Ausgabe, v. 23.6.1953, S. 1; außerdem die am 25.6.1953 nachfolgenden Beschlüsse und Verordnungen des Ministerrates, bei denen es vor allem auch um die Verbesserung der Versorgung der Bevölkerung mit Nahrungsgütern und Industriewaren ging. In: ND, Berliner Ausgabe, v. 26.6.1953, S. 1.

woran auch wir uns beteiligt haben, nur dem Zweck diente, den Faschismus neu zu errichten.«

Der Bauer [Name 11]: »Die werktätigen Bauern waren wie eine welke Blume. Seit den Regierungsverordnungen haben alle neuen Mut. Große Verärgerung gibt es unter den Bauern, dass kein Stickstoff da ist, um die Erträge zu steigern. Die LPG erhalten so viel, dass sie nicht wissen wohin mit dem Zeug.«

Brigadier [Name 12]: »Meine Norm, die ich freiwillig erhöht habe, halte ich ein und gehe nicht wieder auf die alte zurück.«

Der Bauer [Name 13]: »Wir einzeln wirtschaftenden Bauern hatten immer große Schwierigkeiten, unsere Verpflichtungen zu erfüllen. Durch die entscheidenden Maßnahmen unserer Regierung wird es für uns nun leichter, unser Soll zu erfüllen. Hoffentlich wird auch alles so durchgeführt, wie es in den Zeitungen geschrieben steht. Die meiste Schuld tragen bisher die Kreisräte wegen ihrer bürokratischen Arbeitsweise.«

Die Ehefrau eines selbstständigen Kürschnermeisters sagt: »Trotzdem ich eine sogenannte Unternehmerfrau bin, muss ich sagen, dass ich wohl den Streik der Bauarbeiter für berechtigt hielt. Das war am Dienstag und ist ja auch ordnungsgemäß verlaufen. Was sich aber am Mittwoch in Berlin abspielte, kann man nur mit den Methoden der SA-Schlägergruppen vergleichen. Trotzdem uns die Regierung im letzten Jahr eine Ohrfeige nach der anderen versetzte, hatte ich direkt aufgeatmet als die ersten sowjetischen Panzer die Neue Krugallee entlangrollten, denn diese hemmungslosen Banditen hätten hier alles geplündert und es wäre ein Chaos entstanden. Hier half nur eine rücksichtslose Säuberungsaktion. Diese Unruhestifter waren ja keine Arbeiter, sondern abenteuerlustige Banditen, welche sich durch Plünderungen bereichern wollten. Ich persönlich war ja auch mit der Politik der Regierung bis Ende 1952 zufrieden. 1953 war der Zeitpunkt gekommen, wo wir durch die hohen Steuern nicht mehr weiterkonnten. Einen Stich hat es mir gegeben, als Walter Ulbricht auf einer seiner Reden sinngemäß erklärte, dass die Unternehmer aufgrund von Steuerschulden den Aufbau sabotieren und auf Kosten der Arbeiter leben wollen. Das ist bei uns bestimmt nicht der Fall. Entsprechend unserer Einnahmen werden wir immer bereit sein, laufend unsere Steuern zu begleichen. Durch die neuesten Regierungsbeschlüsse werden wir ja jetzt auch zu unserem Recht kommen.«

[Name 14]: »Kollegen, die nur einmal sonntags arbeiten, erhalten den Zuschlag. Diejenigen, bei denen Sonntagsarbeit ein Dauerzustand ist, erhalten ihn nicht. Das was die Regierung jetzt versprochen hat, muss sie erst halten, denn versprochen wurde uns schon sehr viel.«

Eine Kollegin von der Kartenstelle Ferdinandshof: »Versprechungen sind bis heute genügend gemacht worden, wir wollen nur noch Taten sehen. 200,00 DM ist ein Lohn zum Verhungern. Oben gibt man Geld aus, aber für unten bleibt nichts übrig.«

Frau [Name 15]: »Ich begrüße die Verordnung über die Verbesserung der Lebenslage der Werktätigen, fürchte aber, dass die einzelnen Ministerien, Bezirks- und Kreisverwaltungen diese Verordnungen durch bürokratische Arbeitsweise unwirksam machen.«

Bei einer Diskussion von sieben Eisenbahnern in der Fahrmeisterei Pankow wurde erwähnt, dass die Regierung nie freiwillig die Versorgung der Bevölkerung verbessert hätte. Erst nachdem gestreikt wurde, sah sie sich gezwungen, diese Maßnahmen durchzuführen.

Lage in den landwirtschaftlichen Produktionsgenossenschaften

Anzahl der LPG am 15.6.1953: 5082, eingetragene Mitglieder: 140634.

Nach dem Beschluss des Ministerrats vom 11.6.1953 machten sich in den LPG die ersten Anzeichen von bevorstehenden Auflösungen bemerkbar. Durch die provozierten Ereignisse am 17. und 18. Juni 1953 traten dann in einigen LPG akute Auflösungserscheinungen ein.

Bis zum 25.6.1953 lagen folgende Zahlen vor:

Bezirke	LPG aufgelöst	bevorstehende Auflösung
Rostock	–	20
Schwerin	1	15
Neubrandenburg	–	7
Potsdam	–	8
Frankfurt	–	4
Cottbus	1	2
Magdeburg	3	6
Halle	–	4
Erfurt	–	1
Gera	5	26
Suhl	5	8
Leipzig	–	3
Dresden	–	2
Karl-Marx-Stadt	–	2
Groß-Berlin	–	–
Insgesamt	15	108

Demnach haben sich bis zum 25. Juni 1953 0,3 % von den bestehenden LPG aufgelöst. 2,0 % von den bestehenden LPG zeigen erhebliche Auflösungserscheinungen.

Durch den Beschluss des Ministerrates am 25.6.1953 über die Ermäßigung des Abgabesolls bei Einzelbauernwirtschaften wurde die Auflösung von LPG noch aktiviert.

So ergibt sich nun zum 1.7.1953 folgender Stand über die Auflösung von LPG und Austritte von Mitgliedern.

Bezirke	LPG aufgelöst	bevorstehend	Austritte von LPG	sind Mitglieder ausgetreten
Rostock	11	22	35	122
Schwerin	–	11	13	44
Neubrandenburg	1	–	15	485
Potsdam	8	3	11	174
Frankfurt	3	13	1	2
Cottbus	2	21	6	65
Magdeburg	2	–	3	7
Halle	10	17	2	80
Erfurt	–	4	24	64
Gera	13	5	60	938
Suhl	6	6	5	65
Dresden	2	8	17	82
Leipzig	4	1	5	60
Karl-Marx-Stadt	–	2	5	9
Berlin	–	–	–	–
Insgesamt	59[8]	113	202	2197

Insgesamt haben sich also bis zum 1.7.1953 1,1 % von den bestehenden LPG aufgelöst. Zurzeit befinden sich 2,0 % von den bestehenden LPG noch in

8 Die Summe müsste korrekt 62 lauten.

Auflösung. Bisher sind ca. 1,5 % von den eingetragenen Mitgliedern ausgetreten. In den nächsten Tagen wird die Gesamtzahl der aufgelösten LPG die Zahl von 2,0 % von den bestehenden LPG unter keinen Umständen übersteigen. Es ist sogar zu erwarten, dass von den bevorstehenden Auflösungen von 113 LPG sich die Mehrzahl dieser aufgrund des jetzt verstärkten Einsatzes des Partei- und Staatsapparates nicht auflösen werden.

In der Mehrzahl haben sich die LPG aufgrund der letzten Ereignisse ideologisch und organisatorisch gefestigt.

Folgende Gründe für die Auflösungen von LPG und Austritte von Mitgliedern sind als Ursachen anzusehen:

1. Der Beschluss des Ministerrates vom 11.6.1953,[9] *wonach devastierte Betriebe*[10] *an heimkehrende und aus der Haft entlassene Bauern wieder zurückgegeben werden können*

Hierzu folgende Beispiele: In vielen Bezirken herrscht seitdem allgemeine Unsicherheit und Ängstlichkeit gegenüber zurückkehrenden und aus der Haft entlassenen Großbauern. Im Kreise Döbeln wurde auf Beschluss der Mitgliederversammlung und des Rates des Kreises die LPG in Dreißig aufgelöst. Zwei großbäuerliche Betriebe, die von dieser LPG benutzt wurden, sind an die Eigentümer wieder zurückgegeben worden. Die LPG war danach zu schwach. Im Bezirk Dresden sind bis zum 24.6.1953 106 Betriebe an Bauern zurückgegeben worden. Von diesen waren bisher 67 von LPG bewirtschaftet worden. Bei den betroffenen LPG machten sich zugleich Auflösungserscheinungen bemerkbar, da ja jetzt die einzelnen Mitglieder der LPG im Jahresdurchschnitt weniger Einkommen haben.

Weiterhin machen sich aufgrund dieses Beschlusses in den LPG, die noch überwiegend Land von großbäuerlichen Betrieben in Benutzung haben, Erscheinungen bemerkbar wie Sinken der Arbeitsmoral und Unklarheiten über das Bestehen der LPG. Dies nutzte der Gegner sofort aus und streute Gerüchte herum wie: »Die Statuten der LPG sind hinfällig, die LPG werden aufgelöst.«

Weiterhin ist zu bemerken, dass ca. 40 % der bisher zurückgekehrten Bauern nur 6 bis 13 ha zurückhaben wollen und für das andere Land eine Verzichtserklärung leisten, da sie keine Großbauern mehr sein wollen. Dazu

9 Gemeint ist die Verordnung über die Aufhebung der Verordnung zur Sicherung der landwirtschaftlichen Produktion und der Versorgung der Bevölkerung vom 11.6.1953. In ND, Berliner Ausgabe, v. 12.6.1953, S. 3.

10 Dabei handelte es sich um von den Bauern verlassene Höfe. Zunächst betraf das überwiegend kleine Neubauern, die nicht wirtschaftlich arbeiten konnten. Ab Herbst 1952 betraf es vermehrt auch größere Landwirtschaften, deren Besitzer aufgrund von politischen Pressionen und ökonomischer Diskriminierung ihre Höfe und zumeist auch die DDR verließen. Vgl. Scherstjanoi, Elke: SED-Agrarpolitik unter sowjetischer Kontrolle 1949–1953. München 2007, S. 172–189 u. 492–506.

äußerte z. B. der Altbauer [Name 16, Vorname], aus Wegendorf/Strausberg: »Ich bin aus Westdeutschland zurückgekehrt und die mir zurückgegebene Nutzungsfläche von 23 ha möchte ich nicht haben, sondern mich aufgrund von Arbeitskräftemangel auf 9,5 ha verkleinern. Das übrige Land will ich der LPG auf vier bis fünf Jahre zur Verfügung stellen.«

Im Gegensatz dazu erklären viele LPG, denen keine devastierten Betriebe von Bauern angeschlossen sind, dass sie ihre LPG festigen und gegen Anschläge des Gegners verteidigen wollen.

2. Der Beschluss des Ministerrates über die Sollermäßigung bei Einzelbauernwirtschaften[11]

Hierzu folgende Beispiele: Der ehemalige Genossenschaftsbauer [Name 17, Vorname] aus Etzelbach sagte Folgendes: »Ich bin ein alter Bauer und lasse mich nicht von so jungen Schnöseln kommandieren. Ich weiß selbst am besten, wie ich meine Felder bearbeiten muss, und für andere mehr arbeiten habe ich keine Lust. Aus diesem Grunde erkläre ich meinen Austritt. Anhand der neuen Beschlüsse kann man ja erkennen, dass das Neue alles Mist ist, sonst hätte man es ja nicht rückgängig gemacht. Wer weiß, wie lange dieses System der Genossenschaft überhaupt noch existiert. Da ist es besser, man tritt beizeiten zurück.«

In der LPG Thurow und Sternberger im Bezirk Schwerin zeigen sich Austrittserscheinungen. Dabei treten die ehemals sehr gut wirtschaftenden Bauern aus. Sie sagen: »Wir haben früher gut gewirtschaftet, sind jedoch in die LPG eingetreten, weil uns das Abgabesoll fast erdrückte, jetzt ist dies geändert und wir wirtschaften wieder selbst.«

Aber auch durch diese Maßnahme haben sich größtenteils die LPG mit ihren Mitgliedern nicht beirren lassen und sie sehen den Vorteil der LPG ein, auch wenn jetzt das Abgabesoll der Einzelbauern herabgesetzt ist. Das folgende Beispiel ist keine Einzelerscheinung:

LPG Boek, Kreis Neustrelitz: »Die Bauern sind sehr zuversichtlich. Sie haben große freiwillige Verpflichtungen zu Ehren des Geburtstages von Walter Ulbricht übernommen. Der Vorsitzende der LPG ist Mitglied der DBD, doch Genosse Hans Zingler, Leiter der BHG, ist der Ratgeber der LPG. Auch die anderen werktätigen Bauern in Boek haben zu Ehren von Generalsekretär Walter Ulbricht freiwillige Verpflichtungen übernommen. Sie haben alle Dankadressen an Walter Ulbricht abgesandt. Die Bauern sagten, ob SED oder DBD, Walter Ulbricht ist trotz der Rückschläge unser Genosse und wir sagen alle Genosse und du zu ihm.«

In der LPG in Rottelsdorf, Kreis Eisleben, sagte der Vorsitzende der Ortsgruppe des DBD *Hannemann*, wer für die Regierung ist, der arbeitet,

11 Gemeint ist die Verordnung des Ministerrats über Erleichterungen in den Pflichtablieferungen und zur weiteren Entwicklung der bäuerlichen Wirtschaften vom 25.6.1953. In: ND, Berliner Ausgabe, v. 26.6.1953, S. 1.

wer gegen die Regierung ist, der streikt. Sie sind aber alle arbeiten gegangen. Es wurde auch die Frage gestellt, wer aus der LPG austreten will, geantwortet wurde: »Austreten wollen wir nicht, wir wollen arbeiten und denen zeigen, dass wir zusammenhalten.«

Weiter äußerte sich hierzu der Bauer [Name 18, Vorname] aus Osterhausen, Kreis Querfurt: »Man atmet direkt auf, dass es jetzt anders ist. Jetzt gibt man nach, aber ob es echt ist, weiß man nicht. Nachher wird es bestimmt wieder wie vorher. Ich warte erst mal ab, ehe ich mich zur LPG bekenne.«

3. Auswirkung der durch den Gegner provozierten Ereignisse vom 17. und 18. Juni 1953 – Auswirkung der durch den Gegner in Umlauf gebrachten Gerüchte – Angst über die jetzige und zukünftige Situation

Hierzu folgende Beispiele:

In vielen LPG herrscht Unsicherheit über die zukünftige Politik der Partei und Regierung, die durch feindliche Agitation hervorgerufen wird.

Die Mitglieder der LPG Gröningen, Bezirk Halle, [Name 19, Vorname] und [Name 20, Vorname] sagten zu den Mitgliedern: »Wir müssen auch die Arbeit niederlegen und streiken und die Forderung stellen, nicht mehr nach Norm, sondern nach Stunden zu arbeiten.«

In der LPG Neuheide, Bezirk Erfurt, fand am 25.5.1953 eine Versammlung statt, auf welcher 19 Genossenschaftsbauern ihren Austritt erklärten. Die tieferen Ursachen für die Austritte begründete man in der Veränderung der politischen Situation seit dem 9.6.1953.

In der LPG Großsteinbach, Bezirk Leipzig, äußerte sich der Genossenschaftsbauer [Name 21] zu dem Vorsitzenden der LPG, dass er nicht mehr diesem Sauverein angehören will, um nicht in den Verdacht zu kommen, ein Kommunist zu sein.

In den LPG Neuendorf sowie Mamerow und sieben weiteren LPG im Bezirk Schwerin machten sich nach dem 17.6. Auflösungserscheinungen bemerkbar. Argument: Wir brauchen keine LPG mehr.

Hier muss betont werden, dass aufgrund der Ereignisse am 17. und 18.6.1953 viele Genossenschaftsbauern treu zu ihrer Genossenschaft standen. Z.B. haben in Großmühlingen, Kreis Schönebeck, Bezirk Magdeburg, die Genossenschaftsbauern [Name 22] und [Name 23] tatkräftig bei der Verhaftung von Provokateuren mitgeholfen. In Huckstorf, Kreis Rostock, demonstrierten Einzelbauern gegen die LPG. Die Genossenschaftler ließen sich nicht provozieren.

Zu bemängeln ist bei den Ereignissen das Verhalten der Vorsitzenden der LPG und Parteigenossen der LPG, hierzu weitere Beispiele: Die Parteisekretärin von der LPG Güldengossa, ihr Ehemann sowie der Genossenschaftsbauer Friedrich fordern die Genossenschaftler auf, da es sowieso anders kommt, die LPG zu liquidieren. Aufgrund dieser Provokation traten drei Genossenschaftsbauern aus der LPG aus.

In den LPG Wiesa und Oberwiesenthal stellten die beiden LPG-Vorsitzenden ihre Funktion zur Verfügung aufgrund der angeblich unklaren politischen Situation. Weitere drei Mitglieder der LPG Wiesa haben ihren Austritt erklärt.

4. Offene Hetze des Gegners und Aufruf zum Auflösen von LPG. Direkte Arbeit von Saboteuren und bewusste Organisierung der Austritte durch Großbauern

Durch diese Ursache müssen die meisten Austrittserklärungen und Auflösungen von LPG begründet werden. Die drei vorher genannten Ursachen sind durch den Gegner geschickt ausgenutzt werden.

Hierzu folgende Beispiele:

Die Großbauern fühlen sich aufgrund der Beschlüsse des Ministerrats[12] und der letzten Ereignisse besonders gestärkt. Der Großbauer [Name 24] aus Pampow, Bezirk Schwerin, drohte einem Genossenschaftsbauern: »Hast du dir schon einen Baum ausgesucht, an dem du hängen willst!«

In Sievershagen, Kreis Rostock, traten die Großbauern organisiert gegen die BHG und werktätigen Bauern auf. Tätliches Angreifen des 1. Kreissekretärs der VdgB (BHG). Die Großbauern forderten Rücktritt der Regierung.

In der LPG Vieregge, Kreis Bergen, Bezirk Rostock, wurden über Nacht sämtliche vorhandenen Wasserleitungshähne geöffnet, sodass alles am nächsten Morgen unter Wasser stand.

Von zwei inzwischen republikflüchtig gewordenen Bauern aus der Gemeinde Parchow,[13] Kreis Bergen, wurden die Vorsitzenden der umliegenden LPG nachts angerufen, sofort nach Parchow zu kommen, um von einem dort anwesenden Instrukteur die Richtlinien für die Auflösung der LPG entgegenzunehmen.

In der LPG Wernsdorf, Kreis Greiz, Bezirk Gera, sind in der letzten Zeit an den Vorsitzenden der LPG anonyme Drohbriefe gesandt worden. Im Inhalt wurde zum Ausdruck gebracht, dass der republikflüchtige Großbauer [Name 25] bald zurückkehren würde und alles in bester Ordnung auffinden möchte. Der Großbauer [Name 26] aus Göldchen, Kreis Schmölln, Bezirk

12 Gemeint ist hier der Ministerratsbeschluss zum »Neuen Kurs« vom 11.6.1953, der auf einem Beschluss des SED-Politbüros vom 9.6.1953 basierte, der der SED wiederum von der sowjetischen Führung oktroyiert worden war. Im Kern ging es um die Rücknahme des seit der 2. Parteikonferenz vom Juli 1952 geltenden harten politischen Kurses des »Aufbaus der Grundlagen des Sozialismus«. Einige Maßnahmen, die im Zuge dieser Politik getroffen worden waren, wurden in einem Kommuniqué ausdrücklich als »fehlerhaft« bezeichnet. In diesem Zusammenhang ging es vor allem um die Verordnung über die Aufhebung der am 19.3.1953 erlassenen Verordnung zur Sicherung der landwirtschaftlichen Produktion und der Versorgung der Bevölkerung, auf deren Grundlage die selbstständigen Bauern drangsaliert worden waren. Vgl. Kommuniqué über die Sitzung des Ministerrats der DDR vom 11.6.1953 und entsprechende Verordnungen. In: ND, Berliner Ausgabe, v. 12.6.1953, S. 1.

13 Im Original »Paschekow«.

Leipzig, äußerte, er wolle dem Vorsitzenden der LPG das Genick umdrehen. Der Großbauer [Name 27] aus dem gleichen Ort unterhält eine Art Informationsbüro, hetzt die anderen Bauern auf, nicht termingemäß ihrer Ablieferungspflicht nachzukommen.

Am 30.6.1953, gegen 13.00 Uhr, organisierten in Langendorf/Zeitz ein Mittelbauer und ein Arbeiter eine Kundgebung anlässlich der Rückkehr eines Großbauern. Dabei ging ein Großbauer aus der Gemeinde Döbitzschen durch den Ort Langendorf und blies auf einer Trompete, um die Bewohner zur Kundgebung aufzufordern. Auf dem Platz vor dem Gemeindeamt versammelten sich danach ca. 150 Personen, die nach einer Ansprache der Initiatoren das Lied »Nun danket alle Gott« anstimmten.

Weiter mehren sich auch die Überfälle auf LPG-Mitglieder, z.B. in der Nacht zum 29.6.1953 wurde der LPG-Vorsitzende der LPG Schönberg, Herrmann Dietrichsen, geb. [Tag, Monat] 1901, wohnhaft: Schönberg, Kreis Neuruppin, auf der Chaussee zwischen Herzberg und Schönberg von einer siebenköpfigen Bande überfallen und misshandelt. In der Nähe der LPG Hainspitz, Kreis Eisenberg, wurde der Agronom-Assistent der MTS Gösen auf dem Wege zur LPG überfallen und so misshandelt, dass er ins Krankenhaus überführt werden musste.

Zu diesen offenen Provokationen kam die Geschlossenheit und Einheit vieler LPG zum Ausdruck: In der LPG Göda, Kreis Bautzen, wurden sechs Jugendliche von Mitgliedern der LPG vertrieben, die diese zum Streik aufforderten. In einem anderen Ort zerschlugen die Genossenschaftsbauern die Provokation von Großbauern, indem sie mit der Roten Fahne voran und der Internationale auf den Lippen geschlossen und einheitlich durch das Dorf marschierten.

5. Aufgrund von organisatorischen Schwierigkeiten und Arbeitskräftemangel in vielen LPG treten viele Bauern mit folgender Begründung aus der LPG aus

»Ich kann es nicht mit ansehen, dass der Acker nicht intensiv bestellt wird, da zurzeit nicht genügend Arbeitskräfte vorhanden sind. Ich trete aus und bin dann in der Lage, [dass ich] mit meiner Familie meinen eigenen Acker gründlicher bearbeiten kann.«

Dazu sagte der Bauer [Name 28], Ueckermünde, Bezirk Neubrandenburg: »Wie sieht es denn in den einzelnen Genossenschaften aus, sie haben schon des Öfteren Hilfe von der MTS angefordert, diese ist ihnen jedoch bisher nicht genügend zu Teil geworden. Aufgrund dieser Tatsache ist die Arbeitsmoral bei den Genossenschaftsbauern gesunken und sie erklären ihre Austritte.«

Die hier angeführten Gründe wirkten in letzter Zeit mehr oder weniger auf alle LPG ein. Es ist aber zu verzeichnen, dass aber nur dort Auflösungen und Austritte folgten, wo für den Gegner ein günstiger Nährboden vorhanden war. In erster Linie traten dort Massenaustritte von Mitgliedern der LPG und Auflösungen von LPG auf, wo die LPG aufgrund der falschen Einhaltung der Richtlinien über die Bildung der LPG, insbesondere des Punktes der Freiwilligkeit, zwangsweise gebildet wurden bzw. die Mitglieder unter irgendwelchem Druck zum Beitritt in die LPG gezwungen wurden.

Dazu folgende Beispiele: Die Mitglieder der LPG Spahnsdorf, Kreis Riesa, wollen ihre LPG auflösen, weil sie zur Gründung der LPG durch den Bürgermeister mit Drohungen gezwungen wurden. Im Bezirk Halle, Kreis Aschersleben, zeigt die LPG in Winningen mit 23 Austritten die gleiche Erscheinung. Die Bauern sagten: »Wir sind damals zum Eintritt in die LPG gezwungen worden durch die Regierungsverordnungen, Sollablieferungen, Steuererhöhung usw. Weiterhin sagen sie, dass durch die neuen Erleichterungen, die jetzt für sie entstehen, [sie] wieder austreten.«

Der Vorsitzende der LPG Ragow, Genosse Junker, gab den Anlass zum Austritt aus der LPG, indem er gegen seine Mitglieder diktatorisch vorging und diesen drohte mit dem Ausnahmezustand und der sowjetischen Kommandantur.

Bauer [Name 29] aus Volkmannsdorf, Bezirk Gera, äußerte: »Ihr seid daran schuld, dass ich in die LPG gehen musste und nicht mehr ein freier Mensch bin, früher konnte ich anfangen und aufhören zu arbeiten, wann ich wollte. Mit eurer Partei könnt ihr mir gestohlen bleiben.«

Weiterhin waren dort Auflösungen zu verzeichnen, wo Unstimmigkeiten unter den Mitgliedern, eigennütziges Arbeiten von Vorsitzenden, mangelnde Arbeitsorganisation und diktatorisches Verhalten der Partei zu verzeichnen war. Z.B. zerfiel im Bezirk Suhl, Kreis Meiningen, eine LPG, da vorher unter den Mitgliedern und dem Vorsitzenden große Unstimmigkeiten bestanden, da selbiger Vorräte aus dem gemeinsamen Futterfonds für persönliche Zwecke benutzte. In der LPG Laaske, Kreis Pritzwalk, erklärten am 29.6. 27 Mitglieder ihren Austritt, da der 1. Sekretär der BPO sehr diktatorisch vorgeht und dort eine schlechte Arbeitsorganisation besteht.

Stimmung von Rückkehrern in das Gebiet der DDR

Bei einer freundschaftlichen und zwanglosen Unterhaltung wurden nach bisher vorliegenden Meldungen 74 Personen, die in das Gebiet der DDR zurückkehrten, und zwölf Personen, die in den demokratischen Sektor von Berlin zurückkehrten, über die Aufnahme des Ministerratsbeschlusses in den Kreisen der Flüchtlinge und über die Aufnahme und Eindrücke in der DDR befragt. Anhand der befragten Personen konnte festgestellt werden, dass sich die Rückkehrer aus ca. 60 % Arbeitern, 10 % Bauern, 7 % Geschäftsleuten, 5 % Intelligenzler und 18 % Angestellten zusammensetzt.

Nach den Angaben und Ausführungen dieser Personen ergibt sich folgendes Bild:

1. Einstellung der zurückgekehrten Personen zum Ministerratsbeschluss

Im Allgemeinen wurde dieser Beschluss von den Flüchtlingen lebhaft begrüßt und löste bei den meisten große Freude aus. Nach Angaben der befragten Personen sprachen sich nach Bekanntwerden des Beschlusses ca. 80 % für die Rückkehr in die DDR aus. Von vielen wird allerdings dieser Beschluss noch als eine Falle hingestellt. Diese Personen warten jetzt nur noch auf eine Antwort von den Personen, die schon ihre Heimatorte aufgesucht haben. Die meisten der Flüchtlinge bereuten schon nach kurzer Zeit ihre Flucht nach dem Westen und wollten schon lange wieder in die DDR zurück, wagten dies jedoch aufgrund der zu erwartenden Strafe nicht.

So sagte der Rückkehrer [Name 30]: »Auf mich und noch viele andere, mit denen ich in einer Grube zusammengearbeitet habe, hatte sich der Beschluss äußerst positiv ausgewirkt. Er wurde von uns mit großer Freude und Begeisterung aufgenommen.«

Der Rückkehrer [Name 31], Landwirt, wohnhaft: Suckow, Kreis Wolgast, äußerte: »Die Stimmung bei den Flüchtlingen in Westdeutschland ist zu 80 % so, dass sie den Ministerratsbeschluss begrüßen, aber noch eine abwartende Haltung einnehmen, da sie dieser Sache noch nicht ganz trauen.«

2. Stimmung der Flüchtlinge und Hemmungen über ihre Rückkehr

Nach den Berichten der Rückkehrer, die in einem Auffanglager waren, ist dort die Stimmung der Flüchtlinge nicht besonders gut. Manche von ihnen hausen schon jahrelang in solch einem Lager unter sehr ungünstigen Wohnverhältnissen. Die meisten der Flüchtlinge haben keine Arbeit und bekommen sehr wenig Unterstützung, von der sie nicht existieren können. Vor allem ist in den Lagern die Stimmung äußerst schlecht, wo diese Personen untergebracht werden, die nicht als politische Flüchtlinge anerkannt worden sind. Die Hemmungen, die sie noch von einer Rückkehr in die DDR abhalten, sind, dass sie durch die Hetze der westlichen Machthaber den Beschlüssen unserer Regierung noch nicht den vollen Glauben schenken und Angst haben, dass sie bei ihrer Rückkehr zur Rechenschaft gezogen und bestraft werden.

So sagte der zurückgekehrte Altbauer [Name 32] aus Kertitz, Kreis Delitzsch: »Die Stimmung der Flüchtlinge in den Flüchtlingslagern war bis zur Herausgabe des Beschlusses der Regierung gedrückt. Am 11.6.1953 nach der Bekanntgabe des Ministerratsbeschlusses atmeten die Bauern auf vor Freude darüber, dass sie wieder in die Heimat zurückkehren können.«

Der Großbauer [Name 33], wohnhaft: Heeren, Kreis Stendal, äußerte: »In Hamburg war ich selbst in einem Lager und musste schwer arbeiten. Die Stimmung im Lager war niedergedrückt, da man den Leuten dort erzählte, sie sollen nicht in die DDR zurückkehren, da die Beschlüsse der Regierung nur alles leere Versprechungen sind. Im Lager selbst kam es auch zu Misshandlungen der Lagerinsassen.«

3. Maßnahmen und Agitation vonseiten der Bonner Regierung, um die Flüchtlinge von ihrer Rückkehr in die DDR abzuhalten

Von den westlichen Machthabern wird verschiedentlich versucht, vor allem bei den Flüchtlingen in den Lagern, diese zu beeinflussen und von einer Rückkehr abzuhalten. Dies geschieht, indem sie den Flüchtlingen Zeitungen zu lesen geben, in denen der Beschluss des Ministerrats als eine Falle bezeichnet wird und alle Flüchtlinge gewarnt werden, in die DDR zurückzukehren, da sie dort mit einer Bestrafung zu rechnen haben. Auch werden Personen in die Lager eingeschleust, die Gräuelmärchen über die Zustände in der DDR erzählen. So wird u. a. berichtet, dass es äußerst gefährlich wäre, in die »Ostzone« zurückzukehren, da dort auf sie gewartet wird und sie dann hier zur Verantwortung gezogen werden. Aufgrund dessen, dass jetzt viele Personen in die DDR zurückkehren wollen, werden ihnen auch Schwierigkeiten bei der Ausstellung von Interzonenpässen bereitet. Verschiedentlich wurden die Ausweise der Flüchtlinge eingezogen und ihnen dann gesagt, dass sie ohne Ausweise es nicht wagen könnten, in die DDR zurückzukehren, da sie sonst dort festgenommen werden. Auch an den Grenzübergängen wird versucht, die Personen von ihrer Rückkehr abzuhalten, indem man dort ebenfalls Gerüchte über die katastrophalen Zustände in der DDR verbreitet und ihnen erzählt, dass sie keine Lebensmittelkarten bekommen und alles zu unerschwinglichen Preisen in der HO kaufen müssten.

Aus all den aufgeführten Gründen werden noch viele Flüchtlinge von ihrer Rückkehr abgehalten, die nun noch auf Bescheid von den Personen warten, die schon die DDR aufgesucht haben, um dann nach Erhalt der Angaben über die wirkliche Lage ebenfalls ihre Heimatorte wieder aufzusuchen.

So sagte der Zimmermann [Name 34, Vorname], geb. [Tag, Monat] 1931, wohnhaft: [Ort], Nr. […]: »Dass aufgrund des großen Zustromes die westdeutschen Behörden keine Interzonenpässe mehr ausstellen würden und sie die ganze Angelegenheit blockieren würden. Die meisten der Rückkehrer lassen sich jetzt einen Interzonenpass für Berlin ausstellen. Bei Zusammenrottungen von Personen, die darüber diskutieren, dass sie zurückkehren wollen, werden sämtliche Ausweise eingezogen.«

4. Durchführung der Maßnahmen des Ministerratsbeschlusses bei zurückgekehrten Personen

Die bisher befragten Rückkehrer äußerten fast ausschließlich, dass sie über ihre gute Aufnahme in der DDR freudig überrascht waren. Ihre Aufnahme in der DDR steht ganz entgegengesetzt zu dem, was man ihnen in Westdeutschland bzw. Westberlin erzählt hat. Viele von ihnen brachten deshalb auch zum Ausdruck, dass sie der Regierung danken und sofort an die noch verbliebenen Flüchtlinge in den Lagern schreiben werden, um ihnen die wirklichen Zustände in der DDR zu schildern und sie keine Befürchtungen zu haben brauchen, wenn sie ebenfalls wieder in ihre Heimat zurückkehren. Die meisten von den Flüchtlingen können wieder in ihrem Beruf arbeiten oder wo dies nicht möglich ist, bekommen sie eine andere, ihnen zusagende Arbeit zugeteilt. Von den Behörden wurden ihnen keine Schwierigkeiten bereitet und ihre Angelegenheiten wurden schnell und höflich erledigt.

Dass sich der Beschluss des Ministerrats vom 11.6.1953 äußerst positiv auf die Rückkehrer ausgewirkt hat, zeigt besonders deutlich eine Aufstellung der vom 26.5. bis 25.6.1953 zurückgekehrten Personen. In diesem Zeitraum sind insgesamt 1542 Personen zurückgekehrt. Davon entfallen vom 11. bis 25.6.1953: 912 Personen.

Personen aus Westberlin und Westdeutschland, die erstmalig in die DDR eingereist sind, betragen: 580 Personen. Davon in der Zeit vom 11. bis 25.6.1953: 256 Personen.

Vom 26.5. bis 25.6.1953 sind insgesamt 21523 Personen aus der DDR geflüchtet. Davon entfallen in die Zeit vom 11. bis 25.6.1953: 1244 Personen (ist 6,3 %).

Hieraus ist ersichtlich, dass die Zahl der Rückkehrer nach dem 11.6. merklich angestiegen ist. Während erst täglich 39 Personen durchschnittlich zurückkehrten, so steigerte sich die Zahl nach Bekanntwerden des Beschlusses auf durchschnittlich 65 Personen täglich. Die Zahl der erstmalig in die DDR zugereisten Personen betrug vor dem 11.6. durchschnittlich 14 täglich und nach dem steigerte sie sich auf 17 durchschnittlich täglich.

Besonders deutlich zeigt sich die Auswirkung des Ministerratsbeschlusses bei den Personen, die unsere Republik verlassen. So betrug die Zahl der republikflüchtigen Personen vor dem 11.6.1953 durchschnittlich täglich 1267 Personen, und nach dem 11.6.1953 ging die Zahl der republikflüchtigen Personen auf durchschnittlich täglich 88 Personen zurück.

Situation in Bergbaugebieten zum »Tag des Bergmanns«[14] am 4.7. und 5.7.1953

Im Kreis Borna sind Diskussionen unter den Kumpels, welche eine gerechte Verteilung des Bergmannslohnes fordern. Die Diskussionen gehen dahin, dass man bei Nichterfüllung mit Arbeitsniederlegung droht. Dazu äußerte der stellvertretende Abteilungsleiter *Bauch* vom Braunkohlenwerk Borna: »Wenn die oben nicht nachgeben, ist der Streik fällig.« Der dortige BGL-Vorsitzende *Fechner* bemerkte, dass die von oben angeordnete Auszahlungsart ungerecht sei, aber nichts unternommen wird. Die Kumpels selbst verurteilen die Provokationen und verbinden damit die Forderung zusätzliche Be-

14 Am ersten Sonntag im Juli und am darauffolgenden Montag wurde in der DDR seit 1951 der »Tag des Bergmannes« begangen. Damit folgte man einer sowjetischen Tradition, die diesen Feiertag bereits 1947 eingeführt hatte. In der DDR wurde mit diesem Tag auch die Verstaatlichung der Bergwerksbetriebe in der SBZ gefeiert, die Anfang Juli 1947 durchgeführt worden war. Vgl. Selbmann, Fritz: »Zum Tag des Bergmannes«. In: ND v. 30.6.1951, S. 1.

lohnung und Arbeitsruhe für die Feierlichkeit (»Tag des Bergmanns«), da sie sich an den Unruhen nicht beteiligt haben.

Aus Cottbus wird bekannt, dass die Kumpels von Hoyerswerda, Spremberg, Senftenberg und Greifenhain in der Form diskutieren, dass sie jederzeit ihre Kraft eingesetzt haben, dafür aber nur jeden siebenten Sonntag frei bekamen. Zum »Tag des Bergmanns« stellen sie aber die Forderung, dass dieser nicht als Arbeits-, sondern als Feiertag angerechnet werden soll. Desgleichen die Forderung, dass alle Belegschaftsmitglieder das Bergmannstreuegeld erhalten müssten, da andernfalls sonst die Bombe platzt (gemeint ist Arbeitsniederlegung). Zur Normenfrage wird durchweg positiv diskutiert. Freiwillig erhöhte Normen wollen sie nicht herabsetzen, außer den Bohrern in Bluno, die ihre freiwillig erhöhte Arbeitsnorm zurückgenommen haben.

Im Braunkohlenwerk »Glückauf« und »Jonny Scheer« werden die Prämiengelder mit Absprache der AGL, dem Betriebsleiter und Belegschaftsmitgliedern festgelegt. Dadurch soll eine Günstlingswirtschaft unterbunden werden. Im Bezirk Dresden wurden die Neueinstufungen der Treuegelder und Prämien mit allgemeiner Zustimmung erarbeitet.

Im VEB Zinnerz, Altenberg, ist die Vorbereitung zum »Tag des Bergmanns« noch schlecht. Der Grund dafür ist, dass im Direktorenfonds[15] für eine Belegschaft von 750 Mann nur 2000 DM für diesen Tag zur Verfügung stehen. Eine schlechte Stimmung herrscht bei Transportarbeitern, Kraftfahrern und Werkschutz, da diese nicht in den Genuss der Treuegeldzulage kommen. Zu bemerken ist, dass die Vorbereitung zum »Tag des Bergmanns« einzig und allein in den Händen der Werksleitung liegt.

Wie in Erfahrung gebracht wurde, erhalten alle Häuer und Förderleute am »Tag des Bergmanns« in der Grube »Cäsar« in Egeln zusätzlich eine Auszahlung von 8 % des Jahresverdienstes, alle Kettenleute 4 %. Außerdem werden wöchentlich Prämien im innerbetrieblichen Wettbewerb ausgezahlt. Hier besteht die Tendenz, dass Kumpels, welche aus der Grube ins Büro usw. geholt wurden, wegen des höheren Verdienstes wieder in die Grube zurück möchten.

Im Karl-Schröter-Schacht, Schönebeck, fordern die Kumpels, dass die Sonderverkaufsstellen des Werkes Calbe[16] der Allgemeinheit zugängig gemacht werden.

In Zwickau, Freiberg und Stollberg werden unter den Kumpels Diskussionen geführt, die besagen, dass in den Streik getreten wird, wenn die Prä-

15 Betrieblicher Dispositionsfonds, in den 1953 je nach Planerfüllung 2½ bis 4 % der Lohnsumme sowie 30 % des überplanmäßigen Gewinns eingezahlt wurden und aus dem kulturelle und soziale Einrichtungen des Betriebs (Fonds I) sowie das Erfindungs- und Vorschlagswesen (Fonds II) finanziert wurden. Vgl. Verordnung über die Bildung und Verwendung des Direktorenfonds in den Betrieben der volkseigenen Wirtschaft im Planjahr 1953 vom 16.4.1953. In: GBl. 1953, Bl. 589–592.

16 Gemeint ist das Eisenwerk West.

mien- und Treuegelder wieder so ungerecht wie vergangenes Jahr verteilt werden. Bis zum 5. Juli wollen sie abwarten.

Unter den Bergarbeitern des VEB Braunkohlenwerkes Zipsendorf/Altenburg wird die Diskussion geführt, dass am »Tag des Bergmanns« folgende Forderungen gestellt werden sollen: Lohnausgleich, Bergmannstreuegeld, »Tag des Bergmanns« als Sonntag zu feiern, Einführung des 6-Stunden-Tages.

Der Fördermann [Name 35] vom Fortschritt-Schacht I des Mansfeld-Kombinates »Wilhelm Pieck« äußerte: »Die Ungerechtigkeit ist immer noch nicht abgestellt. In der Zahlung von Bergmannstreuegeldern will man schon wieder Unterschiede machen. Das Strebepersonal soll 8 % und wir Förderleute nur 4 % erhalten. Das ist nicht richtig. Wenn wir nicht gesundheitlich behindert wären, würden auch wir vor Streb arbeiten. Wir haben beschlossen, wenn dieser Unterschied gemacht wird, fahren wir nicht ein. Schon im vorigen Jahr war der gleiche Zustand. Erst nach dem Protest der Förderleute hat man dies abgestellt. Die Werksleitung scheint daraus noch nichts gelernt zu haben.«

Die Übertagearbeiter des Mansfeld-Kombinats »Wilhelm Pieck« fordern Deputatkohle wie die Untertagearbeit.

Die Kali- und Erzbergbauarbeiter des Bezirkes Halle fordern: Zahlung der Treueprämie für alle, nach Dienstalter abgegrenzt, sowie Bergarbeiterrente für alle. Nach dem Turnusplan haben die Bergarbeiter erst jede siebente Woche einen freien Sonntag und fordern, wie früher, jeden dritten Sonntag frei und bei Sonntagsarbeit 50 % Zuschlag. Die Kumpels des Kalibergbaues Sangerhausen erklären, dass bei einer Planerfüllung von 80 %, ebenfalls entsprechend des Prozentsatzes, den Angestellten auch nur 80 % des Gehaltes gezahlt wird. Über die periodisch zu zahlende Intelligenzprämie erklären sie, dass der Intelligenz ein Teil des Geldes abgenommen und dem Kulturfonds zugewiesen werden soll. Diskussionen über Streik usw. sind nicht in Erscheinung getreten.

In den Kaligruben des Bezirkes Erfurt wird im Wesentlichen über die Treuegelder diskutiert. So erhält beispielsweise ein Untertagearbeiter 8 %, ein Schrapper 4 % und ein Übertagearbeiter 3 %. Außerdem erhalten ungefähr bei 1 500 Kumpels 1 100 nur Prämie, was die größte Diskussion auslöst. Die Prämienzahlung liegt zwischen 400 bis 1 000 DM.

Wie aus Zwickau bekannt wird, führen die Kumpels erregte Diskussionen über die zu zahlende Treueprämie zum »Tag des Bergmanns«. Allgemein sprechen die Kumpels, dass sie in diesem Jahr nicht mehr mit der ungerechten Treueprämien-Verteilung einverstanden sind, wie sie im Jahre 1952 durchgeführt wurde (1952 wurde noch an Einzelne Treueprämie ausgezahlt). Nach der Herausgabe der Ergänzung zur Verbesserung der Lage der Bergarbeiter im Bergbau, die von den Fachministerien unmittelbar an die Werksleitungen gesandt wurde, wird folgendermaßen im Allgemeinen diskutiert:

Die Diskussionen im Steinkohlenbergbau unterscheiden sich hier durch zwei Gruppen: eine Gruppe, die positiv und erfreut über die zu zahlende Treueprämie an alle Bergbauarbeiter diskutiert, und die zweite Gruppe, die sich abwartend über die Realisierung des Ministerratsbeschlusses verhält.

Allgemein gesehen ist die Situation im Steinkohlenbergbau Zwickau zufriedenstellend. Eine besondere Lage ist in den Steinkohlenschächten Karl Marx und August Bebel dadurch entstanden, dass in beiden Schächten ca. 1000 Personen beschäftigt sind, die nicht zwei Jahre ununterbrochen tätig sind. Nach dem Beschluss des Ministerrates[17] würden diese Kumpels über Tage keine Treueprämie erhalten. Vonseiten der Werksleitungen ist beabsichtigt, aus dem Direktorenfonds den Kumpels eine bestimmte Belohnung zu geben.

Die Werksleitung des Karl-Marx-Werkes in Verbindung mit der IG Bergbau und Vertreter des Staatssekretariats Kohle verhandeln zurzeit über die Zahlung von 25 DM an die Kumpel, die unter zwei Jahre tätig sind, in den anderen Werken wird von 8, 10 und 30 DM gesprochen. Hierüber wird von diesen Kumpels eine erregte Diskussion aufgrund der bestehenden Unstimmigkeiten geführt.

Zur Lage in unserer Partei

Nach den Ereignissen in Berlin vom 17.6.1953 machte sich eine Welle von Austritten aus unserer Partei bemerkbar. Zuerst wurde bekannt, dass im Reichsbahnamt Kirchmöser mehrere Genossen ihren Austritt aus der Partei erklärten. Eine dadurch veranstaltete Umfrage zeigte, dass dies kein vereinzelter Fall war, sondern in allen Bezirken in Erscheinung trat. Es ist jedoch zu bemerken, dass nicht immer in den Bezirken, wo die Unruhen am größten waren, die meisten Austritte zu verzeichnen sind. So wurden im Bezirk Magdeburg 27 Parteidokumente abgegeben und drei vernichtet, dagegen im Bezirk Karl-Marx-Stadt, wo fast keine größeren Unruhen auftraten, wurden 111 Parteidokumente abgegeben. Das Ergebnis unserer Umfrage zeigte, dass 793 Personen aus unserer Partei ausgetreten sind unter Rückgabe ihres Parteimitgliedsbuches, wogegen drei Personen ihre Parteidokumente vernichteten und sieben ausgeschlossen wurden. Die Begründungen zum Austritt sind fast überall gleich und zeigen, dass die Überprüfung bei der Ausgabe der Parteidokumente keinesfalls gründlich durchgeführt wurde. Es wäre sonst unmöglich, dass es Mitglieder in der SED gibt, die [sic!] wie beispielsweise der Lehrer der Grundschule Eibenstock, [Vorname Name 36], seinen Austritt aus der Partei damit erklärt, dass er nicht weiterhin an den Verbrechen der Partei schuldig werden will. Andere wieder, wie z. B., der Ingenieur von BKB Kohle, [Vorname Name 37], wohnhaft in Berlin-Weißensee, [Straße, Nr.],

17 Gemeint ist wohl der Beschluss des Ministerrates über die Lohnberechnung nach Aufhebung der Erhöhung der Arbeitsnormen vom 25.6.1953, der den Status quo ante von vor dem 1.4.1953 wieder herstellte. In: ND, Berliner Ausgabe, v. 26.6.1953.

gibt an, dass er innere Konflikte hat, da er mit der Linie der Partei nicht einverstanden ist. Andere wieder begründen ihren Austritt aus der SED damit, dass sie sich nicht mit verantwortlich fühlen für die schweren Fehler, welche die Partei begangen hat, so z.B. der Bergvermessungstechniker [Vorname Name 38] von BKB Kohle. Es gibt aber auch Stimmen, die zeigen, dass bei ihnen noch kein Verständnis für die Politik unserer Partei vorhanden ist, so z.B. bei [Vorname Name 39] aus Wackerow, Kreis Malchin, der seinen Austritt damit rechtfertigt, dass er nicht einverstanden sein kann mit den Maßnahmen der Regierung, wo den Großbauern erlaubt wird, in die DDR zurückzukehren.

Es gibt sogar Parteifunktionäre, die sich der Partei gegenüber als untreu erwiesen haben und ihren Austritt erklärten bzw. aus der Partei ausgeschlossen wurden. So hat der hauptamtliche Parteisekretär vom VEB Turbonit, Paul *Lahner*, wohnhaft: Berlin-Hohenschönhausen, [Straße, Nr.], welcher seit 1924 organisiert ist, seinen Austritt dahingehend begründet, dass er mit der Politik unserer Partei nicht mehr einverstanden ist. Aus der Partei wurde ausgeschlossen der Parteisekretär in Altlüblow/Schwerin, Paul *Güldenpfennig*, welcher erklärte: »Endlich ist es soweit, nun werden wir bestimmt eine SPD-Regierung bekommen.« Ebenfalls ausgeschlossen wurde der Parteisekretär der Post Grabow, [Name A], welcher am 17.6.1953 in betrunkenem Zustand auf dem Marktplatz eine Ansprache hielt und die Ansammlung von Demonstranten unterstützte. Auf der Tagung der Parteisekretäre am 17.6.1953 wurde der Personalleiter vom Gaswerk Ludwigslust, Kurt *Christoph*, wegen antisowjetischen Äußerungen aus der Partei entfernt.

Betr. Austritte bzw. Ausschlüsse aus der SED

Bezirksverwaltung	Parteidokumente abgegeben	[Parteidokumente] vernichtet	aus der SED ausgeschlossen
Cottbus	6	–	–
Dresden	93	–	–
Erfurt	31	–	–
Frankfurt/Oder	4	–	–
Gera	60	–	–
Halle	176	–	–
Karl-Marx-Stadt	111	–	–
Leipzig	123	–	–
Magdeburg	27	3	–

Bezirksverwaltung	Parteidokumente abgegeben	[Parteidokumen-te] vernichtet	aus der SED ausgeschlossen
Neubrandenburg	7	–	–
Potsdam	101	–	4
Rostock	10	–	–
Suhl	28	–	–
Schwerin	8	–	3
Groß-Berlin	8	–	–
Summe	793	3	7

Gleichfalls kommt bei einem Teil der Mitglieder unserer Partei eine feindliche Einstellung gegenüber der Partei zum Ausdruck. So äußerten sich beispielsweise folgende Mitglieder der Partei:

[Name 40, Vorname], Reichsbahnarbeiter, wohnhaft: Erfurt, sagte zu einem Pionierleiter: »Warum trägst Du noch das Blauhemd, in vier Tagen wird es Dir heruntergerissen, es müssen sowieso noch einige übers Messer springen.«

[Name 41, Vorname], wohnhaft: Eisenach-Hötzelsroda, [Straße, Nr.], erklärte: »Nun kommt bald die ersehnte Freiheit, die Herren können nun ihre Rechnung machen, die Arbeiter werden es ihnen schon zeigen.«

[Name 42, Vorname], wohnhaft: Jeßnitz bei Plauen, äußerte: »Wir brauchen keinen Bürgermeister, wir wollen erst den Umsturz abwarten und sehen, was weiter kommt. Ich bin Parteimitglied und habe fünf Jahre lang Politik getrieben, jetzt hat sich das für mich erledigt. Der Marxismus ist Quatsch.«

[Name 43], Anklam, sprach: »Dies ist der erste Schlag gegen die Rote Armee, sie werden noch mehrere Schläge bekommen. Die Erschießung war nicht richtig und wird noch böse Folgen haben.«[18]

[Name 44], Trafo- und Röntgenwerk Dresden, (Kandidat) äußerte sich: »Die Regierung muss weg und zwar unter allen Umständen. Dabei ist mir ganz gleich, ob eine neue SED-Regierung kommt, aber die alte muss weg.«

Parteifeindliche Elemente diskutieren über Gründung der SPD, so z.B. der TAN-Sachbearbeiter vom Leo-Werk Dresden, [Name 45]. Er sagte dazu:

18 Es ist nicht klar, ob hier ein bestimmter Fall oder allgemein die standrechtlichen Erschießungen, die von der sowjetischen Besatzungsmacht vorgenommen wurden, gemeint sind. Zu den 18 standrechtlichen Erschießungen vgl. Kowalczuk, Ilko-Sascha: 17. Juni 1953 – Volksaufstand in der DDR. Ursachen – Abläufe – Folgen. Bremen 2003, S. 104.

»Der Regierung spreche ich das Vertrauen ab, weil sie den Weg des Marxismus verlassen hat. Meine Einstellung zur SED wird sich in Kürze entscheiden, es richtet sich danach, ob die Partei einen neuen Weg einschlägt. Nach Stalins Tod war ich der Meinung, die Partei schlägt einen neuen Kurs ein. Die Führung der SED hat den neuen Kurs nach den Ereignissen in der ČSR und der Angelegenheit der Moskauer Ärzte nicht verstanden. Dahlem[19] musste gehen, weil er die Wahrheit sagte.« Er schlug einem Kollegen des Betriebes vor, mit ihm eine SPD zu gründen.

[Name 46] aus dem Sachsenwerk Niedersedlitz äußerte, dass wir keinen russischen Sozialismus brauchen. Er hat das Gefühl, dass ein großer Teil der älteren Genossen froh wäre, wenn die SPD wieder hier sei.

Besonders negativ wirkt sich auf die Partei aus, wenn Parteifunktionäre gegen die Maßnahmen der Partei eingestellt sind, so z. B. der Sekretär der Betriebsparteiorganisation im Schleifmaschinenwerk II Dresden, welcher sagte: »Die Stimmung ist nicht angetan, Wahlen für die Haus- und Hofgemeinschaften durchzuführen. Wir haben kaum was zu fressen und die Fettsäcke werden noch fetter. Ich für meine Person gehe in kein Haus und meine anderen Genossen gleich gar nicht.«

Der 1. Sekretär der Gebietsleitung der SED der Wismut AG, *Röder*, Günther,[20] hörte in der Nacht vom 16. zum 17.6.1953, gegen 2.00 Uhr, den RIAS. Dazu sagte er Folgendes: »Ich bin gezwungen den RIAS zu hören, die Parteiführung lässt uns voll und ganz im Stich. Ich höre jetzt RIAS, damit ich meine Arbeit danach einstellen kann und damit ich endlich weiß, was los ist.«

Der Bürgermeister von Bansin,[21] Kreis Demmin, *Ladwig* sprach: »Was ist denn überhaupt los, sind wir denn schon im Zuchthaus, was geht mich die Kommandantur an, wenn sie noch lange so machen, dann werde ich mein Parteidokument ihnen vor die Füße schmeißen.«

Diesen negativen Erscheinungen in unserer Partei steht aber auch die Tatsache gegenüber, dass in einzelnen Bezirken Werktätige ihr Vertrauen zur Partei der Arbeiterklasse und zur Regierung der Deutschen Demokratischen Republik demonstrativ zum Ausdruck bringen, indem sie um Aufnahme als Kandidat in die Partei ersuchen. Dazu einige Beispiele:

Kollege [Name 47] aus Burg Stargard/Neubrandenburg sagte: »Ich habe eingesehen, dass sich die Arbeiterpartei und die Regierung nicht scheuen, be-

19 Franz Dahlem, Jg. 1892, 1946 Mitglied des Parteivorstandes und des Zentralsekretariats der SED, 1950–53 Mitglied des Politbüros der SED, Mai 1953 Ausschluss aus dem ZK und Entbindung von allen Funktionen.

20 Günther Röder, Jg. 1923, seit 1951 1. Sekretär der Gebietsparteileitung der Wismut, galt als »Ziehsohn« von Walter Ulbricht, wurde jedoch 1954 wegen »parteischädigenden und parteizersetzenden Verhaltens« mit einer »strengen Rüge« bestraft und aus seiner Funktion entfernt. Vgl. Karlsch, Rainer; Zeman, Zbynek: Urangeheimnisse. Das Erzgebirge im Brennpunkt der Weltpolitik 1933–1960. Berlin 2003, S. 159 f.

21 Ein Ort namens Bansin ließ sich im Kreis Demmin nicht verifizieren. Vermutlich ist Bentzin gemeint.

gangene Fehler offen einzugestehen und nunmehr den richtigen Weg zu beschreiten. Die provokatorischen Ausschreitungen in Berlin verurteile ich. Mein Vertrauen zur Partei der Arbeiterklasse hat sich durch die jüngsten Maßnahmen gefestigt und darum bitte ich um Aufnahme in die Partei der Arbeiterklasse.«

Die Jugendfreundin [Vorname Name 48] vom Ministerium für Leichtindustrie bat um Aufnahme in die SED, weil sie erkannt hat, dass man nicht mit losen Worten für die Politik der Partei eintreten kann, sondern das man geschlossen hinter dem ZK stehen muss.

Der [Vorname Name 49] aus dem Kreis Großenhain begründet seinen Aufnahmeantrag in die Partei damit, dass er dadurch die Schlagkraft der Partei mit erhöhen will.

Weiterhin hat sich aus dem Kreis Großenhain der Leiter der Klement-Gottwald-Schule sowie drei Kollegen vom Volksgut Kalkreuth und drei Genossenschaftsbauern aus Kottewitz/Großenhain um Aufnahme in die Partei beworben.

Die Studenten [Name 50, Vorname] und [Name 51], von der ABF Berlin, haben sich ebenfalls um Aufnahme in die Partei beworben.

Der Unterleutnant [Name 52] und der Gefreite [Name 53] vom Kdo. Unterweid[22] baten um Aufnahme als Kandidaten der SED.

Um die Schlagkraft unserer Partei zu erhöhen, bewarben sich sechs Soldaten der Grenzpolizeibereitschaft Blankenfelde als Kandidaten unserer Partei.

Maßnahmen des Feindes

Die Tätigkeit der feindlichen Agentenzentralen nach der Niederschlagung des faschistischen Putsches äußert sich hauptsächlich in drei Formen, und zwar:

1. gefälschte Schreiben zur Desorganisierung unseres gesamten gesellschaftlichen und wirtschaftlichen Lebens,
2. Verbreitung von Flugblättern,
3. Verbreitung von Gerüchten.

Zu Punkt 1 liegt ein Schreiben vor, welches angeblich vom Volkspolizei-Kreisamt Demmin in Mecklenburg unter dem 27.6.1953 an den Kongress-Verlag GmbH, Berlin W 8, gerichtet ist und in welchem um Übersendung, per Nachnahme, einer ganzen Anzahl von Büchern gebeten wird. Das Schreiben ist gefälscht und dient dem Zweck, Leerlauf und Misstrauen im Verwaltungsapparat hervorzurufen. Es wird durch dieses Beispiel eine Mitteilung bestätigt, welche besagte, dass Fälschungen von Bestellungen und Anweisungen jetzt eine der Hauptformen der feindlichen Agentenzentren im Kampf gegen die Deutsche Demokratische Republik sein sollen.

22 Im Original »Unterweida«. In Unterweid (Rhön) war eine Grenzpolizeikompanie stationiert.

An gefälschten Zeitungen liegt vor: »Der Grenzpolizist«, Organ des Ministeriums für Staatssicherheit, Hauptverwaltung Deutsche Grenzpolizei, 1. Jahrgang, Nr. 4, vom 5. Juli 1953.[23] Die Titelseite trägt das Bild des Ministers für Staatssicherheit, Genossen Wilhelm *Zaisser*. Der Inhalt ist jedoch durchweg feindlich und verleumderisch gegen die Deutsche Demokratische Republik gerichtet.

Zu Punkt 2 liegt vor:

a) Ein Flugblatt mit der Überschrift »Wo sitzen die wahren Volksschädlinge? Entlarvt die Volksbetrüger«. Dieses Flugblatt ist an FDGB-Bezirksleitung Potsdam, HO-Bezirks- und Kreisleitung, HO-Verkaufsstellen gerichtet. Unterzeichnet ist es von der Kampfgruppe gegen Unmenschlichkeit,[24] Untergruppe Brandenburg. Im Inhalt wird zum Ausdruck gebracht, dass die Ausbeutungsmethoden jetzt von der SED als Fehler bezeichnet werden. Neben der Hetze gegen die SED wird der Direktor des Kreisbetriebes Potsdam [Name 54] in der Form angegriffen, dass er krumme Sachen macht, jede Kritik unterdrückt und besonders hart gegen die Personen vorgeht, die von seinen unkorrekten Handlungen Kenntnis haben. Weiter wird ein [Name 55] von der Bezirksleitung der HO in Potsdam gefragt, warum er sich so verstohlen tarnt, wo es doch bekannt ist, dass er nicht [Name 55] sondern [Name 56] heißt. Auch wird behauptet, dass [Name 55] vor Jahren irgendwelche Bevölkerungskreise denunziert haben soll. Im Übrigen wollen die Verfasser des Flugblattes den Lesern glaubhaft machen, dass sie sich für die Interessen der Arbeiter einsetzen.

b) Von der »Beratungsstelle Ost des DGB«, Berlin SW 29, Wilhelmstraße 10, der Zentrale der NGO,[25] wurden 20 000 Flugblätter mit der Überschrift:

23 »Der Grenzpolizist« erschien seit April 1953. Die Grenzpolizei wurde am 16.5.1952 dem MfS zugeordnet. Seit dem 27.6.1953 unterstand sie wieder dem Ministerium des Innern der DDR.

24 Die »Kampfgruppe gegen Unmenschlichkeit« (KgU) war eine antikommunistische Organisation, die von Westberlin aus in die DDR hineinwirkte. Sie wurde 1949 u. a. von Rainer Hildebrandt gegründet, 1951 übernahm Ernst Tillich die Leitung. 1959 wurde die KgU aufgelöst. Wegen ihrer Anbindung an amerikanische Geheimdienststellen und des zeitweisen Einsatzes auch militanter Mittel galt sie dem MfS als besonders gefährlicher Gegner. Vgl. Merz, Uwe: Kalter Krieg als antikommunistischer Widerstand. Die Kampfgruppe gegen Unmenschlichkeit 1948–1959. München 1987; Engelmann, Roger: Die Kampfgruppe gegen Unmenschlichkeit. In: Henke, Klaus-Dietmar; Steinbach, Peter; Tuchel, Johannes (Hg.): Widerstand und Opposition in der DDR. Köln u. a. 1999, S. 183–192; Finn, Gerhard: Nichtstun ist Mord. Die Kampfgruppe gegen Unmenschlichkeit. Bad Münstereifel 2000; Heitzer, Enrico: »Affäre Walter«. Die vergessene Verhaftungswelle. Berlin 2008.

25 Unter der Bezeichnung »Nurgewerkschaftliche Opposition im FDGB« firmierten die propagandistischen Aktivitäten des Ostbüros des DGB in der DDR, die überwiegend von geflohenen ehemaligen Funktionären des FDGB getragen wurden. Die 1951 unter der Ägide des Internationalen Bundes Freier Gewerkschaften gegründete Einrichtung hatte ihren Sitz in Düsseldorf und Westberlin. Leiter des DGB-Ostbüros war Gerhard Haas, Jg. 1920, Rechtsschutzsekretär des Berliner DGB. Vgl. Fricke, Karl Wilhelm; Engelmann, Roger: Konzentrierte Schläge. Staatssicherheitsaktionen und politische Prozesse 1953–1956. Berlin 1998, S. 74–76.

»Arbeiter und Frauen vom Wedding!« gedruckt. Das Flugblatt ist getarnt mit der Unterschrift »Die revolutionären Obleute der Ostberliner, Hennigsdorfer und Strausberger Werktätigen«. Das Flugblatt fordert die Bevölkerung des Wedding auf, alle fortschrittlichen Menschen aus den Westberliner Betrieben zu jagen, die Büros der SED und des FDGB im Wedding zu zerstören sowie den offenen Terror gegen alle fortschrittlichen Menschen zu üben. Dieses Flugblatt wurde am Sonntag, dem 21.6.1953, zu ca. 10000 Stück durch »politische Flüchtlinge« im Bezirk Wedding und ca. 10000 Stück beim Fußballspiel im Olympiastadion verteilt.

Am 29.6.1953 wurden ebenfalls von der Beratungsstelle Ost des DGB Flugblätter mit der Überschrift »Warnung!« herausgegeben. Dieses Flugblatt ist an alle Funktionäre des Staates, der Partei, der Organisationen sowie an alle Mitarbeiter der Volkspolizei, Justiz, Staatssicherheit und alle Betriebsleitungen gerichtet. Auf der ersten Seite wird all denen, die sich aktiv an der Zerschlagung der faschistischen Provokation des 17. Juni beteiligt haben gedroht, dass man sich an ihnen noch rächen werde. Auf der zweiten Seite brüsten sich die Provokateure mit der Ermordung des Betriebsschutzmannes Willi *Hagedorn* aus Rathenow,[26] des Volksstaatsanwaltes Benkendorff[27] aus Brandenburg und anderer. Auf der dritten Seite fordern sie die Werktätigen auf, bei Nichterfüllung ihrer Forderungen in den Betrieben weiterzustreiken. Die letzte Seite des Flugblattes ist eine allgemeine Aufforderung zum Langsamarbeiten. Gleichzeitig sollen die kräftigsten und geschicktesten Provokateure die fortschrittlichsten und arbeitswilligen Menschen drangsalieren. Auch dieses Flugblatt ist getarnt durch die Unterschrift: »Die vereinigte Streikleitung der Hennigsdorfer und Hohen-Schöbinger[28] Betriebe«. Der Verfasser dieser Flugblätter ist der Leiter der NGO Gerhard *Haas*. Am 29.6.1953 wurden von dieser Agentenzentrale mehrere Tausend Flugblätter in die Deutsche Demokratische Republik eingeschleust.

26 Wilhelm Hagedorn, Jg. 1894, Werkschutzleiter der HO in Rathenow, soll 1951 in einer Gastwirtschaft geprahlt haben, er habe an die 300 »Faschisten« und »Agenten« entlarvt und so für ihre Festnahme gesorgt. Wenig später machte der RIAS im Rahmen seiner Spitzelwarnmeldungen seinen Namen bekannt. Am 17. Juni 1953 wurde er in Rathenow von Demonstranten in ihre Gewalt gebracht, schwer misshandelt und in den Havelkanal geworfen. Er wurde von der Volkspolizei geborgen und ins Krankenhaus transportiert, wo er kurz darauf starb. Vgl. Kowalczuk, Ilko-Sascha: 17. Juni 1953 – Volksaufstand in der DDR. Ursachen – Abläufe – Folgen. Bremen 2003, S. 186–190, sowie Ahrberg, Edda; Hertle, Hans-Hermann; Hollitzer, Tobias (Hg.): Die Toten des Volksaufstandes vom 17. Juni 1953. Münster 2004, S. 189–191.

27 Harry Benkendorff, Richter am Kreisgericht Potsdam-Land, wurde nicht getötet. Er geriet am 17. Juni 1953 in Brandenburg beim Sturm auf das Gerichtsgebäude und das Gefängnis in die Gewalt der Aufständischen, die ihn zunächst an der Spitze des Demonstrationszuges durch die Stadt trieben und später schlugen. Benkendorff kam verletzt ins Krankenhaus und überlebte. Vgl. http://www.17juni53.de/karte/potsdam/benkendorff.htm.

28 Gemeint ist wohl Hohenschöpping (Ortsteil von Velten), liegt nördlich von Hennigsdorf.

c) Weiter liegt ein Drohbrief vor, der an Dienststellen in der Deutschen Demokratischen Republik verschickt wurde und als Unterschrift einen blauen Stempel »Widerstandsbewegung Sachsen« trägt.

Zu Punkt 3 wurde Folgendes in Erfahrung gebracht:

a) Im EKS Frankfurt wird das Gerücht verbreitet, dass aufgrund der Überführung der Schwerindustrie zur Leichtindustrie 5000 Arbeiter zuviel sind und man diese auf die Straße setzen wird.

b) In *Ritze* bei Salzwedel kursiert das Gerücht, dass eine neue Regierung aus Funktionären der CDU und LDP gebildet wird. Dieses Gerücht wird meistens von Großbauern verbreitet.

c) Im Kreisgebiet *Seehausen*, Bezirk Magdeburg, hat ein Gerücht, dass es blutige Tage geben wird und der Amerikaner das Gebiet besetzen soll, breite Schichten der Bevölkerung erfasst.

d) Im Kreis Osterburg ist ein Gerücht im Umlauf, dass der Amerikaner das Gebiet besetzen wird und auf dem Bahnhof Osterburg schon seit längerer Zeit Eisenbahnwaggons stehen, welche dem Zweck dienen sollen, alle Funktionäre abzutransportieren, wenn die Amerikaner kommen.

Vor einigen Tagen wurde vom DGB-Bau[29] in Spandau eine Versammlung einberufen. Zutritt hatten nur Mitglieder. Eine strenge Kontrolle fand am Eingang statt. Der Vorsitzende *Klotz*[30] sprach über den Terror im Ostsektor und in der Ostzone, worauf eine Minute stilles Gedenken für die Opfer eingelegt wurde. In der allgemeinen Berichterstattung erklärt er, dass die gesamte Streikleitung von den Bauarbeitern aus dem Osten sich in Westberlin befindet. Ebenso 700 Kollegen des DGB aus dem Ostsektor.

Diese können erst dann in ihre Wohnung zurückkehren, wenn sie die Gewissheit haben, dass sie nicht mehr verfolgt werden. Es ist daher notwendig, dass jeder Kollege wöchentlich wenigstens einen Stundenlohn für die Kollegen aus dem Ostsektor spendet. (Ein leises Murren ging durch die Reihen, aber keiner sprach dagegen.) Auf allen Baustellen in Westberlin wurden Listen für die Geldsammlung herumgereicht. Die Beteiligung aber war sehr schwach. Bei einer Belegschaftsstärke von 110 Personen wurden 33 West-Mark gesammelt. Auf verschiedenen Baustellen lehnten die Maurer bzw. Bauarbeiter eine Unterstützung ab. Ein Maurer sah die Liste und sagte: »Da gehen die Boogie-Woogie-Jungens rüber, machen Radau und schlagen alles kaputt und wir sollen nun noch spenden. Das kann mir doch keiner erzählen, die Sache war doch angestiftet.«

Es konnte festgestellt werden, dass an den Sektorenübergängen, vorwiegend jedoch Scharnhorst/Boyenstraße, Angestellte des Amtes für Verfas-

29 Gemeint ist wohl der Westberliner Landesverband der Industriegewerkschaft Bau-Steine-Erden eine DGB-Gewerkschaft.

30 Ein Berliner Funktionär der IG Bau-Steine-Erden namens Klotz oder ähnlich ließ sich nicht ermitteln. Eventuell ist Jakob Knöß, Jg. 1881, seit 1949 Bundesvorsitzender der Gewerkschaft, gemeint.

sungsschutz und Angehörige der westlichen Kriminalpolizei die Sektorengrenze bzw. Kontrollstellen ständig mit Ferngläsern überwachen und Personen beobachten, die diese in beiden Richtungen passieren.

In westlichen Zeitungen erschien am Sonntag, dem 28.6.1953, folgende Notiz: »Sicherung von Flüchtlingseigentum – Vertrauenspersonen sollen bevollmächtigt werden.«

Berlin (dpa): »Auf dem Umweg über eine Verordnung des Ostberliner Magistrats ist jetzt, wie der Untersuchungsausschuss freiheitlicher Juristen[31] mitteilt, klar gesagt worden, dass die ›Raubverordnung‹ der Sowjetzone zur Sicherung von Vermögenswerten vom 17. Juli 1952 als fehlerhaft tatsächlich aufgehoben ist. Damit sind auch die zahlreichen Geheimbestimmungen unwirksam geworden, durch die das gesamte Flüchtlingsvermögen unmittelbar in Volkseigentum überging und den geflüchteten Eigentümern jede Verfügungsberechtigung entzogen wurde. Der Untersuchungsausschuss empfiehlt daher allen Flüchtlingen sowie allen Bewohnern der Bundesrepublik und Westberlins, die Eigentum in der Sowjetzone haben, sofort Vertrauenspersonen – in der Zone befindliche Verwandte oder Bekannte – zu bevollmächtigen, die sich um die Vermögenswerte kümmern können. Dies gilt vor allem für landwirtschaftliche und gewerbliche Betriebe, aber auch für Möbel und sonstige Einrichtungsgegenstände. Die Vollmacht ist bei den Räten der Kreise, Abteilung staatliches Eigentum, vorzulegen. Zugleich kann die Abberufung von zwangsweise eingesetzten Treuhändern und die Übergabe verlangt werden.«[32]

Auf der Grundlage dieser Zeitungsnotiz sind bereits eine Anzahl von früheren Besitzern von Bauernhöfen usw. dazu übergegangen, mittels notariell oder gerichtlich beglaubigter Vollmachten, Personen zu benennen, die an ihrer Stelle ihr früheres Besitztum anfordern und darüber Verfügungsgewalt beanspruchen. Es erscheint notwendig, den zuständigen Behörden baldigst Verhaltungsanweisungen für solche Fälle zu erteilen.

Dabei erhebt sich die Frage: Können auch Nicht-Angehörige als Bevollmächtigte eingesetzt werden? Was soll mit dem Vermögen derjenigen geschehen, die nach dem Erlass der Regierungsverordnung flüchteten und nun Bevollmächtigte beauftragen?

31 Der UFJ wurde im Oktober 1946 in Westberlin gegründet und war wesentlich von aus der SBZ/DDR geflohenen Juristen geprägt. Er widmete sich vor allem der Erfassung von Unrechtshandlungen und verarbeitete seine Erkenntnisse in umfangreichen Dokumentationen und in Propagandamaterialien, die teilweise wieder in den Osten eingeschleust wurden. In den frühen Fünfzigerjahren wurde die Organisation überwiegend vom CIA finanziert, ihre Aktivitäten sind im Kontext US-amerikanischer »Liberation Policy« zu sehen. Die Staatssicherheit bekämpfte den UFJ mit großem Aufwand und großer Härte, u. a. auch mit Entführungen. Vgl. Hagemann, Frank: Der Untersuchungsausschuß Freiheitlicher Juristen 1949–1969. Frankfurt/M. u. a. 1994.

32 Die Notiz erschien in fast identischem Wortlaut, allerdings unter einer anderen Überschrift. Vgl. »›Raubverordnung‹ aufgehoben? Hoffnung für Eigentümer von Werten in der Sowjetzone«. In: Telegraf v. 28.6.1953, S. 15.

Anlage vom 1. Juli 1953 zur Information Nr. 1002 (4. Expl.)

Information Nr. 1002a: Die Versorgungslage in der Deutschen Demokratischen Republik

Schwierigkeiten in der Rohstoffzuweisung für die Lebensmittelindustrie zur Erfüllung der Produktionsauflage gibt es in allen Bezirken.

Im Bezirk *Leipzig* fehlt es an Frischfleisch zur Herstellung von Wurstwaren. Es wird Gefrierfleisch verwendet, das nicht für die Herstellung von Rohwurst geeignet ist.

Im Bezirk *Frankfurt/Oder* fehlen 20 t Lebendvieh zur Herstellung der HO-Fleischproduktion.

In den Bezirken *Halle* und *Karl-Marx-Stadt* fehlen Därme und Gewürze für die Herstellung von Dauerwurst. Die Rohstoffzuweisung für die Fleischverarbeitende Industrie des Konsums erfolgt im Bezirk *Karl-Marx-Stadt* zu spät, sodass Stockungen in der Produktion eintreten.

Die gleiche mangelnde Rohstoffzuweisung ist auch im Bezirk *Neubrandenburg* zu verzeichnen.

Die Rohstoffzuweisungen für die Margarineproduktion sind ungenügend, weil die Freigabe an Rohstoffen durch das Ministerium für Lebensmittelindustrie unregelmäßig erfolgt und dadurch Stockungen in der Produktion entstehen. Betroffen werden davon im Besonderen die Betriebe VEB Hartfettwerk *Berlin*-Lichtenberg und Margarinewerk Dommitzsch im Bezirk *Leipzig*.

Schwierigkeiten in der Rohstoffzuweisung für die Süßwarenindustrie sind vorhanden in den Bezirken *Schwerin*, *Leipzig*, *Großberlin*, *Halle* und *Potsdam*. Es fehlt an Zucker im Bezirk *Halle*, Stärkesirup im Bezirk *Schwerin*, Hartfett im Bezirk *Leipzig* und im Bezirk *Berlin* besonders an den Zusätzen (Kakao, Mandeln, Nüsse usw.).

Im Bezirk *Halle* mangelt es bei verschiedenen Mühlen an Brotgetreide, weil die Lieferverträge nicht rechtzeitig abgeschlossen wurden.

In der Nährmittelindustrie fehlt es in den Bezirken *Leipzig* und *Berlin* vor allen Dingen an Kartoffelstärke.

Im Bezirk *Potsdam* musste das VEB Kraftfutterwerk Falkensee die Produktion einstellen, weil die notwendigen Importe an Fischmehl ausgefallen sind.

Die kartenmäßige Versorgung[33] an Lebensmitteln ist in allen Bezirken gesichert.

Bei der Belieferung der Bevölkerung durch die HO[34] treten in allen Bezir-

33 Gemeint ist die Versorgung mit Gütern, die über Lebensmittelkarten bezogen werden konnten. Lebensmittelkarten bestanden in der DDR bis zum Mai 1958.

34 In den Läden der staatlichen Handelsorganisation (HO) konnten Waren frei (ohne Lebensmittelkarten), allerdings nur zu relativ hohen Preisen eingekauft werden. Vgl. Schevardo,

ken Schwierigkeiten auf, es handelt sich hierbei um Butter, Öl, Margarine, Zucker, Marmelade und Kunsthonig. Darüber hinaus mangelt es in dem Bezirk *Karl-Marx-Stadt* an Hülsenfrüchten, hochwertigen Teigwaren, Fischkonserven, Bohnenkaffee und kondensierter Voll- und Magermilch, in dem Bezirk *Halle* an Frischfleisch, Fisch, Nährmittel, Hülsenfrüchten und Obst, in dem Bezirk *Rostock* an Rindfleisch, in dem Bezirk *Leipzig* an Nährmitteln, Hülsenfrüchten, Reis, Schlachtfetten, Bohnenkaffee und Frischfleisch, in dem Bezirk *Erfurt* an Eiern, Fisch und Fischwaren, in dem Bezirk *Berlin* an Hülsenfrüchten, Obst, Kartoffelstärke, schokoladenhaltigen Süßwaren, Fischkonserven, Sahne, Fruchtsirup und Importgewürzen, in dem Bezirk *Frankfurt/Oder* an Hülsenfrüchten, Nährmitteln, Kartoffeln, Quark, Fruchtsaft und Bohnenkaffee, in dem Bezirk *Dresden* an Speisekartoffeln, in dem Bezirk *Neubrandenburg* an Grütze, Graupen und Haferflocken, in dem Bezirk *Potsdam* an Eiern und Eipulver und alkoholfreien Getränken für die Arbeiter im Stahlwerk. Außerdem mangelt es an Obst, Nudeln, Fischkonserven, Kartoffeln und Zigaretten niedriger Preislagen, in dem Bezirk *Schwerin* an Nährmitteln.

Die Belieferung mit Lebensmitteln, Industrie- und Textilwaren in den Geschäften der Wismut ist gut. 20 t Butter wurden von der Wismut an den zivilen Sektor abgegeben, weil genügend vorhanden war.

In folgenden Bezirken ist die Belieferung an Industriewaren mangelhaft:

Im Bezirk *Karl-Marx-Stadt* mangelt es an saisonbedingter Ober- und Unterkleidung für Männer, Frauen und Kinder, außerdem an Bettwäsche, Inletts, Haushaltswäsche, Babywäsche, Konfektionskleidung, Anzugsstoffen, Wolle, Arbeitskleidung für alle Berufsgruppen, Dekorationsstoffen, Schuhwaren (insbesondere Kinderschuhe), Emaillewaren, Fahrrädern, Küchenherden, Rasierklingen und Rundfunkröhren.

Im Bezirk *Schwerin* mangelt es an Sommerschuhen, Kinderschuhen, Haushaltswäsche, kunstseidene Wäschegarnituren, Sommerkleidern und Fahrrädern.

Im Bezirk *Halle* mangelt es an Sommerstoffen, Kinderstrümpfen, kunstseidener Unterwäsche, Haushaltswäsche, Badeanzügen, Sommerschuhen, Lederschuhen, Fahrrädern und Ersatzteilen und Haushaltsgeräten.

Im Bezirk *Magdeburg* mangelt es an Textilien, Lederschuhen (insbesondere Kindergrößen) und Konfektionswaren.

Im Bezirk *Frankfurt/Oder* mangelt es an Sommerstoffen, Schuhen (besonders Kinder- und Schweinslederschuhe), Bettwäsche, Haushaltsgegenständen, Essbestecks, Rasierklingen.

Im Bezirk *Potsdam* mangelt es an guter Arbeitskleidung, Babywäsche, Unterwäsche, Bettwäsche, Sommerbekleidung, Emaillegeschirr und landwirtschaftlichen Geräten.

Jennifer: Vom Wert des Notwendigen. Preispolitik und Lebensstandard in der DDR der fünfziger Jahre. München 2006, S. 93–120.

Im Bezirk *Leipzig* mangelt es an Bettwäsche, Damen-Unterwäsche, bunten Sommerstoffen, Futterstoffen, Sommermänteln für Damen und Herren, Arbeitsbekleidung, Emaillewaren, Rasierklingen, Fahrradbereifungen (Wulst), Fahrrädern und Fahrradersatzteilen.

Im Bezirk *Erfurt* mangelt es an Inletts, Bettwäsche, Windeln, Damengarnituren, billigen Sommerstoffen, Popelinemänteln, Damenkostümen aus wollhaltigen Stoffen, Schlämmkreide, Dachpappe, Polstermöbeln, Motor- und Fahrrädern und sämtlichen Elektroartikeln.

Im Bezirk *Berlin* mangelt es an modischen Schuhen (Import- und Kinderschuhe, Kunstledersandaletten), Kammgarngewebe aus Wolle, Bett- und Hauswäsche, Inletts, bunten Kleiderstoffen, Damenunterwäsche, billigen Möbeln, Tapeten, billigem Porzellan, Kindersportwagen, Fahrrädern und Fahrradersatzteilen, Radios (Kleinempfänger), Radioröhren und billigen Fotoapparaten.

Im Bezirk *Cottbus* mangelt es an Futterstoffen, Emaillegeschirr.

Die kartenmäßige Belieferung der Bevölkerung mit Kohle ist nicht gewährleistet in den Bezirken *Berlin*, *Karl-Marx-Stadt*, *Erfurt*, *Gera* und *Dresden*.

Die Ursache für den Mangel an Lebensmitteln und Industriewaren ist darin zu suchen, dass die Warenbereitstellung nicht mit dem tatsächlichen Bedarf der Bevölkerung übereinstimmt (Nichterfüllung der Produktionsauflagen, zum Teil ungenügende Erfassung, Nichterfüllung der Importverträge).

In folgenden Bezirken ist ein Warenstau vorhanden:

Bezirk Groß-Berlin: FDJ-Bekleidung, Arbeitsschuhe, Kinderstrümpfe, Perlonstrümpfe, Zellwolle (Meterware), Kalbfleisch, Krabbenfleisch, Schweineköpfe, Süßstoff und Tee. Bei der DHZ Lebensmittel in der Schnellerstraße lagern 607 t Fleischkonserven, die verderbgefährdet sind. Das eintreffende Frischfleisch aus Importen der Volksdemokratien kommt in einem derartig schlechten Zustand am Bestimmungsort an, dass es teilweise nur als Freibankfleisch verwendet werden kann und zum Teil verworfen wird.

In den letzten Tagen verdarben größere Mengen an Gemüse. Dies ist darauf zurückzuführen, dass einerseits nicht genügend Transportraum zur Anlieferung in die Handelsorgane zur Verfügung steht, andererseits wird von dem Außenhandel laufend Importgemüse eingeschleust, obwohl überreichlich Gemüse aus dem eigenen Aufkommen vorhanden ist.

Bezirk *Gera*: Perlonstrümpfe, sowjetische Krebse, kochfertige Gerichte wie Bohnen, Linsen usw. (nicht absetzbar).

Bezirk *Frankfurt/Oder*: Arbeitsschuhe, Schweinehaschee, Putenfleisch mit Reis in Dosen, Luxuspralinen in Packungen, Vitaladekonfekt, 59 Kanister Gefrierei, Zucker, Holländisches Gemüse (konserviert), Zigaretten und Zigarren.

Bezirk *Cottbus*: 2500 Arbeitshemden auf Bezugsschein.

Bezirk *Dresden*: Gemüse. Die Absatzmöglichkeit des Gemüses ist durch starre Preisgestaltung des Finanzministeriums gefährdet. Infolge des hohen

Anfalls an Gemüse durch Importe und hohen Eigenaufkommens wurden acht Waggons Gemüse nach Bezirk Karl-Marx-Stadt geschickt. Dort wurde die Annahme verweigert und die Waggons nach Dresden zurückgeschickt.

Von 160 t bei der DHZ-Importleitstelle Bad Schandau angekommenen Erdbeeren, die die HO Wismut erhalten sollte, konnten nur 20 t ausgeliefert werden. 140 t, die in verdorbenem Zustand waren, wurden der Konservenproduktion zur Verarbeitung zugeführt.

Bezirk *Potsdam*: 19 t nicht absetzbares Krebsfleisch, 30 t Fischkonserven kommen nicht zur Verteilung, da die Preise nicht festliegen. Im Kreis Oranienburg kamen Fisch und Fischwaren in dünnen Holzfässern an, aus denen die Lake auslief, sodass ein Teil der Fische verdarb. Im gleichen Kreis lagern große Mengen an ungesiebter Rohbraunkohle, die nicht abgesetzt werden kann, da sie 40–60 % Staub enthält. Der Zustand der Briketts ist sehr schlecht, sie zerfallen beim Abladen in kleine Stücke. (Diese Feststellung trifft für den ganzen Bezirk sowie für den Bezirk Gera zu).

Bei der DHZ Lebensmittel Rathenow lagert 1 t Käse, der ungenießbar ist. In der Molkerei Rathenow wird die anfallende Buttermilch nicht abgesetzt. Die Molkerei schlägt vor, den Preis von 0,50 auf 0,30 DM pro Liter herabzusetzen.

Bezirk *Suhl*: Krebsfleisch in Dosen ist für die Zeit von 20 Jahren vorhanden, ähnlich verhält es sich bei Tee, der schätzungsweise für zwölf Jahre ausreicht. Weiter gibt es einen Überhang an Arbeitsschuhen, besonders in den Größen von 40 bis 42 und über 44. Weiterer Warenstau an Schreibmaschinen, Lampen, Glühlampen, Filmen und kosmetischen Artikeln ist vorhanden.

Bezirk *Halle*: Waschpulver in den Warenhäusern in Halle, Herrenkonfektion und Winterkonfektion (besonders in Dessau), Arbeitsbekleidung bei der Konsumgenossenschaft in Gräfenhainichen, 500 kg Krabbenfleisch DHZ Köthen. In Merseburg verdirbt der Importblumenkohl infolge zu langer Transportzeit bei der HO.

Die VEB Fleischwarenfabrik Halberstadt lieferte größere Mengen Herzragout-Konserven an die HO Hettstedt in verdorbenem Zustand. Ebenfalls wurde Rotwurst geliefert, die nicht durchgekocht war.[35]

Bezirk *Karl-Marx-Stadt*: Kreis Werdau Schreibmaschinen, Glühbirnen, Steingutartikel, Arbeitsschuhe. Kreis Rochlitz: Infolge unsachgemäßer Lagerung 170 Ztr. Speisekartoffeln verdorben. Winterbekleidung und Gemüse, im ganzen Bezirk Warenstau.

Bezirk *Rostock*: Gemüse (Blumenkohl und Möhren).

Im DDR-Maßstab ist ein Warenstau an Seife vorhanden (50 000 t). Falls nicht die unmittelbare Herabsetzung der Preise erfolgt, ist infolge der Überlagerung mit einem Totalverlust zu rechnen.

35 Halberstadt lag im Bezirk Magdeburg, Hettstedt im Bezirk Halle.

Bei der Übergabe der staatlichen oder genossenschaftlichen Geschäfte an den privaten Groß- oder Einzelhandel gibt es bis auf wenige Ausnahmen keine Schwierigkeiten.

Im Bezirk *Karl-Marx-Stadt*, Kreis Aue, beabsichtigt der Kreisrat dem Einzelhändler [Name 1] sein altes Geschäft nicht zurückzugeben, er weigert sich jedoch, ein Austauschgeschäft zu übernehmen.

Im Bezirk *Groß-Berlin* gibt es Schwierigkeiten, dass die privaten Einzelhändler das bisherige Verkaufspersonal nicht mit übernehmen und durch die HO eine gesetzliche Kündigung des Verkaufspersonals nicht durchgeführt werden kann, da die Rückgabe der Geschäfte sofort geschieht.

Die Bevölkerung nimmt zu den Beschlüssen der Partei und der Regierung[36] wie folgt in den Bezirken Stellung:

Bezirk *Schwerin*: Die Bevölkerung ist aufgeschlossen gegenüber den Beschlüssen und Verordnungen der Partei und der Regierung. Missstimmung herrscht wegen der Preisfrage bei Bienenhonig, da er noch nicht wieder von 6,00 DM auf 4,50 DM pro halbes Kilo gesenkt wurde. Weiter wird beanstandet, dass die Preise für Kinderschuhe zu hoch sind. In allen HO-Verkaufsstellen wird von den Kunden immer wieder die Forderung gestellt: Wann kommt die HO-Preissenkung. Die parteilose Mitarbeiterin[37] des Kraftwerkes *Dresden* sagt: »Man kann noch nicht alles glauben, man muss abwarten, was von den Beschlüssen verwirklicht wird. Es ist schon so viel gesagt und geschrieben worden, aber es waren bisher nur leere Versprechungen.« Der parteilose Arbeiter [Name 2] im VEB Zeiss-Ikon sagt: »Es sind große Fehler gemacht worden und so leicht vergisst das der Arbeiter nicht. Die Regierung wird es schwer haben, das Vertrauen wieder zu erringen. Ich bin der Meinung, dass die Verantwortlichen bekannt gegeben werden sollen. Die neuen Beschlüsse des ZK erscheinen mir etwas illusorisch. Man spricht von der weiteren Verbesserung des Lebensstandards, jedoch ist es keine weitere Verbesserung, sondern eine Wiederherstellung dessen, was vorher war.« Der parteilose Arbeiter [Name 3] sagte: »Bereits vorige Woche wurde Butter an die Intelligenz verkauft. Gestern erhielten zehn Intelligenzler erneut je zwei Stück Butter. Unsere Arbeiter sind verärgert und fordern ebenfalls Butter oder wenigstens Margarine, denn sie haben seit Tagen nichts mehr zu schmieren.«

Bezirk *Karl-Marx-Stadt*: Große Teile der Bevölkerung begrüßen die Partei- und Regierungsbeschlüsse, bringen aber gleichzeitig zum Ausdruck, dass

36 Es geht hier vor allem um die Ministerratsbeschlüsse vom 25.6.1953, die auf entsprechende Beschlüsse des 14. ZK-Plenums am 21.6.1953 zurückgehen. Es handelte sich um Beschlüsse und Verordnungen über die Lohnberechnung nach Aufhebung der Erhöhung der Arbeitsnormen, die Verbesserung der Versorgung der Bevölkerung mit Nahrungsgütern und Industriewaren sowie der »Werktätigen« mit Arbeitsschutzkleidung und -mitteln, außerdem über »Erleichterungen in der Pflichtablieferung und zur weiteren Entwicklung der bäuerlichen Wirtschaften« und über die Erhöhung der Renten und Sozialfürsorgeunterstützung. In: ND, Berliner Ausgabe, v. 26.6.1953, S. 1.

37 Name fehlt im Original.

ihnen mit Versprechungen nicht geholfen sei und die Taten hierzu folgen müssen. Im Vogtland wurden Stimmungen laut, dass man eine erneute HO-Preissenkung erwartet.

Bezirk *Rostock*: Die Beschlüsse der Regierung und des ZK wurden von allen Bevölkerungsschichten, besonders vom Mittelstand, begrüßt.

Bezirk *Magdeburg*: Die Bevölkerung diskutiert darüber, dass die Preise in der HO viel zu hoch sind, vor allen Dingen bei Lederschuhen, Gardinen usw. Auch über das Fehlen der vorstehend angeführten Waren wird sehr negativ diskutiert.

Bezirk *Leipzig*: Die Bevölkerung der meisten Kreise des Bezirkes Leipzig verhält sich zu den Beschlüssen der Regierung abwartend. Die Bevölkerung will erst Tatsachen sehen, d.h., sie will die Waren im Geschäft kaufen können. Allgemein wird über die zu hohen Preise in der HO diskutiert.

Bezirk *Erfurt*: Die Bevölkerung klagt über die schlechte Qualität von Wurstwaren und Brot in den Konsumgeschäften. In Mühlhausen wird die Meinung vertreten, dass beim Konsum Leute mit wenig Verantwortungsbewusstsein sitzen. Man diskutiert: »Wird jemand aus dem Betrieb wegen Unzuverlässigkeit entlassen, so taucht er im Konsum unter.« Ebenfalls wird die Meinung vertreten, die HO-Preise zu senken und die Grundkarten aufzubessern.

Bezirk *Groß-Berlin*: Der Kollege [Name 4] sagte: »Das ZK und die Regierung mussten ja diesen Beschluss herbeiführen, weil sie ja das Volk schon nicht mehr halten konnten. Erst muss die Regierung beweisen, dass sie ihre Fehler gutmacht, dann habe ich wieder Vertrauen zu ihr.« Andere Diskussionen gehen dahin, dass die Preise gesenkt werden müssen. Die Politik der Regierung führte bisher dazu, dass sich nur die großen Verdiener etwas leisten konnten, die breite Masse aber nicht in der Lage war, sich das Notwendigste zu kaufen.

Bezirk *Suhl*: Ein Teil der Bevölkerung in den Grenzgebieten steht den Verordnungen der Regierung abwartend gegenüber. Sie warten darauf, dass die Beschlüsse in die Tat umgesetzt werden. Es gibt Stimmen in der Bevölkerung, dass die Preise für Lederschuhe zu hoch sind.

Bezirk *Potsdam*: Frau [Name 5], Hausfrau in Königs Wusterhausen äußert Folgendes: »Die Regierung hat eine Reihe guter Verordnungen erlassen, es verfällt aber alles wieder in den alten Trott, weil die unteren Stellen nicht entsprechend den Verordnungen arbeiten. Ich war jetzt in Sachsen und habe dort festgestellt, dass die Versorgungslage dort besser ist. Das liegt meiner Ansicht nach daran, dass dort mehr Fachleute im Staatsapparat sind.«

Bezirk *Halle*: In mehreren Kreisen des Bezirkes herrscht eine schlechte Stimmung über die ungenügende Belieferung mit Heizmaterial.

Bezirk *Neubrandenburg*: Die Bevölkerung nimmt im Allgemeinen zu den Beschlüssen und Verordnungen eine abwartende Stellung ein. Sie ist misstrauisch gegenüber den neuen Maßnahmen. Es wird der hohe Preis für Bienenhonig bemängelt. Weiter gibt es Klagen über zu hohe Preise bei Frischfischen und Edelfischen. Die Arbeiter in den Betrieben fordern, dass die Arbeitskleidung billiger und besser wird. Weiter forderten die Arbeiter, dass die Milchpreise herabgesetzt werden und dass bei Krankheiten Vollmilch verschrieben werden kann.

Bezirk *Frankfurt/Oder*: Die Bevölkerung verhält sich zu den Beschlüssen abwartend. Allgemein wird diskutiert, dass die Textilien in der HO noch zu teuer sind, ferner, dass es in der HO keinen Zucker, keine Margarine und Fettwaren gibt. Frau [Name 6], Frankfurt/Oder, sagte: »Wenn kleine Leute Fehler machen, werden sie bestraft, und die großen, die in den obersten Stellen der Regierung sitzen, bekennen ihre Fehler und damit ist alles erledigt.«

Bezirk *Cottbus*: Die Äußerungen der Bevölkerung gingen dahin, dass es besser wäre, für den Wert von 15 Mio. Rubel statt Obst und Gemüse die Einfuhr von Fettigkeiten zu finanzieren.

In nachfolgenden Bezirken gibt es Anzeichen von Unfähigkeit verantwortlicher Personen:

Bezirk *Frankfurt/Oder*: In der Konsumgenossenschaft in Beeskow und Seelow lagern seit ca. sechs Wochen erhebliche Mengen Wirtschaftswaren, die nicht verkauft werden können, da die DHZ die Rechnungen noch nicht zugestellt hat.

Bezirk *Leipzig*: Der Bevölkerung ist es unverständlich, dass am 27.6. noch Blumenkohl aus Importen eintraf, obwohl bereits zu dieser Zeit eine Gemüseschwemme bestand. Der Rat des Bezirkes forderte am 29.6. von den Kreisräten die Einreichung der Nahrungsmittelbedarfsanforderung innerhalb von drei Tagen. Zu der Aufstellung dieses Planes werden von guten Arbeitern normalerweise 10 bis 14 Tage benötigt. Infolge der Kürze dieser Zeit ist es unmöglich, einen bedarfsgerechten Plan aufzustellen.

Bezirk *Potsdam*: Beim Rat des Bezirkes musste der Referent in der Abteilung Handel und Versorgung in Haft genommen werden, weil er durch seinen Schlendrian 60 000 Gläser Konserven dem Verderb aussetzte.

Die privaten Groß- und Einzelhändler begrüßen die Verordnung zur Rückgabe ihrer Geschäfte. Im Einzelnen treten folgende Stimmungen und Forderungen in den Bezirken auf:

Bezirk *Potsdam*: Im Kreis Pritzwalk sagt der Besitzer eines Textilgeschäftes [Name 7] Folgendes: »Jetzt habe ich wieder Lust zur Arbeit und es ist mir wirklich ein Stein vom Herzen gefallen«. Im Kreis Rathenow verlangt die NDPD eine höhere Zuweisung für die Einzelhändler als im staatlichen Handel.

Bezirk *Gera*: Die Bäckereibetriebe (privat) fordern höhere Kontingente als der Plan vorsieht.

Bezirk *Schwerin*: Hier fordern zwei Tabakgroßhändler, dass das Kontingent des staatlichen Handels unbedingt reduziert werden müsse.

Bezirk *Leipzig*: Die privaten Großhändler fordern, dass ihnen in der Großmarkthalle ihre alten Stände wieder übergeben werden.

Bezirk *Halle*: Die privaten Groß- und Einzelhändler begrüßen die Beschlüsse unserer Regierung. Im Kreis Merseburg haben die privaten Einzelhändler noch großes Misstrauen und Zweifel, dass die Verordnungen von Dauer sind. Der Großhändler [Name 8] in Zeitz[38] stellt die Forderung, dass sein Kontingent um 75 % erhöht wird. Verschiedene Großhändler in dem Kreis Aschersleben fordern, dass ihnen die gleichen Rechte wie der HO und DHZ in der Warenbelieferung zustehen müssten.

In folgenden Bezirken gibt es bewusste Handlungen und Unterlassungen und falsche Anwendungen der Beschlüsse unserer Regierung:

Bezirk *Karl-Marx-Stadt*: Im Kreis Hainichen unterließ es der Bürgermeister Urban, die Beschlüsse betreffs Senkung der Preise für Marmelade und Kunsthonig zu realisieren. Aus diesem Grunde wurde der Bürgermeister seiner Funktion enthoben.

Bezirk *Suhl*: Das Ministerium für Handel und Versorgung verlangte bei der Freistellung von Fischkonserven vom Bezirksrat Suhl, dass der gesamte Bestand an Fischkonserven an den Bezirk Erfurt abgegeben werden sollte. Der Bezirk Suhl sollte seine Fischkonserven im Bezirk Dresden, in Heidenau, abholen. Durch diese bürokratische Handlungsweise entstand Empörung bei den Mitarbeitern des Bezirksrates Suhl. Die Anweisung wurde wieder aufgehoben, sodass es zu dieser Desorganisation nicht kam.

Bezirk *Erfurt*: Es sind Kohlen und Kohlenscheine vorhanden, eine Auslieferung der Kohlenscheine und eine Freigabe der Kohlen erfolgt jedoch von dem Kreisrat von Nordhausen nicht.

38 Im Original »Zeiß«.

2. Juli 1953

Information Nr. 1003

Quelle: BStU, MfS, AS 9/57, Bd. 3b, Bl. 187–200 (2. Expl.) sowie Bl. 337–345 (Anlage).
Serie: Informationsdienst (Konstituierungsphase).
Verteiler: Im VS-Ausgangsbuch von Mielke befinden sich am 2. u. 3.7.1953 pauschale Einträge (BStU, MfS, SdM 526, Bl. 11), die darauf hinweisen, dass Grotewohl und Ulbricht u. a. diesen Bericht erhalten haben könnten. – MfS: keine Angaben.
Vermerke: Mehrere vertikale Randmarkierungen (hier nicht im Einzelnen dokumentiert) – Randbemerkung und Fragezeichen (siehe Fußnoten) – Russische Randnotizen und Anstreichungen in der Anlage (siehe Fußnoten).
Bemerkungen: Maschinenschriftliches Deckblatt mit Inhaltsangabe (Gliederung a–f) und Hinweis auf die Anlage.
Anlage: Lage in der CDU (Information 1003a, im Original als »Information Nr. 3a« bezeichnet).

[Faksimile der 1. Seite der Anlage]

Stimmung der Bevölkerung

Aus Diskussionen in Betrieben und durchgeführten Versammlungen geht hervor, dass noch ein beträchtlicher Teil der Bevölkerung eine abwartende Haltung gegenüber den Beschlüssen des ZK und der Regierung[1] einnimmt. Zum Ausdruck kommt es darin, dass man an der Durchführung der Maßnahmen zweifelt, sich bei Diskussionen und offenen Aussprachen zurückhält. Damit will man zum Ausdruck bringen, dass das Vertrauen zur Regierung von den Taten der Regierung abhängig ist.

Wie vorsichtig die Arbeiter in unseren Betrieben sich über die Ereignisse am 17. und 18.6.1953 in öffentlichen Diskussionen verhalten, zeigt uns das Beispiel der Belegschaftsversammlung des Bw Swv,[2] wo man politische Fragen umgeht bzw. nicht berührt. Diese Versammlung, am 30.6.1953, wurde aus Anlass der Regierungsverordnung über die Verbesserung der Lebenslage durchgeführt. Etwa 50 % der Belegschaft des Betriebes nahm teil. Auffallend konnte festgestellt werden, dass ein großer Teil der Anwesenden aus dem Fahrdienst waren. Der Besuch vonseiten der Kollegen des Lok- und Wagenbaues, die mit wenigen Ausnahmen am 17.6.1953 die Arbeit niederlegten,

1 Gemeint sind hier vor allem die Ministerratsbeschlüsse vom 25.6.1953, die auf entsprechende Beschlüsse des 14. ZK-Plenums am 21.6.1953 zurückgehen. Dabei handelte es sich um Beschlüsse und Verordnungen über die Lohnberechnung nach Aufhebung der Erhöhung der Arbeitsnormen, die Verbesserung der Versorgung der Bevölkerung mit Nahrungsgütern und Industriewaren sowie der »Werktätigen« mit Arbeitsschutzkleidung und -mitteln, außerdem über »Erleichterungen in der Pflichtablieferung und zur weiteren Entwicklung der bäuerlichen Wirtschaften« und über die Erhöhung der Renten und Sozialfürsorgeunterstützung. In: ND, Berliner Ausgabe, v. 26.6.1953, S. 1.

2 Hierbei handelte es sich um das Bahnbetriebswerk Berlin-Schöneweide.

war sehr gering. Etwa 35 Kollegen beteiligten sich an der Diskussion, die 62 Diskussionsbeiträge lieferten. Die Kollegen des Lok- und Wagenbaues meldeten sich, trotz mehrmaliger Aufforderung, nicht zu Wort. In den Diskussionen wurden ausschließlich nur betriebliche Fragen und lohnpolitische Fragen diskutiert. Die Versammlung verlief in einer normalen und disziplinierten Form, Ausschreitungen kamen nicht vor. Über politische Fragen, die im Referat eingehend behandelt wurden, ist nicht diskutiert worden.

Während einer Autobusfahrt von Berlin-Lichtenberg nach Marzahn unterhielten sich zwei Reichsbahnangestellte über die Verordnungen der Regierung. Der Wortführer, Reichsbahnangestellter [Name 1] aus Biesenthal, äußerte sich wie folgt: »Da steckt ja nichts dahinter, die haben ja nichts, ist alles nur leeres Gerede. Was denkste, was ich am Kontrollpunkt erlebt habe.«[3]

[Name 2] aus dem Berliner Bremsenwerk: »Wir haben anlässlich des 1. Mai freiwillige Normenerhöhungen vorgenommen, wir haben auch sozialistische Wettbewerbe geführt. Gleichzeitig aber wurden draußen die Preise erhöht, selbst für Marmelade. Das hat uns gleich einen Rückschlag gegeben.«[4]

[Name 3] aus dem Berliner Bremsenwerk: »Wenn unsere Regierung solche Maßnahmen gegen uns ergreift, muss man sich sagen, dass sie die Situation nicht gekannt hat. Wenn man einen Minister darstellt, dann muss man wissen, um was es geht. Ich habe schon viel Fiasko mit unserer Regierung erlebt. Ich muss sagen, dass lediglich die Regierung schuld ist. Die aktivsten Funktionäre tragen die meiste Schuld, weil sie schlechte Berichte gegeben haben. Ich wundere mich nicht über den 17.6. Die Provokation allerdings ist nicht in unserem Sinne.«

[Name 4], VEB ABUS, Gießerei- und Maschinenbau: »Nun seht ihr ja selber, wo euch eure Politik hingetrieben hat. Der 17.6. war ein Maßstab, dass sich die Arbeiter nicht um die Arbeiterpartei scharen, sondern es war ein Zeichen, dass sie mit der SED-Politik nicht einverstanden sind. Das, was hier in den Zeitungen steht, entspricht nicht den Tatsachen. Man muss auch den Westen hören. Über den ZK-Beschluss kann man vieler Meinung sein. Die meinige ist, dass man den Arbeitern ihre Forderung erfüllen musste, sonst wäre unsere Regierung bei den Arbeitern so gut wie abgemeldet.«

Der Schichtführer [Name 5] vom VEB Walzlager sagte: »Der Streik war berechtigt, denn der Grund zur Unzufriedenheit in meiner Abteilung war der, dass es für die Arbeiter keine richtigen Löhne gab. Kein Kollege will nur mit einer Mark und zehn Pfennig nach Hause gehen, die jetzt aufgestellten neuen Normen sind besser. Zum ZK-Beschluss sage ich, man muss erst abwarten, ob er durchgeführt wird.«

Die Angestellte [Name 6] der BHG Bietikow: »Die Regierung hat sich ja schön blamiert. Erst haben sie die Schrauben fest angezogen und jetzt, wo sie

3 Handschriftlicher Randvermerk an diesem Absatz: »?«.
4 Handschriftliche Randbemerkung »Auslegung!« an diesem Absatz.

sehen, dass es nicht mehr weitergeht, drehen sie alles locker. In den Versammlungen sagt kein Mensch was, da sind alle einverstanden, aber geht mal raus, was die Menschen schimpfen, die getrauen sich ja bloß nichts zu sagen, weil sie Angst haben, sie werden eingesperrt. Wenn die frei reden könnten, dann sähe es anders aus. Und mit der Demonstration in Berlin, das hat mit dem Westen gar nichts zu tun.«

Die Stenotypistin [Name 7], VEB ABUS: »Der Streik war durchaus richtig, da er gezeigt hat, dass sie mit uns nicht so herumspringen können wie sie es sich dachten. Dass die Russen die Sektorengrenzen zugemacht haben, ist eine große Schuftigkeit. Die Volkspolizei und Staatssicherheit mussten ja das durchführen, was die Russen bestimmten, in meinen Augen sind das keine deutschen Menschen mehr. Geht mir weg mit dem ZK-Beschluss,[5] denn damit wollen die uns nur kaufen, um das wir wieder ruhig sein sollen.«

Von den faschistischen Provokateuren und Ausschreitungen, wie sie am 17. und 18.6.1953 in vielen Fällen zu verzeichnen waren, distanziert sich der überwiegende Teil der Bevölkerung. So sagt z.B.:

Der Brigadier [Name 8] von der Bau-Union: »Wir haben früher schon gestreikt, aber niemals gegen eine Arbeiterregierung. Was wir in unserer Überstürztheit getan haben war Unrecht, aber eine gesunde Norm sowie Preissenkung in der HO ist unbedingt erforderlich. Die Plünderungen in Berlin und anderen großen Städten sowie das Niederbrennen von Gebäuden entsprechen faschistischen Methoden, aber nicht ehrlichen Arbeitern.«

[Name 9] aus Wimmelburg, Kreis Eisleben, sagt: »Ich verurteile die Provokationen die stattgefunden haben. Auch mein Schwiegersohn wurde als Provokateur entlarvt, der sich maßgeblich an den Schandtaten in Eisleben beteiligte. Wenn er den auf seiner Flucht erhaltenen Verletzungen erlegen ist, so ist es seine gerechte Strafe. Meine Schlussfolgerung ist, dass ich noch aktiver arbeiten werde und mich noch enger um die Partei der Arbeiterklasse schare.«

Die Arbeiter der Formerei des Dimitroff-Werkes sind empört darüber, dass der Former Hermann *Schellhase*, der aktiv an der Provokation am 17.6.1953 beteiligt war und wieder aus der Haft entlassen wurde, im Werk erschien. Die Arbeiter brachten offen zum Ausdruck, dass sie es ablehnen, mit derartigen Menschen zusammenzuarbeiten.[6]

Neben diesen Stimmen, wo man sich entschieden von den Provokateuren distanziert, treten auch zum Teil noch vereinzelt positive Dinge in Erschei-

5 Gemeint sind die Beschlüsse des 14. ZK-Plenums am 21.6.1953: u.a. Rückkehr zu den Arbeitsnormen von vor dem 1.4.1953, Fahrpreisermäßigungen für Arbeiterrückfahrkarten, Erhöhung der Mindestrenten, Erhöhung der Mittel für Bau und Instandsetzung von Wohnungen, Versorgung der Werktätigen mit Arbeitskleidung. In: ND, Berliner Ausgabe, v. 23.6.1953, S. 1.

6 Dieser Fall wurde von der SED propagandistisch ausgeschlachtet. Vgl. »Arbeiter entlarvten den faschistischen Provokateur Schellhase«. In: ND, Berliner Ausgabe, v. 23.7.1953, S. 3.

nung, wo sich Arbeiter aufgrund der Regierungsverordnung verpflichten, ihre freiwillig erhöhte Norm weiterhin beizubehalten, oder Arbeiter um Aufnahme als Kandidat der SED ersuchen. Weiterhin gibt es Fälle, wo sich Arbeiter verpflichten, der VP beizutreten, um die Schlagkraft der VP zu erhöhen.

[Name 10], Schlosser der MTS Kränzlin: »Für die Neuregelung der Rentenzahlung möchten die Rentner der Regierung um den Hals fallen, auch die Aufhebung der Stromsperren begrüßen wir alle. Meine freiwillige 7%ige Normerhöhung halten ich und die ganze Brigade auch weiterhin voll aufrecht.«

Der Landarbeiter [Name 11] aus Pasewalk erklärte: »Es ist bedauerlich, dass die Werktätigen sich von den westlichen randalierenden Rowdys hinreißen ließen, obwohl die Regierung sowie die SED ihre Fehler beseitigt hat. Ich habe hieraus meine Lehren gezogen und bitte um Aufnahme als freiwilliger Helfer in die VP, um mitzuhelfen, unser friedliches Aufbauwerk zu schützen.«

Ungar, technischer Leiter der MTS Staschwitz: Er forderte die Mitgliederversammlung auf, ihn aufgrund des Vorfalls von Berlin in die Partei der SED aufzunehmen, um dadurch die Kampfentschlossenheit gegen die Provokateure noch besser zu festigen.

Der Nationalpreisträger Prof. Dr. *Heidebroek*[7] erklärte, dass er kein Beispiel aus der Geschichte kennt, wo eine Partei und Regierung so offen zu ihren Fehlern Stellung nimmt. Er achtet dies besonders hoch und wünsche, dass im westlichen Teil unseres Vaterlandes die dortige Regierung bemüht wäre, solche Schritte zu unternehmen.

Ein Teil der Studenten der Deutschen Akademie für Staats- und Rechtswissenschaft »Walter Ulbricht« verpflichtete sich, Geldbeträge in Höhe von 20 bis 50 DM für das Nationale Aufbauprogramm zur Verfügung zu stellen, damit die Schäden von Berlin schnell wieder beseitigt werden können.

Stimmung von Rückkehrern in das Gebiet der DDR

Aufgrund des Ministerratsbeschlusses vom 11.6.1953[8] kehrten auch am 30.6.1953 wieder 45 Personen und drei Kinder in ihre Heimatorte zurück.

7 Enno Heidebroek (eig. Wilhelm Tielko), Jg. 1876, Maschinenbauingenieur, seit Herbst 1945 Rektor der Technischen Hochschule Dresden, LDPD-Mitglied, 1949–52 Abgeordneter des Sächsischen Landtags, 1949/50 Abgeordneter des Kulturbundes in der Provisorischen Volkskammer, erhielt 1952 den Nationalpreis der DDR für Wissenschaft und Technik.

8 Der Ministerratsbeschluss zum »Neuen Kurs« vom 11.6.1953 basierte auf einem Beschluss des SED-Politbüros vom 9.6.1953, der der SED wiederum von der sowjetischen Führung oktroyiert worden war. Im Kern ging es um die Rücknahme des seit der 2. Parteikonferenz vom Juli 1952 geltenden harten politischen Kurses des »Aufbaus der Grundlagen des Sozialismus«. Einige Maßnahmen, die im Zuge dieser Politik getroffen worden waren, wurden in einem Kommuniqué ausdrücklich als »fehlerhaft« bezeichnet. Insbesondere sollten geflüchtete ehemalige Bauern und Gewerbetreibende durch das Versprechen, wieder in ihre alten

Davon kehrten in die DDR 26 Erwachsene und zwei Kinder und in den demokratischen Sektor von Berlin 19 Erwachsene und ein Kind zurück.

In Form einer zwanglosen Unterhaltung wurden 17 Personen über die Aufnahme des Ministerratsbeschlusses in dem Kreis der Flüchtlinge befragt. Anhand der Befragung dieser Personen konnte festgestellt werden, dass sich die Rückkehrer aus ca. 65 % Arbeitern, 20 % Bauern und 15 % Geschäftsleuten zusammensetzt. Aufgrund der Angaben von diesen Personen kann Folgendes über die Lage der Flüchtlinge, die sich noch in den Lagern in Westdeutschland und Westberlin befinden, sowie über die Rückkehrer, die schon das Gebiet der DDR aufgesucht haben, berichtet werden.

1. Einstellung der zurückgekehrten Personen zum Ministerratsbeschluss

Von den Flüchtlingen wurde der Ministerratsbeschluss zum großen Teil freudig aufgenommen, da er ihnen die Möglichkeit bietet, ihre gemachten Fehler wiedergutzumachen und in ihre Heimatorte zurückzukehren, um dort endlich wieder ein geregeltes Leben zu beginnen. Vor allen Dingen wurde er von den geflüchteten Bauern und Geschäftsleuten gut aufgenommen, da sie, wie der Ministerratsbeschluss besagt, ihre Gehöfte sowie Geschäfte wieder zurückerhalten können. Allerdings brachten die Befragten zum größten Teil zum Ausdruck, dass viele Flüchtlinge in den Lagern dem Beschluss gegenüber noch eine abwartende Haltung einnehmen, da sie noch zu sehr von westlicher Seite aus beeinflusst werden und diesem Beschluss noch nicht das volle Vertrauen entgegenbringen.

So sagte der Arbeiter [Name 12, Vorname], wohnhaft: Merseburg, [Straße, Nr.], während einer Unterhaltung: »Dass er gewillt ist, in der Nationalen Front mitzuarbeiten und er brachte auch zum Ausdruck, dass er erkannt hat, dass unsere Regierung nur das Gute für die Arbeiter will und er deshalb der SED als Kandidat beitreten möchte.«

Weiterhin äußerte der zurückgekehrte Bauhilfsarbeiter [Name 13], geb. [Tag, Monat] 1906 in Gera: »Dass er den Ministerratsbeschluss für sehr gut hält. Er wollte schon seit Oktober 1952 zurückkehren, hatte aber noch keine Möglichkeit, die ihm aber jetzt gegeben wurde. Er äußerte noch, dass damit vielen Menschen die Möglichkeit gegeben wurde, sich hier in der DDR ein neues Leben aufzubauen.«

2. Stimmung der Flüchtlinge und Hemmungen bei ihrer Rückkehr

Die Stimmung unter den Flüchtlingen im Lager ist meist als nicht gut zu bezeichnen, dies ist auf die schlechte Unterkunft sowie der wenigen Ver-

Rechte eingesetzt zu werden und ihren Besitz zurückzuerhalten, veranlasst werden, in die DDR zurückzukehren. Vgl. Kommuniqué über die Sitzung des Ministerrats der DDR vom 11. Juni 1953 und entsprechende Verordnungen. In: ND, Berliner Ausgabe, v. 12.6.1953, S. 1.

pflegung und Unterstützung vonseiten der westlichen Behörden zurückzuführen. Deshalb fassten auch viele nach Bekanntwerden des Ministerratsbeschlusses den Entschluss, wieder in ihre Heimatorte zurückzukehren. Bei vielen der Flüchtlinge, die den westlichen Meldungen sowie den aufgebrachten Gerüchten im Lager Glauben schenken, treten allerdings noch Hemmungen auf, da sie annehmen, wenn sie in die DDR zurückkehren, sie sofort verhaftet und verschleppt werden. Es wurde auch die Meinung laut, dass viele Flüchtlinge im Lager wohl zurückkehren wollen, aber trotzdem vom Kommunismus nichts wissen wollen. Sie sehen nur, dass es ihnen in der DDR besser geht als drüben.

So äußerte der Rückkehrer [Name 14, Vorname], geb. [Tag, Monat] 1937 in Bad Dürrenberg, Kreis Merseburg, wohnhaft: Großkorbetha, Kreis Weißenfels, [Straße, Nr.]: »Das Essen war sehr schlecht, aus dem Lager sind wir nicht herausgekommen. Vor dem Eingang standen Polizisten, wir mussten dort aufwaschen und den Hof kehren. Geld haben wir nicht bekommen. Viele wollen von dort aus wieder zurück. Wenn wir wegen des schlechten Essens meuterten, wurden wir geschlagen. Mir ist bekannt, dass fast täglich Personen aus dem Lager von Tempelhof aus mit dem Flugzeug abtransportiert werden.«

Die Arbeiterin [Name 15, Vorname], geb. [Tag, Monat] 1928 in [Ort], wohnhaft: [Ort, Nr.], äußerte: »Bedenken über die Rückkehr sind noch bei vielen Flüchtlingen vorhanden, weil sie von der westlichen Presse und Rundfunk vor einer Rückkehr gewarnt werden. Dabei wurden Argumente angegeben, wie Abtransport durch die sowjetischen Behörden, Vernehmungen und Haft durch die Sicherheitsorgane und dgl. mehr. Dies sind die Gründe, weshalb sich viele noch nicht zu einer Rückkehr entschlossen haben. Außerdem bestehen noch Bedenken über die Arbeitsmöglichkeiten in der DDR.«

Der Großbauer [Name 16, Vorname], geb. [Tag, Monat] 1893 in Oberwesterwald/Rheinland, wohnhaft: Beckwitz, Kreis Gardelegen, [Straße, Nr.], äußerte: »Die Mehrzahl der Flüchtlinge möchte gerne zurück in die DDR. Es ist aber noch eine gewisse Angst unter ihnen vorhanden. Die Ursache hierfür kann man in der verstärkten gegnerischen Hetze in Westdeutschland suchen. Zum anderen liegt es auch daran, dass von vielen die Reisekosten nicht aufgebracht werden können. Von westdeutscher Seite aus werden die Maßnahmen der Regierung der DDR noch teilweise als nur vorübergehend bezeichnet.«

Der Rückkehrer [Name 17, Vorname], aus Gardelegen, [Straße, Nr.], brachte noch zum Ausdruck, dass in dem Lager in Uelzen die Tbc-Krankheit sowie auch andere Krankheiten aufgetreten sind. Die Stimmung unter den Flüchtlingen ist deshalb besonders schlecht, da auch verstärkte Polizeiwachen vor den Flüchtlingslagern eingesetzt wurden und zum größten Teil Ausgangsverbot besteht. Diese Anordnung wurde angeblich aufgrund der vielen Krankheitsfälle getroffen.

3. Agitation und Maßnahmen vonseiten der Bonner Regierung, um die Rückkehr der Flüchtlinge zu verhindern

In verschiedenen Lagern wird in immer stärkerem Maße versucht, die Flüchtlinge von einer Rückkehr in die DDR abzuhalten. Dies geschieht dadurch, dass sie gleich nach Bekanntwerden des Beschlusses diesen als eine Falle propagierten. Es wird dazu Presse und Rundfunk in Anspruch genommen. Durch eingeschleuste Personen werden die verschiedensten Gerüchte aufgebracht. Wie z.B.: Alle Rückkehrer werden in der DDR festgenommen und erhalten acht Jahre Zuchthaus. Angehörige der VP, die das Gebiet der DDR verlassen hatten und nun wieder zurückkehren, werden zum Tode verurteilt.

Am Tage der Bekanntgabe des Beschlusses war ein Lautsprecherwagen in der Kuno-Fischer-Straße[9] eingesetzt, der verkündete, dass alle Bauern die zurückkehren wollen, in der DDR eingesperrt würden. Verschiedentlich wurde auch geäußert, dass sämtliche Post, ehe sie dem Flüchtling ausgehändigt wird, vorher kontrolliert wird. Es wurde festgestellt, dass verschiedene Rückkehrer an Bekannte, die noch im Lager in Westberlin sich befinden, Briefe geschrieben haben, wo sie ihnen über die gute Aufnahme in der DDR berichteten und sie aufforderten, ebenfalls nach hier zu kommen. Diese Briefe wurden den Flüchtlingen nicht ausgehändigt.

Von den Flüchtlingen wurden sogar schon Verpflichtungen abgenommen. So sagte der Rückkehrer [Name 12, Vorname], wohnhaft in Merseburg, [Straße, Nr.]: »Eine Verhinderung der Rückkehr in die DDR versuchen sie damit zu erreichen, indem sie von allen Lagerinsassen eine schriftliche Verpflichtung mit dem sinngemäßen Wortlaut ›Nie wieder in die DDR zurückzukehren‹ abverlangen.«

Der Rückkehrer [Name 14, Vorname], wohnhaft: Großkorbetha, Kreis Weißenfels, äußerte: »In der vorigen Woche, am Sonntag, war ein Herr im Lager, der erklärte, dass er in Brandenburg im Gefängnis gesessen hätte und dort entlassen wurde. Er erzählte uns, dass es im Osten kein Brot gibt und dass sämtliche Polizeireserven ausgegeben wurden. Die Panzer würden in den Getreidefeldern stehen und wir sollen nicht zurückkehren, da wir erschossen werden oder 25 Jahre Zuchthaus bekommen. Weitere Angaben konnte er nicht machen, da keiner aus dem Lager raus und rein kam. Das Lager war sozusagen von der Welt abgeschnitten. Es war mit einem Stacheldrahtzaun umgeben und mit ca. 800 Mann belegt.« Ihm ist noch bekannt, dass wenn jemand Post bekommt, diese erst von der Lagerleitung kontrolliert wird.

9 Hier befand sich die offizielle Flüchtlingsabfertigungsstelle des Berliner Senats, in der die Notaufnahmeverfahren durchgeführt wurden.

4. Über die Durchführung der Maßnahmen des Ministerratsbeschlusses bei zurückgekehrten Personen

Über die Durchführung der Maßnahmen des Ministerratsbeschlusses wurden von den Befragten keine Klagen bekannt. Sie waren alle erstaunt und sehr zufrieden über die gute Behandlung und schnelle Erledigung der durchzuführenden Formalitäten.

So äußerte der Kaufmann [Name 18, Vorname], wohnhaft in Geraberg, anlässlich einer Befragung: »Nach meiner Rückkehr wurden mir keinerlei Schwierigkeiten bereitet. Noch am selben Tage meiner Rückkehr bekam ich meinen Betrieb wieder zurück. Meine Lebensmittelkarten habe ich sofort ohne Schwierigkeiten erhalten. Wohnung und Möbel wurden mir ordnungsgemäß übergeben, auch mein gesperrtes Konto wurde sofort freigegeben.«

Die Rückkehrerin [Vorname Name 15], aus [Ort, Nr.] äußerte dem Gemeindevertreter gegenüber, »dass sie eine solche Vorbereitung in so kurzer Zeit nicht erwartet hätte und sie seien von der VP und den sowjetischen Dienststellen an der Grenze anständig belehrt worden und man habe ihnen auch alle mitgeführten Sachen fast ohne Kontrolle überlassen. Auch für den Weitertransport sei alles vorbereitet gewesen und sie hätten ihre Fahrkarte kostenlos und dazu noch 10 DM Wegegeld erhalten. Auch in ihrem Heimatkreis hatte man ihr keine Schwierigkeiten gemacht. Sie ist froh, dass sie wieder zu Hause ist und ihre alte Arbeit wieder aufnehmen kann.«

Zur besseren Übersicht noch ein Beispiel über Angaben, die der Rückkehrer [Name 19] aus Rostock, [Straße, Nr.] anlässlich einer Unterhaltung machte: Bei der Frage, ob er bei seiner Rückkehr sein Eigentum an Möbeln usw. zurückerhalten hat oder ob er sonstige Beschwerden vorzubringen hätte, erklärte er: »Als ich die DDR mit meiner Frau Inge verließ, hatten wir fast noch keine Möbel, sodass ich auch jetzt keinen Anspruch darauf habe, welche zurückzubekommen. Ich muss aber sagen, dass uns, als wir hier in Rostock eintrafen, der Rat des Bezirkes sofort unterstützt hat. Wir bekamen 100 DM und auch in der Werft, in der wir dann beide Arbeit fanden, wurden uns 100 DM für die notwendigste Anschaffung gegeben. Sonstige Beschwerden hat er nicht, es sei alles getan worden, damit er sich hier einleben kann.«

Man kam auf das Flüchtlingsleben in Westberlin zu sprechen und Herr [Name 19] erklärte: »Ich war in Spandau untergebracht, dort waren wir ungefähr 3 000 Mann, die auf Strohsäcken in großen Speichern leben mussten. Alle diese Flüchtlinge waren nicht Anerkannte, das bedeutete, dass wir kein Recht auf Wohnung und Arbeit hatten, uns mit einem Liter Suppe und etwas Brot und sonntags Kartoffeln begnügen mussten. Wer sich etwas Geld verdienen wollte, musste dafür auch ›arbeiten‹, so wurde ich selbst dreimal vom Amerikaner verhört und bekam, nachdem man mir klarzumachen versuchte, dass man gegen die Ostpolitik kämpfen müsste, vorerst 5 DM, bei dem 2. und 3. Verhör, wo man mich fragte, ob ich die Werft genau kenne, bot man mir 600 DM West an, wenn ich mich bereiterklären würde, Menschen, die in der

Werft arbeiten und dem Weststaat gefährlich werden könnten, zu beseitigen. Viele von uns wurden aufgefordert, Losungen an den Sektorengrenzen zu verbreiten und den Menschen zu zeigen, dass man in Westberlin und Westdeutschland besser leben kann. Die Stimmung der Flüchtlinge in seinem Lager war so, dass sie den Dingen aus dem demokratischen Rundfunk und der demokratischen Presse skeptisch gegenüber standen. Jedoch dem Westberliner Bürgermeister Reuter fast bedingungslos alles glaubten was er sagte. Als die Regierungsverordnung über die Rückkehr der Flüchtlinge herauskam, hieß es, wir warten erst ab, wir lassen uns durch Tatsachen überzeugen. Nun setzte auch sofort die Propaganda im Lager ein. Es tauchten die Parolen auf (dieses gab es übrigens auch schon früher), wer zurückgeht, den lassen die Ostbehörden doch nie nach Hause. Ich verriet nicht, dass ich es doch vor hatte aus dem Lager abzuhauen. Dieses Vorhaben wusste nur ein von mir sehr bekannter Bauer und ein Gastwirt. Diesem habe ich versprochen zu schreiben, wie es mir hier in Rostock geht, denn sie erklärten mir, sie wollen erst einmal sehen, wie es mir selbst ergeht und dann vielleicht auch zurückkommen. Die Betreuung im Lager nannte sich Deutsche Liga für Menschenrechte.«

Soeben erhielten wir genaue Angaben von Zahlen über Personen, die in das Gebiet der DDR zurückgekehrt sind sowie über Personen, die flüchtig wurden. So suchten, dem Beschluss des Ministerrates folgend, in der Zeit vom 30.6.1953 bis 1.7.1953 insgesamt 57 Personen das Gebiet der DDR auf. Davon waren fünf Personen aus Westdeutschland, die erstmalig in das Gebiet der DDR einreisten. Flüchtig wurden in dem gleichen Zeitraum 91 Personen. In der Zeit vom 1.7. zum 2.7.1953 kehrten insgesamt 99 Personen zurück. Davon kommen aus Westdeutschland erstmalig in das Gebiet der DDR neun Personen. Flüchtig wurden in dem gleichen Zeitraum 80 Personen.

Hieraus ist zu ersehen, dass der Zustrom der Rückkehrer am 1.7.1953 gegenüber dem Vortage wesentlich zugenommen hat. Demgegenüber ist bei der Zahl der flüchtigen Personen ein Rückgang zu verzeichnen.

Situation in den Bergbaugebieten zum »Tag des Bergmanns«[10] *am 4. und 5.7.1953*

In einer Diskussion innerhalb der Belegschaft zum Bergmannstag wurde bereits am 14.6.1953 von der Belegschaft des Abraumes Lochau, Braunkohlenverwaltung Ammendorf, die Forderung gestellt, am 5.7.1953 nicht zu arbeiten. Wenn nicht diese Forderung erfüllt wird, würde keiner zur Arbeit erscheinen. Diese Forderung wurde auch am 17.6.1953 in der Brikettfabrik Bruckdorf gestellt. Die Belegschaft von Lochau stellte am 17.6.1953 erneut

10 Am ersten Sonntag im Juli und am darauffolgenden Montag wurde in der DDR seit 1951 der »Tag des Bergmannes« begangen. Damit folgte man einer sowjetischen Tradition, die diesen Feiertag bereits 1947 eingeführt hatte. In der DDR wurde mit diesem Tag auch die Verstaatlichung der Bergwerksbetriebe in der SBZ gefeiert, die Anfang Juli 1947 durchgeführt worden war. Vgl. Selbmann, Fritz: »Zum Tag des Bergmannes«. In: ND v. 30.6.1951, S. 1.

die Forderung, am 5.7.1953 die Arbeit einzustellen, und in der anschließenden Versammlung, welche die Werksleitung anerkannte und an der Versammlung die BGL auch zugegen war, wurde von der Belegschaft diese Forderung erneut gestellt und von der BGL und Werksleitung anerkannt.

Weiterhin wurde in Osendorf, Bruckdorf sowie Lochau gefordert, dass die Jahresbelohnung zum Tag des Bergmanns anders aufgeschlüsselt wird. Es wird folgender Vorschlag eingebracht: Alle Beschäftigten sollen 5 % erhalten und nicht wie jetzt, dass einige 2 % und andere 8 % erhalten. Diese Forderung wird damit begründet, dass der Bruttolohn, welcher verschieden ist, bereits eine Differenzierung vorsieht. Die Belegschaft ist nicht gewillt, länger die Ungerechtigkeit mitzumachen.

Die Werkstatt Lochau hat eine Resolution verfasst, welche von der AGL und dem Abteilungsleiter unterschrieben ist, und die Forderung enthält, dass die Belohnung mit Treuegeld zu 5 % vorzunehmen ist. Sie bringen weiterhin zum Ausdruck, dass es gerade die Lohngruppen 1 bis 4 sind, welche schon das geringste Einkommen haben, nun auch noch mit ein paar Mark Treuegeld abgespeist werden sollen.

Die Werkstatt in Osendorf hat nach Bekanntwerden der 2 % bis 8 % Verteilung von Treuegeld ebenfalls eine Resolution verfasst. Diese Resolution wurde auch vom Abteilungsleiter der AGL und einem Teil der Belegschaft unterschrieben. Sie enthält folgende Forderungen: Sofortige höhere Einstufung der Handwerker aus der Lohnstufe 4 in die Lohnstufe 5. Sie begründen es damit, dass auch die Handwerker aus der Lohnstufe 4 in den Genuss der 5 % Belohnung kommen und nicht nur 2 % erhalten.

In der Grube Greifenhain, Bezirk Cottbus, erhalten alle Kumpels zum Tag des Bergmanns eine Treueprämie, diese soll wie folgt verteilt werden: Lohngruppe 1–4: 2 %, Lohngruppe 5–8: 5 %. Unter den Kumpels macht sich eine negative Stimmung zu dieser Eingruppierung bemerkbar. Es kommt dahingehend zum Ausdruck, dass sie sagen, wer die meisten Gelder bekommt, bekommt auch eine höhere Prämie.

Unter den Bergarbeitern machen sich auch Stimmen bemerkbar, welche es als ungerecht empfinden, wenn sie während ihrer Zeit im Bergbau kurze Zeit im Erzbergbau tätig waren, diese nicht mit angerechnet bekommen bei Berechnung der Treueprämie. So z.B. der Bergarbeiter [Name 20, Vorname], beschäftigt im Otto-Brosowski-Schacht Eisleben, welcher ein halbes Jahr bei der Wismut AG in Aue beschäftigt gewesen ist und dadurch bei der Prämienverteilung im Nachteil ist, da diese Zeit nicht mitgerechnet wird.

Material über Absichten des Feindes

Aus ganz sicherer Quelle wird in Erfahrung gebracht, dass vonseiten der KgU[11] eine Anordnung zur Beteiligung am Streik am 17. und 18.6.1953 nicht

11 Die »Kampfgruppe gegen Unmenschlichkeit« (KgU) war eine antikommunistische Organi-

gegeben wurde. Zwar haben sich ihre Leute an der Demonstration beteiligt, taten dies aber von sich aus, ohne Auftrag. »Wir«, sagen leitende Funktionäre der KgU, »sind gegen die Demonstration. Aufgrund der Erfahrung des 17. und 18.6.1953 wissen wir, dass mehr Erfolg durch sogenannte Sitzstreiks erzielt wird. Deswegen weisen wir unsere Leute an, beim nächsten Streik anders vorzugehen. Fast alle Arbeiter und Angestellten in der Ostzone haben doch soviel Lebensmittel im Haus, dass sie damit acht Tage ausreichen und beim Sitzstreik acht Tage lang nicht die Wohnung verlassen brauchen. Ein solcher Streik, auf breiter Linie durchgeführt, ist das Ende der Ostzone.«

Es besteht die Möglichkeit, dass die bekannt werdenden Stimmungen, die darauf abzielen, die Freilassung der verhafteten Rädelsführer bzw. Streikleitungen durch neuerliche Streikaktionen zu erzwingen, bereits auf Direktionen im Sinne der obigen Mitteilung zurückzuführen sind.

Im Kreis Niesky fordert der VdgB-Ortsvorsitzende der Gemeinde Wiesa die Bauern auf, die Milchablieferung einzustellen, bis der Landwirt *Starke*, der als Rädelsführer an den Ausschreitungen in Wiesa aufgetreten ist, aus der Haft entlassen wird.

Bei der Aktion am 17.6.1953 wurden bei der Bau-Union Wünsdorf und im Funkwerk Dabendorf, Kreis Zossen, insgesamt vier Festnahmen getätigt. Es ist festzustellen, dass sich die Arbeiter mit den Verhafteten solidarisch erklären und Sammelaktionen für die Familienangehörigen der Festgenommenen durchführen.

Unter der Belegschaft der Reichsbahn-Bau-Union-Baustelle Niemegk, Kreis Belzig, herrscht eine gewisse Unruhe hinsichtlich der Festnahme des Streikführers *Bahling*. Man will durchaus die Freilassung des Bahling erzwingen.

Der Lehrausbilder [Name 21]: »Der Aufstand des Volkes ist mit Waffengewalt durch Eingreifen der sowjetischen Streitkräfte unterdrückt worden. Es werden bestimmt noch einmal Tage kommen bzw. ein Tag kommen, an dem sich der 17.6.1953 wiederholen wird, aber noch viel stärker.«

Der Arbeiter [Name 22]: »Wenn auch jetzt Ruhe geworden ist, aber in drei Monaten wird sich das noch einmal wiederholen. Wir werden noch einmal darüber sprechen.«

»Unter den Obsterzeugern in Glindow und Umgebung«, äußerte Frau [Name 23], »ist eine große Missstimmung zu verzeichnen, weil die Erzeuger

sation, die von Westberlin aus in die DDR hineinwirkte. Sie wurde 1949 u. a. von Rainer Hildebrandt gegründet, 1951 übernahm Ernst Tillich die Leitung. 1959 wurde die KgU aufgelöst. Wegen ihrer Anbindung an amerikanische Geheimdienststellen und des zeitweisen Einsatzes auch militanter Mittel galt sie dem MfS als besonders gefährlicher Gegner. In dieser Zeit führte die Staatssicherheit bereits mindestens eine hochkarätige Quelle in der KgU. Vgl. Merz, Uwe: Kalter Krieg als antikommunistischer Widerstand. Die Kampfgruppe gegen Unmenschlichkeit 1948–1959. München 1987; Engelmann, Roger: Die Kampfgruppe gegen Unmenschlichkeit. In: Henke, Klaus-Dietmar; Steinbach, Peter; Tuchel, Johannes (Hg.): Widerstand und Opposition in der DDR. Köln u. a. 1999, S. 183–192.

für ihr Obst noch keinen Pfennig erhalten haben. An der Sammelstelle sind die Äußerungen gefallen, wenn das so weitergeht, wird es soweit kommen wie am 17.6.1953 in Berlin.«

Verschiedentlich, wie z.B. von der Intelligenz des Sachsenwerkes Radeberg, wird diskutiert, dass der Tag bevorsteht und nicht der 17.6.1953 gewesen ist, weil dieser Tag miserabel vorbereitet war und die Bevölkerung ungenügend bewaffnet ist, Eisenbahn und Post nicht streikten.

Im Warteraum Papestraße wurde nachfolgend abschriftlich aufgeführtes Flugblatt gefunden:

»Arbeiterinnen und Arbeiter Ostberlins!

Um unserem Kampf Erfolg zu verschaffen, muss Folgendes geschehen: Wahl von Betriebsräten mit dem Ziel der Bildung eines zentralen Betriebsräteausschusses für Ostberlin, der zur Durchsetzung folgender Forderungen mit den zuständigen Stellen verhandelt:
1. Herstellung normaler Arbeitsbedingungen
2. Abschaffung der Normen
3. Anpassung der Löhne an die Lebenshaltungskosten
4. Volles Streikrecht
5. Freiheit der Meinungsäußerung
6. Uneingeschränkte Presse- und Versammlungsfreiheit
7. Sofortige Freilassung aller politischen Gefangenen, die wegen ihrer demokratischen und sozialistischen Überzeugung ihrer Freiheit beraubt sind
8. Keine Strafverfolgung und Maßregelung der Demonstranten
9. Sicherheitsgarantie für die legale Tätigkeit der von der Arbeiterschaft gewählten Betriebsräte und der von diesen gewählten Ausschüsse.

Aktionsausschuss Stalinallee«

Besondere Vorkommnisse

Ursachen des Großbrandes in der Auftauhalle des Eisenhüttenkombinats Stalin

Die Auftauhalle besteht aus Fachwerk mit Brettern und Sauerkrautplatten. Auf diesen Platten ist ca. 3 cm Putz. Die Halle ist in der Mitte mit einer Wand der Länge nach geteilt und in beiden Hälften ist je eine Gleisanlage. Die nach dem Werk liegende Seite ist geputzt, die nach dem Kanal liegende Seite nicht. Der Zustand der Halle entsprach in keiner Weise den Sicherheitsvorschriften. Am 1.7.1953, gegen 14.00 Uhr, rangierte eine Dampflok in der zum Kanal liegenden Seite. Die lichte Höhe dieser Halle beträgt ca. 4,50 m, sodass zwischen Schornstein und Decke der Halle nur ein Spielraum von 15 bis 16 cm war. Es war schon lange vor dem Brand festgestellt, dass durch den Druck des ausströmenden Dampfes der Lok die an der Decke befindlichen Sauerkrautplatten beschädigt und sogar herabgerissen wurden. Durch Funkenflug wurde der Giebel des Daches, der nicht mehr genug gesichert war, ins Schwelen gebracht und durch Hinzukommen von Sauerstoff entstand der Brand.

Von der Kommission wurde festgestellt, dass der Brand einwandfrei im Giebel der Halle entstand. Der Giebel ist vollkommen abgeschlossen und kann von keiner Person betreten werden. Nachweisbar an vorhandenen Unterlagen haben der Verantwortliche der Erzaufbereitung, des Brandschutzes des Betriebes und des Brandschutzes der HVDVP sowie eine Kommission des Ministeriums für Staatssicherheit, die Werksleitung und auch den Parteisekretär laufend nicht nur auf diese Missstände aufmerksam gemacht, sondern mit konkreter Terminstellung gefordert, die Sicherung des Objektes herzustellen. Von der Werksleitung wurde nichts unternommen. Die Schätzung des entstandenen Schadens beläuft sich auf ca. eine dreiviertel bis 1 Mio. DM.

Bericht zum Brand im Steinkohlenwerk Martin-Hoop Zwickau

Am 30.6.1953, gegen 21.00 Uhr, brach im Schacht IV, Abteilung 12, ein offenes Feuer aus. Es wurden alle Maßnahmen zur Eindämmung des Feuers getroffen. Die Abteilungen 10 und 13 waren mit Rauch- und Gasschwaden belegt, sodass nicht mehr weitergearbeitet werden konnte. Die Abteilungen haben an Tagestonnen folgende Leistung: Abteilung 10: 240 t, Abteilung 12: 418 t, Abteilung 13: 236 t.

Am 2.7.1953 wird gemeldet, dass die Abteilung 13 ihre Arbeit am Morgen wieder aufgenommen hat. Der Brand in der Abteilung 12 ist eingedämmt und wird weiter beobachtet, ob die Dämme halten. In der Abteilung 10 kann noch nicht gearbeitet werden, da erst die Rauch- und Gasschwaden beseitigt werden müssen. Eine Einschätzung über die Ursachen der Entstehung des Schadens und des Produktionsausfalls kann noch nicht gegeben werden. Wahrscheinliche Ursache: sorgloses Verhalten der Werksleitung trotz ernster Hinweise auf die später eingetretene Tatsache.

Über die Versorgungslage der Bevölkerung

Die Erfassung von Obst und Gemüse ist gut, jedoch machen sich beim Absatz Mängel bemerkbar. In der Importstelle in Bad Schandau treffen laufend größere Mengen an Obst und Gemüse aus den verschiedensten Volksdemokratien ein, die zu 90 % verdorben oder dem Verderb ausgesetzt sind. Die Ware wird angeblich auf Verträge des DIA für das 3. Quartal 1953 importiert. Bei Nichtabstoppung der einlaufenden Importware wird dadurch täglich der Verlust an verdorbenem Obst und Gemüse gesteigert.

Im Bezirk Frankfurt/Oder waren die Anwesenden einer Bauernversammlung der Meinung, dass sie jetzt dreschen und abliefern können, wann es ihnen passt. Da Otto Grotewohl doch zum Ausdruck gebracht hätte, dass die Bauern jetzt nicht mehr gedrückt werden dürfen.

Im Bezirk Rostock besonders im Kreis Stralsund sind in den letzten Tagen die Viehauftriebe sehr stark zurückgegangen. Das angelieferte Vieh wird zum größten Teil für den freien Aufkauf geliefert.

Ein Bauer aus diesem Bezirk äußerte sich dahingehend, dass man erst die weitere Entwicklung abwarten müsse, ob es sich bei den Beschlüssen unserer Regierung vielleicht nur um einen »Bauernfang« handeln würde.

Von verschiedenen Großbauern des Bezirks Neubrandenburg wird der Standpunkt vertreten, dass ihr Viehhalteplan viel zu hoch sei.

Im Bezirk Potsdam sind viele Bauern darüber aufgebracht, dass den Erzeugerbetrieben, die im vergangenen Jahr mit Hühnerpest befallen waren, das Eiersoll nicht erlassen wurde.

Im Bezirk Magdeburg wird von den Erzeugern besonders darüber Klage geführt, dass nicht die nötigen Futtermittel vorhanden sind, um den Viehaufzuchtplan zu erfüllen.

Ein Großbauer, der immer sein Soll erfüllte, kaufte im letzten Jahr von einem Neubauern Getreide, daraufhin wurde er mit 1½ Jahre Gefängnis bestraft.

Dadurch verließen noch mehrere Großbauern, welche das Gleiche getan hatten, sofort den Ort.

Im Kreis Spremberg wird von den futterarmen bäuerlichen Wirtschaften verstärkt die Forderung erhoben, um die bei der BHG lagernden Futtermittel (Staatsreserve) zu erhalten, um ihr Soll beim Viehauftrieb zu erfüllen.

Aus dem Kreis Neustrelitz erhoben mehrere werktätige Bauern von Rollenhagen die Forderung, wir wollen wirtschaftliche Erleichterungen, technische Futtermittel billiger kaufen. Mehr Dünger und billigere Geräte sowie in besserer Qualität.

Wir wollen nicht, dass die Gutsbesitzer wiederkommen, wir wollen werktätige Bauern bleiben, zur LPG soll man uns nicht zwingen, wenn es besser ist, kommen wir alleine.

Der Bauer [Name 24] aus Düßnitz ist der Meinung, dass man eine Abänderung des hohen Ablieferungssolls treffen muss. Er als Großbauer ist seinen Pflichten nachgekommen, hatte aber sehr zu kämpfen, um sein Soll zu erfüllen. Er hat eine Getreideanbaufläche von 20 ha und hat in diesem Jahr eine Durchschnittsernte von 12 Ztr. pro Morgen zu erwarten. Er muss 9,4 Ztr. pro Morgen jedoch abliefern, von den übrigen 2,6 Ztr. muss er noch 80 Ztr. Schweinefleisch und 36 Ztr. Rindvieh abliefern, was natürlich nicht möglich ist.

Im Kreis Osterburg besteht ein Mangel an Stickstoff für Rüben, wogegen auf dem VEG Dobbrun, Kreis Osterburg, noch Stickstoff vom vorigen Jahr lagert.

Anlage (o. D.) zur Information Nr. 1003 (4. Expl.)

Information Nr. 1003a: Zur Lage in der CDU

Nach den Ereignissen am 17. Juni 1953 fand eine Besprechung der *Bezirksvorsitzenden der CDU statt,*[12] wo durchweg von diesen zum Ausdruck gebracht wurde, dass eine Regierungsumbildung notwendig ist und die CDU nunmehr führend in den Staatsapparat eingebaut werden müsste. Fast alle aus den Kreisen und Bezirken eingesandten Berichte lassen erkennen, dass ein Regierungsrücktritt gefordert wird.[13]

Am 26.6.1953 fand in der Jägerstraße eine Hauptvorstandssitzung der CDU statt. Gegenüber sonstigen Hauptvorstandssitzungen fehlten nur sehr wenige. Die gesamte Atmosphäre zeigte, dass etwas Besonderes erwartet wurde. Als *Nuschke*[14] während seiner Rede zu den neuen landwirtschaftlichen Verordnungen sprach und sagte, dass die Regierung Fehler gemacht hätte, aber auch bei den Kreisen und Bezirken sehr viel falsch gemacht worden sei und dass die Regierungsverordnungen in den Bezirken zu hart oder in das Gegenteil ausgelegt worden sind, erhob sich ein Tumult unter den Teilnehmern und es wurden Zwischenrufe laut, wie »Stimmt nicht! – Nee, nee, in Berlin liegen die Fehler« usw.

Auch als *Götting*[15] in seinen Ausführungen zu folgenden Formulierungen kam »Wir müssen unsere ganze Kraft einsetzen, um die neuen Regierungsverordnungen in die Tat umzusetzen und aufgrund dieser Verordnungen auch die Wünsche des Handwerks, der Kaufleute erkennen« usw. und in diesem Zusammenhang von einer Partei des Mittelstandes sprach, erhob sich wiederum ein Tumult und es ertönte lautes Lachen.

Francke (Direktor der Vermögensverwaltung)[16] und *Höhn* (Pressereferent)[17] erklärten, in diesem Zustand wäre es falsch, nur die festgelegten Diskussionsredner sprechen zu lassen, da die Leute unbefriedigt wären. Man müsse eine freie Aussprache stattfinden lassen, dann würde man etwas zu hören bekommen.

Während der Mittagspause, in der die Ausführungen lebhaft negativ diskutiert wurden, war überall eine Unzufriedenheit spürbar. Nach der Pause

12 Kursiv gesetzter Text handschriftlich unterstrichen.

13 Russischer Randvermerk an diesem Absatz. Übersetzung: »Wann, wo, woher wurde das bekannt. Wer trat mit derartigen Erklärungen hervor. Das muss man offenlegen. Wie zuverlässig ist der Bericht?«

14 Otto Nuschke, Jg. 1883, in der Weimarer Zeit Politiker (u.a. Reichsgeschäftsführer) der Deutschen Demokratischen Partei, 1945 Mitbegründer der CDU in der SBZ, seit 1948 Vorsitzender der Ost-CDU, seit 1949 stellv. Vorsitzender des Ministerrates der DDR.

15 Gerald Götting, Jg. 1923, seit 1949 Generalsekretär der Ost-CDU, seit 1950 Vizepräsident der Volkskammer.

16 Werner Francke, Jg. 1919, seit 1951 Direktor der Vereinigung organisationseigener Betriebe der Ost-CDU.

17 Kurt Höhn, Jg. 1907, Mitarbeiter des Hauptvorstandes und der Pressestelle der Ost-CDU.

gab *Götting* gleich eine Erklärung ab, in der er seine Ausführungen näher begründete, um die Missstimmung zu beseitigen. Diese Ausführungen wurden ohne Beifall aufgenommen.

Am Sonnabend, dem 27.6.1953, wurde plötzlich eine außerplanmäßige Sitzung des Sekretariats angesetzt. In der Sitzung rügte *Götting* sehr scharf das negative Verhalten und Diskutieren einiger Mitglieder des Sekretariats. Darunter befand sich auch eine Person, die zwei Jahre Forst Zinna[18] besucht hat. (Gemeint ist damit ein gewisser *Pfau*,[19] der früher der SED angehörte.) In dieser Sitzung wurde festgestellt, dass der größte Teil der Teilnehmer an der vorangegangenen Hauptvorstandssitzung damit gerechnet hat, dass über den »Rücktritt gewisser Personen in der Regierung« gesprochen wurde.[20]

Über den Fall *Nuschke* wurde Folgendes bekannt: Am 17. Juni erschien der seit Jahren mit *Nuschke* persönlich bekannte Freiherr von *Richthofen*[21] (Westberliner) gegen 9.30 Uhr im Gebäude der CDU-Parteileitung und sprach etwa 20 bis 25 Minuten mit *Nuschke*. Es konnten dabei weder die Anlässe, die zum Besuch führten, noch die Einzelheiten des Gesprächs in Erfahrung gebracht werden.[22]

Mittags fuhr *Nuschke* mit seinem Wagen der Parteileitung und dem dazugehörigen Fahrer [Name 1] in Richtung Treptow. *Nuschke* hatte seinen großen Dienstwagen kurz vorher zur Garage bringen lassen und forderte den Kraftfahrer der Regierung auf, sich während dieser Fahrt mit in den Wagen zu setzen. Gegen 15.00 Uhr wurde der Wagen an der Warschauer Brücke durch die Demonstranten abgedrängt und in den Westsektor gerollt.

Nach Informationen soll Minister *Steidle*[23] sich stark vom Politischen Ausschuss der CDU distanzieren und sich für eine mittlere Linie (abwartende Haltung) einsetzen. *Steidle* soll die Lage der CDU als sehr ungünstig angesehen und sich geäußert haben, dass wegen ihrer Unfähigkeit und Zwiespältigkeit ihr Ende kurz bevorsteht.

Über die bisherige Politik, die seitens der CDU-Parteileitung betrieben wurde, werden aus den Bezirks- und Kreisverbänden kritische Stimmen laut.

18 Gemeint ist die 1947 gegründete Deutsche Verwaltungsakademie in Forst Zinna, die ab Februar 1950 die Zusatzbezeichnung »Walter Ulbricht« trug und im Februar 1953 mit der Hochschule der Justiz zur Deutschen Akademie für Staats- und Rechtswissenschaft »Walter Ulbricht« mit Sitz in Potsdam-Babelsberg vereinigt wurde.

19 Gerd Pfau, Mitarbeiter des Hauptvorstandes der Ost-CDU.

20 Absatz mit vertikaler Anstreichung.

21 Hartmann Freiherr von Richthofen, Jg. 1878, Diplomat, 1919 Mitbegründer der Deutschen Demokratischen Partei, 1924–28 Reichstagsabgeordneter, siedelte 1950 von Westdeutschland nach Westberlin über und führte regelmäßig informelle politische Gespräche mit Otto Nuschke. Vgl. Nur ein Cognac. Ost-West-Gespräch. In: Der Spiegel v. 17.1.1951, S. 5.

22 Russischer Randvermerk an diesem Absatz. Übersetzung: »Von wem sind alle diese Berichte? Wie glaubwürdig sind diese?«

23 Luitpold Steidle, Jg. 1989, seit 1949 DDR-Gesundheitsminister, seit 1950 Mitglied des Politischen Ausschusses des Hauptvorstandes der Ost-CDU.

So spricht der Kreisverband Meiningen in einem seiner letzten Berichte davon, dass Mitglieder der Ansicht seien, die führenden Gremien der Partei hätten sich in das Schlepptau der SED begeben und einige Übereifrige in der Parteileitung seien – besonders in Kirchenfragen – sogar noch radikaler gewesen als die SED.

Die Mitglieder des Kreisverbandes *Klötze* bringen zum Ausdruck, sie können sich aufkommender Zweifel nicht erwehren, dass die CDU vielleicht nicht den richtigen Mut aufgebracht hat, um die gemachten Fehler rechtzeitig zu erkennen.

Am 16.6.1953 vertrat der Generalsekretär der CDU, *Götting*, die Ansicht, dass die Demonstrationen der Bauarbeiter von der Stalinallee zur Regierung durch diese selbst verursacht worden sei.

Der *Staatssekretär Ganter-Gilmans*[24] deutete in einer Besprechung am 17.6.1953 mit den Referenten an, dass er es für unbedingt erforderlich hält, eine sofortige Stellungnahme zu den »falschen« Entscheidungen über die »Junge Gemeinde« (Rede *Göttings* und Beschlüsse des Politischen Ausschusses der CDU) abzugeben. Dabei berief er sich auf »vertraulich erhaltene Informationen«, die ihm von kirchlicher Seite mitgeteilt worden seien, denn die Kirche sei sehr interessiert an einer Rücknahme bzw. Verbesserung der bisher geführten Reden verantwortlicher CDU-Mitarbeiter oder der vom Politischen Ausschuss gefassten Beschlüsse.

Am 18.6.1953 brachte *Ganter-Gilmans* Vorschläge über die Neueinrichtung der Industrie- und Handelskammern, die auf Initiative der CDU unbedingt wieder von der Regierung zuzulassen sind, damit der private Handel und die private Industrie sehr schnell auch ihre alte »Organisationsform« wieder zurückbekommen. Gleichzeitig erwähnte er, dass der Politische Ausschuss auch den privaten Export wieder beantragen müsste, damit die Regierung neben dem DIA (Deutscher Innen- und Außenhandel) auch privaten Exporteuren ihre Lizenz erteilt.

Der *Pressereferent Höhn*[25] von der Hauptgeschäftsstelle der CDU trat im Gegensatz zu seiner bisherigen fortschrittlichen Einstellung negativ in Erscheinung. So erklärte er, als die ersten Regierungserklärungen über die Normen usw. herauskamen, dass man die Arbeiter am schnellsten beruhigen könne, wenn *W. Ulbricht* zurücktreten würde. Er sagte weiter, dass die Regierungserklärungen von keinem Menschen mehr geglaubt würden und dass die jetzigen Treueerklärungen von einem großen Teil der Bevölkerung als bestellt abgelehnt werden. Man müsste endlich zu einer anderen Propagandatechnik kommen.

24 Kursiv gesetzte Wörter handschriftlich unterstrichen. Hans-Paul Ganter-Gilmans, Jg. 1917, seit 1948 Mitlied des Hauptvorstandes der Ost-CDU, seit Oktober 1949 Staatssekretär im Ministerium für Außenhandel und Innerdeutschen Handel der DDR.

25 Kurt Höhn, Jg. 1907, Mitarbeiter des Hauptvorstandes und der Pressestelle der Ost-CDU.

Das Mitglied der Exil-Landsmannschaft Sachsen-Anhalt und Agent des »Ostbüros der CDU«,[26] Nachtigall,[27] hat vor den Ereignissen am 17. und 18. Juni 1953 einem Bekannten gegenüber durchblicken lassen, dass man sich in Kürze darauf vorbereiten kann, in die »Zone« zurückzukehren. Nachtigall sagte sinngemäß, dass jetzt der Zeitpunkt gekommen ist, wo alle politischen Flüchtlinge wieder in ihre Heimat zurückkehren können und wo die »Gewaltherrschaft in der Ostzone« zusammenbricht.[28]

In ähnlicher Weise äußerte sich der Agent *Dannemann*, politischer Flüchtling und ehemaliger Oberbürgermeister aus Stendal.[29] Diese Äußerungen wurden unmittelbar nach den neuen Beschlüssen der Regierung am 11.6.1953 gemacht.

Der stellvertretende Oberbürgermeister Westberlins, Friedensburg (CDU),[30] befand sich erst kürzlich zusammen mit seiner Frau in Amerika. Nach den Ereignissen am 17. und 18.6.1953 hat er einem Bekannten gegenüber zum Ausdruck gebracht, dass bald andere Zeiten in der »Ostzone« zu erwarten seien. *Friedensburg*, der in seinem Gespräch zurückhaltend war, hat nach Meinung seines Bekannten, mit dem er das Gespräch führte, einen besonderen Auftrag durchzuführen gehabt, der unmittelbar mit den faschistischen Provokationen zusammenhängt.[31]

Eine auffällige Erscheinung in den Reihen der CDU ist, dass die Mitglieder der Meinung sind, sie können von der ideologischen Linie ihrer Partei abweichen. So äußerte der 1. Vorsitzende des Kreisverbandes Weißwasser *Witzmann*: »Wir müssen zu einer neuen Form der Verwirklichung des Sozialismus kommen und wir können dann unsere Auffassung mit einbauen.«

Bemerkenswert ist, dass ein großer Teil von alten Mitgliedern, also solchen, die bereits 1945 bzw. 1946 in die Partei eingetreten sind und lange Zeit absolut passiv waren, jetzt plötzlich eine große Aktivität entwickeln und ihre Stunde für gekommen halten. Sie sind es, welche jetzt die vermeintliche Chance wahrnehmen wollen und stärkere Beteiligung im Regierungs- und

26 Das Ostbüro der CDU wurde 1948 von dem in den Westen geflohenen ehemaligen Vorsitzenden der Ost-CDU, Jakob Kaiser, ins Leben gerufen. Es widmete sich der Unterstützung von SED-kritischen Mitgliedern der Ost-CDU, der Informationsbeschaffung und der Einschleusung von Informations- und Propagandamaterial in die SBZ/DDR. Vgl. Buschfort, Wolfgang: Parteien im Kalten Krieg. Die Ostbüros von SPD, CDU und FDP. Berlin 2000.

27 Dabei handelt es sich wahrscheinlich um einen Decknamen, ein leitender Mitarbeiter des Ostbüros der CDU namens Nachtigall konnte nicht verifiziert werden.

28 Vertikale Anstreichung im unteren Teil dieses Absatzes.

29 Karl Dannemann, Jg. 1885, war allerdings LDP-Politiker, 1946–50 Abgeordneter des Landtags Sachsen-Anhalts und Oberbürgermeister von Stendal. April 1950 Ausschluss aus der LDP, Flucht nach Westberlin.

30 Ferdinand Friedensburg, Jg. 1886, übte dieses Amt lediglich bis zum Februar 1951 aus. Anschließend war er bis 1965 (vom Berliner Abgeordnetenhaus entsandtes) Mitglied des Deutschen Bundestages.

31 Russischer Randvermerk im unteren Bereich dieses Absatzes. Übersetzung: »Auf welcher Grundlage beruht diese Mutmaßung? Das muss man offenlegen.«

Staatsapparat fordern. Im Übrigen lässt sich auch von der Mitgliedschaft der CDU die Feststellung treffen, dass unter dem Einfluss der Ereignisse viele aus ihrer Reserve herausgegangen sind und ihr wahres Gesicht gezeigt haben, wie folgende Beispiele beweisen:

In Fürstenwalde trat als Mitglied der CDU *Heinze* als Hauptsprecher bei der Demonstration auf.

Stadtrat *Naumann* aus Raguhn, Kreis Bitterfeld, stellte sich an die Spitze der Demonstration seiner Gemeinde und wurde von dieser als »Bürgermeister« gewählt.

Der Vorsitzende der Ortsgruppe Kollm, Kreis Niesky, *Diener*, stellte sich mit der CDU-Fahne der Ortsgruppe an die Spitze der Demonstration und verleitete weitere Mitglieder der Ortsgruppe, sich an den faschistischen Provokationen zu beteiligen.

Das Mitglied [Name 2] in der Gemeinde Malschwitz,[32] Kreis Niesky, beteiligte sich maßgeblich daran, im Gemeindebüro die Bilder der führenden Staatsmänner unserer Republik abzunehmen und zu zerstören.[33]

Der 1. Vorsitzende der CDU Gera, *Neumann*,[34] soll nach Angaben eines CDU-Mitgliedes gesagt haben, dass der Block der Parteien und Organisationen in 14 Tagen aufgelöst würde und die sogenannten bürgerlichen Parteien dann einen großen Teil der jetzt von der SED besetzten Stellen einnehmen würden. Auch soll N. seine Zustimmung gegeben haben, Geld zu sammeln, um den Angehörigen, von welchen Verwandte verhaftet wurden, zu helfen.

[Name 3], beschäftigt bei der Stadtverwaltung Sondershausen, Mitglied der CDU: »Es kommt noch mehr, niemand wird zurückkommen. Die Einheit Deutschlands kommt. Man wird den Russen Bedingungen stellen. In der Türkei befindet sich eine Basis für Flugzeuge, wie sie die Welt noch nicht gesehen hat. Überall gärt es. In der ČSR haben sie auf die Stadt Pilsen mit Artillerie geschossen. Die Zonenflucht der Tschechen nach Bayern hält weiter an.« Als die Frage auf den Vorsitzenden der CDU, *Nuschke*, zu sprechen kam, sagte er weiter: »Sie hätten ihn lieber dort behalten sollen, der tauge sowieso nichts.«

Kollege [Name 4], CDU, Rostock: »Ich bin für eine gute Blockpolitik, aber ich lehne die Vormundschaft der SED ab und werde die Beschlüsse so diskutieren, dass sie unsere Mitglieder verstehen.«

Kollege [Name 5], CDU, Rentner, Ruppersdorf: »Sei bloß froh, dass Du kein großer Funktionär bist (gemeint ist ein SED-Mitglied), sonst kommst

32 Im Original »Marschwitz«. Malschwitz befindet sich nicht im Kreis Niesky, sondern im benachbarten Kreis Bautzen.

33 Folgende Passage entspricht teilweise wörtlich Ausführungen in der Information Nr. 6 v. 30.6.1953.

34 Günther Neumann, seit 1952 1. Vorsitzender des CDU-Bezirksverbandes Gera, wurde am 29.3.1954 vom MfS verhaftet. Vgl. Richter, Michael: Vom Widerstand der christlichen Demokraten in der DDR. In: Kaff, Brigitte (Hg.): »Gefährliche politische Gegner«. Widerstand und Verfolgung in der sowjetischen Zone/DDR. Düsseldorf 1995, S. 107–124, hier 122.

Du hinter Gitter. Die Russen haben schon die Wohnung von *Grotewohl* besetzt und Walter *Ulbricht* soll auch schon abgehauen sein. Im August wirst Du was erleben, da sprechen wir uns wieder.«

Da die Belegschaft des Verlages der »Neuen Zeit« zum weitaus überwiegenden Teil aus Mitgliedern der CDU besteht, ist auch die folgende Mitteilung charakteristisch: Aus der Redaktion der »Neuen Zeit« (CDU-Zeitung) wird erst jetzt bekannt, dass die Mitarbeiter dieses Verlages unter Führung ihres BGL-Vorsitzenden *Hadamczik* geschlossen gestreikt haben. Der Elektriker [Name 6] sagte wörtlich: »Jetzt kommt die große Abrechnung, jahrelang haben uns die Schweine unterdrückt und geknechtet, jetzt geht es ihnen an den Kragen!« Als das AKW-Kontrollhaus in der Friedrichstraße von Banditen angezündet wurde, waren sie begeistert.

Das CDU-Mitglied [Name 7], Kranfahrer im ABUS Kranbau Eberswalde, sagte: »Die gestrige Rede von Walter Ulbricht gibt mir die Überzeugung, dass es besser wird. Wenn aber alles nur schönes Gerede ist, sollen sie einpacken. Mit meinem Verdienst bin ich einverstanden, ich möchte mir aber mehr für mein Geld kaufen können.«[35]

Kollegin [Name 8], Sachbearbeiterin CDU: »Unsere Zeitungen und unser Rundfunk übertreiben alles gewaltig. Im Fall *Nuschke* z. B. hat man eine vollkommen falsche Meldung gebracht. Er ist nicht aus seinem Wagen gerissen und unter Misshandlungen verschleppt worden (und sein Wagen nicht zerstört), sondern man hat ihn ›nur‹ mitsamt dem Wagen in den Westsektor verschoben.«

Herr *Kind*, Vorsitzender des Bezirksverbandes der CDU Potsdam:[36] »Ich verurteile die Vorkommnisse in Brandenburg und bin der Meinung, dass trotz des Entgegenkommens unserer Regierung keine Ausnahme oder mildere Beurteilung von Provokateuren aus kirchlichen Kreisen stattfinden darf.«[37]

Der Schulleiter (Erfurt), 41 Jahre alt, Mitglied der CDU, diskutiert sehr positiv über die neuen Beschlüsse[38] und ist erfreut, dass die Regierung die

35 Russischer Randvermerk im unteren Bereich dieses Absatzes. Übersetzung: »Es hat keinen Sinn, derartige Äußerungen in den Bericht aufzunehmen.«

36 Friedrich Kind, Jg. 1928, 1950–52 Sekretär des Landesverbandes Brandenburg der Ost-CDU, seit 1952 Vorsitzender des Bezirksverbandes Potsdam.

37 Gemeint ist hier vor allem die Besetzung des FDJ-Klubhauses »Philipp Müller« durch Jugendliche bereits am 12.6.1953, an der nach Auffassung der Sicherheitsorgane Mitglieder der Jungen Gemeinde beteiligt waren. Vorwürfe gegen den Kreisjugendpfarrer Werner Marienfeld in diesem Zusammenhang scheinen weithin aus der Luft gegriffen gewesen zu sein, die Superintendentur Brandenburg/Havel wies sie jedenfalls als »frei erfunden« und »böswillige Verleumdung« zurück. Vgl. Halbrock, Christian: Evangelische Pfarrer der Kirche Berlin-Brandenburg 1945–1961. Amtsautonomie im vormundschaftlichen Staat? Berlin 2004, S. 381 u. 411. Zu den Ereignissen vgl. auch Tischner, Wolfgang: Die Kirchen im Umfeld des Volksaufstands vom 17. Juni 1953. In: Historisch-Politische Mitteilungen 7(2000), S. 151–181, hier 170.

38 Gemeint ist hier vor allem der Ministerratsbeschluss zum »Neuen Kurs« vom 11.6.1953.

Überspitzungen der letzten Zeit eingesehen hat. Er ist der Meinung, dass nun eine Beruhigung in der Bevölkerung eintreten wird. Er sagt, dass es soweit nicht hätte kommen dürfen, man müsste doch mehr die Stimmen der Massen hören.[39]

Pfarrer Wolfgang *Langloff*, ca. 35 Jahre alt, wohnhaft: Apolda: »Ich war zu einem *Konvent der Reformisten*[40] am 15. und 16.6.1953. Dort ist sehr eingehend zu den Beschlüssen der Regierung Stellung genommen worden und dieselben [wurden] für gut befunden, aber diese Maßnahmen müssen auch durchgeführt werden.[41] Hoffentlich haben die zuständigen Stellen gemerkt, dass ich kein Staatsfeind bin. Die ›Junge Gemeinde‹ hat sich nicht mit an den Unruhen beteiligt. Hoffentlich haben die Regierung und die Partei die Lehren daraus gezogen und wissen nun, wo die Krakeeler sitzen. Ich war auch mit vielen Maßnahmen der Regierung nicht einverstanden, denn deshalb habe ich dazu von der Kanzel Stellung genommen, aber nun ist das ja nicht mehr nötig, denn alles Trennende zwischen Staat und Kirche ist nun beseitigt. Meiner Ansicht ist Pfarrer Mitzenheim nicht ganz normal gewesen, dass er die aus dem Gefängnis entlassenen Großbauern mit Blumen und Glockengeläut empfangen hat.[42] Das durfte er auf keinen Fall tun und mit so etwas will ich nichts zu tun haben.«

[Name 9, Vorname], wohnhaft in Erfurt, [Straße, Nr.], Mitglied der CDU, ca. 43 Jahre alt, Beruf Bankangestellter, sagt: »Die erlassenen Verordnungen haben die bestandenen Schwierigkeiten beseitigt. Auf diese Weise tritt eine Beruhigung der Massen ein, die hoffnungsvoll auf die Einheit Deutschlands, auf die Zukunft schauen lässt. Es kommt jetzt vor allen Dingen auf die sachliche Aufklärung und Beruhigung der Bevölkerung an.«

[Name 10, Vorname], ca. 50 Jahre alt, wohnhaft in Worbis, [Straße], Mitglied der CDU, Inhaber eines Eisenwarengeschäftes in Worbis: »Zum Glück denkt man an uns auch mal wieder, bis jetzt hatten sie nichts für uns übrig, weder Kredite noch Lebensmittelkarten. Nun bekommen wir alles wieder, nachdem genug gemeutert wurde.«

Vgl. Kommuniqué über die Sitzung des Ministerrats der DDR vom 11. Juni 1953 und entsprechende Verordnungen. In: ND, Berliner Ausgabe, v. 12.6.1953, S. 1.

39 Vertikale Anstreichung und russischer Randvermerk an diesem Absatz. Übersetzung: »Derartige Äußerungen sollte man nicht glauben. Man muss die allgemeinen Stimmungen benennen.«

40 Kursiv gesetzter Text handschriftlich unterstrichen. Gemeint sind hier die Reformierten.

41 Vertikale Anstreichung der vorangehenden beiden Sätze mit russischem Randvermerk. Übersetzung: »[Wort unleserlich] besser, es kommen einige Ziele einer Gruppe von Personen zum Ausdruck.«

42 Hierbei handelte es sich um Edgar Mitzenheim, Pfarrer in Eckolstädt bei Apolda und Bruder des Bischofs der Evangelisch-Lutherischen Kirche Thüringens, Moritz Mitzenheim. Edgar Mitzenheim wurde am 18.6. von der Staatssicherheit verhaftet, am 18.7. zu sechs Jahren Zuchthaus verurteilt und kam erst im Juni 1956 wieder frei. Zu diesem Fall ausführlich: Kowalczuk, Ilko-Sascha: 17. Juni 1953 – Volksaufstand in der DDR. Ursachen – Abläufe – Folgen. Bremen 2003, S. 214–219.

Zusammenfassend kann kurz gesagt werden, dass die Mitgliedschaft der CDU in ihrer Haltung zu den Ereignissen des 17. Juni 1953 sowie den Beschlüssen unserer Regierung noch nicht eine klare Haltung erkennen lässt. Es gibt hier selbstverständlich Stimmungen, die auch die Interessen des Kleinbürgertums mit in den Vordergrund stellen.[43] Die allgemeine Stimmung jedoch ist, wie die angeführten Beispiele zeigen, ebenfalls in positiv und negativ gespalten. In der Hauptsache herrscht auch hier eine gewisse abwartende Haltung.

Anders ist die Lage innerhalb der Führung der Partei, wo *Ganter-Gilmans* sich stützend auf die durch die Ereignisse erforderliche Unterhaltung mit dem sowjetischen Hohen Kommissar Genossen Semjonow eine Kampagne gegen *Götting* führt, um *Götting* aus seiner Stellung als 1. Sekretär der CDU zu verdrängen.[44] Zu Hilfe kommt ihm hierbei die Stimmung der Sekretäre der Bezirksleitungen in der Republik, welche ebenfalls von *Götting* verlangen, dass er seine Haltung in der Frage der »Jungen Gemeinde« öffentlich revidiert.

Man kann feststellen, dass *Götting* ein durchaus positives Element ist, welcher in allen Fragen das Wohl unserer Deutschen Demokratischen Republik in den Vordergrund stellt und mit unserer Partei gemeinsam marschiert. *Ganter-Gilmans* dagegen ist ein typischer Vertreter der Privatinteressen des Klein- und mittleren Bürgertums, welches seine Haltung in allen Fragen bestimmt. Es wäre daher wahrscheinlich eine Erschwerung der Zusammenarbeit im Block der demokratischen Parteien, falls *Ganter-Gilmans* sein Ziel erreichen würde.[45]

43 Vertikale Anstreichung der vorangehenden beiden Sätze mit russischem Randvermerk (u.a. wegen einer Lochung nur teilweise lesbar und daher sinngemäß ergänzt): »Es geht nicht darum, dass sich die Haltung der Mitglieder der CDU noch nicht herausgebildet hat, sondern darum, dass wir sie offensichtlich nicht kennen. Auf jeden Fall geht dies aus dem vorliegenden Bericht nicht hervor.«

44 Zur Rolle Ganter-Gilmans und zu seinen Gesprächen mit dem sowjetischen Hochkommissar Semjonow vgl. Haupts, Leo: Die Blockpartei und der 17. Juni 1953. In: Kaff, Brigitte (Hg.): »Gefährliche politische Gegner«. Widerstand und Verfolgung in der sowjetischen Zone /DDR. Düsseldorf 1995, S 159–193, hier 175f.

45 Vertikale Anstreichung dieses Absatzes mit russischem Randvermerk. Übersetzung: »Auch alles das muss man mit Fakten belegen und [Rest unleserlich].«

23. Juli 1953

Information Nr. 1021: Analyse über die Vorkommnisse in den Chemischen Werken Buna vom 17.6. bis 22.7.1953

Quelle: BStU, MfS, AS 9/57, Bd. 3a, Bl. 88–125 (1. Expl.).
Serie: Informationsdienst (Konstituierungsphase).
Verteiler: Kein Nachweis einer externen oder internen Verteilung.
Bemerkungen: Maschinenschriftliches Deckblatt mit Dokumententitel und Hinweis auf die vier Anlagen.
Anlage 1: Forderungen der Arbeiter (Information 1021a) – 4 Dokumente.
Anlage 2: Parteiaustritte von SED-Mitgliedern (Information 1021b).
Anlage 3: Verhalten von SED- und FDGB-Funktionären (Information 1021c).
Anlage 4: Eingreifen der MfS-Organe (Information 1021d).

Die politische Struktur der Chemischen Werke Buna mit einer Gesamtbelegschaftsstärke von 16 119 sieht wie folgt aus:
- 12 197 männlich,
- 3 922 weibliche,
- 5 875 Neubürger,
- 1 806 ehemals NSDAP,
- 558 ehemals SA,
- 37 ehemals SS,
- 147 [Mitglieder] faschistischer Organisationen,
- 237 ehemalige Offiziere,
- 2 173 SED,
- 123 LDP,
- 108 CDU,
- 73 NDPD.

Von den im Werk befindlichen Intelligenzlern gehörten ca. 95 % den ehemaligen IG-Farben-Werken an.[1]

Um die Ereignisse des 17.6.1953 und 15.7.1953 zu analysieren, muss etwas zurückgegriffen werden. In der Zeit vom 25.3.1953 bis 30.4.1953 wurde in Gewerkschaftsversammlungen und Aktivtagungen der Betriebskollektivvertrag behandelt. Hierzu muss bemerkt werden, dass nicht eingehend zu den einzelnen Fragen Stellung genommen wurde. Die leitenden Funktionäre waren daran interessiert, den BKV so schnell wie möglich unter Dach und Fach zu bringen. Abänderungsvorschlägen vonseiten der Belegschaft wurde keine Beachtung geschenkt. Am 30.4.1953 wurde von 320 Delegierten, die eine Belegschaft von ca. 18 000 vertraten, der BKV einstimmig in unveränderter Form angenommen. Die Mehrzahl der Delegierten waren Mitglieder der

1 Beizettel (BStU, MfS, AS 9/57, Bd. 3a, Bl. 90) mit Überschrift »Stärke der BPO in den Buna-Werken« und folgendem Inhalt: »Mitglieder der Partei insgesamt: 1 804, Kandidaten (nicht aufgegliedert): 126, Arbeiter: 1 239, Angestellte: 543 (davon Intelligenz: 33, Meister: 174), hauptamtliche Funktionäre: 22, [Summe] 1 804.«

SED. Von der zentralen Gewerkschaftsleitung sowie der Werksleitung wurden in Bezug auf Realisierung des BKV nicht schnell genug Schritte unternommen, was besonders in der Lohnregelung zum Ausdruck kommt. Obwohl ca. 460 Anträge auf Lohnerhöhung liefen, wurden diese erst am 17.7.1953 in Bearbeitung genommen. Bei zwei Drittel dieser Anträge handelt es sich um Erhöhung der Stundenlöhne von 0,88 DM auf 1,02 DM. Die Erschwerniszuschläge wurden ebenfalls nicht wie im BKV festgelegt eingehalten. Ebenso die Versorgung der Belegschaft mit Arbeitsschutzkleidung.

In der Zeit bis zum 17.6.1953 wurde vonseiten der BGL die Normenfrage behandelt und durch Erteilung einer Kennziffer, die bei 9,3 % lag, auf die einzelnen Betriebe aufgeschlüsselt. Dabei wurde die Forderung zur erhöhten Leistungsnorm gestellt. Ein großer Teil der Belegschaft, besonders aus dem Betrieb I 75 (Energiewerkstätten), B 79 (Dreherei) und G 32 (Reparaturwerkstatt für Karbid), wehrte sich gegen die Einstufung der Normen und verlangte von der BGL und AGL genaue Überprüfung. Die leitenden Funktionäre sahen darauf, dass ihre Anordnungen und Forderungen durchgesetzt wurden, unternahmen aber keinerlei Schritte, die Forderungen der Arbeiter gewissenhaft zu untersuchen. Agitationseinsätze seitens der Partei und Gewerkschaft wurden angesetzt, aber nicht ausgewertet und weitergemeldet.

Als das Kommuniqué vom 9.6.1953[2] und der Ministerratsbeschluss vom 11.6.1953[3] bekannt wurden, traten in den Betrieben Diskussionen auf, dass die Regierung jetzt geschwächt ist und sich nicht mehr auf die Massen verlassen kann. Andere Diskussionen besagen, dass das Erkennen der Fehler noch nicht bedeutet, dass diese abgestellt werden, außerdem wären keine Voraussetzungen für die Verbesserung der Lebenslage der Bevölkerung vorhanden.

Diese Diskussionen wurden auch bei Funktionären und Mitgliedern der SED festgestellt. Einige erklärten sogar ihren Austritt aus der Partei. Die Partei verstand es nicht, durch ihre Mitglieder die Lage zu beherrschen und den Ministerratsbeschluss der Mitgliedschaft zu erklären. In der Nacht vom 16. zum 17.6.1953 wurde von der Kreisleitung[4] ein Agitationseinsatz durchge-

2 Gemeint ist das Kommuniqué des SED-Politbüros zum »Neuen Kurs« vom 9.6.1953. In: ND, Berliner Ausgabe, v. 11.6.1953, S. 1.

3 Der Ministerratsbeschluss zum »Neuen Kurs« vom 11.6.1953 basierte auf dem im vorgenannten Kommuniqué bekannt gegebenen Beschluss des SED-Politbüros vom 9.6.1953, der der SED wiederum von der sowjetischen Führung oktroyiert worden war. Im Kern ging es um die Rücknahme des seit der II. Parteikonferenz vom Juli 1952 geltenden harten politischen Kurses des »Aufbaus der Grundlagen des Sozialismus«. Einige Maßnahmen, die im Zuge dieser Politik getroffen worden waren, wurden in einem Kommuniqué ausdrücklich als »fehlerhaft« bezeichnet. Insbesondere sollten geflüchtete ehemalige Bauern und Gewerbetreibende durch das Versprechen, wieder in ihre alten Rechte eingesetzt zu werden und ihren Besitz zurückzuerhalten, veranlasst werden, in die DDR zurückzukehren. Vgl. Kommuniqué über die Sitzung des Ministerrats der DDR vom 11. Juni 1953 und entsprechende Verordnungen. In: ND, Berliner Ausgabe, v. 12.6.1953, S. 1.

4 Die Buna-Werke besaßen aufgrund ihrer Größe und Bedeutung eine SED-Betriebsparteiorganisation im Rang einer nichtterritorialen Kreisparteiorganisation mit einer entsprechenden Kreisleitung.

führt und die Normenfrage behandelt. Nach Angaben des 1. Sekretärs – Genossen *Rinkel* – geschah dies auf Anweisung des ZK. Die eingesetzten Funktionäre stießen schon auf Widerstand, zu Provokationen kam es jedoch nicht. Die Kreisleitung der Partei hatte bereits über die Lage Kenntnis erhalten, ließ sich aber von der noch vorhandenen Ruhe täuschen und berief erst um 9.00 Uhr die Funktionäre der Partei und AGL im Haus der Organisation zu einer Aussprache. Während dieser Zeit wurde bekannt, dass im Werk I 75 größere Menschenmengen versammelt waren und es zu Diskussionen kam, wobei Provokateure Solidarität mit Berlin forderten. Um 9.45 Uhr ertönten die Werkssirenen und die Arbeiter formierten sich zum Demonstrationszug. In dieser Zeit diskutierte die Partei immer noch. Die Führung der Demonstration wurde vom Bau G 32 und B 79 übernommen. Losungen wie: »Hinweg mit der Norm«, »Sturz der Regierung«, »Hinweg mit Grotewohl und Ulbricht« wurden dabei erstmalig in Anwendung gebracht. Die Demonstration bewegte sich in Richtung Merseburg, wo man sich mit den Arbeitern von Leuna vereinigte und die bereits bekannten Verwüstungen anrichtete. Zu bemerken ist, dass die gesamte Produktion des Werkes Buna außer D 47 (Polymerisation) lief. Gegen 16.00 Uhr erschienen sowjetische Truppen, die eine illegale Streikleitung von 38 Personen im Haus der Organisation festnahmen. Auf Hinweis nahm Dr. *Nelles*[5] sämtliche Abteilungsleiter der Produktionsbetriebe zusammen, sprach mit Einzelnen und forderte sie auf, die Arbeit nicht niederzulegen. Vom MfS wurden am 17.6.1953 31 Personen festgenommen, von denen 20 entlassen wurden. Bis zum 14.7.1953 wurden drei Personen verurteilt, einer der SKK übergeben, einer freigesprochen, sechs Personen sind noch inhaftiert. Im Bau B 18 wurden nach dem 17.6.1953 illegale Versammlungen durchgeführt, die AGL aufgelöst und eine neue eingesetzt.

Am 19.6.1953 forderte der Provokateur Hans *Schumacher*[6] im Bau G 32 die Belegschaft auf, die Arbeit nicht früher aufzunehmen, bis die BGL und AGL abgelöst sei. *Schumacher* trat am 15.7.1953 als Rädelsführer in Erscheinung und wurde am 17.7.1953 festgenommen. Am 23.6.1953, um 15.00 Uhr, wurde im Bau G 32 und H 33 eine schwarze Fahne gehisst und von der Belegschaft für die Opfer eine fünf Minuten lange Arbeitspause eingelegt. Obwohl der Partei und BGL diese »Gedenkfeier« vorher bekannt war, vermochte niemand diese Provokation zu verhindern.

Am 26.6.1953 wurde eine Versammlung mit einem Teil der Belegschaft aus den Bauten G 32, I 75, C 44, welche aktiv am Streik beteiligt waren, mit dem Vertreter des Politbüros Fred Oelßner durchgeführt. Insgesamt waren 600 Arbeiter anwesend. Die Versammlung artete in eine wüste Provokation aus. In der Zeit vom 17.6. bis 15.7.1953 wurden 70 Parteimitgliedsbücher ab-

5 Johannes Nelles, Jg. 1910, promovierter Chemiker, renommierter Spezialist für die Herstellung synthetischen Kautschuks, seit 1945 Werksleiter der Buna-Werke.

6 Im Original »Schuhmacher«, es handelt sich aber höchstwahrscheinlich um Hans-Joachim Schumacher. Vgl. ND, Berliner Ausgabe, v. 26.8.1953, S. 7.

gegeben bzw. vernichtet. Die Mehrzahl der Ausgetretenen gab keinerlei Begründung. In der oben angegeben Zeit wurden keinerlei Versammlungen in der Grundorganisation durchgeführt. Partei und BGL hatte keinerlei Verbindung zu den Grundorganisationen und zu den Massen. Aus diesem Grunde konnte auch keine Aufklärungsarbeit geleistet werden. Aus den verschiedensten Betrieben gingen Resolutionen ein, die politische und wirtschaftliche Forderungen zum Inhalt hatten. Dies wurde nicht ernst genommen, da, wie der 1. Sekretär zum Ausdruck brachte, derartige Erscheinungen schon früher vorhanden gewesen seien. Am 10.7.1953 wurde vom Bau G 32 eine Resolution verfasst, an der man sich mit 206 Unterschriften beteiligte. In dieser wurde der 1. Sekretär der SED aufgefordert, seine Anschuldigung, die er vor der Parteiaktivtagung im Bau G 32 tat, zurückzunehmen. Sollte dies nicht geschehen, so werden die Arbeiter dies durchzusetzen wissen. Als Termin wurde der 15.7.1953, 9.00 Uhr, angegeben (*Rinkel* hatte gesagt, im Bau G 32 sind alles Provokateure). Diese Resolution wurde am 15.7.1953, um 14.10 Uhr, nach Aufforderung vom 1. Kreissekretär ausgehändigt, der angab, dieselbe tags zuvor von Dr. *Moll*[7] erhalten zu haben. Der Kreissekretär hatte noch weitere Resolutionen und Forderungen aus den vergangenen vier Wochen, die ohne Bearbeitung und Beachtung liegen geblieben waren.

Am 14.7.1953, gegen 22.00 Uhr, wurden die Partei sowie der Betriebsschutz des Werkes in Kenntnis gesetzt, dass Mitteilungen vorhanden waren, dass die Bauten F 62 und G 63 am 15.7.1953 in den Streik treten wollen. Am 15.7.1953, um 8.30 Uhr, nach dem Frühstück, machten sich verschiedene Diskussionsgruppen bemerkbar, die ihre Arbeit nicht aufnahmen. Die Betriebe C 44, G 32 und I 75 nahmen die Arbeit nicht auf, stellten die Forderungen: Freilassung aller politischen Häftlinge, Ablösung der BGL und AGL, Neuwahl und Bezahlung der Streiktage vom 17. und 18.6.1953. An den betreffenden Werkhallen wurden Losungen angebracht mit der Aufschrift: »Wir streiken!« Insgesamt streikten zehn Werkstätten mit einer Belegschaftsstärke von ca. 3000. Gegen 12.30 Uhr erschienen in der Karbidfabrik 40 Personen aus der Werkstatt G 32 und forderten die dort tätigen Ofenarbeiter auf, ihre Arbeit einzustellen. Ca. 20 Minuten später wurden sämtliche acht Karbidöfen abgestellt, sodass verschiedene an die Karbidproduktion angeschlossene Betriebe die Arbeit niederlegen mussten, sich an dem Streik aber nicht beteiligten. Um größere Schäden zu verhindern, gelang es unter Schwierigkeiten den Verantwortlichen, die Arbeiter zu veranlassen, dass die Öfen entleert wurden, was 15.05 Uhr beendet war. Da dieser Streik im Werk Buna größere Ausmaße als am 17.6. erreichte, wurde seitens der Einsatzabteilung beschlossen, [die] KVP einzusetzen.

Durch die Besetzung der Betriebe und Karbidöfen wurde die neueintreffende Schicht von der alten Schicht isoliert, was jedoch nur zum Teil gelang.

7 Friedrich Moll, promovierter Chemiker, Mitglied der LDP, Produktionsdirektor und stellv. Werksleiter der Buna-Werke, 1951 Nationalpreis der DDR.

Die Arbeiter der neuen Schicht weigerten sich, ihre Arbeit aufzunehmen. Nach durchgeführter Versammlung, wo Genossen aus anderen Betrieben zu ihnen sprachen, nahm die neue Schicht ihre Arbeit auf. Die Karbidöfen wurden wieder hochgefahren, sodass ab 22.00 Uhr wieder voll gearbeitet werden konnte. Am 16.7.1953 versuchte die neue Schicht die Öfen abermals zurückzufahren, was jedoch durch Einsatz unserer Genossen in Verbindung mit der Partei verhindert werden konnte. Beim Eintreffen der Tagesschicht nahmen folgende Betriebe ihre Arbeit nicht auf: I 75, B 18, F 62, C 19, E 61 und G 32 sowie verschiedene kleinere Betriebe. In G 32 wurde die Arbeit nicht aufgenommen, da angeblich drei Kollegen festgenommen waren. Die Produktion arbeitete ohne Ausfall. Die inzwischen verteilten Flugblätter über die neuen Maßnahmen der Regierung, Erhöhung der Lohnsätze I–IV,[8] lösten rege Diskussionen aus. Es gab viele Stimmen, die zweifelten und trotzdem die Arbeit nicht aufnahmen. Um 10.30 Uhr wurde bekannt gegeben, dass Minister *Selbmann*[9] sprechen wird und entsprechende Delegationen zu entsenden sind. An der Versammlung um 11.30 nahmen ca. 500 Personen teil. Der Minister sprach über die augenblickliche Lage und forderte die Arbeiter auf, an die Arbeit zu gehen. Seine Rede fand am Anfang großen Anklang und wurde mehrmals durch Beifall unterbrochen. Nach Einsetzen der Diskussion wurde vonseiten der Partei ein Diskussionsredner als Provokateur hingestellt. Dadurch schwenkte die Versammlung um und nahm Stellung gegen die Versammlungsleitung. Aufgrund der jetzt aufgetretenen Diskussionsredner, die provokatorische Reden führten, wurde die Diskussion abgebrochen und Minister *Selbmann* das Schlusswort erteilt, wobei 80 % der Anwesenden den Saal verließen. Im Bau C 44 versammelten sich mehrere Betriebe und forderten den Minister auf, die Diskussion weiterzuführen, was dieser ablehnte. Der Genosse *Rinkel* ging darauf zu den Arbeitern, wurde jedoch stark provoziert, sodass er die Versammlung schloss. Am Freitag, dem 17.7.1953, nach der Frühstückspause wurde im Betrieb I 75 die Arbeit nicht aufgenommen. Durch KVP und Betriebsschutz wurden die Arbeiter aufgefordert, falls sie nicht arbeiten, das Werk zu verlassen. Daraufhin wurde gearbeitet. Als nächster Betrieb streikte C 44, der nach ca. einer Stunde die Arbeit wieder aufnahm. Am 18.7.1953 bis zum heutigen Tage wird voll gearbeitet. Die Forderungen der Arbeiter bestehen nach wie vor, sodass die Gefahr als noch nicht beseitigt angesehen werden muss.

Während der Frühstückspause am 21.7.1953 wurde im Bau C 34 nach wie vor über die Freilassung des Provokateurs *Seeger*[10] diskutiert. Man will sich

8 Verordnung über die Erhöhung des Arbeitslohnes der Arbeiter der volkseigenen Wirtschaft in den Lohngruppen I bis IV vom 23.7.1953. In: GBl. 1953, S. 885–887.

9 Fritz Selbmann, Jg. 1899, SED-Politiker, seit 1950 Minister für Schwerindustrie, ab 1951 unter der Bezeichnung »für Hüttenwesen und Erzbergbau«.

10 Im Original »Saeger«. Erwin Seeger, Jg. 1898, Vorsitzender der Abteilungsgewerkschaftsleitung (AGL) des Betriebs C 34 der Buna-Werke, wurde am 17. Juni verhaftet.

nicht mehr mit allgemeinen Redewendungen abspeisen lassen und ist bereit, wieder zu streiken. In B 89 (Kesselschmiede) ist man der Meinung, dass der Tag X[11] schneller kommen kann, als man sich denken wird.

Der Arbeiter [Name 1] erklärte, dass in jeder Schicht drei gefüllte Flaschen mit Karbid stehen, da kommt Wasser rein und wird geschmissen.

Aus dem Bau C 32 wird bekannt, dass das Übel im Werk von einem Teil der Intelligenz herbeigeführt wird, die großen Einfluss haben.

[Name 2] vom Bau E 61 hat sich geäußert, dass die Belegschaft von Buna am 25.7.1953 wieder in den Streik treten wird. (Überprüfung ist eingeleitet)

Im Allgemeinen ist die Stimmung im Buna-Werk abwartend. Konkrete Anzeichen von Streik lagen am 21.7.1953 nur im Falle *Seeger* vor. Mann kann sagen, dass die Forderungen der Arbeiter nach wie vor erhoben werden, wenn es auch im Moment nicht deutlich zum Ausdruck kommt.

Anlage 3 vom 23.7.1953 zur Information Nr. 1021 (1.Expl.)

Information Nr. 1021c: Das Verhalten der Partei und des FDGB vom 15. bis 18.7.1953 in den Buna-Werken

Am 15.7.1953, um 14.00 Uhr, wurde von der Kreisleitung der SED ein Kampfstab gebildet. Dazu gehörten: der 2. Sekretär vom Bezirk Halle – Genosse *Cherk*,[32] zwei Instrukteure vom ZK, der 1. Kreissekretär, Genosse *Rinkel*,[33] ein Vertreter der KVP, ein Vertreter des Betriebsschutzes und ein Vertreter des Ministeriums für Staatssicherheit.

Um 14.00 Uhr waren noch keinerlei wirksame Maßnahmen getroffen, um den Streik zu verhindern. Auf den Vorschlag, bewusste Genossen zusam-

11 Mit »Tag X« wurde im offiziellen DDR-Sprachgebrauch rückblickend der 17. Juni bezeichnet. Das sollte andeuten, dass es sich um einen vom Westen aus geplanten Umsturzversuch (»faschistischer Putschversuch«) gehandelt hat. Ursprünglich stammte der Begriff aus dem Westen und wurde, vor allem bei den Institutionen und Organisationen, die sich mit Wiedervereinigungsfragen und »Ostarbeit« befassten, für den Tag der Wiedervereinigung verwendet. Vgl. Fricke, Karl Wilhelm; Engelmann, Roger: Der »Tag X« und die Staatssicherheit. 17. Juni 1953 – Reaktionen und Konsequenzen im DDR-Machtapparat. Bremen 2003, S. 19–26.

32 Johannes Cherk, Jg. 1911, seit 1952 2. Sekretär der SED-Bezirksleitung Halle, wurde am 8.8.1953 wegen Untätigkeit am 17. Juni von seiner Funktion entbunden. Er hatte sich im Mansfeld-Kombinat, wo er sich am Vormittag aufhielt, stundenlang in die Obhut der sowjetischen Truppen begeben, obwohl er aus Telefonaten wusste, dass die Situation in Halle eskalierte. Die Zentrale Parteikontrollkommission der SED erteilte ihm eine Rüge und stellte fest, »dass er kritischen Situationen ausweicht und nicht den notwendigen persönlichen Mut und die Entschlusskraft, die eine solche Situation erfordert, aufbringt«. Vgl. Niemann, Mario: Die Sekretäre der SED-Bezirksleitungen 1952–1989. Paderborn u. a. 2007, S. 87 f.

33 Die SED-Betriebsparteiorganisation der SAG Buna hatte den Rang einer (nichtterritorialen) Kreisparteiorganisation und besaß eine entsprechende Kreisleitung. Der 1. Kreissekretär Rinkel wurde wenig später wegen »parteischädigendem« und »kapitulantenhaftem« Verhalten von seiner Funktion abgesetzt. Vgl. ND, Berliner Ausgabe, v. 13.8.1953, S. 4.

menstellen und mit diesen die Arbeit in der Karbidproduktion aufzunehmen, ging man nicht ein. Genosse *Rinkel* veranlasste die Ausgabe von Kleinkalibergewehren an die Genossen der Kreisleitung. Nach dem aufgezeigt wurde, dass dies falsch sei, weil 1. genügend Kräfte (KVP) vorhanden sind, 2. noch keine Tätlichkeiten begangen wurden, sah man davon ab. Auf den Vorschlag, sofort Instrukteure in die streikenden Betriebe zu entsenden, wurde von dem 2. Sekretär der Bezirksleitung Halle und Genossen *Rinkel* geantwortet, dass 100 Instrukteure aus anderen Betrieben unterwegs sind. Nach zweistündigem Warten wurden die vorhandenen 100 Instrukteure endlich eingesetzt. Diese wurden nicht in die einzelnen Betriebe reingelassen und diskutierten mit den Arbeitern durch die Fenster. Ein geplanter Aufruf mittels Lautsprecherwagen wurde durch die Partei vorbereitet. Zu diesem Aufruf (3–4[34] Schreibmaschinenseiten) benötigte man zwei Stunden. Als derselbe auf Tonband aufgenommen war, wurde festgestellt, dass der Funkwagen nicht in Ordnung war bzw. sich niemand damit zurechtfand. Um 16.00 Uhr rief Gardeoberst *Rodionow*[35] von der SKK Halle zu einer Besprechung bei der Generaldirektion auf. Die Streikenden entsandten Delegationen. Nach Anhören der Delegation wurde erklärt, dass es sich um faschistische Forderungen handelt und dass, wer bis 17.00 Uhr die Arbeit nicht aufnimmt, das Werk verlassen soll und als gekündigt gilt. Wirksame Maßnahmen zur Aufklärung der Arbeiter aufgrund dieser Besprechung wurden vonseiten der Partei nicht unternommen. Bei schnellerem Einsatz wäre die Aufnahme des Streiks am 16.7.1953 in der Form nicht zu verzeichnen gewesen. Die Anordnung der sowjetischen Generaldirektion hat man ebenfalls nicht konsequent durchgeführt. Am 18.6.1953 wurden in den Betrieben Delegierte gewählt und in einer Kommission zusammengefasst, die die Forderungen der Arbeiter zu überprüfen hatte. Ohne Rücksprache zu nehmen, löste Genosse *Rinkel* diese auf, was zu Unruhen im Werk führte. Gardeoberst *Rodionow* veranlasste am 15.7.1953 die sofortige Wiederaufnahme der Tätigkeit der Kommission.

Die Werksleitung hat sich bei den Ereignissen am 15.7.1953 völlig negativ verhalten. So äußerte sich der Werksleiter Dr. *Moll*[36] auf die Forderung, dafür Sorge zu tragen, dass die Produktion wieder angefahren wird, zynisch, dass die Intelligenz am 17.6.1953 diejenigen waren, welche einen störungsfreien Produktionsablauf gewährleistet haben. Obwohl sich ihre Partei und

34 Im Original »3/4«. Es könnte sich aber auch um 34 Seiten gehandelt haben. Jedenfalls würde das mit den zwei Stunden korrespondieren, die man für das Vortragen gebraucht hat.

35 Im Original »Rodjonow« transkribiert. Eventuell Nikolai S. Rodionow, Jg. 1902, 1946–49 Chef der Abteilung Propaganda und Information der SMA Sachsen-Anhalt, März 1949 Ernennung zum Stellvertreter des Leiters der SMA Sachsen-Anhalt für Politische Angelegenheiten. Ob er 1953 zum Vertreter der SKK im Bezirk Halle avanciert war, ließ sich nicht klären.

36 Friedrich Moll, promovierter Chemiker, Mitglied der LDP, Produktionsdirektor und stellv. Werksleiter der Buna-Werke, 1951 Nationalpreis der DDR.

FDGB sonst die führende Rolle anmaßt, war am 17.6.1953 nichts davon zu spüren. Für die Ereignisse am 15.7.1953 trägt [sic!] die Partei und der FDGB die volle Verantwortung. Ich lehne es mit meinen Herren ab, irgendwelche Maßnahmen zu ergreifen. Nach den Anweisungen des Dr. *Moll* verhielt sich die gesamte Intelligenz zu den Ereignissen vollkommen passiv. In den Buna-Werken besteht eine Verfügung, wonach in den Betrieben keine Versammlungen während der Arbeitszeit durchgeführt werden dürfen. Auch am 15.7.1953, obwohl schon alles streikte, bestand Dr. *Moll* auf dieser Anweisung, wodurch es den Instrukteuren der Partei nicht gelang, an die Massen heranzukommen.

Ein besonderer Freund des Dr. *Moll* ist Dr. *Beyer*,[37] welcher bis 1952 als LDP-Mann Personalleiter war. *Beyer* selbst schrie am 17.6.1953: »Schlagt sie tot, die roten Hunde«, und forderte auf, das Emblem der SED zu entfernen. *Moll* hat weiter beste Verbindungen zu dem im Werk Leuna beschäftigten Dr. *Zepf*.[38]

Es kann gesagt werden, dass die Intelligenz des Werkes Buna überwiegend die Losungen der Arbeiter unterstützte. Ohne Zweifel besteht Verbindung der Intelligenz zum IG-Farben-Konzern. Bezeichnend ist es, dass unter Leitung des Dr. *Hilburg* und Dr. *Schröder* eine Delegation zusammengestellt wurde, die die Freilassung des Provokateurs *Seeger*[39] erzwingen sollte. Aus dem Konstruktionsbüro G 912 tritt ein Ingenieur [Name] durch hetzerische Äußerungen und Forderungen besonders negativ in Erscheinung.

37 Im Original »Bayer«. Gemeint ist Alfred Beyer, Jg. 1896, nach 1945 zunächst Leiter der Personalabteilung, seit 1952 nur noch der Personalstatistik, duldete am 17. Juni die Zerstörung des auf dem Gebäude der SED-Kreisleitung angebrachten Parteiemblems, wurde später zu sechs Jahren Zuchthaus verurteilt. Vgl. Sattler, Friederike: »Seht euch vor, ihr sitzt auf einem Vulkan!« Der 17. Juni 1953 in den Leuna- und Buna-Werken. In: Rupieper, Hermann-Josef (Hg.): »… und das wichtigste ist doch die Einheit.« Der 17. Juni 1953 in den Bezirken Halle und Magdeburg. Münster u. a. 2003, S. 280–330, hier 303 f.

38 Im Original »Zopf«. Gemeint ist Karl Zepf, Leiter des Analytischen Labors in den Leuna-Werken, der von Walter Ulbricht bei seinem Auftritt auf der Betriebsversammlung der Leuna-Werke am 24.6.1953 scharf angegriffen worden war. Zepf floh noch im Juli 1953 in den Westen. Vgl. Sattler, Friederike: »Seht euch vor, ihr sitzt auf einem Vulkan!« Der 17. Juni 1953 in den Leuna- und Buna-Werken. In: Rupieper, Hermann-Josef (Hg.): »… und das wichtigste ist doch die Einheit.« Der 17. Juni 1953 in den Bezirken Halle und Magdeburg. Münster u. a. 2003, S. 280–330, hier 311.

39 Im Original »Saeger«. Erwin Seeger, Jg. 1898, Vorsitzender der Abteilungsgewerkschaftsleitung (AGL) des Betriebs C 34 der Buna-Werke, wurde am 17. Juni verhaftet.

Anlage 4 vom 23.7.1953 zur Information Nr. 1021 (1. Expl.)

Information Nr. 1021d: Eingreifen der Organe des Ministeriums für Staatssicherheit bei den Vorkommnissen vom 15. bis 18.7.1953 in den Buna-Werken

Die Schwächen des MfS im Werk Buna bestanden darin, dass man nach den Ereignissen vom 17.6.1953 glaubte, dass alles wieder seinen gewohnten Gang geht und nicht sah, dass der Klassengegner zu neuen Schlägen ausholte. Die Verbindung mit den Massenorganisationen war schlecht. Das Netz von GI[40] und GM[41] erwies sich als völlig unzureichend, wie es sich zeigte, wurde nicht den politischen und sozialen Schwerpunkten entsprechend die Agentur angeworben. Hinzu kommt [sic!] der laufende Wechsel der Mitarbeiter und die ungenügende Besetzung. Die vorhandene Agentur von 53 GIs bietet für die organisierte Abwehrarbeit keinerlei Gewähr, da bei den Ereignissen am 17.6.1953 sämtliches Material durch Provokateure in der Dienststelle Merseburg gestohlen bzw. vernichtet wurde. Obwohl die Mitarbeiter besonders auf die Intelligenz hingewiesen wurden, die noch Verbindung zum IG-Farben-Konzern aufrechterhält, gelang es nicht, in diese Kreise einzudringen.

Am 14.7.1953 erhielt die Dienststelle des MfS Merseburg gegen 20.00 Uhr durch einen GI die Mitteilung, dass die Arbeiter aus den Bauten F 62 und G 63 in den Streik treten wollen, da angeblich zwei Arbeiter zu je vier Jahren Zuchthaus verurteilt wurden. Weiterhin weil die Streiktage, d.h. der 17. und 18.6.1953, nicht bezahlt wurden. Die Dienststelle des MfS hatte nach dem 17.6.1953 bereits Mitteilung über geplante Streiks erhalten, die jedoch nicht eingetreten sind.

Da die Dienststelle des MfS die bei der Partei und BGL vorhandenen Resolutionen nur zum Teil kannte, wurde auch die Mitteilung des GI in ihrer Bedeutung unterschätzt. Am 14.7.1953, gegen 22.00 Uhr, wurden lediglich die Partei und der Betriebsschutz des Buna-Werkes verständigt und das Werk mit einem Mitarbeiter besetzt. Am 15.7.1953, 9.30 Uhr, wurde der Bezirksverwaltung Halle bekannt, dass in dem Buna-Werk in verschiedenen Betrieben die Arbeit niedergelegt wurde. Im Werk befanden sich zwei Sachbearbeiter der Dienststelle [des] MfS Merseburg. Die Bezirksverwaltung des MfS entsandte sofort zur Verstärkung vier Genossen. Als erste Maßnahme wurde die Entfernung der vor den Betrieben stehenden Schilder mit der Aufschrift »Hier wird gestreikt!« eingeleitet. Diese Maßnahmen, welche im Zusammen-

40 Geheime Informatoren (GI), bis 1968 geltende Kategorie für die gewöhnlichen inoffiziellen Mitarbeiter der Staatssicherheit zur Informationsbeschaffung.

41 Geheime Mitarbeiter (GM), bis 1968 geltende Kategorie höherwertiger inoffizieller Mitarbeiter der Staatssicherheit, die Kontakte zu »feindlich« eingestellten Personen oder »feindlichen« Organisationen hatten oder aufnehmen sollten. In der damaligen Zeit waren das häufig Westkontakte.

hang mit der VP durchgeführt wurden, scheiterten an der Hartnäckigkeit der Streikenden, indem sie laufend neue Schilder anbrachten. Ein Mitarbeiter des MfS wurde als Schlosser verkleidet unter die Streikenden geschickt, um die Rädelsführer sowie die Stimmung zu erkunden. Es zeigte sich, dass diese Maßnahme gut war, da es uns gelang, Rädelsführer zu stellen und geplante Aktionen zu erkennen. Nach weiterer Hinzuziehung von Kräften wurde die Telefonzentrale in Verbindung mit der Abteilung K besetzt, um Gespräche nach außerhalb zu unterbinden. Gleichfalls wurde die direkte Gasleitung nach Leuna besetzt. Ein weiterer Genosse wurde zur Einsatzleitung der Kreisleitung der SED abgeordnet. Die Sachbearbeiter des Betriebes erhielten Anweisung, mit ihren Informatoren Verbindung aufzunehmen und laufend Treffs durchzuführen. Andere Genossen wurden beauftragt, Stimmungen in den Betrieben festzustellen.

Am Abend des 15.7.1953 wurde das gesamte Material über Rädelsführer und Provokateure zusammengefasst und die Festnahmen durchgesprochen. Ab 23.00 Uhr erfolgten Festnahmen und Hausdurchsuchungen der bekannten Personen. Gegen 23.00 Uhr wurden von der Partei drei Listen überreicht mit dem Bemerken, die Personen festzunehmen. Nach Überprüfung und Rücksprache wurde festgestellt, dass nur geringfügiges Material vorhanden war. Die Festnahmen wurden abgelehnt. Gegen 24.00 Uhr überbrachte Minister *Selbmann* eine Liste mit 16 Personen, die festzunehmen sind, da es sich um Provokateure handelt und ausreichend Material vorliegt. Zwölf von diesen 16 wurden festgenommen. Die Vernehmungen ergaben keine konkrete Belastung. In einer Rücksprache durch Genossen Oberst *Weikert*[42] mit Genossen *Selbmann*, warum er diese Personen festnehmen ließ, erklärte dieser, dass dies Vorsichtsmaßnahmen gewesen seien. Da es sich bei diesen Personen um Arbeiter aus verschiedenen Betrieben handelte, wurden diese verpflichtet und entlassen. Es hat sich gezeigt, dass diese Personen bis zum heutigen Tage ihre Treffs einhielten und wertvolle Hinweise gaben.

Aufgrund der Tatsache, dass zu wenig GIs im Betrieb vorhanden waren, wurde beschlossen, Arbeiter und Meister aus den streikenden Betrieben in ihren Wohnungen offiziell anzusprechen. Die Freunde lehnten dies als nicht richtig ab. Nach einer Besprechung mit Genossen Generalmajor *Last*[43] wurde diese Methode für richtig befunden und nach eingehender Aussprache

42 Martin Weikert, Jg. 1914, seit Februar 1953 stellv. Minister für Staatssicherheit, sein Anleitungsgebiet umfasste den Bereich Volkspolizei und andere polizeiaffine Bereiche wie das Wachregiment. Seit dem 17.7.1953 (offiziell seit dem 23.7.1953) war er nur noch stellv. Staatssekretär, weil die Staatssicherheit zum Staatssekretariat im Ministerium des Innern herabgestuft worden war.

43 Otto Last, Jg. 1906, seit 1951 stellv. Minister für Staatssicherheit, sein Anleitungsgebiet umfasste die Bereiche Volkswirtschaft und Verkehr. Seit dem 17.7.1953 (offiziell seit dem 23.7.1953) war er nur noch stellv. Staatssekretär, weil die Staatssicherheit zum Staatssekretariat im Ministerium des Innern herabgestuft worden war.

und Festlegung von Verhaltungsmaßnahmen am 18.7.1953 erstmalig durchgeführt. Hierbei zeigt sich, dass die angesprochenen Personen gut berichteten, wichtige Hinweise zur Aufklärung der Rädelsführer und Provokateure gaben und gleichzeitig das Vertrauen der Werktätigen zu den Staatsorganen gefestigt wurde.

Von allen streikenden Betrieben wurden Objektmappen zunächst provisorisch angelegt. Über angefallene Provokateure und Rädelsführer wurden Karteikarten ausgeschrieben. Bei der Aktion vom 15. bis 18.7.1953 wurden insgesamt 18 Personen verhaftet, sieben davon erhielten Haftbefehl und werden den Gerichten übergeben, elf Personen wurden nach [der] Verpflichtung wieder entlassen.

25. Juli 1953

Information Nr. 1023: Analyse über die Ereignisse im Leuna-Werk »Walter Ulbricht« in der Zeit vom 17.6. bis 21.7.1953

Quelle: BStU, MfS, AS 9/57, Bd. 3a, Bl. 22–28 (verunordnet) und Bl. 80–84 (1. Expl.).
Serie: Informationsdienst (Konstituierungsphase).
Verteiler: Kein Nachweis einer externen oder internen Verteilung.
Bemerkungen: Maschinenschriftliches Deckblatt mit Dokumententitel und Hinweis auf die Anlage; Seiten 5–9 des Hauptdokuments und Anlage verunordnet abgelegt.
Anlage: Die Rolle der Partei in den Leuna-Werken (Information 1023a).

Die Unruhen, die am 17.6.1953 zu Demonstrationen und Provokationen führten, hatten ihren Nährboden aus den Maßnahmen der Regierung sowie den Zuständen im Betrieb. Bereits bei der Diskussion über den Abschluss des BKV machten sich große Unzufriedenheiten unter den Arbeitern und Angestellten bemerkbar.

Die Arbeiter vertreten den Standpunkt, dass bereits zweimal Verträge abgeschlossen wurden und bis heute ihre Forderungen auf neue Eingruppierungen in die Lohngruppen nicht erfolgt ist [sic!]. Sie sagten: »Was hat es denn für einen Zweck, wenn wir schon wieder einen neuen Vertrag abschließen.« Zum anderen hielten sie den Abschluss des BKV als viel zu spät und sagten, dass, wenn sie in der Produktion ebenfalls so langsam arbeiten würden, die Pläne nie erfüllt werden.

Zu größeren Diskussionen kam es über die Abschaffung der Frühstückspause, Abschaffung des Fahrgeldzuschusses, Maßnahmen der Regierung zur Erhöhung der Preise für Fleisch, Zucker u. a.[1] Sie sagten, dass sie nach jahrelanger schwerer Arbeit heute noch immer dazu da wären, nur zu opfern. In Bezug auf die Behandlung der Intelligenz fühlten sich die Arbeiter zurückgesetzt, da der Intelligenz, trotz ihres hohen Gehaltes, Vergünstigungen geschaffen wurden in Bezug auf billigen Einkauf von Lebensmitteln, günstigere Berechnung der Wohnungsmieten als bei den Arbeitern, Bevorzugung der Kinder beim Studium und in der Zahlung von Stipendien usw. Zum Teil hielten die Arbeiter und Angestellten in der Diskussion ihre wirkliche Meinung zurück mit der Begründung, dass sie sich nicht verhaften lassen wollen.

1 Es handelte sich u. a. um: Verordnung des Ministerrates über die Neuregelung der Hersteller-, Handels- und Verbraucherpreise für Schweine-, Rind-, Kalb-, Hammel- und Ziegenfleisch sowie für aus diesen Fleischarten hergestellte Fleisch- und Wurstwaren vom 16.4.1953. In: GBl. 1953, S. 570–572; Beschluss über die Festsetzung von Haushaltsaufschlägen für Fleisch und Fleischerzeugnisse vom 16.4.1953; BArch DC 20-I/3/184, Bl. 82 f.; Beschluss zur Herstellung der richtigen Preisrelation für zuckerhaltige Waren vom 16.4.1953; BArch DC 20-I/3/184, Bl. 83; Beschluss für verschiedene Erzeugnisse der Nahrungs- und Genussmittelindustrie, die unter Verwendung von Zucker hergestellt werden, vom 16.4.1953; BArch DC 20-I/3/184, Bl. 84.

Mit dem Beschluss des ZK vom 9.6.1953[2] trat in weiten Kreisen der Arbeiter und Angestellten und auch in den Reihen der Partei eine gewisse Unsicherheit ein. Die Arbeiter betrachteten diesen Beschluss als eine Schwäche der Partei und Regierung und sahen darin den Beweis der Richtigkeit ihrer vorher gegen die Regierungsbeschlüsse geführten Diskussionen. Dabei sei besonders genannt der Beschluss über die Normenerhöhung,[3] der einer der größten Anlässe zur Missstimmung war. Während auf der einen Seite die Normerhöhung zum Zwecke der Steigerung der Arbeitsproduktivität das Ziel der Preissenkung erreichen sollte, kam wenige Zeit später die Verordnung über Preiserhöhungen.[4] Weitere Maßnahmen zur Senkung des Lebensstandards wie Entzug der Arbeiterrückfahrkarten, Sonntagsrückfahrkarten, Wegfall des Trennungsgeldes, Senkung der Reisekostenspesen, Erhöhung der Wohnungsmieten von werkseigenen Wohnungen u.a. hatten zur Folge: größte Unzufriedenheit, Misstrauen gegen die Regierung, Senkung der Arbeitsmoral und Arbeitsproduktivität und Republikflucht.

In den Diskussionen konnten vonseiten der Werksleitung, Partei und Regierung keinerlei überzeugende Argumente vorgebracht werden. Man versuchte die Kritik zu unterdrücken und die Fragen mit dem Hinweis auf mangelndes Staatsbewusstsein und ideologische Schwächen zu beantworten. Die bis dahin nach außen verschleierte Unzufriedenheit kam dann am 17.6.1953 durch die Initiative einiger Rädelsführer in ihrer Gesamtheit zum Ausbruch, indem die Arbeiter den Zeitpunkt für eine offene Kritik [für] gekommen hielten und sich somit in ihrer Erregung an Rädelsführern und Provokateuren anschlossen, in der Hoffnung, ihre Forderungen der Regierung gegenüber durchzusetzen.

Vor dem 17.6.1953 waren keinerlei Anzeichen eines organisierten Aufstandes zu verzeichnen. Am 17.6. früh erschien die gesamte Belegschaft zur Arbeit. Die Unruhen begannen im Bau 15 gegen 7.45 Uhr. Ausgelöst wurden sie von dem kaufmännischen Angestellten *Schorn*,[5] der zum Bau 24 gehörte

2 Gemeint ist das Kommuniqué des SED-Politbüros zum »Neuen Kurs« vom 9.6.1953. In: ND, Berliner Ausgabe, v. 11.6.1953, S. 1.

3 Die Normenerhöhungen, die zunächst »freiwillig« erfolgen sollten, wurden verbindlich mit dem Beschluss des ZK der SED v. 14.5.1953 (in: Dokumente der Sozialistischen Einheitspartei Deutschlands, Bd. IV, Berlin 1954, S. 410–414), der durch den Beschluss des Ministerrates über die Erhöhung der Arbeitsnormen vom 28.5.1953 formalisiert wurde. In: GBl. 1953, S. 781–783.

4 Die Verordnungen und Beschlüsse des Ministerrates über die Preiserhöhungen waren alle am 26.4.1953 (s. o.), also mehr als einen Monat zuvor ergangen und sofort oder wenig später in Kraft gesetzt worden.

5 Friedrich Schorn, Jg. 1914, 1944/45 Mitglied der Waffen-SS, 1945–50 im sowjetischen Speziallager Buchenwald inhaftiert, hatte später Kontakte zur Vereinigung der Opfer des Stalinismus (VOS) in Westberlin und wurde seit November 1952 vom MfS als Geheimer Mitarbeiter »Stern« geführt, spielte aber wohl eine Doppelrolle. Er wurde auf Betreiben der Merseburger MfS-Kreisdienststelle Anfang 1953 als Rechnungsprüfer bei den Leuna-Werken eingestellt, floh am 18.6.1953 nach Westberlin. Vgl. Eisenfeld, Bernd; Kowalczuk, Ilko-

und die Belegschaft zum Streik aufrief. Er forderte Rücktritt der Regierung, freie Wahlen in der DDR, Entlassung der politischen Häftlinge und anderes, fast zum gleichen Zeitpunkt begann in anderen Abteilungen die Arbeitsniederlegung. Die Belegschaften begaben sich in Richtung Bau 15 und von dort geschlossen zu einer Versammlung vor Bau 24. Dort sprach wiederum *Schorn* mit seinen provokatorischen Ausführungen. Dabei kam aus den Versammlungsteilnehmern ein Ruf, wir wollen Dr. Eckhardt[6] wiederhaben. Kurze Zeit später brachte man nun Dr. Eckhardt auf Schultern getragen, zur Versammlung. Dr. Eckhardt versuchte in seiner Rede die Versammlungsteilnehmer zu überzeugen, dass das Werk nicht stillstehen kann und machte den Vorschlag, von jeder Abteilung Delegierte zu wählen, die die Forderungen der Arbeiter bei der Werksleitung, Partei und Gewerkschaft vortragen sollten. Die Demonstranten bestanden darauf, dass sie nicht eher weiterarbeiten würden, bevor ihre Forderungen beantwortet sind. Mit besonderem Nachdruck verlangten sie die Freilassung der politischen Häftlinge, die nach Meinung der Arbeiter wegen Verweigerung der Normerhöhung verhaftet wurden (tatsächlicher Grund der Verhaftung: Agenten des Ostbüros).[7] Daraufhin empfing der stellvertretende Werksleiter Dr. *Wirth*[8] eine Delegation der Streikleitung und führte sie zwecks Weiterverhandlung zur Generaldirektion. Die Delegation der Streikleitung bestand aus drei Rädelsführern, und zwar *Schorn*, *Redam* und *Reddigau* (Schorn und Redam sind flüchtig). Diese Delegation von Rädelsführern wurde von dem sowjetischen Generaldirektor empfangen, der mit ihnen eine Verhandlung einleitete. Dabei stellten die betreffenden Rädelsführer anfangs sieben und später sechs Punkte auf, welche sie bis zum 18.6.1953, 15.00 Uhr, realisiert haben wollten, da andererseits bei Nichterfüllung der Generalstreik ausgerufen würde. Weiterhin erhielten die einzelnen Betriebsleiter von der Werksleitung durch den Dr. *Wirth* den Auftrag, auf alle Fälle das Werk in Betrieb zu halten, um keinen Produktionsausfall hervorzuheben. Dieses konnte dann auch ermöglicht werden.

Aufgrund von starken Diskussionen, die sich gegen 9.20 Uhr im Bau 15 betreffs der Normenfrage entwickelt hatten, schickte die Partei den Arbeitsdirektor *Halt*[9] in diesen Bau, um dort den Beschluss des Politbüros vom

Sascha; Neubert, Ehrhart: Die verdrängte Revolution. Der Platz des 17. Juni 1953 in der deutschen Geschichte. Bremen 2004, S. 526 f.

6 Hermann Eckhardt, Jg. 1896, promovierter Chemiker, 1945–53 Direktor der Leuna-Werke, seit 1946 SED-Mitglied, im Februar 1953 von der sowjetischen Generaldirektion abgesetzt.

7 Die verhafteten Leuna-Mitarbeiter hatten Flugblätter verteilt, ihnen wurde Spionage vorgeworfen. Vgl. Sattler, Friederike: »Seht euch vor, ihr sitzt auf einem Vulkan!« Der 17. Juni 1953 in den Leuna- und Buna-Werken. In: Rupieper, Hermann-Josef (Hg.): »... und das wichtigste ist doch die Einheit.« Der 17. Juni 1953 in den Bezirken Halle und Magdeburg. Münster u. a. 2003, S. 280–330, hier 296.

8 Gustav Wirth, promovierter Ingenieur, 1945 erst Hauptingenieur, dann Technischer Direktor der Leuna-Werke, 1950 Nationalpreis der DDR.

9 Otto Halt, ursprünglich Sozialdemokrat, seit 1946 SED, 1950–53 Arbeitsdirektor der Leu-

17.6.1953 bezüglich der Normen bekanntzugeben. (Diese Anweisung wurde erst vonseiten der Kreisdienststelle des MfS der Kreisleitung der SED der Leuna-Werke »Walter Ulbricht« mitgeteilt, dieses durch Werkfunk durchzugeben, was bis dahin nicht geschehen war.)

Der Arbeitsdirektor *Halt* wurde jedoch von den Versammelten nicht angehört, sondern aus dem Bau verwiesen. Die Kreisleitung mit ca. 5000 Mitgliedern[10] war in diesem Moment nicht in der Lage, ihre besten Funktionäre organisatorisch einzusetzen. Der Funkwagen von den Leuna-Werken wurde von der Kreisleitung eingesetzt, um die versammelten Werktätigen vor dem Bau 24 (Verwaltungsbüro) von den Funktionären Genossen *Hertel*[11] und den BGL-Vorsitzenden *Winkler*[12] ansprechen zu lassen. In diesem Moment bemächtigten sich die Provokateure des Funkwagens und ergriffen das Wort zu den Massen. Nachdem zogen sich die einzelnen Mitglieder der Kreisleitung zurück und überließen die Werktätigen den Provokateuren.

Es konnte nirgends in Einklang gebracht werden, dass vonseiten der Gewerkschaft irgendwelche Maßnahmen in Bezug der Arbeitsniederlegung eingeleitet worden sind. [sic!]

Besonders ist noch zu erwähnen, dass in den Nachmittagsstunden des 17.6.1953, wo die Unruhe im Werk noch zu verzeichnen war, die beiden Kreisleitungsmitglieder, 1. Sekretär Genosse *Hertel* sowie der zzt. noch amtierende Kulturdirektor *Jonas*,[13] mit einem Fahrrad in die ländliche Gegend des Kreisgebietes fuhren, wo sie erst gegen 22.00 Uhr abends wieder im Werk eintrafen.

Gegen 11.00 Uhr zogen die Demonstranten des Leuna-Werkes »Walter Ulbricht« mit den Provokateuren an der Spitze in Richtung Merseburg zum

na-Werke, nach dem 17. Juni entlassen und im Januar 1954 aus der SED ausgeschlossen. Vgl. Verlautbarung des Sekretariats der SED-Bezirksleitung Halle vom 15.1.1954: »Über das opportunistische Verhalten leitender Funktionäre gegenüber feindlichen Kräften im Kreis Merseburg und in den Leuna-Werken ›Walter Ulbricht‹.« In: Neuer Weg, Heft Nr. 4, Februar 1954, S. 16–19.

10 Gemeint sind die Mitglieder der gesamten Betriebsparteiorganisation der Leuna-Werke, die den Rang einer (nichtterritorialen) Kreisparteiorganisation hatte und damit eine Kreisleitung besaß.

11 Karl Hertel, 1. Sekretär der SED-Betriebsparteiorganisation der SAG Leuna, die seit August 1948 den Rang einer (nichtterritorialen) Kreisparteiorganisation hatte und eine entsprechende Kreisleitung besaß. Hertel wurde im August 1953 wegen »kapitulanten Verhaltens« seiner Funktion enthoben.

12 Hans-Joachim Winkler, Jg.1928, seit 1946 SED-Mitglied, seit 1950 Mitglied der SED-Kreisleitung der Leuna-Werke und Mitglied der Volkskammer (FDGB-Fraktion), 1950/51 Studium an der Parteihochschule, seit 1951 Vorsitzender der BGL der Leuna-Werke.

13 Horst Jonas, Jg. 1914, 1935–45 im Zuchthaus Zwickau sowie in den Konzentrationslagern Sachsenhausen, Auschwitz und Buchenwald inhaftiert, 1945 KPD- und 1946 SED-Mitglied, erst stellv. Leiter der Polizei in Thüringen, dann 1947–49 Landespolizeichef von Mecklenburg, seit 1950 Kulturdirektor der Leuna-Werke, nach dem 17. Juni Ablösung und Parteistrafe.

Marx-Engels-Platz, um daselbst mit der Streikleitung Buna ein Streikkomitee zu bilden. Gleichzeitig sollte die Forderung in Erfüllung gebracht werden, Befreiung der sieben politischen Gefangenen aus Bau 15, die sich angeblich noch in der Haftanstalt beim MfS in Merseburg in der Poststraße befinden sollten. Gleichzeitig wurde der bereits beschlagnahmte Funkwagen mit in Merseburg eingesetzt.

In der Zeit zwischen 11.00 Uhr und 11.30 Uhr des 17.6.1953 bewegten sich die Massen demonstrationsartig aus dem Leuna-Werk »Walter Ulbricht« in Richtung des Inneren des Stadtgebietes Merseburg. Die Demonstranten zogen jetzt erst in Richtung Poststraße, wo sie das Untersuchungsgefängnis sowie das Gebäude des MfS sowie das VPKA stürmten und die dort befindlichen kriminellen Häftlinge gewaltsam befreiten. Ein Teil der Streikenden des Leuna-Werkes, unter ihnen verschiedene Provokateure, begaben sich in die Zellstoff- und Papierfabrik Merseburg sowie in das Braunkohlenwerk Beuna, Großkayna, Stahlwerk Frankleben, und forderten dort die Belegschaft auf, am Streik teilzunehmen. Nachdem wurde von den Provokateuren auch das Werk Pfännerhall angefahren.

Zu bemerken ist noch, dass die Produktion in den wichtigsten Abteilungen des Leuna-Werkes auch am 17.6.1953 aufrechterhalten wurde. Am 18.6.1953 nahmen alle Belegschaftsmitglieder die Arbeit wieder auf. Bis 24.6.1953, wo der Genosse Walter *Ulbricht* im Leuna-Werk auf einer Betriebsaktivtagung sprach,[14] waren keine weiteren Unruhen zu verzeichnen. In Diskussionen wurden jedoch die alten Forderungen wiederholt, welche aber nicht zu erwähnungswerten Aktionen kamen [sic!]. Zu dieser Betriebsaktivtagung waren 1 200 Belegschaftsmitglieder eingeladen.

Hier muss noch hinzugefügt werden, dass am gleichen Tage zuvor eine Besprechung zwischen den geladenen Gästen und dem stellvertretenden Ministerpräsidenten, Genossen Walter *Ulbricht*, stattgefunden hat. Es nahmen ca. 50 Personen daran teil, u. a. Intelligenzler, Arbeiter und Angestellte.

Sehr auffällig war bei dieser Besprechung, dass als erste Redner Vertreter der Intelligenz auftraten, u. a. Dr. *Münzing*. Sie stellten besonders in den Vordergrund die Forderung nach Redefreiheit, die sie schriftlich bescheinigt haben wollten, Entlassung der politischen Häftlinge, Trennung der Gewerkschaft von der Partei, Neuwahl der BGL usw.

Besonders in den Vordergrund der Diskussion traten Dr. *Münzing*, Oberingenieur *Sommer*, Dr. *Zepf*. Sie brachten wiederholt zum Ausdruck, dass es ihr Verdienst ist, dass das Leuna-Werk am 17.6.1953 nicht zum Still-

14 Auszüge der Rede unter dem Titel »Die Organisation der faschistischen Provokationen vom 17. Juni«. In: ND, Berliner Ausgabe, v. 28.6.1953, S. 5. Zu den Vorgängen vgl. Sattler, Friederike: »Seht euch vor, ihr sitzt auf einem Vulkan!« Der 17. Juni 1953 in den Leuna- und Buna-Werken. In: Rupieper, Hermann-Josef (Hg.): »... und das wichtigste ist doch die Einheit.« Der 17. Juni 1953 in den Bezirken Halle und Magdeburg. Münster u. a. 2003, S. 280–330, hier 308–311.

stand gekommen ist. Die Partei hätte auf diesem Gebiet keinerlei Verdienste. Diese Tatsache veranlasst sie, von einem guten Vertrauensverhältnis zwischen Intelligenzlern und Arbeitern zu sprechen.

Von der Werksleitung wurde am 3.7.1953 erneut eine Intelligenzversammlung einberufen, auf der dieselben Diskussionen und Forderungen zum Ausdruck kamen wie in der vorhergehenden Versammlung am 24.6.1953. Die Hauptredner waren dieselben.

Auch bis zum 16.7.1953 waren im Leuna-Werk »Walter Ulbricht« keine weiteren Ausschreitungen zu verzeichnen. Am 16.7.1953, als im Bunawerk verschiedene Abteilungen in den Streik traten, bestand die Gefahr eines Streiks ebenfalls im Leuna-Werk »Walter Ulbricht«. Um die [sic!] Durchführung eines Streikes vorzubeugen, wurde vonseiten des MfS Rücksprache mit dem stellvertretenden Werksleiter Dr. *Wirth* genommen, dass er voll verantwortlich ist, dass die Produktion ohne jegliche Störung weiterläuft. Es wurde ihm der Vorschlag gemacht, dass er mit den führenden Intelligenzlern eine kurze Sitzung durchführt und sie ebenfalls dafür verantwortlich macht, dass in ihren Abteilungen die Produktion aufrechterhalten bleibt. Aufgrund dieser Maßnahme konnte auch verzeichnet werden, dass in keiner Abteilung ein Streik ausgebrochen ist. 9.30 Uhr erhielten wir die Mitteilung, dass im Bau 16 gestreikt würde.

Aufgrund dieser Mitteilung begab sich der Referatsleiter[15] vom Leuna-Werk »Walter Ulbricht« zu dem genannten Bau, und es konnte festgestellt werden, dass dort ca. 40 Personen diskutierten um die Einstufung der Lohngruppe 1–4 und 5–8. Man forderte eine Überprüfung der Arbeitsplätze von jedem einzelnen Kollegen. Durch Mitteilung wurde bekannt, dass diese Kollegen die Absicht hatten, einen Sympathiestreik mit Buna einzugehen.

Gegen 10.30 Uhr wurde die Arbeit im Bau 16 wieder aufgenommen, weil man den Kollegen versprach, dass sofort eine Kommission zur Überprüfung der Arbeitsplätze zusammengestellt wird. Weiterhin konnte festgestellt werden, dass die Wortführer *Witt* und *Hase* vorher die Forderung stellten: Entlassung sämtlicher politischer Häftlinge. Diese konnten aber im Keime erstickt werden, weil diese Personen merkten, dass sofort vonseiten aller Organisationen eingeschritten wurde.

Nach der Rede Walter Ulbrichts, am 20.7.1953,[16] ist die Lage im Leuna-Werk »Walter Ulbricht« Folgende: Die Intelligenz vertritt den Standpunkt, dass die Rede von Walter Ulbricht nicht das Niveau eines Ministerpräsidenten hatte, komplizierte und wichtige Fragen hätte er nicht beantwortet und andere Fragen nur unkonkret. Sie erklärten, dass endgültig der Bruch zwischen Regierung und Intelligenz eingetreten ist. Sie hatten geglaubt, dass, in

15 Gemeint ist wahrscheinlich der für die Leuna-Werke in der MfS-Bezirksverwaltung Halle zuständige Referatsleiter.

16 Missverständliche Formulierung: Die Rede Ulbrichts war am 24.6.1953. Die folgende Lagebeschreibung bezieht sich auf den 20.7.1953.

einer Besprechung der Intelligenz mit Walter Ulbricht, ihre Probleme, die sie der Regierung mitzuteilen hatten, sachlich besprochen würden.

Unter den Angestellten des Leuna-Werkes »Walter Ulbricht« wird diskutiert, dass sie mit der Antwort Walter Ulbrichts nicht einverstanden sind, dass ihr Gehalt zzt. nicht verbessert werden kann, sondern nur die Lohngruppen 1–4 der Arbeiter.[17] Die Arbeiter erklärten nach der Rede Walter Ulbrichts, warum er nicht mit den Arbeitern eine offizielle Aussprache vor Bau 24 durchführt, wo alle Arbeiter daran teilnehmen können. Irgendwelche Anzeichen eines Streikes sind zzt. nicht vorhanden.

Als Hauptredner entlarvten sich vor allem Dr. *Münzing*, Dr. *Zepf* und Oberingenieur *Sommer*.

Dr. *Münzing*,[18] geb. am 20.8.1901, wohnhaft in Leuna, [Adresse], war seit 1926 im IG-[Farben-]Konzern, jetzt Abteilungsleiter der Organisationsabteilung, Gruppe 1, im Leuna-Werk »Walter Ulbricht«. Vor 1945 war M. Mitglied der SA, jetzt parteilos. Von 1936 bis 1938 und von 1939 bis 1940 war er vom IG-[Farben-]Konzern zur Fa. Ahrendt & Co. nach Tokio abgestellt. Von Juli bis November 1945 arbeitete er auf Veranlassung der amerikanischen Militärregierung im deutsch-amerikanischen Arbeitsstab der IG in Heidelberg. Im November 1945 kehrte er nach Leuna zurück, um als Chemiker in der Werksleitung seine Arbeit aufzunehmen. Sein Vater war Chemiker bei IG Farben.

Dr. *Zepf*, Karl, geb. am 28.1.1889 in Schafhausen, wohnhaft in Leuna, [Straße, Nr.], Beruf: Chemiker, Mitglied der CDU. Z. arbeitete schon 1915 bei dem IG-[Farben-]Konzern in Ludwigshafen. Seit dem 16.3.1917 ist er im Leuna-Werk tätig. Sein Vater war selbstständiger Bäckermeister.

Oberingenieur *Sommer*, Fritz, geb. 13.6.1901 in Köln/Rhein, wohnhaft in Leuna, [Straße, Nr.], Beruf: Ingenieur, beschäftigt im Leuna-Werk »Walter Ulbricht« als Abteilungsleiter in der Abteilung Niederdruck. S. war bisher nicht parteipolitisch organisiert. Er entstammt einer bürgerlichen Familie. Seit 1.6.1928 ist er beim IG-[Farben-]Konzern beschäftigt. Er trat im Leuna-Werk ein, wo er auch heute noch beschäftigt ist.

Wie festgestellt werden konnte, hat ein Teil der Intelligenzler Verbindung zum Büro Dr. *Assmann*, Berlin W 35, Potsdamer Straße 192 II. Bei diesem Büro handelt es sich um eine zentrale Stelle des IG-[Farben-]Konzerns, welche Briefe und Wünsche von Intelligenz aus der DDR entgegennimmt und an die zuständigen Stellen der IG Farben-Industrie sendet.

Im Werk selbst sind Anzeichen vorhanden, dass eine illegale Streikleitung besteht.

17 Verordnung über die Erhöhung des Arbeitslohnes der Arbeiter der volkseigenen Wirtschaft in den Lohngruppen I bis IV vom 23.7.1953. In: GBl. 1953, S. 885–887.

18 Ernst Münzing war renommierter Chemiker und Vertreter der Angestellten in der Zentralen Gewerkschaftsleitung der Leuna-Werke.

Anlage vom 24.7.1953 zur Information Nr. 1023 (1. Expl.)

Information Nr. 1023a: Die Rolle der Partei in den Leunawerken »Walter Ulbricht«

Bei den Ereignissen am 17.6.1953 war festzustellen, dass die Partei durch ihr unentschlossenes Handeln nicht in der Lage war, die Streikbewegung aufzuhalten. Bereits um 7.45 Uhr (17.6.1953) wurde von einem Arbeiter dem Sekretariat der Kreisleitung Mitteilung gemacht, dass sich im Bau 15 fremde Personen, vor allen Dingen Jugendliche, aufhalten.

Inzwischen wurden Anhäufungen von 60 bis 80 Mann festgestellt, die sich im Bau 15 versammelten. Vonseiten der Partei wurden auch hier keine Gegenmaßnahmen ergriffen, wodurch es zur Arbeitsniederlegung im Bau 15 (ohne Werkzeugmacherei) kommen konnte. Da nach nochmaliger Verständigung der Parteileitung noch immer nichts unternommen wurde, war es möglich, dass der Streik auf andere Abteilungen übergreifen konnte. Erst gegen 12.00 Uhr wurden einige Agitatoren in die Werkstatt geschickt, um die Demonstranten von den noch Arbeitenden zu isolieren. Vom 1. Kreissekretär, Genossen *Hertel*,[19] hatten diese den Auftrag erhalten, die Arbeiter dahingehend zu beeinflussen, dass möglichst vernünftige Arbeiter als Delegierte (Streikleitung) gewählt würden. Kurz nach Mittag verließen der 1. Sekretär der Kreisleitung, Genosse *Hertel*, und der Kulturdirektor, Genosse *Jonas*,[20] den Betrieb, um angeblich einen neuen Standort für das Kreissekretariat außerhalb des Betriebes zu suchen. Dies wurde damit begründet, dass man befürchtet, dass das Kreissekretariat von den Demonstranten gestürmt wird. Genosse *Jonas* bemerkte außerdem, dass er sich um sein Kind kümmern müsste.

Gegen 16.00 Uhr wurde beim Betriebsschutz ein Wagen angefordert, der nach Leipzig-Kickerlingsberg, Bostenweg, kommen soll, um zwei Genossen abzuholen. Da man keine Namen genannte hatte, wurde dem Wunsch nicht entsprochen. Um 18.00 Uhr erfolgte nochmals die telefonische Aufforderung, da man an der Stimme Genossen *Hertel* erkannte, wurde dieses Gespräch nach der Kreisleitung verlegt. Die Kreisleitung schickte daraufhin einen Wagen nach Leipzig, der mit Genosse *Hertel* und *Jonas* zurückkam.

19 Karl Hertel, 1. Sekretär der SED-Betriebsparteiorganisation der SAG Leuna, die seit August 1948 den Rang einer (nichtterritorialen) Kreisparteiorganisation hatte und eine entsprechende Kreisleitung besaß. Hertel wurde im August 1953 wegen »kapitulanten Verhaltens« seiner Funktion enthoben.

20 Horst Jonas, Jg. 1914, 1935–45 im Zuchthaus Zwickau sowie in den Konzentrationslagern Sachsenhausen, Auschwitz und Buchenwald inhaftiert, 1945 KPD- und 1946 SED-Mitglied, erst stellv. Leiter der Polizei in Thüringen, dann 1947–49 Landespolizeichef von Mecklenburg, seit 1950 Kulturdirektor der Leuna-Werke, nach dem 17. Juni Ablösung und Parteistrafe.

Auf der Parteiaktivsitzung um 19.30 Uhr im Betrieb wurde von Genossen *Ziegler* (Mitglied der Kreisleitung) der Genosse *Hertel* und *Jonas* entschuldigt, da sie zu einer wichtigen Besprechung wären. Am 27.6.1953 wurde in der Abteilung Betriebskontrolle ein Schreiben mit 17 Forderungen an der Wandzeitung veröffentlicht. Verfasst wurde dieses Schreiben angeblich vom 1. Sekretär der Grundorganisation, *Beerbaum*, AGL-Vorsitzenden *Bartsch* und einem Parteilosen. Ein Genosse forderte von der Kreisleitung die Entfernung dieser Forderungen. Trotzdem dieses Schreiben solche Forderungen, wie Rücktritt der Regierung, freie Wahlen, Absetzung der BGL und dgl. aufzuweisen hatte, wurde von der Kreisleitung der Standpunkt vertreten, dass man dies nicht tun kann. Man muss den Arbeitern das Recht geben, ihre Forderungen an der Wandzeitung zu veröffentlichen. Nach vier Tagen entfernte ein Genosse eigenmächtig dieses Schreiben, worauf ihm vonseiten der Kreisleitung gesagt wurde, dass die Entfernung so ohne Weiteres nicht möglich ist, man müsste die Forderungen allmählich abändern. Am nächsten Morgen war das Schreiben wieder an der Wandzeitung. Die Parteileitung hat es bis heute noch nicht verstanden, die gesamte Mitgliedschaft der SED im Betrieb zu mobilisieren, sondern lässt die Angriffe der Intelligenz und anderer negativer Elemente des Betriebes über sich ergehen.

7. August 1953

Information Nr. 1034

Quelle: BStU, MfS, AS 39/58, Bd. 2, Bl. 573–580 (2. Expl.).
Serie: Informationsdienst (Konstituierungsphase).
Verteiler: Kein Nachweis einer externen Verteilung – SfS: Mielke, Walter, Last, Weikert, Menzel (Angaben auf dem Vorblatt).
Bemerkungen: Maschinenschriftliches Deckblatt mit Inhaltsverzeichnis a–b. – Die laut Verteilerliste vorgesehene Weitergabe an Last und Weikert ist nicht zu belegen, da sie den Erhalt nicht mit ihrer Unterschrift quittiert haben.

Stimmung der Bevölkerung

Wie aus vorliegenden Diskussionsbeispielen zu ersehen ist, ist das Hauptthema der Diskussion die sogenannte »USA-Hilfsaktion«.[1] Von der Bevölkerung wird nach wie vor unterschiedlich darauf reagiert. Unter der Bevölkerung wird geäußert, dass man nach ihrer Ansicht nur die »kleinen Leute«, die Pakete in Westberlin abgeholt haben, in der Zeitung, durch den Rundfunk usw. veröffentlicht, dabei aber in keiner Weise Funktionäre unserer Partei oder Angehörige der VP namhaft macht, die ebenfalls Pakete abgeholt haben.[2]

So sagt der Bauer [Name 1] aus Grabow: »Ich verstehe nur eins nicht, dass die, die täglich gut von unserer Regierung sprechen (SED-Genossen), selbst die ersten sind, die nach Berlin fahren und sich solche Pakete abholen. Wenn diejenigen in Versammlungen wieder einen großen Mund haben, werde ich ihnen dies unter die Nase reiben. In der Presse werden die nicht veröffentlicht.«

Dass sich ein großer Teil bei dem Abholen der Pakete keine Gedanken macht, sondern nur sieht, dass er etwas »geschenkt« bekommt, zeigen uns folgende Beispiele:

In der S-Bahn konnte festgestellt werden, dass eine freudige Stimmung über die Paketausgabe in Westberlin herrschte. Als der Genosse [Name 2] den Einwand machte, dass diese Päckchen nur für eine bestimmte Hetze be-

1 Die Lebensmittelhilfe für die DDR war am 10.7.1953 von US-Präsident Dwight D. Eisenhower als Element der »Psychologischen Kriegsführung« im Rahmen der amerikanischen Liberation Policy beschlossen worden. Die Lebensmittelpakete wurden an Westberliner Verteilerstellen von Mitarbeitern der Senatsverwaltung sowie der Ostbüros und der KgU ausgegeben. Bei der ersten Aktion, die vom 27.7. bis zum 27.8.1953 lief, wurden 2,7 Mio. Pakete verteilt. Es schloss sich bis zum 10.10.1953 eine zweite Aktion an, bei der weitere 2,8 Mio. Pakete verteilt wurden. Vgl. Stöver, Bernd: Die Befreiung vom Kommunismus: Amerikanische »Liberation Policy« im Kalten Krieg 1947–1991. Köln u. a. 2002, S. 485–490.

2 Seit Anfang August wurden »Bettelpaketabholer« in der DDR-Presse mit vollem Namen, teilweise sogar mit Geburtsdatum, vollständiger Adresse und detaillierten Angaben zu Einkommens- und Vermögensverhältnissen an den Pranger gestellt. Vgl. z. B. »30 Schweine, 20 Rinder, 80 Morgen Land und 3 Bettelpakete«. In: ND, Berliner Ausgabe, v. 4.8.1953, S. 6.

stimmt sind, bekam er zur Antwort: »Uns interessiert nur, dass sie kein Geld kosten.«

Der Rangierer [Name 3] vom Bahnbetriebswerk Wustermark sagte zu seinem anderen Kollegen: »Wenn du dir dein Paket nicht holst, kannst du mir deinen Ausweis geben, damit ich es mir holen kann.« Als ihm klargemacht wurde, was der Gegner mit der Schenkung dieser Pakete bezweckt, antwortete er: »Das ist doch egal, was morgen ist, interessiert mich nicht. Die Hauptsache ist, dass wir heute leben. Die Politik geht in erster Linie durch den Magen. Soll das Vaterland die Lebensmittel billiger verkaufen.«

Die sogenannte »Hilfsaktion der USA« wird von fortschrittlichen Kreisen dahingehend diskutiert, dass es eine Schande für einen Deutschen ist, diese Bettelpakete abzuholen, und dass man sich der Tragweite dieser Aktion noch nicht genügend bewusst ist. So sagt der Instrukteur des Schriftstellerverbandes *Dörnfeld*: »Man kann die Maßnahmen der Regierung gegen diese Paketaktion nur begrüßen. Der Amerikaner will uns nicht helfen, sondern geht nur auf Dummenfang aus. Leider werden die unter uns Deutschen nicht alle.«

Der Arbeiter [Name 4] vom VEB Mähdrescherwerk Weimar: »Ich lehne diesen Dreh mit den Paketen ab. Wenn der neue Kurs so weitergeht, fahren wir in sechs Monaten nach Westberlin und bringen denen zu essen. Wenn ich auch Hunger hätte, würde ich nie nach Berlin fahren und dieses Paket abholen.«

Wie aus nachfolgend aufgeführten Beispielen zu ersehen ist, werden von Unbekannten sogenannte »Liebesgaben« an Personen in die DDR verschickt. Es wird vermutet, dass dies eine neue Methode des Gegners ist, um Personen, welche die Pakete von Berlin nicht abholen würden zu korrumpieren. So wurden z. B. für den Genossen [Name 5] bei der Nachbarin 500 g Butter abgegeben. [Name 5] ist Mitglied der SED und Funktionär, er leitet in einem Werk das Fernstudium für Gesellschaftswissenschaft. Ferner ist er Lektor für weitere politische Schulungen. Dem Genossen [Name 5] kam diese Butterlieferung nicht sauber vor und er übergab diese der BPO. [Name 5] nimmt an, dass dies eine neue Methode des Gegners ist, um Funktionäre in der Öffentlichkeit zu kompromittieren.

Der Angestellte [Name 6] vom VEB Immergut in Stavenhagen: »Ich für meine Person begrüße die Aktion der Amerikaner. Vor ein paar Tagen habe ich ein Paket von einer mir bisher unbekannten Person erhalten. Ich kann mir nicht denken, woher diese meine Adresse hat. Ich werde ihm aber sofort schreiben und mich für das Paket bedanken und meine Freude darüber zum Ausdruck bringen.«

Zur »Paketverteilung« in Westberlin wird bekannt: Das Personal in den Registrier- und Ausgabestellen der sogenannten »USA-Hilfsaktion« setzte sich in der ersten Zeit aus Angestellten der Bezirksämter zusammen. Später wurden Lehrer der Schulen mit herangezogen und zzt. greift man auf Angehörige verschiedener Organisationen zurück. Den Absperr- und Einlassdienst bei den Ausgabestellen versehen in letzter Zeit Zivilpersonen mit Armbinden. Anstehende Personen werden durch Lautsprecherwagen aufgefordert, bei der Paketausgabe zu helfen. In den Westberliner Bezirken, wo Pakete an Bewohner der DDR zur Ausgabe gelangen, wurden Aufbewahrungsstellen eingerichtet, wo sie ihre Lebensmittel ablegen können. Damit soll verhindert werden, dass die Pakete abgenommen werden. Das frühere Flüchtlingslager »Am Karlsbad« in Berlin-Charlottenburg[3] ist jetzt als Übernachtung[smöglichkeit] für »Paketabholer« aus der DDR eingerichtet, die infolge ungünstiger Fahrtverbindung nicht am selben Tage zurückkehren können.

Wie in Erfahrung gebracht werden konnte, fährt ein großer Teil der »Paketabholer« aus der DDR per Anhalter mit Fernlastzügen nach Berlin. Weiterhin versucht man Pakete mit Kinderwagen in den demokratischen Sektor Berlins zu befördern.

Vonseiten der Westberliner SPD beschäftigt man sich mit einem sogenannten »Hungermarsch« vom Leuna-Werk sowie Hennigsdorfer Stahlwerk nach Westberlin. Im Leuna-Werk zieht man zahlreiche ehemalige Nazis in Betracht, hält aber die Möglichkeit im Stahlwerk Hennigsdorf für wahrscheinlicher, da infolge der Nähe zum Westsektor eine bessere Verbindung besteht und der Weg nicht so weit ist.

Ein amerikanischer Angestellter des »HICOG« äußerte sich, dass er erfreut sei, dass die »Ostbewohner« so zahlreich an den Lebensmittelausgabestellen erscheinen. Das beweise, dass die Aktion richtig sei. Wenn es zu einer Viermächtebesprechung käme, würden die Sowjets es schwer haben, die Zustände in der »Zone« abzuleugnen. Ferner erklärte er, dass er nicht verstehen könne, warum die Amerikaner so tun, als ob die Lebensmittelaktion sie nichts anginge. Nach seiner Meinung müssten die Amerikaner mehr in Erscheinung treten, und er macht den Vorschlag, dass amerikanische Soldaten den Anstehenden Kaffee ausschenken und Kaffeepakete an sie verteilen sollten.

Folgende Gerüchte wurden uns bekannt: In der Gastwirtschaft »Hay« in Holzdorf, Bezirk Cottbus, diskutiert man darüber, dass die Streikbewegung von Leuna ausgehen soll. An der Tankstelle Muskauer Platz in Cottbus wird das Gerücht verbreitet, dass die Leuna-Werke geschlossen mit den Fahrrädern nach Berlin fahren und die Pakete in Empfang nehmen wollen. In Sömmerda wird das Gerücht verbreitet, dass sich der 17.6. in 14 Tagen wiederholen soll und dass sie diesmal mit Flugzeugen kommen würden.

Unter der Belegschaft des Rates der Stadt Weimar, Bezirk Erfurt, wurden in den letzten Tagen negative Diskussionen geäußert, da alle von der Rückstufung Betroffenen angenommen hatten, dass diese zurückgenommen wer-

3 Das vom Deutschen Roten Kreuz unterhaltene Flüchtlingslager mit der Adresse, Am Karlsbad 8 bzw. 16, befand sich im Bezirk Berlin-Tiergarten und war im August 1953 noch in Betrieb.

den (trifft für Staatsangestellte nicht zu).[4] Dies verursachte, besonders unter den ca. 80 zurückgestuften Personen des Rates der Stadt, starke Verärgerung.

So äußerte der Angestellte [Vorname Name 7], Mitglied der CDU: »Wie sollen wir den Anordnungen der Regierung Vertrauen schenken, wenn sie nicht alle Maßnahmen richtig durchführt. Man versprach, dass Stromabschaltungen aufhören, trotzdem werden sie wieder durchgeführt. Das Gleiche ist auch mit den Rückstufungen der Fall.«

Die Sekretärin der Sozialabteilung Frau [Vorname Name 8], Mitglied der CDU, sagte: »Damals nach den Rückstufungen, die auch mich hart betraf, hatte ich mich abgefunden. Die Nachricht von der Rückgängigmachung der Rückstufungen löste große Freude bei mir aus. Umso mehr wurde ich enttäuscht, dass man diese Anweisung nicht einhält. Das ist keine gute Politik der Regierung«.

In der Grube »Freiheit«, Kreis Bitterfeld, Bezirk Halle, stellten die Lokführer des Werkes die Forderung, dass sie alle in die Lohnstufe VI eingestuft werden. Zum Sprecher machte sich der Lokführer [Vorname Name 9]. Er ließ abstimmen, dass, wenn diese Forderung nicht innerhalb von 24 Stunden erfüllt wird von der Werksleitung, man sofort in den Streik treten will.

Im Kraftwerk »Karl Liebknecht« in Bitterfeld, Bezirk Halle, stellten die Arbeiter einer Anlagenbaufirma von Leipzig die Forderung, dass sie im Lohn an den Schwermaschinenbau angeglichen werden wollen.

Besondere Vorkommnisse

Der Schlosser [Vorname Name 9] versuchte am 5.8.1953 im EWW Calbe, Bezirk Magdeburg, den Schaltraum mit öldurchtränkter Putzwolle in Brand zu setzen. Dadurch wäre [ein] Kurzschluss entstanden und somit die Niederschachtöfen ausgefallen. Der Grund dieser Tat ist auf Abhören der Westsender zurückzuführen. Es entstand keine Brandentwicklung.

Von unbekannten Tätern wurde vom 6. zum 7.8.1953 die Tür der Sparkasse und die der Bau-Union Calbe, Bezirk Magdeburg, mit benzinartiger Flüssigkeit übergossen und angebrannt. Der Brand wurde von der Feuerwehr und Passanten gelöscht (wird bearbeitet).

4 Einschlägig ist der Beschluss des Ministerrates über die Aufhebung der (nach dem 1.1.1953 erfolgten) Rückstufung von Löhnen und Gehältern vom 23.7.1953. In: GBl. 1953, S. 888. Drei Tage später wurde klargestellt, dass der Beschluss zwar »auch auf die gewerblichen Arbeiter wie Reinigungspersonal, Küchenpersonal usw. in den Staatlichen Verwaltungen und Einrichtungen Anwendung findet«, aber »für die übrigen Angestellten in den staatlichen Verwaltungen und Einrichtungen […] nicht gelten kann, weil für ihre Gehälter der bestätigte Stellenplan maßgebend ist«. In: ND, Berliner Ausgabe, v. 26.7.1953, S. 3.

11. August 1953

Information Nr. 1037: Stimmung der Rückkehrer in das Gebiet der DDR

Quelle: BStU, MfS, AS 39/58, Bd. 2, Bl. 556–563 (2. Expl.).
Serie: Informationsdienst (Konstituierungsphase).
Verteiler: Kein Nachweis einer externen oder internen Verteilung.
Bemerkungen: Titel der Information auf dem Deckblatt (im Unterschied zu dem auf dem Hauptdokument): »Stimmung der zurückgekehrten Personen aus Westdeutschland und Westberlin lt. Ministerratsbeschluss vom 11.6.53«.

Dem Ministerratsbeschluss vom 11.6.1953[1] folgend, kehrten in das Gebiet der Deutschen Demokratischen Republik zurück:

- am 31.7.1953 = 214 Rückkehrer, davon 40 aus Westdeutschland,
- am 1.8.1953 = 128 Rückkehrer, davon 20 aus Westdeutschland,
- am 2.8.1953 = 21 Rückkehrer, davon 4 aus Westdeutschland,
- am 3.8.1953 = 251 Rückkehrer, davon 37 aus Westdeutschland,
- am 4.8.1953 = 143 Rückkehrer, davon 23 aus Westdeutschland,
- am 5.8.1953 = 216 Rückkehrer, davon 46 aus Westdeutschland,
- am 6.8.1953 = 162 Rückkehrer, davon 40 aus Westdeutschland,
- am 7.8.1953 = 209 Rückkehrer, davon 30 aus Westdeutschland,
- am 8.8.1953 = 126 Rückkehrer, davon 20 aus Westdeutschland,
- am 9.8.1953 = 15 Rückkehrer, davon 6 aus Westdeutschland.

Demgegenüber haben das Gebiet der Deutschen Demokratischen Republik verlassen:

- am 31.7.1953 = 244 Personen,
- am 1.8.1953 = 205 Personen,
- am 2.8.1953 = 11 Personen,
- am 3.8.1953 = 191 Personen,
- am 4.8.1953 = 143 Personen,
- am 5.8.1953 = 288 Personen,
- am 6.8.1953 = 197 Personen,
- am 7.8.1953 = 227 Personen,

1 Der Ministerratsbeschluss zum »Neuen Kurs« vom 11.6.1953 basierte auf einem Beschluss des SED-Politbüros vom 9.6.1953, der der SED wiederum von der sowjetischen Führung oktroyiert worden war. Im Kern ging es um die Rücknahme des seit der 2. Parteikonferenz vom Juli 1952 geltenden harten politischen Kurses des »Aufbaus der Grundlagen des Sozialismus«. Einige Maßnahmen, die im Zuge dieser Politik getroffen worden waren, wurden in einem Kommuniqué ausdrücklich als »fehlerhaft« bezeichnet. Insbesondere sollten geflüchtete ehemalige Bauern und Gewerbetreibende durch das Versprechen, wieder in ihre alten Rechte eingesetzt zu werden und ihren Besitz zurückzuerhalten, veranlasst werden, in die DDR zurückzukehren. Vgl. Kommuniqué über die Sitzung des Ministerrats der DDR vom 11. Juni 1953 und entsprechende Verordnungen. In: ND, Berliner Ausgabe, v. 12.6.1953, S. 1.

- am 8.8.1953 = 144 Personen,
- am 9.8.1953 = 22 Personen.

Die Zahl der Rückkehrer unterliegt an den einzelnen Tagen starken Schwankungen. In den ersten Tagen des Monats kann man noch nicht erkennen, ob die Rückkehrerzahl im Steigen begriffen ist, da die Zahlen an den einzelnen Tagen zu große Schwankungen aufweisen.

Eine negative Entwicklung ist dahingehend festzustellen, dass die Republikflüchtigen die Rückkehrer überwiegen. So kehrten in der Zeit vom 31.7. bis 9.8.1953 insgesamt 1485 Personen in die DDR zurück. In der gleichen Zeit wurden 1672 Republikflüchtige gemeldet. Demnach stehen im Durchschnitt am Tage 149 Rückkehrer 167 Republikflüchtigen gegenüber.

Von den Rückkehrern wurden in der Zeit vom 31.7.1953 bis 9.8.1953 in Form einer zwangslosen und freundschaftlichen Unterhaltung insgesamt 35 Personen befragt, über die Aufnahme des Ministerratsbeschlusses bei den Flüchtlingen in Westdeutschland und Westberlin sowie ihre Aufnahme und Eindrücke in der DDR nach ihrer Rückkehr. Die befragten Personen setzten sich aus 18 Arbeitern, 14 Bauern, einem Angestellten und zwei Geschäftsleuten zusammen.

Aufgrund der Angaben dieser Personen kann Folgendes berichtet werden:

1. Aufnahme des Ministerratsbeschlusses bei zurückgekehrten Personen sowie bei den Flüchtlingen in Westdeutschland und Westberlin

Der Ministerratsbeschluss der DDR wurde von allen Rückkehrern lebhaft und freudig begrüßt. Verschiedene Rückkehrer konnten es gar nicht fassen, dass sie jetzt ungehindert wieder in die Heimat zurückkehren können. Bei einem Teil besteht noch ein gewisses Misstrauen betreffs der Durchführung der Regierungsbeschlüsse.

So äußerte der Rückkehrer [Vorname Name 1], wohnhaft: [Straße, Nr.], Bezirk Dresden: »Über die neuen Maßnahmen der Regierung und der Ministerratsbeschlüsse war ich sprachlos und hätte so etwas nie für möglich gehalten. Es ist einmalig, dass eine Regierung die gemachten Fehler nicht nur zugibt und einsieht, sondern sich bereit erklärt, dieselben wiedergutzumachen. Eine derartige Großzügigkeit hätte ich nie erwartet und habe ich auch noch nicht erlebt.«

Die Großbäuerin [Vorname Name 2], wohnhaft: Bergsdorf, Kreis Gransee, Bezirk Potsdam, sagte: »Ich finde die Ministerratsbeschlüsse[2] gut, bin aber noch etwas misstrauisch.«

Der Landwirt [Vorname Name 3], wohnhaft: Niendorf, Kreis Parchim, Bezirk Schwerin, brachte zum Ausdruck: »Ich habe den Ministerratsbe-

2 Nachfolgendes funktionsloses »für« nicht wiedergegeben.

schluss freudig begrüßt und hätte mir den Weg nach Westberlin sparen können.«

2. Stimmung der Flüchtlinge und Hemmungen bei der Rückkehr

Nach Mitteilung der Befragten ist die Stimmung sehr schlecht unter den Flüchtlingen, da sie von den Einheimischen als Eindringlinge angesehen werden, welche ihre schon bestehende Not nur noch vergrößern. Sie werden überall als fünftes Rad am Wagen betrachtet und auch behandelt.

Besonders schlecht ist die Stimmung in den Lagern, da dort die Unterbringung sowie Verpflegung sehr ungenügend ist. Die Lager sind größtenteils überfüllt, deshalb will der größte Teil von ihnen lieber heute als morgen in die Heimat zurückkehren. Jedoch besteht bei einem großen Teil von ihnen noch eine gewisse Hemmung, da sie befürchten, dass sie nach Rückkehr wegen ihrer Republikflucht verhaftet werden oder sonst welche Nachteile dadurch erhalten. Ein Teil wird durch die westliche Presse und den Rundfunk eingeschüchtert und von einer Rückkehr abgehalten, da unsere Agitation über den Ministerratsbeschluss in Westdeutschland noch nicht überall festen Fuß gefasst hat.

Der Rückkehrer [Vorname Name 4], wohnhaft: Sommersdorf, Kreis Demmin, Bezirk Neubrandenburg, äußerte: »Die Stimmung unter den Flüchtlingen in Westdeutschland ist so, dass alle gern wieder zurück möchten, da sie drüben schlecht untergebracht sind und keinen Verdienst haben. Die meisten Flüchtlinge sind noch sehr eingeschüchtert und wissen wenig über die Maßnahmen in der DDR. Die Zeitungen in Westberlin und Westdeutschland bringen hierüber sehr wenig. Mir wurde der Ministerratsbeschluss durch einen Zeitungsausschnitt, den meine Mutter mir schickte, bekannt.«

[Vorname Name 5], wohnhaft: Demmin, Bezirk Neubrandenburg, erklärte: »Ein großer Teil der Flüchtlinge schenkt den Parolen des Westens immer noch Glauben. Jeder möchte jedoch lieber heute wie morgen wieder zurück. Sie haben jedoch Angst zurückzukehren, da sie der Meinung sind, dass ihnen in der DDR noch irgendwelche Nachteile durch ihre Republikflucht erwachsen.«

3. Agitation und Maßnahmen von westlicher Seite aus, um eine Rückkehr zu verhindern

Durch Gegenagitation versucht man die Flüchtlinge von einer Rückkehr in die DDR abzuhalten, indem man durch Presse und Rundfunk mitteilt, dass man der Regierung »der Ostzone« nicht trauen dürfe. Weiterhin wird von verschiedenen Stellen gegen die DDR gehetzt. Man sagt den Flüchtlingen, dass sie in »der Ostzone« sofort verhaftet würden. Auch teilt man mit, dass sie, wenn sie an der Grenze ergriffen werden, wieder in ein Lager zurückgebracht würden und man sie dem Amerikaner dann übergibt.

So äußerte der Rückkehrer [Vorname Name 6], wohnhaft: Paplitz, Kreis Genthin, Bezirk Magdeburg: »Als ich den Antrag stellte bei der Abmeldung, um in die DDR zurückzukehren, wurde ich gefragt, warum ich zurückkehren will und ob ich keine Angst hätte, dass ich dort eingesperrt würde. Einen DPA erhielt ich nicht wieder, ich bekam nur einen provisorischen Ausweis. Als ich im Lager fragte, wie es mit dem Geld für die Rückreise sei, sagte man, das Geld solle ich mir von der Regierung der DDR geben lassen, von hier erhalte ich keines.«

[Vorname Name 7], wohnhaft: Klötze, Bezirk Magdeburg, [Straße, Nr.], sagte: »Ich wollte schon am 1.8. über die Grenze, wurde aber von Zöllnern aufgehalten und man fragte mich, was ich in der ›Ostzone‹ wollte. Als ich ihnen antwortete: ›Ich will wieder zu meinen Eltern, da es im Westen keine Arbeit gibt‹, wurde ich eingesperrt und in das Lager Uelzen gebracht. Von hier wollte man mich der westlichen Kriminalpolizei übergeben. Am Sonntag, dem 2.8.1953, gelang es mir aus dem Lager Uelzen zu fliehen.«

[Vorname Name 8], wohnhaft: Pasewalk, Bezirk Neubrandenburg, erklärte: »Die Rückkehr der Flüchtlinge wird vonseiten der Amerikaner in der Form verhindert, dass man überall bekannt gibt, dass derjenige, welchen man an der Grenze erwischt, sofort nach Westdeutschland zurückgebracht wird. Die Grenzpolizei hat die Anweisung, alle Personen, die zurückwollen, festzunehmen und dem amerikanischen Kommandanten zu übergeben.«

4. Durchführung der Maßnahmen des Ministerratsbeschlusses bei den Rückkehrern

Der größte Teil der zurückgekehrten Personen äußerte, dass sie von allen Stellen in der DDR äußerst höflich und zuvorkommend aufgenommen werden. Die Behandlung war gut und sie erhielten ihr Eigentum, Wirtschaften und Wohnungen schnell zurück und sind voll damit zufrieden. Trotzdem gab es noch Verwaltungsstellen, welche den Ministerratsbeschluss nicht richtig durchführen bzw. wo man nicht schnell genug alle Maßnahmen einleitete. Dadurch wurde eine gewisse Unzufriedenheit unter einem Teil der Rückkehrer erzeugt, was sich selbstverständlich auch auf die noch im Westen[3] befindlichen Flüchtlinge überträgt und auf die Rückkehr dieser auswirkt.

Der Rückkehrer [Vorname Name 9], wohnhaft: Vorbein, Kreis Demmin, Bezirk Neubrandenburg, führte aus: »Ich habe mich an der Grenze gleich der VP gestellt und wurde von ihr sehr gut behandelt. Hier habe ich festgestellt, dass sich bereits schon viele Rückkehrer an der Grenze in ein Buch eingetragen haben.«

Der Bauer [Vorname Name 10], wohnhaft: Buchholz, Kreis Röbel, Bezirk Neubrandenburg, sagte: »Ich bin etwas verstimmt, da die Abteilung Land-

3 Nachfolgendes funktionsloses »sich« nicht wiedergegeben.

wirtschaft[4] noch keine ordnungsgemäße Übergabe meines landwirtschaftlichen Betriebes vornahm.«

Frau [Vorname Name 11], wohnhaft: Prenzlau, Bezirk Neubrandenburg, [Straße Nr.], äußerte: »Mir wurde von der Wohnungsamtsleiterin in Prenzlau gesagt, warum ich denn zurückgekommen bin, da ich doch ganz genau weiß, da ich nur 600,00 DM hier für die Möbel wiederfinden werde und dass ich ebenfalls wisse, dass die Wohnungsknappheit hier groß ist.«

Der Großbauer [Name 12], wohnhaft: Quenstedt,[5] Bezirk Halle, wurde mit einer Musikkapelle und vielen ehemaligen Landarbeitern auf drei Aderwagen vom Bahnhof Sandersleben abgeholt. Der Bürgermeister schloss in der Zwischenzeit das Tor der LPG »Max Reimann« (ehemaliges Gehöft des [Name 12]), um zu verhindern, dass die Menschenmenge in den Hof einströmte. Das Tor wurde jedoch von den Versammelten geöffnet. Zwei Angehörige der VP, welche die Menge zurückhalten wollten, wurden niedergeschrien. Die beiden VP-Angehörigen forderten Einsatzwagen der VP an. Der Einsatzwagen fuhr dann in den Hof und die Versammelten erhoben ein wüstes Geschrei, z.B.: »Volkspolizei raus.« Es kam zu tumultartigen Szenen, indem die anwesenden Personen verlangten, dass die Volkspolizei den Hof verlassen soll. Die Menge rief: »Ihr sabotiert die Beschlüsse der Regierung.« Die VP verließ den Hof unter Händeklatschen der Bevölkerung. Außerhalb des Hofes bildeten sich Diskussionsgruppen, die eine drohende Haltung gegen die noch verbliebenen VP-Angehörigen einnahmen. Der Bürgermeister wurde von mehreren Personen bespuckt.

5. Besondere Mitteilung eines Rückkehrers

Am 8.8.1953 kehrte der [Vorname Name 13] aus Salzwedel, Bezirk Magdeburg, über die D-Linie[6] zurück. In einer Unterhaltung brachte er zum Ausdruck, dass er 1945 in amerikanische Gefangenschaft gekommen war, anschließend in ein Lager (53/48) nach Lyon, Frankreich, transportiert wurde, aus welchem er im Januar 1953 geflüchtet ist. Dieses Lager enthielt ca. 300 Gefangene, die sich aus Letten, Esten, Ukrainern und Deutschen zusammensetzten. Keiner der Gefangenen durfte seinen Angehörigen schreiben. [Name 13] äußerte, dass er aufgrund der unmenschlichen Behandlung auf Leben und Tod den Entschluss gefasst hat, die Flucht zu ergreifen. Er erklärte, dass er nur den einen Wunsch habe, so schnell wie möglich seine Frau wiederzusehen, welche von ihm seit 1945 noch keinerlei Nachricht hatte und mit der er schon von der VP aus telefonisch gesprochen hat.

4 Gemeint ist die Abteilung Landwirtschaft des Rates des Kreises Röbel.
5 Kreis Hettstedt.
6 Demarkationslinie. So wurde die innerdeutsche Grenze in dieser Zeit noch häufig genannt.

25. August 1953

Information Nr. 1050

Quelle: BStU, MfS, AS 39/58, Bd. 2, Bl. 464–471 (Vorblätter und 2. Expl. der Information).
Serie: Informationsdienst (Konstituierungsphase).
Verteiler: Kein Nachweis einer externen Verteilung – SfS: Walter, Last, Joseph Gutsche, Weikert, Menzel (Angaben auf zwei Vorblättern).
Vermerke: Mehrere vertikale Randbemerkungen (hier nicht im Einzelnen dokumentiert).
Bemerkungen: Maschinenschriftliches Deckblatt mit Inhaltsverzeichnis a–c (nur 1. Gliederungsebene) – gemeinsame Vorblätter (AS 39/58, Bd. 2, Bl. 464–465) für Informationen 1049 und 1050.

Stimmung der Bevölkerung

a) Zum sowjetisch-deutschen Kommuniqué

War die Meinung der Bevölkerung über die Note der Sowjetregierung an die Westmächte[1] in der Mehrheit positiv, aber durch weit verbreitete gleichgültige, abwartende und direkt negative Stimmungen getrübt, so kann das Echo auf das Kommuniqué über die Moskauer Verhandlungen[2] schon als positiver bezeichnet werden.

Aus den vorliegenden Stimmen von allen Schichten der Bevölkerung ist zu sehen, dass man nicht nur schlechthin die erfolgreichen Verhandlungen begrüßt, sondern viele Menschen sind geradezu überrascht von der schnellen und unmittelbaren Verwirklichung der Vorschläge, die die Sowjetregierung in ihrer Note unterbreitete.

In diesen positiven Stimmen wird zum Ausdruck gebracht, dass die SU damit ihre ehrliche Hilfsbereitschaft und Freundschaft gegenüber dem deut-

1 Über praktische Maßnahmen zur Regelung des deutschen Problems. Note der Regierung der UdSSR an die Regierungen der USA, Großbritanniens und Frankreichs vom 15.8.1953. In: Dokumente zur Deutschlandpolitik der Sowjetunion. Hg. v. Deutschen Institut für Zeitgeschichte, Bd. 1, Berlin (Ost) 1957, S. 329–339.

2 Über die Ergebnisse der Verhandlungen zwischen der Regierung der UdSSR und der Regierung der Deutschen Demokratischen Republik. Sowjetisch-deutsches Kommuniqué vom 23.8.1953. In: Dokumente zur Deutschlandpolitik der Sowjetunion. Hg. v. Deutschen Institut für Zeitgeschichte, Bd. 1, Berlin (Ost) 1957, S. 345–350. Dabei ging es um den Vorschlag zur Einberufung einer Friedenskonferenz unter Beteiligung der »Vertreter Deutschlands«, die zur Bildung einer Provisorischen Gesamtdeutschen Regierung führen sollte, deren Hauptaufgabe es sei, »freie gesamtdeutsche Wahlen vorzubereiten und durchzuführen«, außerdem um den Erlass der Reparationsverpflichtungen, die Überführung der SAG-Betriebe in das Eigentum der DDR, Senkung der Zahlungsverpflichtungen für den Unterhalt der sowjetischen Truppen in der DDR und einen Schuldenerlass. Darüber hinaus wurden zusätzliche Warenlieferungen für das laufende Jahr im Werte von etwa 590 Mio. Rubel, ein Kredit über 485 Mio. Rubel und die Entlassung deutscher Kriegsgefangener angekündigt.

schen Volke augenscheinlich beweist. Dieses Argument wird auch von bisher schwankenden, ungläubigen und skeptischen Elementen gebracht, die dadurch eine Wendung zum Positiven vollzogen haben. Weiter werden die große wirtschaftliche Hilfe und ihre weittragenden Auswirkungen auf die Steigerung des Lebensstandards der Bevölkerung hervorgehoben.

Laut vorliegenden Berichten schickten die Arbeiter des Stahl- und Walzwerkes Riesa und die Arbeiter und Bauern aus MTS, LPG und anderen Betrieben des Kreises Belzig, Bezirk Potsdam, Delegationen mit Dankschreiben an die örtlichen sowjetischen Kommandanten. In Görlitz nahmen ca. 10000 Werktätige an einer Demonstration teil. Im LEW Hennigsdorf fand eine Versammlung der Lehrlingsausbilder und der Verwaltung statt, wo die Anwesenden nach der Verlesung des Kommuniqués Beifall spendeten. Wie uns berichtet wird, ist eine solch beifällige Aufnahme irgendwelcher Dokumente dort noch nie zu verzeichnen gewesen. Ein ähnliches Beispiel wird uns aus dem Entwicklungsbüro für Industrie und Bau, Berlin II, bekannt. Die dort beschäftigten Ingenieure und Techniker diskutierten zum ersten Mal positiv über eine solche Maßnahme.

Zweifellos sind auch die abwartenden und mehr oder weniger gleichgültigen Stimmen noch verbreitet. So wird z.B. aus Leipziger Betrieben gemeldet, dass die gegnerischen Argumente, die im Zusammenhang mit der Note in den Diskussionen offensiv auftauchten (bis auf Kriegsgefangenenfrage, die nunmehr in den Hintergrund gedrängt sein dürfte) nachhaltig wirken und eine allseitige, umfassende Zustimmungsbewegung hemmen.

In den Magdeburger SAG-Betrieben stimmen die Arbeiter wohl den Verhandlungsergebnissen zu, machen aber den Vorbehalt, durch die Übereignung der SAG-Betriebe würden die Reparationsaufträge wegfallen und die Arbeiter würden arbeitslos werden. Da diese Meinung in allen Magdeburger SAG-Betrieben verbreitet ist, handelt es sich offensichtlich um ein vom Westen ausgeklügeltes Argument.

Unter anderem fanden auch im Stahl- und Walzwerk Gröditz Arbeiterkurzversammlungen statt. Dort wurde wenig diskutiert und vorgeschlagene Entschließungen wurden abgelehnt. Von CDU-Leuten wurde das damit begründet, man solle nicht immer gleich Holzhammerpolitik treiben, sondern den Arbeitern Zeit lassen, über solche Dinge gründlich nachdenken zu können.

Verschiedentlich wird der Wunsch geäußert, das im Kommuniqué angegebene Zahlenmaterial über [die] Höhe der gestrichenen Reparationen usw. in deutscher Währung bekanntzugeben, um ein noch besseres und konkreteres Bild über die Hilfe der SU erhalten zu können.

b) Stimmung in den Betrieben

Im Kaliwerk Unterbreizbach, [Kreis] Bad Salzungen, herrscht unter den Wagenaufschiebern eine Missstimmung aufgrund der Prämienverteilung, bei der sie nicht berücksichtigt wurden. Ein beabsichtigter Streik konnte durch schnelles Handeln der BPO, BGL und Werksleitung verhindert werden.

Im Eisenwerk Tangerhütte steht der überwiegende Teil der Belegschaft unserer Regierung feindlich gegenüber. Charakteristisch für die Stimmung ist, dass sich an der Kundgebung zur Note der SU von 1 100 Belegschaftsangehörigen ca. 150 beteiligten. Der größte Teil der Belegschaft tritt für die 10 Personen ein, die am 17.6.1953 festgenommen und wieder entlassen wurden.

Im VEB Kahlbaum, Berlin, wurde von der Belegschaft einstimmig der Beschluss gefasst, die Normen so zu belassen, wie sie vor dem 17.6. waren. Auffällig ist, dass in letzter Zeit im Betrieb sehr stark RIAS-Parolen verbreitet werden.

Auf den Großbaustellen der Stalinallee, Block G-Süd und Nord sowie Block 40, häufen sich in letzter Zeit die Fälle, wo Bauarbeiter ihre Kündigung einreichen und in Westberlin Arbeit aufnehmen. So ist z.B. auf dem Block G-Süd zu verzeichnen, dass die Belegschaftsstärke von 330 Personen auf 220 Personen zurückgegangen ist.

Gleichzeitig mussten die Fa. Kötzke, Berlin, Stolpische Straße,[3] und Schweiger, Greifswalder Straße, einen Teil ihrer angenommenen Aufträge wieder zurücknehmen, da ein großer Teil ihrer Arbeiter zu Westberliner Firmen ging. Der Termin der Fertigstellung der Baustelle Ostseestraße ist infrage gestellt, da die Abwanderung der Bauarbeiter nach Westberlin anhält.

Auf den Baustellen in der Stalinallee ist in den letzten Tagen eine bemerkenswerte Desorganisation zu verzeichnen. So werden Steine dort abgeladen, wo sie die Arbeit behindern und dergleichen mehr. Unproduktiv sind z.T. Poliere, Bau- und Oberbauleiter, die trotz Abwanderung der Bauarbeiter auf den Baustellen verbleiben.

c) Stimmung in der Landwirtschaft

Aus Leppin wird bekannt, dass ein großbäuerlicher Betrieb an den Besitzer nicht zurückgegeben werden kann, da er die Existenzgrundlage der LPG bildet. Einzelbauern, besonders die, die der CDU angehören, äußern: »Wenn [Name 1] seinen Hof nicht wieder bekommt, hören wir alle auf zu arbeiten und lassen unsere Höfe stehen.« Oder: »Es ist schlecht, wenn die LPG mit gestohlenen Sachen aufbaut« usw.

Im Kreis Delitzsch, Bezirk Leipzig, liegt die Beteiligung an Versammlungen auf dem Lande zwischen 2 und 10 %. In Diskussionen wird meist über örtliche Belange und wirtschaftliche Fragen gesprochen. Großbauern versuchen durch allerlei Ausreden die Ablieferung hinauszuschieben. Durchgeführte Versammlungen versuchten Großbauern in ihrem Sinne zu beeinflussen.

Laut Mitteilung der HVDVP beklagen sich Bauern im Sperrgebiet Meiningen, Bezirk Suhl, darüber, dass sie von der Grenzpolizei bestraft werden,

3 Straße im Bezirk Berlin-Prenzlauer Berg, 1978 in Paul-Robeson-Straße umbenannt.

weil sie die vorgeschriebenen Zeiten für Feldarbeiten (8.00–19.00 Uhr) überschreiten, in dieser Zeit aber ihre anfallenden Erntearbeiten keinesfalls bewältigen können.

Feindtätigkeit

Flugblätter: 2000 Stück durch Ballonabwurf im Kreis Schleiz, Bezirk Gera, 250 Stück in Hauseingängen und hinter Dachrinnen in den Straßen von Teterow, 90 Hetzschriften an der Straße von Neustrelitz nach Neubrandenburg, 200 Stück in Zeitungsgröße in Flieth, Kreis Templin, 250 im Kreis Prenzlau und einzelne Exemplare im Kreis Ueckermünde, sämtlich Bezirk Neubrandenburg.

In Klosterwalde, Kreis Templin, brannte eine Scheune eines devastierten Betriebes, vermutlich durch Brandstiftung nieder, wobei ein Schaden von 6000 DM entstand.

In Kalbe/Milde, Bezirk Magdeburg, haben des Öfteren Personen öffentlich, meist nachts, faschistische Lieder gesungen. Sie wurden dabei von niemandem daran gehindert oder zur Ordnung gerufen.

Kurz vor Beginn einer Versammlung in Spenningen,[4] Kreis Kalbe/Milde, in der der 1. Sekretär der Kreisleitung der SED sprechen sollte, wurde das dortige Gemeindebüro durch einen fingierten Telefonanruf benachrichtigt, der Referent könne nicht erscheinen. In der Versammlung traten dann viele Bauern mit der Forderung auf 50%ige Sollherabsetzung bei Getreide auf. Offensichtlich liegt hier eine bewusst organisierte feindliche Handlung vor.

Im Kreis Bautzen, Bezirk Dresden, kursiert das Gerücht, in Kürze sei mit einer Preissenkung zu rechnen, nach der ein halbes Kilogramm Margarine 2,00 DM und ein halbes Kilogramm Bohnenkaffee 10,00 DM kosten soll.

Im Kreis Herzberg, Bezirk Cottbus, ist das Gerücht im Umlauf, wonach am 27.8.1953 eine Neuauflage des »Tages X«[5] erfolgen solle. Ähnliche Meldungen kommen vom Block 40 der Stalinallee.

Besondere Vorkommnisse

Am 21.8.1953, um 8.55 Uhr, schlug in den Jagen[6] 115 zwischen Fehrow und Drachhausen, Kreis Cottbus, eine Panzergranate ein. Von neun Waldarbei-

4 Ort konnte nicht verifiziert werden.

5 Mit »Tag X« wurde im offiziellen DDR-Sprachgebrauch rückblickend der 17. Juni bezeichnet. Das sollte andeuten, dass es sich um einen vom Westen aus geplanten Umsturzversuch (»faschistischer Putschversuch«) gehandelt hat. Ursprünglich stammte der Begriff aus dem Westen und wurde, vor allem bei den Institutionen und Organisationen, die sich mit Wiedervereinigungsfragen und »Ostarbeit« befassten, für den Tag der Wiedervereinigung verwendet. Vgl. Fricke, Karl Wilhelm; Engelmann, Roger: Der »Tag X« und die Staatssicherheit. 17. Juni 1953 – Reaktionen und Konsequenzen im DDR-Machtapparat. Bremen 2003, S. 19–26.

6 Bezeichnung für ein forstwirtschaftlich genutztes Flurstück.

terinnen wurden durch den Einschlag der Granate eine getötet, eine schwer verletzt (liegt im Sterben) und sechs Frauen leicht verwundet. Der Unglücksort liegt ca. 3–4 km vom Anfang des Sperrgebietes entfernt, wo ein Übungsschießen mit Panzern durchgeführt wurde. Es wurde festgestellt, dass schon öfter Granaten in dieses Waldgebiet eingeschlagen haben. Aufgrund des Vorfalles sowie der Unsicherheit im Walde, ist die Bevölkerung in den umliegenden Ortschaften sehr erregt, unruhig und schimpft auf die deutsch-sowjetische Freundschaft, die nach ihrer Meinung nur zum Schein besteht.

3. September 1953

Information Nr. 1058

Quelle: BStU, MfS, AS 39/58, Bd. 2, Bl. 415–421 (2. Expl.).
Serie: Informationsdienst.
Verteiler: Kein Nachweis einer externen oder internen Verteilung.
Vermerke: Mehrere vertikale Randmarkierungen (hier nicht im Einzelnen dokumentiert).
Bemerkungen: Maschinenschriftliches Deckblatt mit Inhaltsverzeichnis a–g.

Die Lage in den Industrie- und Verkehrsbetrieben

Den größten Umfang nehmen zzt. in den Betrieben die Diskussionen über die Verhaftungen von Interzonenreisenden in Westdeutschland ein.[1] Während man in geringer Zahl gegen die Verhaftungen protestiert (Großkokerei Lauchhammer/Cottbus und Baustellen des BKW »Friedenswacht«), wird vom größten Teil dahingehend Stellung genommen, dass »wir selbst die Schuld tragen und die Verhaftungen vom Westen aus durchaus gerechtfertigt sind, sie wurden von uns nach dem Westen geschickt, um Wahlpropaganda zu machen«.

Im VEB RFT Gera äußerte die AGL-Vorsitzende Sonja *Klotz*: »Die Verhaftungen der Interzonenreisenden brauchten nicht zu sein, dies ist auch eine Provokation von unserer Seite. Am 17.6.1953 haben wir auch Westberliner als Provokateure verhaftet.«

Im Transformatorenwerk »Karl Liebknecht« [Berlin-]Oberschöneweide wird den Meldungen des ND[2] über willkürliche Verhaftungen Interzonenreisender kein Glauben geschenkt.

Im Kraftwerk Dresden sagte der Genosse [Name 1]: »Die Partei hatte mit dieser Aktion einen großen Fehler begangen, sonst hätten nicht so viele verhaftet werden können. Die Partei muss endlich einmal lernen, wie man bestimmte politische Probleme richtig organisiert und durchführt.«

Weiterhin wird verschiedentlich die Entlassung von »Paketabholern« abgelehnt. So erklärten die Kollegen des RBA Rostock, dass sie ihre Unterschrift für die Entlassung der »Paketabholer« nicht geben werden. Große

1 In der DDR-Presse lief eine Kampagne, die die Festnahmen von SED- und FDJ-Mitgliedern, die im Zusammenhang mit dem Bundestagswahlkampf in großer Zahl organisiert in den Westen einzureisen versuchten (vgl. Information Nr. 1056 v. 1.9.1953), zum Anlass nahm, um den bundesdeutschen »Polizeiterror« gegen Interzonenreisende zu beklagen. Vgl. »Wilder Polizeiterror an der Zonengrenze. Adenauer gab den Befehl – Furcht vor Wahrheit – über 3 600 Interzonenreisende brutal verhaftet«. In: ND, Berliner Ausgabe, v. 1.9.1953, S. 1.

2 Vgl. »Adenauer füllt die Gefängnisse mit friedliebenden Interzonenreisenden«. In: ND, Berliner Ausgabe, v. 3.9.1953, S. 1. Nach Auskunft des Bundesinnenministeriums vom 3.9.1953 betrug die Gesamtzahl der »Aufgegriffenen« 7 240 und die Zahl der inhaftierten »FDJ- und SED-Angehörigen« rund 4 200. In: Bulletin des Presse- und Informationsamtes der Bundesregierung vom 5.9.1953, Nr. 169, S. 1414.

Empörung fand das »Vorgehen gegen einen Zigarettenhändler in der Presse« unter den Arbeitern des KWO Berlin, welcher ein Paket abgeholt hatte.[3]

Auf verschiedenen Bahnmeistereien der RBD Schwerin sind die Kollegen empört, dass sie keine Bezugsscheine für Arbeitskleidung erhalten, trotzdem sie im Konsum vorhanden sind (z.B. Bahnmeisterei Perleberg, Wittstock und Bahnhof Glöwen). Aus diesem Grunde zahlt ein Teil der Kollegen keine FDGB-Beiträge mehr.

In dem VEB Flachsröste Burg Stargard/Neubrandenburg wollen die Arbeiter die Arbeit niederlegen, wenn die Lohnfrage nicht in Kürze geregelt wird.

Unter den Wärtern der Ofenbatterie des Eisenwerkes West Calbe/Magdeburg herrscht eine sehr schlechte Stimmung, da sie stark unter CO-Gaseinwirkung zu leiden haben und verschiedene nach kurzer Zeit lungenkrank werden. Man hat trotz Mitteilung an die zuständigen Stellen bisher noch keine Abhilfe geschaffen.

In der Bau-Union Calbe (Eisenwerk West) besteht eine schlechte Arbeitsmoral, da die Betriebsleitung sich noch nicht auf den neuen Kurs umgestellt hat.

In dem VEB Eisenwerk Tangerhütte/Magdeburg (Belegschaft 1100) und Holzverarbeitungswerk Tangerhütte/Magdeburg besteht eine feindliche Stimmung gegen die SU und die Regierung der DDR. Hier ist eine Konzentration von ehemaligen NSDAP-Mitgliedern zu verzeichnen.

In verschiedenen Betrieben des Bezirkes Schwerin (VEB Zellwolle und VEB Textima Wittenberge u.a.) wird unter den Arbeitern eine verstärkte Unruhe festgestellt. Man spricht davon, dass in diesem Jahr nur 1½ Ztr. Einkellerungskartoffeln ausgegeben werden. Es treten bereits Angstkäufe bei Kartoffeln ein, »um sich noch einzudecken«. Im VEB Wellendichtung Weißensee wird von den Arbeitern der Lohngruppen I–IV die Tendenz vertreten, langsam zu arbeiten, damit man nicht zu viel verdient und die Arbeitsnormen [nicht] wieder erhöht werden.

Im Transformatorenwerk »Karl Liebknecht« Oberschöneweide hat sich der technische Direktor Bernhard *Pietrus* nach Westberlin abgesetzt.

3 Unter der Überschrift »Sie ließen sich in Westberlin als Agenten registrieren« veröffentlichte das ND, Berliner Ausgabe, v. 28.8.1953, S.6, die Namen und Anschriften von verschiedenen »Paketabholern« u.a. eines Zigarettenhändlers, der ein Geschäft gegenüber dem Werkseingang des Kabelwerks Oberspree in Berlin-Oberschöneweide besaß. Am Tag der Veröffentlichung organisierte die SED ein Rollkommando von (angeblichen) KWO-Arbeitern, die das Ladenbesitzerehepaar heimsuchte, beschimpfte und die Parole »Dieser Bettelpaketabholer ist für den Krieg« mit Ölfarbe auf die Schaufensterscheibe malte, worüber dann zwei Tage später breit auf der Berlin-Seite des Parteiorgans berichtet wurde. Vgl. »Der Laden muss zugemacht werden«. In: ND, Berliner Ausgabe, v. 30.8.1953, S.8.

Die Lage in der Landwirtschaft

Schwierigkeiten bestehen besonders in der Sollablieferung. Die Argumente sind verschieden. So äußert man sich im Bezirk Neubrandenburg: »Nur 60–70 % abzuliefern, da die Düngerlieferung auch nicht mehr betrug, oder das Soll ist höher als die Ernte.« In Ober- und Niederspier/Erfurt: »Man muss die Wahlen in Westdeutschland abwarten, vielleicht kommt es noch anders.« In Rohrbach/Erfurt beträgt die Ablieferung 20 %, es wird eine Sollermäßigung erwartet. In den Kreisen Genthin und Halberstadt/Magdeburg wollen Neu-, Mittel- und Großbauern dem Ablieferungssoll nicht nachkommen und verlangen Gleichstellung mit der LPG.

Gleiche Forderungen treten im Bezirk Potsdam in Erscheinung. In den Grenzorten (Bezirk Magdeburg) wird Sollherabsetzung gefordert mit der Begründung: »Können nur zweimal wöchentlich zu bestimmten Stunden ihre Äcker bestellen.« Diese Haltung und Argumentation ist zum großen Teil auf feindlichen Einfluss (RIAS und Großbauern) zurückzuführen. So wurde z. B. eine Versammlung in Bömenzien[4]/Magdeburg durch Großbauern negativ beeinflusst (neuer Kurs schlechter als vorher), was Zustimmung unter den Klein-, Mittel- und Großbauern fand.

Aus Cottbus wird gemeldet, dass der Maschinenpark der MTS den Anforderungen nicht gewachsen ist. Ein Mangel an Ersatzteilen in der MTS macht sich in allen Bezirken bemerkbar.

In den LPG macht sich besonders in der Erntezeit ein Arbeitskräftemangel bemerkbar, was zum Teil durch schlechte Arbeitsauffassung von LPG-Mitgliedern verstärkt wird. So wird aus Schwerin bekannt, dass bei der LPG Frauenmark ca. 8 ha, bei der LPG Kasendorf 25 ha und in der Gemeinde Raddingsdorf ca. 30 ha Getreide auf den Feldern steht und dem Verderb ausgesetzt ist.

Verstärkt tritt in Erscheinung, dass durch die VEAB Kohl, Gurken, Frühkartoffeln usw. nicht abgeholt oder nicht abgesetzt werden können, dort lagern und dem Verderb ausgesetzt sind. Es werden Stimmen laut, wo man durch die Einfuhr befürchtet, landwirtschaftliche Produkte nicht absetzen zu können.

Stimmung der übrigen Bevölkerung

Im Vordergrund der Diskussion steht die Verhaftung von Interzonenreisenden. Zum überwiegenden Teil wird von einer Westaktion der Partei und FDJ gesprochen, wobei fortschrittliche Kreise die unverantwortliche Organisation hervorheben. Ein kleinerer Teil bringt zum Ausdruck, »dass der Versuch der SED, einen Wahlrummel in Westdeutschland zu inszenieren, fehlschlug«.

4 Im Original »Pömezin«.

Vereinzelt wird dies als Provokation bezeichnet, um einen Grund zu haben, die Grenzen wieder zuzumachen.

Zum Teil macht sich unter der Bevölkerung eine abwartende Haltung bemerkbar. In diesem Zusammenhang ist zu erwähnen, dass man mit Spannung auf den Ausgang der Wahlen in Westdeutschland wartet. Vereinzelt treten reaktionäre Elemente mit negativen Diskussionen in Erscheinung, wie z.B. der 1. Kreissekretär der LDP Bautzen: »Zu den Wahlen in Westdeutschland wird es nicht kommen, denn vorher bricht bei uns die Revolution aus.«

Verstärkt treten im Bezirk Potsdam negative Diskussionen in Bezug der Paketprovokation in Erscheinung. Zu Erregung und negativen Diskussionen kommt es besonders dann, wenn diese Bettelpakete durch VP abgenommen werden. Am 1.9.1953, gegen 17.00 Uhr, wurden die abgenommenen Bettelpakete vom Bahnhof Potsdam-Babelsberg durch Genossen der SED-Bezirksleitung abgeholt. Ein heruntergefallenes Bettelpaket war Anlass zu einer Zusammenrottung von ca. 400 bis 500 Personen, die durch VP zerstreut werden musste. Gegen 22.00 Uhr rotteten sich nochmals 400 Personen zusammen, die gleichfalls durch die Einsatzgruppe der VP zerstreut wurden.

Änderungen in der Diskussion über die mangelnde Versorgung mit Strom, Kohle usw. sind gegenüber den Vortagen nicht zu verzeichnen.

Ereignisse von besonderer Bedeutung

Von Messebesuchern wird immer wieder der große Fortschritt unserer Wirtschaft hervorgehoben. Besondere Anziehungspunkte bilden Ausstellungen der UdSSR, China und der Volksdemokratien.

Westdeutsche Besucher äußern, dass die bereits großen Erfolge der DDR nach einer Einigung Ost- und Westdeutschlands bedeutend erweitert werden können. Man hofft, dass die Wahl am 6.9.1953 die Entscheidung bringt und Adenauer abtreten muss.

Erstaunen äußert man über das große Lebensmittelangebot, da in Westdeutschland eine wüste Hetze gegen die DDR betrieben wird, um Menschen vom Besuch der Messe abzuhalten. Von vielen Besuchern (besonders Kaufleuten) der DDR wird Misstrauen geäußert, da die große Nachfrage nach ausgestellten Waren nicht befriedigt werden kann.

Organisierte Feindtätigkeit

Am 30.8.1953 wurden in der Nähe von Lenzen/Elbe, Schwerin, 500 Flugblätter gefunden. Inhalt: Verleumdung unserer Regierungsmitglieder, Hetze gegen Kommunismus. Im Kreis Finsterwalde/Cottbus, wurden mehrere Ballons festgestellt mit der Aufschrift: »Freiheit SPD«. Daran befestigte Flugblätter des Ostbüros der SPD[5] hatten den 17.6.1953 zum Inhalt. Am

5 Das Ostbüro der SPD wurde 1946 zur Unterstützung der von der Zwangsvereinigung betroffenen ostdeutschen Sozialdemokraten gegründet. Zu seinen Aufgaben gehörten Flücht-

1.9.1953 wurden 6000 Flugblätter in der Gemeinde Blankenfelde/Potsdam sichergestellt. Der Inhalt ist gegen die Funktionäre der SED gerichtet. Sie waren zum Teil noch gebündelt. Am 1.9.1953 wurde in Berlin-Schönholz ein Ballon mit 500 bis 600 Flugblättern von KVP abgeschossen und sichergestellt.

Am 1.9.1953 wurden auf den Rieselfeldern Berlin-Blankenfelde mehrere Tausend Flugblätter der NTS[6] gefunden. Am 2.9.1953 wurden entlang der Autobahn Fürstenwalde–Frankfurt 82 Hetzschriften der NTS gefunden. Inhalt wie bekannt. 20 der gleichen Flugblätter wurden vor dem VPKA Fürstenwalde gefunden. Es wurde dazu festgestellt, dass sich im Kreisgebiet Fürstenwalde ein amerikanischer Pkw bewegte, der im Verdacht steht, diese Flugblätter verbreitet zu haben.

In verschiedenen Bezirken (Neubrandenburg, Frankfurt, Potsdam) werden verstärkt Hetz- und Drohbriefe an Personen, besonders an Funktionäre, gerichtet, welche hauptsächlich von UFJ[7] und SPD-Ostbüro verschickt werden. Sie fordern die Genossenschaftsbauern auf, aus der LPG auszutreten und rufen die Bevölkerung zum passiven Widerstand auf. So erhielt z.B. der LPG-Vorsitzende Joachim *Ewich* aus Markow/Neubrandenburg[8] einen Brief vom UFJ.

[Vorname Name 2] aus Glienicke/Potsdam schickte man einen Drohbrief aus Westdeutschland vom »Kampfbund für Frieden und Freiheit«,[9] indem

lingsbetreuung, Informationsbeschaffung und das Einschleusen von Informations- und Propagandamaterialien in die SBZ/DDR. Vgl. Buschfort, Wolfgang: Parteien im Kalten Krieg. Die Ostbüros von SPD, CDU und FDP. Berlin 2000.

6 Narodno-Trudowoj Sojus (NTS), deutsch: Volksarbeitsbund. Es handelte sich um eine seit 1930 bestehende russische Emigrantenorganisation, deren »geschlossener Sektor« streng konspirativ organisiert gegen die Sowjetunion arbeitete. Dabei ging es vor allem um die Verbreitung von antikommunistischem Propagandamaterial. Zur Zielgruppe dieser Aktivitäten gehörten in der SBZ/DDR vor allem die Angehörigen der sowjetischen Truppen. Ab Ende der Vierzigerjahre wurde der NTS insbesondere von US-amerikanischen Geheimdienststellen unterstützt und angeleitet, von den sowjetischen Sicherheitsorganen und unter deren Federführung auch vom MfS wurde er vehement bekämpft. Vgl. Stöver, Bernd: Die Befreiung vom Kommunismus: Amerikanische »Liberation Policy« im Kalten Krieg 1947–1991. Köln u.a. 2002, S.318–331.

7 Der Untersuchungsausschuss Freiheitlicher Juristen (UFJ) wurde im Oktober 1946 in Westberlin gegründet und war wesentlich von aus der SBZ/DDR geflohenen Juristen geprägt. Er widmete sich vor allem der Erfassung von Unrechtshandlungen und verarbeitete seine Erkenntnisse in umfangreichen Dokumentationen und in Propagandamaterialien, die teilweise wieder in den Osten eingeschleust wurden. In den frühen Fünfzigerjahren wurde die Organisation überwiegend vom CIA finanziert, ihre Aktivitäten sind im Kontext US-amerikanischer »Liberation Policy« zu sehen. Die Staatssicherheit bekämpfte den UFJ mit großem Aufwand und großer Härte, u.a. auch mit Entführungen. Vgl. Hagemann, Frank: Der Untersuchungsausschuß Freiheitlicher Juristen 1949–1969. Frankfurt/M. u.a. 1994.

8 Gemeint ist wohl Groß Markow, Kreis Teterow, Bezirk Neubrandenburg.

9 Es handelte sich um den »Volksbund für Frieden und Freiheit«, der teilweise auch als »Kampfbund« firmierte, eine im August 1950 in Hamburg gegründete scharf antikommunistische Organisation, die stark von ehemaligen Nationalsozialisten geprägt war, aber über gu-

man ihm mitteilte, dass nach der Bundestagswahl eine öffentliche Anklage gegen ihn als Vaterlandsverräter erhoben wird, wobei er mit einer Todesstrafe zu rechnen hat.

Der RIAS forderte im Landfunk am 1.9.1953 die Bauern der DDR auf, ihre Ferkelproduktion nicht zu steigern, um nicht Gefahr zu laufen, durch mangelhafte Futtergrundlage die Schweine nicht füttern zu können oder durch Schweinepest größere Bestände zu verlieren.

Die westlichen Geheimdienste interessieren sich für die inhaftierten Interzonenreisenden aus der DDR.

Vermutlich organisierte feindliche Tätigkeit

Am 31.8.1953 wurde in Schönheide/Karl-Marx-Stadt der Kreissekretär des FDGB Bau-Holz, Kreis Schneeberg, *Liebiger*, auf dem Heimwege von einer Familienfeier niedergeschlagen.

Am 2.9.1953, gegen 17.00 Uhr, explodierte im BKW Plessa/Cottbus ein Generator. Ursache und Höhe des Schadens noch nicht ermittelt.

Einschätzung der Situation

Die Diskussion über die Note der SU und das Kommuniqué hat nachgelassen. Zzt. spricht man sehr viel über die Verhaftung der Interzonenreisenden in Westdeutschland. Die Fehler, welche bei der Organisierung dieser Aktion gemacht wurden, wirken sich sehr nachteilig aus. Von fortschrittlichen Menschen wird gesagt, dass sie die schlechte Organisation dieser Maßnahme verurteilen. Die feindlichen Elemente in der DDR, die Westpresse und der westliche Rundfunk stellen diese Aktion als Provokation hin und nutzen sie zu einer wüsten Hetze gegen Partei, Regierung und FDJ aus.

Die Stimmung vieler Belegschaften wird stark beeinflusst durch die feindliche Propaganda, durch die Mängel in den Betrieben und Mängel in der Versorgung. Im Verhältnis zur DDR ist die Stimmung in den Berliner Betrieben am schlechtesten. Vielfach fehlt es an guter Aufklärung, deshalb wird oft die Entlassung von »Paketabholern« und auch die Sicherstellung der Pakete durch die VP von vielen nicht verstanden.

Durch die verstärkte Feindtätigkeit nehmen auch auf dem Lande die Schwierigkeiten in der Ablieferung zu. Das Versagen der VEAB trägt ebenfalls zur Schädigung unserer Wirtschaft und zur Erhöhung der Missstimmung bei.

te Beziehungen zu US-amerikanischen Stellen verfügte und in erheblichem Umfang vom Bundesministerium für Gesamtdeutsche Fragen finanziert wurde. Vgl. Friedel, Mathias: Der Volksbund Frieden und Freiheit (VFF). Eine Teiluntersuchung über westdeutsche antikommunistische Propaganda im Kalten Krieg und deren Wurzeln im Nationalsozialismus. St. Augustin 2001.

10. September 1953

Information Nr. 1064

Quelle: BStU, MfS, AS 39/58, Bd. 2, Bl. 375–384 (2. Expl.).
Serie: Informationsdienst.
Verteiler: Kein Nachweis einer externen oder internen Verteilung.
Bemerkungen: Maschinenschriftliches Deckblatt mit Inhaltsverzeichnis (nur 1. Gliederungsebene mit 5 Punkten) und Hinweis auf die Anlage.
Anlage: Stimmen zur Bundestagswahl.

Die Lage in Industrie, Verkehr, Handel und Landwirtschaft

a) Industrie und Verkehr

Die Diskussion über das Wahlergebnis[1] hält unvermindert an. Über das Ausmaß der Diskussion wird jedoch aus den Bezirken verschieden berichtet. Leipzig berichtet von einer starken Zurückhaltung in den Industriebetrieben. Breiter entfaltete Diskussionen werden laut vorliegenden Berichten in den Bezirken Potsdam, Halle, Gera, Rostock und vor allem in der Wismut AG geführt. Auch das Verhältnis zwischen negativen und positiven Diskussionen ist in den einzelnen Betrieben unterschiedlich. Im Braunkohlenwerk »Friedenswacht« Cottbus sind ca. 80 % der Belegschaft über das Wahlergebnis befriedigt, während nur 20 % in positiver Richtung diskutieren. In der Großkokerei Lauchhammer sind es ca. 60 %, die die Wahlen als Betrug hinstellen und 20 %, meist Umsiedler, begrüßen den Wahlsieg Adenauers; die übrigen 20 % sind schwankend.

In der Argumentation hat sich wenig geändert. Breiteste Kreise der Arbeiterschaft sind über die Niederlage der Arbeiterparteien enttäuscht, auf deren Sieg sie alle Hoffnungen gesetzt hatten; viele hofften auf einen Sieg der SPD. Folgende Hauptargumente tauchen nach wie vor in der Diskussion auf: Die Wahlen sind ein Betrugsmanöver Adenauers mit Unterstützung des amerikanischen Imperialismus; der Einfluss der Kirche hat den Ausschlag gegeben; die Kräfte der Arbeiterklasse waren zersplittert; einen großen Teil der Schuld tragen SED und Regierung der DDR mit den begangenen Fehlern, durch die viele Menschen die Republik verließen und drüben für Adenauer agitierten; die Menschen in Westdeutschland leben gar nicht so schlecht, wie es unsere Presse immer geschrieben hat, sonst hätten sie Adenauer nicht gewählt; bei gesamtdeutschen Wahlen wird die SED genauso eine Niederlage erleiden; der Lebensstandard in der DDR muss durch Preissenkung gehoben werden; Un-

1 Die Bundestagswahlen vom 6.9.1953 brachten einen Erdrutschsieg für die CDU/CSU und damit für Bundeskanzler Adenauer, die KPD schied aus dem Bundestag aus. Ergebnisse: CDU/CSU 45,2 %, SPD 28,8 %, FDP 9,5 %, Gesamtdeutscher Block/Bund der Heimatvertriebenen und Entrechteten 5,9 %, Deutsche Partei 3,3 %, KPD 2,2 %, Gesamtdeutsche Volkspartei 1,2 %, Deutsche Reichspartei 1,1 %, Zentrum 0,8 %.

glauben an die Möglichkeit der Herstellung der Einheit Deutschlands; Verstärkung der Kriegsgefahr, zum Teil sogar Unvermeidlichkeit kriegerischer Auseinandersetzungen.

In den Reihen unserer Partei ist vielerorts eine deprimierende, zuweilen sogar schwankende Haltung festzustellen. Das wird auch aus Berliner Betrieben berichtet. Viele Genossen sind dermaßen enttäuscht, dass sie nicht wissen, wie sie mit den Arbeitern diskutieren sollen; sie berufen sich auf unsere Presse, die nach ihrer Meinung die sichere Niederlage Adenauers vorausgesagt hätte.

In den Berliner Betrieben Siemens Plania Lichtenberg, VEB Lacke und Farben Spindlersfeld und DHZ Chemie Spindlersfeld wurden Resolutionen gegen die Paketabholer[2] mit großer Stimmenmehrheit abgelehnt.

In der Schuhfabrik »Banner des Friedens« Weißenfels/Halle drohen Arbeiter, besonders qualifizierte Facharbeiter, wegen angeblich zu geringer Lohnzahlung mit Kündigung und Arbeitsniederlegung. Ähnliche Erscheinungen sind auf der Baustelle Heilstättenkombinat Bad Berka/Erfurt zu verzeichnen; dort wurden ca. 50 Arbeiter von der Lohnstufe IV zur Stufe III zurückgestuft.

Arbeiter in Privatbetrieben des Bezirks Karl-Marx-Stadt verweigern FDGB-Beiträge und fordern Lohnerhöhung, wie in den VE-Betrieben, und Werksküchenessen. Empörung herrscht unter den Arbeitern des VEB Tüll- und Gardinenwerke Plauen/Karl-Marx-Stadt, weil eine Prämie von 63000 DM nur an die Betriebsleitung, die technische Intelligenz und einige Angestellte verteilt wurde.

b) Handel und Versorgung

Im Bezirk Erfurt und Potsdam bestehen Unstimmigkeiten unter der Bevölkerung durch schlechte Warenverteilung und schlechte Qualität (besonders Fahrräder, Radios, Uhren). Im Bezirk Halle und Frankfurt/Oder besteht ein Mangel an Kartoffeln. Dagegen sind bei der VEAB Kyritz/Potsdam 2300 Ztr. Frühkartoffeln verdorben. Im Kreis Greiz/Gera und Kreis Strausberg/ Potsdam fehlt es an Zucker. In letzterem ist in Kürze der gesamte Zuckerbestand restlos verbraucht. Im Bezirk Schwerin besteht eine mangelhafte Belieferung an Arbeitskleidung. Im Bezirk Frankfurt/Oder wird Klage geführt über die schlechte Qualität der gelieferten Brennstoffe. Im Bezirk Frankfurt/ Oder besteht Überfluss an Obst (Pflaumen). Von zuständiger Stelle wurde Anweisung gegeben, nur das Soll abzunehmen.

2 Personen, die Lebensmittelpakete abholten, die im Rahmen der seit Ende Juli 1953 laufenden US-Hilfsaktion in Westberlin ausgegeben wurden.

c) Landwirtschaft

Berichte über Stimmen der Landbevölkerung über die Ergebnisse der Wahlen liegen nur wenige vor.

Ein Agronom der MTS Gehren/Suhl: »Die Fehler der Regierung und der SED haben mit beigetragen zu dem schlechten Wahlergebnis, so z.B. die unendliche Steuerschraube vor dem 17.6., wo viele gezwungen wurden durch Steuerrückstände die DDR zu verlassen. Diese Menschen trieben ihre Hetzpropaganda im Westen gegen die DDR und haben mit zu diesem Wahlergebnis beigetragen.«

Genossenschaftsbäuerin aus Löbnitz[3]/Rostock: »Was soll bloß noch werden, ich glaube das endet mit einem Krieg. Wir wollen aber keinen Krieg haben, wann werden wir bloß erst ein einheitliches Deutschland haben, damit Ruhe und Frieden ist.«

Melkermeister der LPG Klengel/Gera:[4] »Dieser Wahlausgang war mir von vornherein klar, da ein großer Teil der Wähler katholisch ist. Dass die KPD so wenig Stimmen hat, kommt daher, da es dem größten Teil der Arbeiter dort gut geht und er sich sehr wenig um Politik kümmert.«

In den Bezirken Magdeburg, Halle und Frankfurt/Oder will ein Teil Großbauern ihr Soll nur bis zu 50 % abliefern, teilweise fordern sie weitere Sollherabsetzung. In Döllstädt/Erfurt kritisiert man den SED-Parteisekretär, da sein Ablieferungssoll am schlechtesten ist.

Im Bezirk Neubrandenburg und Potsdam befindet sich noch ein Teil des Getreides auf den Feldern. Im Bezirk Potsdam konnte jedoch fast alles Getreide durch Einsatzbrigaden der Verwaltung, der SED und FDJ geborgen werden.

Auflösungserscheinungen von LPG bestehen im Bezirk Neubrandenburg und Potsdam. Die Gründe sind meistens schlechte Unterstützung durch MTS, mangelnde Anleitung durch Funktionäre der Partei und Verwaltung.

In fast allen MTS des Bezirkes Rostock und einigen des Bezirkes Potsdam werden dringend Ersatzteile benötigt.

Stimmung der übrigen Bevölkerung

Die Diskussion über die Ergebnisse der Wahlen in Westdeutschland steht weiterhin im Vordergrund. Die Argumente der Diskussionen sind die gleichen wie in den Betrieben. Im Kreis Heiligenstadt/Erfurt wird von ca. 70 % der Bevölkerung negativ diskutiert, welche zum größten Teil katholisch ist.

Unter der Bevölkerung wird noch über die Stromabschaltungen negativ diskutiert, des Weiteren wird eine baldige Preissenkung gefordert.

An den Paketausgabestellen in Westberlin war kein besonderer Andrang zu verzeichnen. Der RIAS verweist Personen aus der DDR und dem demo-

3 Im Original »Löhmitz«.

4 Im Original »Klängel«. Klengel, Ortsteil von Serba, Kreis Eisenberg, Bezirk Gera.

kratischen Sektor von Berlin an die »Päckchenhilfe Ost« Kurfürstendamm, wo sich ebenfalls Räume der KgU[5] befinden. In verschiedenen Betrieben will man sich bei Entlassung von Paketabholern zur Wehr setzen. Am 8.9.1953 kam es auf dem Bahnhof Fürstenwalde/Potsdam zu Zwischenfällen zwischen Paketabholern und VP.

Feindtätigkeit

a) organisiert

Flugblätter in geringerer Anzahl in den Bezirken Dresden, Karl-Marx-Stadt, Halle, Gera, Neubrandenburg, Cottbus, Suhl und in Berlin. Dabei tauchen jetzt Flugblätter der KgU neu auf, in denen zum Langsamarbeiten und zu einem »sinnvollen Widerstand« aufgefordert wird. Vielerorts werden von Einzelpersonen Parolen ausgesprochen, wonach es wieder zu einem »Tag X«[6] kommen solle, die Daten, die dabei genannt werden, sind jedoch sehr verschieden. Erst sollte es im August sein, dann am 6. September, jetzt im Monat September oder auch am 18.10. u.Ä. Eine Systematik lässt sich dabei nicht feststellen. Offensichtlich geht der Gegner mit diesen Parolen zzt. darauf hinaus, Angst- und Unsicherheitsgefühle und Verwirrung bei der Bevölkerung hervorzurufen.

b) vermutlich organisiert

Im VEB Erfurter Schuhfabriken wurden bei über 1100 qm Schweinsleder Verbrennungsschäden, die vom Gerben herrühren, festgestellt, allerdings erst bei einem späteren Arbeitsgang, als das Leder schon gestanzt und genäht war. Schaden ca. 50000 DM. Das Leder wurde von der volkseigenen Lederfabrik Neustadt-Glewe geliefert.

5 Die »Kampfgruppe gegen Unmenschlichkeit« (KgU) war eine antikommunistische Organisation, die von Westberlin aus in die DDR hineinwirkte. Sie wurde 1949 u. a. von Rainer Hildebrandt gegründet, 1951 übernahm Ernst Tillich die Leitung. 1959 wurde die KgU aufgelöst. Wegen ihrer Anbindung an amerikanische Geheimdienststellen und des zeitweisen Einsatzes auch militanter Mittel galt sie dem MfS als besonders gefährlicher Gegner. Vgl. Merz, Uwe: Kalter Krieg als antikommunistischer Widerstand. Die Kampfgruppe gegen Unmenschlichkeit 1948–1959. München 1987; Engelmann, Roger: Die Kampfgruppe gegen Unmenschlichkeit. In: Henke, Klaus-Dietmar; Steinbach, Peter; Tuchel, Johannes (Hg.): Widerstand und Opposition in der DDR. Köln u.a. 1999, S.183–192.

6 Mit »Tag X« wurde im offiziellen DDR-Sprachgebrauch rückblickend der 17. Juni bezeichnet. Das sollte andeuten, dass es sich um einen vom Westen aus geplanten Umsturzversuch (»faschistischer Putschversuch«) gehandelt hat. Ursprünglich stammte der Begriff aus dem Westen und wurde, vor allem bei den Institutionen und Organisationen, die sich mit Wiedervereinigungsfragen und »Ostarbeit« befassten, für den Tag der Wiedervereinigung verwendet. Vgl. Fricke, Karl Wilhelm; Engelmann, Roger: Der »Tag X« und die Staatssicherheit. 17. Juni 1953 – Reaktionen und Konsequenzen im DDR-Machtapparat. Bremen 2003, S.19–26.

Stimmen aus Westberlin und Westdeutschland

Im Anschluss an eine Kundgebung der Erwerbslosen in Westberlin wurde über den Ausgang der Wahlen diskutiert. Die meisten waren enttäuscht und konnten nicht verstehen, dass die KPD die Hälfte ihrer Stimmen verloren hat. Man äußert, dass dies auf die Hetze gegen die SU und die Hetze der Republikflüchtigen zurückzuführen sei.

Genossen der SED Berlin-Kreuzberg sind vom Ausgang der Wahlen bedrückt. Ein Teil gibt unserer Politik die Schuld. »Republikflüchtige arbeiten politisch für den Gegner und unser Rundfunk und [unsere] Presse haben selbst zugegeben, dass die Forderungen des 17.6. berechtigt waren. Die westliche Propaganda war schlagkräftiger und volkstümlicher, da sie der Meinung der Massen entsprach.« Ein Teil der Genossen diskutiert zzt. überhaupt nicht oder äußert sich: »Wozu arbeiten, es geht sowieso rückwärts statt vorwärts.«

In einem Zellabend der SPD in Westberlin erklärte ein Stadtrat, dass »die Arbeit mit anderen Parteien jetzt schwer wird. So verlangte jetzt schon ein CDU-Stadtrat die fristlose Kündigung von SPD-Mitgliedern aus dem Bezirksamt und dafür Einstellung der 131-er.[7] Der beginnende Kampf wird hart und schwer. Jeder Genosse muss jetzt hinter der Partei stehen. Es bestehen Anzeichen einer Sprengung der Koalition.« Andere SPD-Mitglieder aus Westberlin äußern, dass die SPD nur deshalb soviel Stimmen verloren hat, weil die Führung zu wankelmütig war.

Einschätzung der Situation

Aus der unterschiedlichen Stimmung zu den Ergebnissen der Wahl in Westdeutschland ist zu ersehen, dass der Gegner in vielen Kreisen der Bevölkerung, besonders unter den bürgerlichen Schichten, unter Umsiedlern, ehemaligen Nazis und kleinbürgerlich beeinflussten Arbeitern viel Einfluss hat. Auch auf eine ganze Reihe Belegschaften in den Betrieben der DDR und des demokratischen Sektors von Berlin erstreckt sich dieser Feindeinfluss. In diesen Betrieben sieht man große Teile der Arbeiter, die unter dem Einfluss westlicher Propaganda die Fehler des ZK und der Regierung als Ursachen für das Wahlergebnis in den Vordergrund stellen. Die feindlichen Elemente in diesen Betrieben nutzen das Ergebnis der Wahl zu einer gegen die Partei und Regierung geführten Hetze aus.

Bei einer ganzen Reihe Genossen zeigt sich eine deprimierende Stimmung, oft auch schwankende Haltung, wobei die Gefahr besteht, dass sie in

7 Personenkreis, in Art. 131 Grundgesetz definiert, der zum Kriegsende (8.5.1945) im öffentlichen Dienst stand und »aus anderen als beamten- oder tarifrechtlichen Gründen ausgeschieden« war. Es handelte sich häufig um Personen, die wegen ihrer Rolle in der NS-Zeit von den Alliierten entfernt worden waren. Nach einem Gesetz vom 10.4.1951 konnten Beamte, die in den Entnazifizierungsverfahren nicht als Hauptschuldige oder Belastete eingestuft worden waren, wieder in den öffentlichen Dienst aufgenommen werden.

Lethargie verfallen. Ihnen fehlt der Glaube an das sozialistische Lager und die Stärke der Weltfriedensbewegung. Diese Unsicherheit einer Reihe Genossen wirkt sich lähmend aus auf ihre Argumentation gegenüber negativen Stimmungen. Dies wird vom Gegner ausgenutzt, um seinen Einfluss unter den Arbeitern und auf dem Lande zu verstärken. Dadurch versucht der Gegner, gleichzeitig den Willen zur Durchsetzung des neuen Kurses und zur Erhöhung der Produktion zu lähmen.

Durch die sich weiter verbreitende Stimmung, dass nun ein Krieg unvermeidlich ist, besteht die Gefahr, dass größere Kreise der werktätigen Bevölkerung durch Teilnahmslosigkeit in ihrem Aufbauwillen gelähmt werden. Diese Gefahr muss durch allseitige Aufklärungsarbeit beseitigt werden. Dazu muss[8] aber auch in den Parteiorganisationen überall Klarheit über die Aufgaben geschaffen werden.

Anlage (o. D.) zur Information Nr. 1064

Weitere Meinungsäußerungen zu den Ergebnissen der Bundestagswahlen

Kollege [Name 1], Postamt Sebnitz: »Ich glaube trotz der Wiederwahl Adenauers an eine Einheit Deutschlands, jedoch müssen sich die Arbeiter Westdeutschlands zu einer Aktionseinheit zusammenfinden.«

Frau [Vorname Name 2], Pirna: »Die Wahlen in Westdeutschland sind dieselben wie bei Hitler, es war alles Betrug. Soviel Stimmen hat Adenauer sich selbst nicht gedacht. Wo sind die vielen Tausend Stimmen für die KPD.«

Der parteilose Kollege [Name 3], Kraftwerk Breitungen, Kreis Schmalkalden: »Westdeutschland hat den Mahnruf ›Wer Adenauer wählt, wählt den Krieg‹ nicht verstanden. Ich nehme an, dass nun ein Krieg unvermeidlich ist.«

Der westdeutsche [Vorname Name 4], zzt. Geraberg, Kreis Ilmenau: »Die aus der DDR geflüchteten Menschen sind drüben offen in den KPD-Versammlungen aufgetreten und haben gegen den Sozialismus gehetzt. Dies hatte großen Einfluss auf das Wahlergebnis.«

Im Karl-Marx-Werk Magdeburg diskutieren Mitglieder unserer Partei, dass sie aufgrund des Wahlergebnisses sehr bedrückt seien, es müsse ein großer Betrug vorliegen: »Auf alle Fälle steht uns eine große Arbeit bevor, denn die reaktionären Elemente werden jetzt wieder stärker in Erscheinung treten.«

Ein großer Teil der Arbeiter im FRAMO Autowerk Hainichen/Karl-Marx-Stadt diskutiert, dass die westdeutsche Arbeiterklasse eine große Fehlentscheidung getroffen hat und dass die Einheit Deutschlands nur errungen werden könne, wenn jetzt die Aktionseinheit der Arbeiterklasse hergestellt würde.

8 Im Original »müssen«.

Kollege [Name 5] vom Handelskontor für landwirtschaftlichen Bedarf in Parchim/Schwerin: »Das erfordert von uns noch mehr Wachsamkeit, damit nicht wieder ein neuer ›Tag X‹ bei uns zum Ausbruch kommt.«

Genosse [Name 6] (früher SPD): »Diese Wahl kann nicht mit rechten Dingen zugegangen sein, sonst wäre die SPD nicht so abgerutscht. Jetzt erkenne ich erst richtig die Gefahr eines neuen Krieges und werde trotz meines hohen Alters mich ganz intensiv für die Interessen unserer Partei einsetzen.«

Funktionäre im Bahnbetriebswerk Elsterwerda/Cottbus bringen zum Ausdruck, dass sie keine weitere Möglichkeit zur Schaffung der Einheit Deutschlands sehen.

Der Maurer [Name 7] aus Zahrensdorf/Schwerin: »Durch die schlechten Wahlergebnisse in Westdeutschland werden die Friedenskämpfer in Frankreich, England, Italien usw. kein Vertrauen mehr zur westdeutschen Bevölkerung haben. Die Erreichung der Einheit Deutschlands in Ruhe und Frieden wird nicht mehr zustande kommen.«

Betriebsleiter, Parteisekretär und BGL-Vorsitzender im VEB Westglas Geraberg/Suhl: »Wenn unsere Regierung nicht einsieht, dass jetzt eine wesentliche Preissenkung kommen muss, damit unser Lebensstandard dem Westdeutschlands gleichkommt, dann können wir im Betrieb nicht mehr diskutieren, dann ist jedes Wort der Aufklärung überflüssig, denn die Arbeiter wollen den neuen Kurs der Regierung deutlich spüren.«

Der Kontrolleur [Name 8] im Karl-Liebknecht-Werk Magdeburg: »Ich freue mich, dass die KPD in Westdeutschland wenig Stimmen bekommen hat. Ich habe es nicht verlernt, eine Kanone abzuziehen, wenn es bei uns mal los geht.«

Einige Arbeiter im Sprengstoffwerk Schönebeck/Magdeburg: »Dass Adenauer wieder mit großer Mehrheit gewählt wurde, ist ein Zeichen dafür, dass es der Bevölkerung da drüben gut geht, sonst hätten sie ihn nicht wiedergewählt. Der neue Kurs der Partei und Regierung ist ein halbes Jahr zu spät gekommen.«

Im Sägewerk Lübz/Schwerin erklärten einige Arbeiter: »Das haben wir kommen sehen. So schlecht, wie man Adenauer hier macht, ist er nicht. Was schicken sie auch Leute von hier nach drüben zum Hetzen.«

Genosse *Schott*, Personalleiter im VEB IKA Suhl, ist der Ansicht, dass die SU an dem Ergebnis mit schuld sei, weil sie die Reparationen nicht eher gesenkt habe.

Genosse [Name 9] vom Thälmann-Werk Suhl: »Der 17. Juni hat uns gelehrt, das Ohr an der Masse zu haben. Die Bevölkerung will von unserer Regierung nichts wissen.«

Jugendliche im Röhrenwerk »Anna Seghers«, Neuhaus/Suhl, diskutieren, dass die KPD deshalb so wenig Stimmen bekommen habe, weil die Preise in der DDR zu hoch seien. Die Genossin [Name 10] vom gleichen Betrieb: »Als Hitler an die Macht kam, wurden die Arbeiter betrogen. Heute sind die

Werktätigen in Westdeutschland so fortgeschritten, dass sie sich nicht betrügen lassen.«

Der werktätige Bauer [Name 11] aus Medow/Neubrandenburg: »Die Gutsbesitzer müssten alle wiederkommen, dann leben wir so wie früher. Der Russe schleppt ja alles raus, denn das sieht man daran, weil die Bauern alle Igelitschuhe[9] tragen.«

Ein Hauptwachtmeister der Stummpolizei[10] äußerte: »Diese Entscheidung des Volkes bedeutet Wehrpflicht und Aufrüstung. Es ist Zeit, die Schreibstube zu erobern, damit man den richtigen Platz hat, wenn es los geht.«

9 Igelit: zeitgenössischer Handelsname für Weich-PVC.

10 Bezeichnung für die Westberliner Polizei nach ihrem ersten Polizeipräsidenten Johannes Stumm (1948–63). Unmittelbar nach der Spaltung der Berliner Polizei im Juli 1948 zunächst allgemein verbreitet, später nur noch in SED-nahen Kreisen üblich und pejorativ konnotiert.

19. September 1953

Sonderinformation [Information Nr. 3/53]

Quelle: BStU, MfS, AS 39/58, Bd. 2, Bl. 319–321.
Serie: Informationen.
Verteiler: Kein Nachweis einer externen oder internen Verteilung.

Aus Berichten der Verwaltung Groß-Berlin wurde bekannt:

Stalinallee

Durch GM-Berichte[1] wurde bekannt, dass beim Ostbüro Steine und Erden[2] sich ca. 1 300 Bauarbeiter während der Juniereignisse registrieren ließen und dort Unterstützung erhielten. An diese Personen soll per Post Hetzmaterial versandt werden. Vom 8. bis 12.10.1953 soll in Hamburg eine Konferenz vom Ostbüro Steine und Erden stattfinden, dort soll ein gewisser *Berger*, der in Berlin-Lichtenberg wohnhaft sein soll, als Vertreter der Ostzone sprechen.[3]

Deutscher Nachrichtendienst

Durch GM-Bericht wurde bekannt, dass ein Schreiben des Generalmajors Gartmann, Chef der Grenzpolizei der DDR,[4] an alle Grenzkontrollen der KgU[5] bekannt wurde. In dem Schreiben ist gesagt, dass Pakete nicht abgenommen werden dürfen. Personen mit mehreren DPA sind den VP-Revieren zuzuführen. Personen mit fortschrittlicher Haltung sind aufzuklären. Poli-

1 Berichte Geheimer Mitarbeiter (GM). GM war eine bis 1968 geltende Kategorie höherwertiger inoffizieller Mitarbeiter der Staatssicherheit, die Kontakte zu »feindlich« eingestellten Personen oder »feindlichen« Organisationen hatten oder aufnehmen sollten. In der damaligen Zeit waren das häufig Westkontakte.

2 Gemeint ist die IG Bau-Steine-Erden im DGB.

3 Hinweise auf eine solche Konferenz ließen sich nicht finden. Vielmehr fand in Hamburg vom 12. bis 17.10.1953 der 2. Ordentliche Gewerkschaftstag der IG Bau-Steine-Erden statt. An ihm nahm der Berliner Delegierte Hermann Berger teil, dessen Wohnort mit Berlin W 15 (Charlottenburg), also Westberlin, angegeben wurde. Vgl. Industriegewerkschaft Bau-Steine-Erden für die Bundesrepublik Deutschland, 2. Ordentlicher Gewerkschaftstag, 12.–17. Oktober 1953, Teil I: Jahrbuch, Teil II: Protokoll. Berlin o. D., S. 126.

4 Wilhelm Gartmann, Jg. 1906, Leiter der Hauptverwaltung Deutsche Grenzpolizei, die zu dieser Zeit eine Diensteinheit des Staatssekretariats für Staatssicherheit war.

5 Die »Kampfgruppe gegen Unmenschlichkeit« (KgU) war eine antikommunistische Organisation, die von Westberlin aus in die DDR hineinwirkte. Sie wurde 1949 u. a. von Rainer Hildebrandt gegründet, 1951 übernahm Ernst Tillich die Leitung. 1959 wurde die KgU aufgelöst. Wegen ihrer Anbindung an amerikanische Geheimdienststellen und des zeitweisen Einsatzes auch militanter Mittel galt sie dem MfS als besonders gefährlicher Gegner. Vgl. Merz, Uwe: Kalter Krieg als antikommunistischer Widerstand. Die Kampfgruppe gegen Unmenschlichkeit 1948–1959. München 1987; Engelmann, Roger: Die Kampfgruppe gegen Unmenschlichkeit. In: Henke, Klaus-Dietmar; Steinbach, Peter; Tuchel, Johannes (Hg.): Widerstand und Opposition in der DDR. Köln u. a. 1999, S. 183–192.

zeiangehörige sollen höflich und zuvorkommend gegenüber der Bevölkerung sein. Die KgU hat mehrere Male von diesem Schreiben Kenntnis erhalten. Wie im Deutschen Nachrichtendienst[6] bekannt wird, soll dieses Material sehr brauchbar sein. Aus derselben Quelle wurde bekannt, dass sämtliche Agentenzentralen bei der Schropp'schen Buchhandlung Messtischkartenblätter für ihre Arbeit beziehen.

Der Deutsche Nachrichtendienst gab folgende Anweisung an seine Agenturen in Mecklenburg. Im Raum von Pasewalk, Prenzlau, Angermünde und Fürstenberg finden seit Ende August große Nachrichten-Rahmenübungen sowjetischer Einheiten statt, die mit der KVP koordiniert sind. Ein- und Ausladebahnhöfe sind zu überwachen sowie Durchgangsstraßen. Kfz-Nummern sind festzustellen.

Am 16.9.1953, um 14.00 Uhr, soll ein Prozess gegen die KgU in Westberlin stattgefunden haben.[7] Nach Durchsetzung des EVG besteht beim Deutschen Nachrichtendienst die Absicht, die KgU aufzulösen. Außerdem soll dies eine Maßnahme sein, um einigermaßen den Forderungen des Hohen Kommissars der UdSSR nachzukommen, der darauf besteht, dass die Banditenorganisationen in Westberlin aufgelöst werden. Deutscher Nachrichtendienst hatte zu diesem Prozess Belastungszeugen geladen. Man hat die Absicht, die brauchbaren Elemente der KgU für die Agenturen des Deutschen Nachrichtendienstes zu verwenden.

Der Deutsche Nachrichtendienst hat seine Kuriere in der DDR angewiesen, hochwertige Fotoapparate in der DDR aufzukaufen. Die Zentrale des Deutschen Nachrichtendienstes hat ein Schreiben an die untergeordneten Dienststellen versandt, worin gesagt wird, dass die jetzige Paketaktion[8] Anfang Oktober abgeschlossen ist. Dann beginnt eine neue Paketaktion. Bei dieser wird [sic!] Kaffee, Kakao, Tee und andere Genussmittel zur Verteilung kommen. Dies soll insbesondere ein Lockmittel für die Bauern sein. Man ist der Ansicht, dass die Felder der Bauern in der DDR in der Nähe von sowjetischen Objekten liegen. Auf diese Weise sei es möglich, Näheres über die Objekte zu erfahren und Flugblätter dort zu verteilen.

Im Deutschen Nachrichtendienst ist man der Meinung, dass der Ami schon wüsste, warum er diese Aktion gestartet hat. Außerdem wird die Ostzonenbevölkerung propagandistisch beeinflusst. Zur Wahl in Westdeutsch-

6 Gemeint ist die Organisation Gehlen.

7 Ein solcher Prozess ließ sich nicht verifizieren.

8 Die Lebensmittelhilfe für die DDR war am 10.7.1953 von US-Präsident Dwight D. Eisenhower als Element der »Psychologischen Kriegsführung« im Rahmen der amerikanischen Liberation Policy beschlossen worden. Die Lebensmittelpakete wurden an Westberliner Verteilerstellen von Mitarbeitern der Senatsverwaltung sowie der Ostbüros und der KgU ausgegeben. Bei der ersten Aktion, die vom 27.7. bis zum 27.8.1953 lief, wurden 2,7 Mio. Pakete verteilt. Es schloss sich bis zum 10.10.1953 eine zweite Aktion an, bei der weitere 2,8 Mio. Pakete verteilt wurden. Vgl. Stöver, Bernd: Die Befreiung vom Kommunismus: Amerikanische »Liberation Policy« im Kalten Krieg 1947–1991. Köln u.a. 2002, S. 485–490.

land war ein Leiter des Deutschen Nachrichtendienstes der Meinung, wenn Adenauer fällt, könnten wir mit unserer Arbeit einpacken. Der Ami würde nicht einen Pfennig in Deutschland reinstecken und wir wären dem Osten ausgeliefert. Aber der Ami würde schon dafür sorgen, dass Adenauer an der Macht bleibt, mit Dollars könne man viel machen.

Aus derselben Quelle wurde bekannt, dass der Deutsche Nachrichtendienst eng mit der FDP verbunden ist. Die FDP würde über genügend Leute in der Ostzone verfügen, welche Mitglieder der LDP sind. Dieselben würden auch zu den Kundgebungen nach Westberlin kommen. Es sollen dadurch Leute angeworben werden, um für den Geheimdienst zu arbeiten. Kürzlich hätte eine FDP-Versammlung in Wannsee stattgefunden, was sich in dieser Richtung gelohnt habe.

Aus derselben Quelle wurde bekannt, dass Mitglieder des Komitees des 17.6.[9] auf Versammlungen der FDP und der VOS[10] über den 17.6. gesprochen haben und dass diese um materielle Unterstützung geworben haben.

9 Das »Komitee 17. Juni« wurde am 26.7.1953 in Westberlin von geflohenen Protagonisten des Juni-Aufstandes gegründet und wurde von der Staatssicherheit von Anfang an sehr intensiv überwacht und erbittert bekämpft. Vgl. Eisenfeld, Bernd; Kowalczuk, Ilko-Sascha; Neubert, Ehrhart: Die verdrängte Revolution. Der Platz des 17. Juni 1953 in der deutschen Geschichte. Bremen 2004, S. 501–561. Zu der hier erwähnten Versammlung am 3.9.1953 siehe ebenda, S. 510.

10 Die Vereinigung der Opfer des Stalinismus (VOS) wurde im Februar 1950 in Westberlin von ehemaligen Insassen sowjetischer Speziallager, politischen Häftlingen und Kriegsgefangenen gegründet. Sie gehörte zu den von der DDR-Staatssicherheit systematisch überwachten und bekämpften Organisationen.

6. Oktober 1953

Informationsdienst Nr. 1086 zur Beurteilung der Situation

Quelle: BStU, MfS, AS 39/58, Bd. 2, Bl. 202–215 (2. Expl.).
Serie: Informationsdienst.
Verteiler: Kein Nachweis einer externen oder internen Verteilung.
Vermerke: Mehrere vertikale Randmarkierungen (hier nicht im Einzelnen dokumentiert).
Bemerkungen: Gedrucktes standardisiertes Deckblatt mit Inhaltsverzeichnis (nur 1. Gliederungsebene mit 6 Punkten).

[Faksimile des Deckblatts]

Die Lage in Industrie, Verkehr, Handel und Landwirtschaft

a) Industrie und Verkehr

Lediglich im Bezirk Leipzig sind die Diskussionen über die neue Note der SU[1] durch die Initiative der Parteiorganisationen umfangreicher geworden. Nahezu 90 % der Arbeiter begrüßen den Inhalt der Note, der Rest verhält sich reserviert. In den übrigen Bezirken sind diese Diskussionen nach wie vor Einzelerscheinungen. Im Bezirk Karl-Marx-Stadt werden diese politischen Diskussionen von durchweg negativen Gesprächen über die Stromabschaltungen, die in den letzten Tagen zugenommen haben, stark in den Hintergrund gedrängt. Im Bezirk Magdeburg beschäftigen sich wohl Parteiorganisationen mit der Note, sie verstehen es aber ungenügend, die Diskussion unter den parteilosen Arbeitern zu entfachen.

Ein ernstes Zeichen ist die gedrückte Stimmung in Suhler Betrieben. So berichtet ein Propagandist, dass die meisten Arbeiter, ja selbst Genossen, überhaupt nichts mehr sagen, weil sie durch die Entlassung von Provokateuren eingeschüchtert worden seien. Das werde sich auch im Parteilehrjahr auswirken, wo man kaum mit offenen und ehrlichen Diskussionen rechnen könne. Allerdings ist sehr stark anzunehmen, dass hier der RIAS, der die Arbeiter ständig auffordert, nicht zu diskutieren und damit die Partei zu boykottieren, fruchtbaren Boden gefunden hat.

Über die Durchführung des neuen Kurses werden nach wie vor verbreitet Stimmen laut, die es vorziehen abzuwarten, wie sich der neue Kurs auswirkt, anstatt an seiner Verwirklichung aktiv mitzuarbeiten. Die Meinung sehr vieler Arbeiter in den Braunkohlengruben »Glückauf« und »Jonny Scheer« im Bezirk Cottbus ist auf folgenden Nenner zu bringen: »Wenn die Regierung

1 Über die Einberufung von Außenministerkonferenzen zur Minderung der Spannung in den internationalen Beziehungen und zur Lösung der Deutschlandfrage. Note der Regierung der UdSSR vom 28.9.1953 an die Regierungen Frankreichs, Großbritanniens und der USA als Erwiderung auf deren Note vom 2.9.1953. In: Dokumente zur Deutschlandpolitik der Sowjetunion. Hg. v. Deutschen Institut für Zeitgeschichte, Bd. 1, Berlin (Ost) 1957, S. 354–371.

das Preisniveau, wie es zur Zeit in Westdeutschland besteht, auch bei uns verwirklicht, dann stehen wir hinter ihr. Wenn das, was W. Ulbricht auf der 16. ZK-Tagung sagte, zutrifft, dass die Preise gesenkt werden und die Löhne bleiben, dann sind wir zufrieden.«[2]

Große Teile der Kali-Kumpel in Heiligenroda/Suhl sagen: »Der neue Kurs ist gut. Wir haben aber 1952 besser gelebt als heute. Wir glauben erst dann an den neuen Kurs, wenn es uns besser geht.« Im EMW Eisenach/Erfurt diskutieren nur etwa 25 % der Arbeiter positiv über den neuen Kurs.

Abfällige Diskussionen über die Wettbewerbe werden dort laut, wo sie durch die Gewerkschaften nicht richtig organisiert wurden. Im Thomas-Müntzer-Schacht in Sangerhausen/Halle wurde der innerbetriebliche Wettbewerb im Steigerkollektiv beschlossen, mit großem Aufwand durch Sichtwerbung bekannt gemacht, aber mit dem Kumpel wurde er nicht besprochen. Ähnlich ist es im Kranbau Eberswalde/Frankfurt und in den Buna-Werken.

Die technische Intelligenz des Gummiwerkes Elbe in Wittenberg/Halle begrüßt den Austausch von Arbeiterdelegationen mit der Sowjetunion.

Feindliche Elemente in der Wismut AG schüren immer wieder die Diskussionen über eine paritätische Gesellschaft, die mit dem Argument, ab 1.1.1954 gäbe es keine Prämien und hohe Löhne mehr, in negative Bahnen gelenkt werden.[3]

Wiederholt beschweren sich Betriebe, weil sie für 1954 noch keine Plankontingente und Aufträge erhalten haben. Im Stahlbau Niesky/Dresden muss in einigen Tagen die Konstruktionsabteilung stillgelegt werden, wenn vom Ministerium für Aufbau bis dahin kein Plankontingent zugewiesen wird. Außerdem werden Anfang des Jahres 1954 Stockungen in der Produktion eintreten.

Noch häufiger sind Fälle von Planrückständen, die durch Rohstoffmangel und durch fehlende Halbfertigkeitsfabrikate, die aus anderen Betrieben kommen, verursacht werden. In den Gusseisenwerken Torgelow und Ueckermünde/Neubrandenburg kann zuweilen tagelang nicht produziert werden,

2 Die Rede wurde in großen Teilen unter dem Titel »Der große Aufschwung der Volkswirtschaft im Fünfjahrplan. Aus dem Referat von Walter Ulbricht auf der 16. Tagung des ZK der Sozialistischen Einheitspartei Deutschlands am 17. September 1953« im SED-Zentralorgan publiziert. In: ND, Berliner Ausgabe, v. 20.9.1953, S. 3–5, und v. 22.9.1953, S. 3 f. Ulbricht kündigte darin das Ende der Rationierung von Waren und eine Senkung der Preise für das Jahr 1954 an.

3 Hintergrund ist die entschädigungslose Übergabe der Betriebe, die sich noch in sowjetischem Eigentum befanden und somit die Rechtsform einer Sowjetischen Aktiengesellschaft (SAG) hatten, in das Eigentum der DDR zum 1.1.1954. Das galt nicht für die SAG Wismut, die, ebenfalls zum 1.1.1954, als paritätische Sowjetisch-Deutsche Aktiengesellschaft (SDAG) neu gegründet wurde. Grundlage: Abkommen zwischen den Regierungen der UdSSR und der DDR über die Gründung der SDAG Wismut vom 22.8.1953. In: Boch, Rudolf; Karlsch, Rainer (Hg.): Uranbergbau im Kalten Krieg. Die Wismut im sowjetischen Atomkomplex. Berlin 2011, Bd. 2: Dokumente, S. 194–198.

weil kein Koks (Schmelzkoks) geliefert wird. Allein in einem Betrieb müssen täglich 16000 DM Lohn gezahlt werden, wo praktisch nicht produziert wird. In der Ostdeutschen Tuchfabrik Forst/Cottbus kann der Plan nicht erfüllt werden, weil Arbeitskräfte, vor allem Facharbeiter (Weber), fehlen.

In Greizer Textilbetrieben (Bezirk Gera) erheben werktätige Frauen erneut die Forderung auf den Haushaltstag auch für alleinstehende Frauen.[4]

b) Handel und Versorgung

Im Bezirk Karl-Marx-Stadt sind Mängel in der Organisierung der Fleischversorgung festzustellen. So ist zum Beispiel auf dem Schlachthof im Kreis Aue eine Viehstauung eingetreten, im Kreis Flöha dagegen konnte die Fleischversorgung in der letzten Woche nur mit großen Anstrengungen gelöst werden.

Negative Diskussionen werden im Bezirk Dresden ausgelöst, da keine Einweckgläser zum Verkauf angeboten werden.

c) Landwirtschaft

Stark verbreitet sind in der Landwirtschaft Diskussionen über die durchgeführten Stromabschaltungen. So äußert sich z. B. ein werktätiger Bauer: »Von 18 bis 20 Uhr wird der Strom abgeschaltet, das ist der neue Kurs. Die Bauern müssen in dieser Zeit füttern, da gehen sie mit der Kerze in den Stall, was feuerschutzpolizeilich nicht gestattet ist.«

Ein Teil der Bauern im Bezirk Dresden stellen sich gegen die Heu- und Strohablieferung. So sagte z. B. ein Mittelbauer: »Ihr betreibt ja Sabotage. Die Lagerräume werden beansprucht und wir müssen uns wieder Heu und Stroh aus Mecklenburg schicken lassen. Wir sind gern bereit, unser Heu- und Strohsoll mit Milch, Schweine- und Rindfleisch zu decken.«

In mehreren Gemeinden des Kreises Pritzwalk/Potsdam kann das Fleischsoll nicht 100%ig erfüllt werden, da teilweise durch die Schweinepest der gesamte Schweinebestand notgeschlachtet werden musste. Die betroffenen Bauern diskutieren, dass ihnen das Fleisch der notgeschlachteten Tiere in voller Höhe auf das Soll angerechnet werden müsste.

Missgestimmt sind einige Bauern aus Wolfshagen und Schlepkow, [Bezirk] Neubrandenburg, die wegen Wasserschäden einen Teil ihrer Ernte verloren haben. Trotz Antrag auf Sollermäßigung im Juli erhielten sie noch keinen Bescheid.

4 Ein monatlicher bezahlter arbeitsfreier Tag stand lediglich voll berufstätigen Frauen zu, wenn der Ehemann voll beschäftigt, krank oder dauernd arbeitsunfähig war bzw. wenn Kinder oder arbeitende bzw. in Ausbildung stehende Jugendliche unter 16 Jahren oder pflegebedürftige Angehörige zum Haushalt gehörten. Vgl. § 34 der Verordnung über die Wahrung der Rechte der Werktätigen und über die Regelung der Entlohnung der Arbeiter und Angestellten vom 20.5.1952 (GBl. 1952, S. 377–383, hier 383). Allgemein siehe Sachse, Carola: Der Hausarbeitstag. Gerechtigkeit und Gleichberechtigung in Ost und West 1939–1994. Göttingen 2004, S. 49–100.

Aus dem Bezirk Erfurt werden noch immer starke Diskussionen über Sollherabsetzung berichtet. Zum Teil wird von Groß- und Mittelbauern zum Ausdruck gebracht, dass die Ernte aufgrund der schlechten Düngerzuweisung schlecht und eine 100%ige Ablieferung nicht möglich sei. In Warsow[5]/Potsdam wurden Drohungen von Bauern, die wegen Nichterfüllung des Solls inhaftiert waren, gegen Funktionäre ausgesprochen. So z.B.: »Es kommt noch die Zeit, wo wir uns revanchieren können.«

Der Betriebsleiter der MTS Spezialwerkstatt in Grimmen/Rostock erklärt: »Die DHZ kann uns keine Düsen liefern, wenn nicht Abhilfe geschaffen wird, werden eine Anzahl Traktoren ausfallen.« In den MTS des Bezirkes Magdeburg werden laufend Beschwerden über die in letzter Zeit eingesetzten Kartoffelroder (Schatzgräber) geführt, da diese den Anforderungen nicht entsprechen und laufend wegen Reparatur ausfallen. Aus Potsdam wird berichtet, dass die MTS durch die vielen Maschinenschäden den abgeschlossenen Verträgen nicht nachkommen kann, was Unzufriedenheit unter den LPG und Kleinbauern hervorruft. Trotz dieser Situation verlässt sich die LPG in Luckenwalde auf die MTS, obwohl sie selbst Maschinen zur Bearbeitung haben [sic!] und die MTS unterstützen könnte.

Stimmung der übrigen Bevölkerung

Über die Note der UdSSR an die Westmächte wird aus Gera berichtet, dass Angestellte des Krankenhauses in Stadtroda (ca. 30 Personen) übereinstimmend zum Ausdruck brachten, dass die Einheit Deutschlands nur durch den Sturz der Adenauer-Regierung möglich sei, da diese immer wieder den konkreten Vorschlägen der SU auszuweichen versucht.

Über die Entlassung ehemaliger verurteilter Kriegsgefangener aus der UdSSR[6] diskutiert ein Teil der Bevölkerung in den Bezirken Leipzig, Schwerin, Cottbus und Gera positiv. So wird die Entlassung dieser Personen als eine großzügige Maßnahme der SU bezeichnet. Ein Heizer aus Schwerin erklärte z.B.: »Die Entlassung der Kriegsgefangenen, welche Kriegsverbrechen begangen haben, zeigt klar und deutlich die Großzügigkeit der SU, aber auch die Stärke derselben.«

Ein Arbeiter aus Cottbus: »Ich bin erstaunt über die Großzügigkeit der SU, die trotz der großen Verbrechen, die die Faschisten in der UdSSR begangen haben, trotz des großen Leids, dass sie den Bürgern der UdSSR zugefügt haben, die Kriegsverbrecher entlässt.«

Ein anderer Teil der Bevölkerung spricht nur von Kriegsgefangenen, nicht aber von Kriegsverbrechern. Ein Mitglied der LPG/Schwerin äußerte: »Vor

5 Im Original »Warzow«. Warsow gehörte zum Kreis Nauen, Bezirk Potsdam.

6 Am 25.9.1953 war der erste Kriegsgefangenentransport aus der Sowjetunion seit 1951 in der DDR eingetroffen. Vgl. Information Nr. 1078 v. 26.9.1953. Die Freilassungen basierten auf Vereinbarungen des sowjetisch-deutschen Kommuniqués vom 23.8.1953. In: Dokumente zur Deutschlandpolitik der Sowjetunion. Hg. v. Deutschen Institut für Zeitgeschichte, Bd. 1, Berlin (Ost) 1957, S. 345–350, hier 247 f.

einigen Tagen hörte ich den NWDR, die Kriegsgefangenen, die jetzt nach längerer Trennung zu ihren Familien zurückkehren, können einem leidtun. Wenn man hört, wie es ihnen in den vielen Jahren ergangen ist, unter welchen Bedingungen sie gelebt haben, so kann man es fast nicht glauben, das ist ja unmenschlich.« Ein Angestellter der VEAB aus Gera: »Es ist traurig, dass man Kriegsgefangene erst jetzt entlässt.«

In diesem Zusammenhang werden Stimmen laut, wo verlangt wird, Listen mit Namen derjenigen zu veröffentlichen, die sich noch in der SU befinden. So sagt z.B. eine Angestellte aus Cottbus: »Alle, die schon seit dem Kriege keine Nachricht von ihren Angehörigen haben, machen sich nun neue Hoffnungen. Man müsste die Namen bekannt geben, von den Personen, die noch dort sind. Dadurch würden sich viele nicht falschen Hoffnungen hingeben und würden sich eher abfinden.« Eine Frau aus Leipzig: »Jetzt kann ich auch hoffen, dass mein Mann zurückkommt. Ich glaube an die Todesnachricht nicht.« Zu den negativen Diskussionen muss bemerkt werden, dass diese im Wesentlichen auf feindlichen Einfluss (RIAS, NWDR und dgl.) zurückzuführen sind.

In den Bezirken Karl-Marx-Stadt, Dresden, Halle und Magdeburg wird stark über die verstärkt durchgeführten Stromabschaltungen diskutiert und im negativen Sinne mit dem neuen Kurs von Partei und Regierung in Verbindung gebracht.[7]

Aus Magdeburg und Karl-Marx-Stadt wird berichtet, dass die Kartoffeltransporte unzureichend sind und die Wintereinkellerung nur schleppend durchgeführt werden kann. Die Bevölkerung äußert Unzufriedenheit und fürchtet, die Kartoffeln vor dem Eintreten des Frostes nicht zu erhalten.

Organisierte Feindtätigkeit

Flugblätter und Postwurfsendungen vereinzelt in den Bezirken Cottbus, Dresden, Neubrandenburg, Karl-Marx-Stadt, Suhl, Erfurt, Potsdam und Gera, stärker in den Bezirken Frankfurt und Halle. Die meisten stammen von der NTS.[8] Bisher weniger bekannt waren Flugblätter, die vom »Rat freier

7 Der DDR-Ministerrat hatte am 25.6.1953 im Rahmen der Politik des »Neuen Kurses« angekündigt, dass die Stromabschaltungen zum 1.7.1953 eingestellt würden. In: ND, Berliner Ausgabe, v. 26.6.1953, S. 1.

8 Narodno-Trudowoj Sojus (NTS), deutsch: Volksarbeitsbund. Es handelte sich um eine seit 1930 bestehende russische Emigrantenorganisation, deren »geschlossener Sektor« streng konspirativ organisiert gegen die Sowjetunion arbeitete. Dabei ging es vor allem um die Verbreitung von antikommunistischem Propagandamaterial. Zur Zielgruppe dieser Aktivitäten gehörten in der SBZ/DDR vor allem die Angehörigen der sowjetischen Truppen. Ab Ende der Vierzigerjahre wurde der NTS insbesondere von US-amerikanischen Geheimdienststellen unterstützt und angeleitet, von den sowjetischen Sicherheitsorganen und unter deren Federführung auch vom MfS wurde er vehement bekämpft. Vgl. Stöver, Bernd: Die Befreiung vom Kommunismus: Amerikanische »Liberation Policy« im Kalten Krieg 1947–1991. Köln u. a. 2002, S. 318–331.

deutscher Arbeiter und Bauern in der Sowjetischen Besatzungszone« herausgegeben wurden (in Cottbus gefunden), Postwurfsendungen einer »Kampfgruppe zur Befreiung der Ostzone« (in Zeitz gefunden) und Flugblätter der KgU,[9] die »Offiziere und Unteroffiziere des SSD warnen« (im Bezirk Dresden gefunden).

Einer Meldung der westdeutschen Zeitung »Die Welt« zufolge hat das evangelische Hilfswerk in Stuttgart seine Gläubigen aufgefordert, mehr Päckchen in die DDR zu schicken, weil bei uns »Die Ernährungslage nach wie vor kritisch« sei.[10]

In letzter Zeit wurde in Berlin-Köpenick wiederholt festgestellt, dass Westberliner Facharbeiter, die im demokratischen Sektor arbeiten, nach drüben gelockt werden. Dabei wird häufig mit dem Ausschluss vom Geldumtausch gedroht.

Am 5.10.1953, zwischen 3 und 4 Uhr morgens, wurden der VPKA-Leiter des VPKA Teterow, Kommissar Müller, und der K-Leiter, Kommissar Strunz, in der Nähe des Ortes Schorssow,[11] Kreis Teterow, von sechs bis sieben Personen tätlich angegriffen. Beide sind leicht verletzt.

Einschätzung der Situation

Die Stimmung der Werktätigen zu politischen Fragen lässt noch keine wesentlichen Fortschritte erkennen. Die Tendenz des Abwartens hält weiterhin an. Bei guter Aufklärung zeigt sich wachsendes Verständnis und Zustimmung zur Note der SU. Beträchtliche Teile der Werktätigen bilden ihre Meinung aufgrund der Hetze der Westsender.

9 Die »Kampfgruppe gegen Unmenschlichkeit« (KgU) war eine antikommunistische Organisation, die von Westberlin aus in die DDR hineinwirkte. Sie wurde 1949 u. a. von Rainer Hildebrandt gegründet, 1951 übernahm Ernst Tillich die Leitung. 1959 wurde die KgU aufgelöst. Wegen ihrer Anbindung an amerikanische Geheimdienststellen und des zeitweisen Einsatzes auch militanter Mittel galt sie dem MfS als besonders gefährlicher Gegner. Vgl. Merz, Uwe: Kalter Krieg als antikommunistischer Widerstand. Die Kampfgruppe gegen Unmenschlichkeit 1948–1959. München 1987; Engelmann, Roger: Die Kampfgruppe gegen Unmenschlichkeit. In: Henke, Klaus-Dietmar; Steinbach, Peter; Tuchel, Johannes (Hg.): Widerstand und Opposition in der DDR. Köln u. a. 1999, S. 183–192.

10 Vgl. »Mehr Päckchen nötig«. In: Die Welt v. 5.10.1953, S. 3.

11 Im Original »Schozow«. Schorssow war damals ein Ortsteil der Gemeinde Bülow am Malchiner See.

[Ohne Datum]

Analyse vom 16. bis 30. September 1953 [Nr. 2/53]

Quelle: BStU, MfS, AS 39/58, Bd. 2, Bl. 47–59.
Serie: Analysen.
Verteiler: Kein Nachweis einer externen Verteilung – SfS: alle Bezirksverwaltungen, Verwaltung Groß-Berlin, Verwaltung »W«, laut Postausgangsbuch der Informationsgruppe (BStU, MfS, ZAIG 8439, Bl. 13).
Datum: Datierung durch den Bearbeiter: 7.10.1953 (nach Postausgangsbuch s. o.).
Bemerkungen: Weiteres identisches Exemplar befindet sich in: BStU, MfS, AS 9/57, Bd. 9, Bl. 183–195.

Die Lage in Industrie und Verkehr

Die Diskussionen zu politischen Fragen wurden in der zweiten Septemberhälfte geringer. Im Mittelpunkt der wenigen Diskussionen stand die 16. Tagung des ZK. Die Stimmung dazu war unterschiedlich, in einem Teil der Betriebe vorherrschend positiv und im anderen Teil negativ. Meistens wurde zur Preissenkung Stellung genommen. Von fortschrittlichen Arbeitern und Angestellten wurden die Aufgaben aus dem Referat des Genossen W. Ulbricht verstanden und begrüßt.[1] Z. B. ein Arbeiter der Kreisbaubetriebe Rudolstadt äußerte: »Ich begrüße, dass im nächsten Jahr die restliche Rationierung wegfällt und eine weitere Preissenkung kommt. Das ist dann der Beweis für die Richtigkeit des neuen Kurses. Wir müssen unsere Leistungen steigern, um schnell und sicher dem Wohlstand entgegenzugehen.« Auch im Kombinat Espenhain wurde von der zweiten Schicht der Abteilung C die 16. Tagung positiv aufgenommen und die Norm daraufhin freiwillig erhöht.

Dem größten Teil der Arbeiter war der Inhalt der Rede des Genossen W. Ulbricht nicht bekannt. Der andere Teil erkennt die Bedeutung nicht und ist misstrauisch, enttäuscht oder verhält sich ablehnend. Z. B. im EKM[2] Görlitz äußerte man: »Wir Arbeiter sind doch immer die Leidtragenden. Man wird die Preise in der HO senken und dabei einen Teil der Lebensmittelmarken abschaffen, die Waren jedoch teurer wie bisher verkaufen. Dies nennt man dann Angleichung der Preise.« Ein Arbeiter im ABUS-Förderungsanlagen in Köthen sagte: »W. Ulbricht sprach von Erhöhung der Arbeitsproduktivität. Die Arbeiter haben schon genug geleistet. Nun müsste erst die lang ersehnte Preissenkung kommen, dann wird auch der Arbeiter wieder mehr leisten.«

1 Die Rede wurde in großen Teilen unter dem Titel »Der große Aufschwung der Volkswirtschaft im Fünfjahrplan. Aus dem Referat von Walter Ulbricht auf der 16. Tagung des ZK der Sozialistischen Einheitspartei Deutschlands am 17. September 1953« im SED-Zentralorgan publiziert. In: ND, Berliner Ausgabe, v. 20.9.1953, S. 3–5, und v. 22.9.1953, S. 3 f. Ulbricht kündigte darin das Ende der Rationierung von Waren und eine Senkung der Preise für das Jahr 1954 an.

2 Im Original »BKM«.

Die Verweigerung von FDGB-Beiträgen hält weiterhin an. In einigen Betrieben ist es durch gute Agitation gelungen, die Arbeiter wieder zur Zahlung der Beiträge zu bewegen. Z.B. in der Schuhfabrik Luckenwalde werden die Beiträge wieder bezahlt; auch in der Stalinallee auf Block 4c haben 45 Bauarbeiter ihre Beitragsrückstände beglichen. In den Bezirken Potsdam, Frankfurt/Oder und Halle ist die Beitragszahlung im September besser geworden.

Die Stimmung bei der Entlarvung von Provokateuren ist, bedingt durch die gute oder schlechte Überzeugungsarbeit der Betriebsparteiorganisationen, noch immer unterschiedlich. Z.B. im VEB Drahtwerk Finsterwalde wurden drei Agenten durch fast einstimmigen Beschluss der Belegschaft aus dem Werk entfernt. Ähnliche Beispiele gab es noch im Bezirk Leipzig, in Wismut-Betrieben und mit nicht so starker Mehrheit im Bezirk Dresden.[3]

Dagegen zeigt sich in einer Reihe Betriebe ein versöhnlerisches Verhalten zu Provokateuren und teilweise auch Ablehnung der Entlassungen, hauptsächlich bei Paketabholern. Versöhnlerisch verhält man sich besonders bei Zeiss Jena, [den] Leunawerken und im Elektrochemischen Kombinat Bitterfeld. Ungenügende Aufklärung und Vorbereitung führten auch zu Ablehnungen der Entlassungen. Z.B. im Stahlwerk Riesa, Abteilung Verkehr, stimmten von 70 Arbeitern 36 gegen die Entlassung eines Provokateurs. Bei BMHW Berlin-Niederschöneweide wurde ein Provokateur fristlos entlassen, ohne dass der Belegschaft dies bekannt gegeben wurde. Darauf stellte sich der größte Teil der Kollegen hinter den Provokateur.

In den Betrieben, wo eine gute Parteiarbeit geleistet wird, verstehen die Arbeiter unsere Politik und gewinnt die Partei an Einfluss. So konnte z.B. auf einem Schacht bei Schwarzenberg die Wettbewerbsbewegung verbreitert werden. Auf einem Schacht bei Auerbach wurden in 14 Tagen 278 Selbstverpflichtungen übernommen. Im Otto-Brosowski-Schacht in Eisleben fuhren 24 Brigaden zu Ehren einer Versammlung der Betriebsparteiorganisation eine Sonderschicht, bei der das bisher höchste Förderungsergebnis erreicht wurde.

In Betrieben mit schlechter Parteiarbeit wirkt der Gegner auf die Belegschaften ein und trägt schädliche Tendenzen manchmal bis in die Reihen der BPO. Z.B. im RAW Meiningen/Suhl erklärten 75 % der Arbeiter ihr Einverständnis mit der Adenauerpolitik. Verschiedene Genossen sind lustlos und wollen nicht mehr in der BPO mitarbeiten. Im VEB IKA/Suhl beteiligten sich nur 70 von 243 Mitgliedern an der Parteiversammlung. Die Genossen begründeten dies mit den hohen Preisen. Im Thälmann-Kombinat ist eine ähnliche Missstimmung, dazu wird von Mitgliedern und Funktionären der Partei, die in Westdeutschland waren, der Westen verherrlicht. Im Kaliwerk »Ernst Thälmann«/Suhl bezahlt ein großer Prozentsatz keine Parteibeiträge mehr wegen Verärgerung über das Prämiensystem. Genossen vom VEB Holzindustrie/Suhl äußerten: »Mit der Grundlinie der Partei sind sie einver-

3 Ursprünglich »Potsdam«. Handschriftlich durchgestrichen und durch »Dresden« ersetzt.

standen, aber sonst sehen sie nur Fehler von der Partei und Regierung, es fehlt ihnen das Vertrauen zur Parteiführung.«

Feindliche Einflüsse zeigen sich oft in Betrieben mit schlechter Parteiarbeit in den verschiedensten Formen, zzt. vielfach in der bewussten Zurückhaltung und im Ausweichen vor politischen Diskussionen und in der Ablehnung der Prämienvorschläge. Z.B. im IKA Elektrobau Annaberg, im VEB Gewosei/Gera und in den Feintuchwerken Forst wurden Aktivistenprämierungen zum 13. Oktober abgelehnt und erklärt, man solle die Prämien an alle Arbeiter verteilen. Die Bauarbeiter der Stalinallee, die Arbeiter im EAW Apparate und Kesselbau Berlin, im TRO »Karl Liebknecht«, KWO Berlin und bei der Bau-Union Potsdam, Baustelle Wünsdorf, sind zum großen Teil zurückhaltend in politischen Diskussionen, wenn Genossen oder Agitatoren auftreten, gehen sie diesen aus dem Wege.

In einer ganzen Reihe Betriebe wirkt sich der Mangel an Material, oft auch dessen schlechte Qualität und in letzter Zeit auch das Fehlen von Waggons sehr zum Nachteil für die planmäßige Produktion und damit auf den Lohn und die Stimmung der Arbeiter aus. Im ABUS Maschinenbau und im IFA Schlepperwerk in Nordhausen beklagen sich die Arbeiter über die mangelhafte Qualität des gelieferten Rohmaterials. Im Audi-Werk Zwickau sind durch ausbleibende Lieferungen verschiedener Zubringerbetriebe Produktionszweige eingeschränkt und teilweise eingestellt worden. Das Kali-Werk Staßfurt hat seine tägliche Produktion von 600 t auf 143 t eingeschränkt wegen Waggonmangel der Reichsbahn, welcher sich Ende September verstärkt bemerkbar macht.

Unzufriedenheit besteht in den Betrieben wegen den verschiedenen Mängeln in der Versorgung, wegen Stromabschaltungen und teilweise wegen der HO-Preise. In letzter Zeit macht sich verschiedentlich Unzufriedenheit wegen Prämienzahlungen und auch wegen Normenerhöhungen bemerkbar. Z.B. sind die Arbeiter im Kabelwerk Schönow/Frankfurt über das System der Prämienzahlung erbittert und äußern: »Wenn keine Änderung eintritt, wird am Tag der Aktivisten[4] gestreikt.« Auch der Parteisekretär ist nicht einverstanden, da der Personalleiter 1000 DM und ein Arbeiter höchstens 125 DM bekommen kann. Auch im VEB ELMO-Werk Dessau ist eine schlechte Stimmung. Viele Kollegen erhielten 5,00 DM als Prämie, die sie ablehnten mit den Worten: »Wir wollen kein Trinkgeld.«

Drei Brigaden des VEB Bergungsabteilung Berlin-Lichtenberg, Zweigstelle Fürstenberg, erhielten die Mitteilung, dass ihre Normen rückwirkend ab 1.9.1953 um 50–70 % erhöht werden, ohne Begründung und ohne Absprache. Dies führte zu großer Unzufriedenheit. Im VEB Sägewerk Grim-

4 Dabei handelte es sich um den 13. Oktober. Am 13.10.1948 hatte Adolf Hennecke im Karl-Liebknecht-Schacht des Lugau-Oelsnitzer Steinkohlenreviers die geltende Arbeitsnorm um 387 % übererfüllt.

men/Schwerin erklärten die Arbeiter: »Im ganzen Betrieb gärt es schon wieder. Die haben uns die Normen wieder so hoch gesetzt.«

Die Lage in Handel und Versorgung

Die Verbesserung der Versorgungslage hält weiter an. Trotzdem bestehen noch eine Reihe ernster Mängel. Die Versorgung der Bevölkerung mit Hausbrandkohle hat sich in der Berichtszeit verbessert. Die Mehrzahl der Bezirke ist mit 80 % und mehr Hausbrand beliefert. Der Bezirk Erfurt wurde bereits mit 97 % beliefert. Berlin erst mit 77 %. Am schlechtesten ist es noch im Bezirk Cottbus, wo durchschnittlich erst 35 % Hausbrand an die Bevölkerung ausgegeben wurde. Vielfach ist nichtkartenpflichtige Rohbraunkohle ungenügend vorhanden.

Die Kartoffelversorgung wurde im Allgemeinen verbessert. In einigen Kreisen und Orten der Bezirke Karl-Marx-Stadt, Halle und Potsdam wurde zeitweise ein Mangel festgestellt. Örtliche Schwierigkeiten beim Kartoffeltransport bestanden teilweise in den Bezirken Schwerin, Erfurt, Halle und Potsdam durch fehlende Waggons.

In der Versorgung mit Butter hat sich noch nichts geändert. In den Bezirken Cottbus, Gera, Halle, Rostock, Karl-Marx-Stadt und Potsdam wurde wiederum ungenießbare Butter verkauft bzw. ausgeliefert.

Bei Industriewaren besteht weiterhin ein Mangel an Haushaltsgegenständen und vielfach an Arbeitskleidung. Teilweise geht der Umsatz bei HO-Industriewaren zurück wegen der zahlreichen Diskussionen und Gerüchte über eine bevorstehende Preissenkung, z.B. in den Bezirken Halle, Leipzig und Suhl. Im Bezirk Leipzig besteht ein Umsatzrückgang bei Industriewaren von 20 % (ohne Stadt- und Landkreis Leipzig).

Viele Mängel in der Versorgung haben ihre Ursache in der schlechten Organisation und Warenverteilung. Dadurch stauen sich die Waren, besonders Lebensmittel, an einigen Stellen besteht die Gefahr des Verderbens. Z.B. bei der DHZ Marienberg sind 19 t Margarine verdorben. In Berlin lagern 693 t und in Potsdam 9½ t Fleischkonserven mit beschränkter Haltbarkeit und finden nur geringen Absatz. Ähnliche Beispiele gibt es mit anderen Konserven, Weintrauben, Äpfeln usw. Bei Industriewaren ist die mangelhafte Verteilung, besonders auf dem Lande, spürbar, z.B. in den Bezirken Neubrandenburg, Cottbus, Magdeburg, Frankfurt, Dresden und Halle.

Die Lage in der Landwirtschaft

In der zweiten Septemberhälfte stand das Interesse für wirtschaftliche Fragen im Vordergrund. Zu politischen Fragen besteht bei großen Teilen der Landbevölkerung eine abwartende Haltung. Z.B. im Kreis Fürstenwalde ist folgende Meinung verbreitet: »Der neue Kurs ist sehr gut und schön, aber wir glauben nicht daran. Die SED sagt, den Sozialismus streichen wir nicht, also kommt die Zeit vor dem 9. Juni wieder.«

Bei einem Aufklärungseinsatz im MTS-Bereich Badrina[5]/Leipzig äußerte sich ein großer Teil der Bevölkerung: »Lasst uns in Ruhe, wenn alles da ist und wir leben können wie die im Westen, könnt ihr wieder mit uns sprechen.«

Die Ablieferung der landwirtschaftlichen Produkte wurde trotz Widerstand und Feindpropaganda weiter durchgeführt und besonders erfolgreich dort, wo eine gute Aufklärungsarbeit geleistet wurde. Z.B. im Kreis Auerbach im Vogtland wurde das Ablieferungssoll mit 100 % erfüllt. Auch im Bezirk Potsdam, wo das Soll erst zu 50–60 % erfüllt worden ist, wurde durch gute Überzeugungsarbeit des Bürgermeisters in Genshagen erreicht, dass sich die Bauern verpflichteten, alle Forderungen der Regierung zu erfüllen. Ein parteiloser Bauer erfüllte bereits sein Soll bis zum 20.9.1953 100%ig.

Verschiedentlich leisten Großbauern Widerstand oder sie und die unter ihrem Einfluss stehenden Einzelbauern kommen ihren Ablieferungspflichten nicht nach. Z.B. hat ein Großbauer aus Raakow/Frankfurt erst 20 % Getreide abgeliefert. Er verwendet es als Schweinefutter und verkaufte für 19000 DM Schweine auf freie Spitzen.[6] In Sewekow/Potsdam wurden die Erfasser durch Großbauern vom Hof gejagt, bedroht und beschimpft. Auch in Groß Garz/Magdeburg hatten 35 Bauern bis zum 19. September noch nichts abgeliefert, obwohl der Drusch beendet war.

Bauern, die ihr Soll nicht erfüllen, begründen dies oft damit, sie hätten keine Futtergrundlage für ihr Vieh oder das Ablieferungssoll müsste mit dem Viehhalteplan in Einklang gebracht werden, d.h. herabgesetzt werden. Z.B. äußerten einige Bauern in Cosa/Halle: »Wir sind mit der Sollfestsetzung nicht zufrieden. Entweder geben wir das ganze Getreide ab und das Vieh verhungert oder die Regierung beschafft Futtermittel.« Ähnliche Beispiele gibt es in den Bezirken Leipzig, Dresden, Erfurt, Frankfurt, Schwerin, Potsdam und Cottbus.

Im Bezirk Halle und im Kreis Weimar besteht eine ernste Lage in der Futterversorgung. Im Kreis Weimar äußerten die Bauern, die ihr Getreidesoll erfüllt haben, dass sie nicht wissen, wie sie ihr Vieh füttern sollen, die Futtermittelversorgung durch die BHG sei nicht gewährleistet.

Die Lage in den LPG ist noch sehr unterschiedlich, jedoch zeigt sich jetzt eine erhebliche Festigung gegenüber den stark zurückgegangenen Auflösungserscheinungen. Im Bezirk Erfurt zeigt sich bereits eine Rentabilität der LPG. Aus diesem Grund versuchen besonders in Sömmerda und Gotha Bauern, die ausgetreten waren, wieder einzutreten. Die LPG Goldenstädt/Schwerin ist von 14 auf 38 Mitglieder angewachsen. Immer mehr Bauern stellen Anträge auf Aufnahme in die LPG.

5 Im Original »Barthriema«.
6 Das heißt außerhalb des Abgabesolls, was einen höheren Preis einbrachte.

In einigen LPG sind Auflösungserscheinungen festzustellen, z.B. in Lubmin/Rostock und in den Kreisen Gransee und Kyritz/Potsdam. Die Ursache ist Uneinigkeit, verschiedene Vorsitzende sind den Aufgaben nicht gewachsen, weiterhin schlechte Arbeitsmoral und mangelnde Unterstützung durch die Kreisverwaltungen.

Bei vielen MTS ist weiterhin ein großer Mangel an Ersatzteilen und teilweise [sind] auch schlechte Maschinen die Ursache, dass sie nicht allen Anforderungen gerecht werden und oft Missstimmung entsteht. In den Bezirken Magdeburg, Rostock, Schwerin und Potsdam sind die Kartoffelroder »Schatzgräber« von schlechter Qualität. Sie werden oft schon nach 5–6 ha Rodungen unbrauchbar. So äußerte ein Traktorist der MTS Diesdorf/Magdeburg: »Es ist eine Schande, wenn bei der LPG Haselhorst 45 Personen aus der Stadt zum Kartoffelroden da sind und mein Schatzgräber kann nicht eingesetzt werden, da die Federn laufend brechen.« Wegen Fehlen der Ersatzteile sind z.B. in der MTS Semlow/Rostock 17 Traktoren »IFA-Pionier« bis 26. September ausgefallen.

Die Unzufriedenheit großer Teile der Bauern mit den Stromabschaltungen hat sich vermehrt.

In einer öffentlichen Gemeindevertretersitzung in Hardisleben/Erfurt wurde von den Anwesenden gefragt: »Wo bleibt der neue Kurs, wenn wir dreschen oder füttern wollen ist Stromsperre.« In einer Bauernversammlung in Stützengrün wurde geäußert: »Wenn die Stromabschaltungen nicht bald aufhören, werden wir eben keine Milch mehr abliefern, damit diese Zustände abgeändert werden.«

Übrige Bevölkerung

Wirtschaftliche Fragen standen im Vordergrund des Interesses. Über politische Fragen und besonders das 16. Plenum wurde wenig diskutiert, vielen ist das Material nicht bekannt. Von fortschrittlichen Kreisen wurde das 16. Plenum in seiner Bedeutung für den Kampf um die Einheit Deutschlands und die Besserung der Lebenslage erkannt.

Ein verdienter Lehrer aus Potsdam äußerte: »Auf dem 16. Plenum hat uns Genosse W. Ulbricht klar den Weg und die Aufgaben bei der Verwirklichung des neuen Kurses aufgezeigt. Besonders erfreut war ich über die Ausführung, wie wir uns die Einheit Deutschlands vorstellen, ohne Monopolkapital. Dass im Sommer 1954 die Rationierung aufgehoben werden soll, muss ein Ansporn zu noch besserer Arbeit sein.«

Anders verhält es sich mit dem Teil der Bevölkerung, die eine Preissenkung erwartet haben und nun enttäuscht, misstrauisch und zurückhaltend sind. Ein Straßenbahner aus Frankfurt äußerte: »Bei der Rede von Ulbricht muss man zwischen den Zeilen lesen. An eine Preissenkung ist demnach in diesem Jahr nicht mehr zu denken.«

Eine Buchhalterin aus Pouch/Halle äußerte: »Von der Aufhebung der Rationierung wurde schon einmal gesprochen. Als der Zeitpunkt jedoch herankam, hörte man davon kein Wort mehr.« Ein Gewerbetreibender, Mitglied der LDP, aus Dippoldiswalde erklärte: »Ich wurde schon mehrere Male aufgefordert, Versammlungen zu besuchen. Ich gehe aber nicht hin. Wenn man seine Meinung zum Ausdruck bringt, so können doch immer Personen anwesend sein, die sofort dem SSD melden, und dann wird man stillschweigend abgeholt.«

Viel Unzufriedenheit herrscht unter der Bevölkerung wegen den häufigen Stromabschaltungen und verstärkt die Zweifel an der Durchführung des neuen Kurses, besonders in den Bezirken Dresden, Leipzig, Magdeburg, Gera, Neubrandenburg, Frankfurt, Potsdam, Schwerin, Halle und Erfurt. Ein Glasschleifermeister aus Jena sagte: »Jetzt ist es noch schlimmer mit den Stromsperren als vor dem 17. Juni. Sogar sonntags ist der Strom weg, horcht nur einmal hinein in das Volk, dann wisst ihr alles.«

In den letzten Tagen wurden Diskussionen und Gerüchte über eine in Kürze erfolgende Preissenkung in den Bezirken Halle, Leipzig, Schwerin, Karl-Marx-Stadt, Cottbus, Erfurt, Rostock, Frankfurt und Suhl immer noch verbreitet. Ein Postangestellter aus Grimmen/Rostock sagte: »Die heutigen Preise sind zu hoch, sie müssen den Löhnen angepasst werden, erst dann ist der Arbeiter zufrieden.«

In der Berichtszeit bzw. im gesamten Monat September sind die Zahlen der Republikflüchtigen teilweise gestiegen, z. B. im Bezirk Dresden um 25 %, Bezirk Potsdam 15 %, Bezirk Frankfurt 60 %. Das Verhältnis der Republikflüchtigen gegenüber den Rückkehrern und Zuzügen aus dem Westen ist recht unterschiedlich, z. B. im September in Leipzig 83 Republikflüchtige gegenüber 479 Rückkehrern und Zuzügen, in Karl-Marx-Stadt 484 Republikflüchtige gegenüber 190 Rückkehrern. Das Verhältnis zwischen Rückkehrern und Republikflüchtigen hat sich in der Berichtszeit verschlechtert. Die Gesamtzahl der Republikflüchtigen aus acht Bezirken ist 2371, demgegenüber stehen nur 821 Rückkehrer.

Feindtätigkeit

Die Feindtätigkeit hält im Allgemeinen in der gleichen Stärke wie in der Woche nach dem 6. September an. Es wurden in allen Bezirken Flugblätter verbreitet. Besonders verstärkt in den Schwerpunkten Bezirk Frankfurt, Cottbus, Potsdam, Gera, Schwerin, Karl-Marx-Stadt und Halle. Der überwiegende Teil ist von der NTS,[7] auch viele von der KgU,[8] die übrigen von dem

7 Narodno-Trudowoj Sojus (NTS), deutsch: Volksarbeitsbund. Es handelte sich um eine seit 1930 bestehende russische Emigrantenorganisation, deren »geschlossener Sektor« streng konspirativ organisiert gegen die Sowjetunion arbeitete. Dabei ging es vor allem um die Verbreitung von antikommunistischem Propagandamaterial. Zur Zielgruppe dieser Aktivitäten gehörten in der SBZ/DDR vor allem die Angehörigen der sowjetischen Truppen. Ab Ende der Vierzigerjahre wurde der NTS insbesondere von US-amerikanischen Geheimdienststel-

SPD-Ostbüro,[9] FDP-Ostbüro,[10] »Freiheitliche Juristen«[11] u.a. Sie befassen sich im Wesentlichsten mit der Hetze gegen die Regierung der SU und DDR. Des Weiteren wird das »langsam arbeiten« und der »sinnvolle Widerstand« propagiert. Die Genossenschaftsbauern [werden] zum Austritt aus der LPG aufgerufen und die Bevölkerung aufgefordert, sich die Bettelpakete[12] mit sogenannten »legalen Mitteln« zu erkämpfen.

In den Bezirken Magdeburg und Dresden versuchte der Gegner wieder durch die Parolen vom neuen Tag »X«[13] Unruhe zu stiften. Vom RIAS wur-

len unterstützt und angeleitet, von den sowjetischen Sicherheitsorganen und unter deren Federführung auch vom MfS wurde er vehement bekämpft. Vgl. Stöver, Bernd: Die Befreiung vom Kommunismus: Amerikanische »Liberation Policy« im Kalten Krieg 1947–1991. Köln u.a. 2002, S.318–331.

8 Die »Kampfgruppe gegen Unmenschlichkeit« (KgU) war eine antikommunistische Organisation, die von Westberlin aus in die DDR hineinwirkte. Sie wurde 1949 u. a. von Rainer Hildebrandt gegründet, 1951 übernahm Ernst Tillich die Leitung. 1959 wurde die KgU aufgelöst. Wegen ihrer Anbindung an amerikanische Geheimdienststellen und des zeitweisen Einsatzes auch militanter Mittel galt sie dem MfS als besonders gefährlicher Gegner. Vgl. Merz, Uwe: Kalter Krieg als antikommunistischer Widerstand. Die Kampfgruppe gegen Unmenschlichkeit 1948–1959. München 1987; Engelmann, Roger: Die Kampfgruppe gegen Unmenschlichkeit. In: Henke, Klaus-Dietmar; Steinbach, Peter; Tuchel, Johannes (Hg.): Widerstand und Opposition in der DDR. Köln u.a. 1999, S.183–192.

9 Das Ostbüro der SPD wurde 1946 zur Unterstützung der von der Zwangsvereinigung betroffenen ostdeutschen Sozialdemokraten gegründet. Zu seinen Aufgaben gehörten Flüchtlingsbetreuung, Informationsbeschaffung und das Einschleusen von Informations- und Propagandamaterialien in die SBZ/DDR. Vgl. Buschfort, Wolfgang: Parteien im Kalten Krieg. Die Ostbüros von SPD, CDU und FDP. Berlin 2000.

10 Die FDP unterhielt seit 1950 ein Ostbüro, das vom ehemaligen Thüringer LDP-Landesjugendreferenten Karl-Heinz Naase geleitet wurde und sich der Unterstützung von SED-kritischen Mitgliedern der LDPD, der Flüchtlingsbetreuung sowie der Informationsbeschaffung und Einschleusung von Informations- und Propagandamaterialien in die SBZ/DDR widmete. Vgl. Buschfort, Wolfgang: Parteien im Kalten Krieg. Die Ostbüros von SPD, CDU und FDP. Berlin 2000.

11 Der Untersuchungsausschuss Freiheitlicher Juristen (UFJ) wurde im Oktober 1946 in Westberlin gegründet und war wesentlich von aus der SBZ/DDR geflohenen Juristen geprägt. Er widmete sich vor allem der Erfassung von Unrechtshandlungen und verarbeitete seine Erkenntnisse in umfangreichen Dokumentationen und in Propagandamaterialien, die teilweise wieder in den Osten eingeschleust wurden. In den frühen Fünfzigerjahren wurde die Organisation überwiegend vom CIA finanziert, ihre Aktivitäten sind im Kontext US-amerikanischer »Liberation Policy« zu sehen. Die Staatssicherheit bekämpfte den UFJ mit großem Aufwand und großer Härte, u.a. auch mit Entführungen. Vgl. Hagemann, Frank: Der Untersuchungsausschuß Freiheitlicher Juristen 1949–1969. Frankfurt/M. u.a. 1994.

12 Gemeint sind die Pakete der US-Lebensmittelhilfe für die DDR, die an Westberliner Verteilerstellen von Mitarbeitern der Senatsverwaltung sowie der Ostbüros und der KgU ausgegeben wurden. Bei der ersten Aktion, die vom 27.7. bis zum 27.8.1953 lief, wurden 2,7 Mio. Pakete verteilt. Es schloss sich bis zum 10.10.1953 eine zweite Aktion an, bei der weitere 2,8 Mio. Pakete verteilt wurden. Vgl. Stöver, Bernd: Die Befreiung vom Kommunismus: Amerikanische »Liberation Policy« im Kalten Krieg 1947–1991. Köln u.a. 2002, S.485–490. Die DDR-Machthaber reagierten mit der Einstellung der Verkäufe von Zugfahrkarten nach Berlin sowie vielfältigen Repressionsmaßnahmen gegen »Paketabholer«.

13 Mit »Tag X« wurde im offiziellen DDR-Sprachgebrauch rückblickend der 17. Juni bezeich-

de weiterhin propagiert: langsam zu arbeiten, in Versammlungen nicht zu diskutieren, FDGB-Beiträge nicht zu zahlen, die Bauern sollen devastierte Betriebe nicht wieder[14] übernehmen. Der RIAS hetzte verstärkt gegen den neuen Kurs und auch gegen die Gesellschaft für Sport und Technik, wobei die Jugendlichen aufgefordert werden, das Kriegshandwerk zu erlernen, um das Gewehr zur geeigneten Zeit umdrehen zu können. Von der Westpresse wurde eine neue Provokation angekündigt, eine sogenannte »Spendenaktion mit Winterkleidung« soll in Kürze beginnen.

Der Gegner setzte seine Terrorfälle fort. Von sieben Fällen geschahen sechs auf dem Lande, meistens bei Erntefesten. Unter den Überfallenen und misshandelten Personen befinden sich zwei Parteifunktionäre, drei Volkspolizisten, ein MTS-Leiter, ein LPG-Vorsitzender und zwei Genossenschaftsbauern.

Durch verschiedene Diversionsakte in Industrie und Landwirtschaft versuchte der Gegner die Produktion zu schädigen. In den Betrieben wurden in acht Fällen Maschinen und Geräte beschädigt oder stillgelegt. Außerdem in zwei Fällen durch vermutliche Brandstiftungen Schäden an Betriebseinrichtungen hervorgerufen. In vier Fällen wurden Diversionsversuche durchgeführt. In der Landwirtschaft wurden in zwei Fällen vier Traktoren der MTS beschädigt und in einer LPG versucht, Maschinen zu beschädigen. In zwölf Fällen sind Brände in der Landwirtschaft erfolgt, bei denen der Verdacht der Brandstiftung besteht. Besondere Schwerpunkte sind die Bezirke Neubrandenburg, Potsdam und Magdeburg.

Einschätzung der Situation

Die mangelhafte politische Aktivität, die abwartende, misstrauische und gleichgültige Haltung eines großen Teils der Werktätigen verdient eine besondere Beachtung. Auf diese passive Masse rechnet der Gegner und versucht ständig, sie unter seinen Einfluss zu bekommen. Das ist eine große Gefahr. Demgegenüber haben wir durch gute Parteiarbeit, gute Aufklärung und viele Verbesserungen bei einem Teil der Werktätigen Vertrauen gewonnen, aber noch in zu geringem Umfang. Durch verbesserte Agitation und rasche Behebung der Mängel auf der Linie des neuen Kurses muss der Kampf um die Gewinnung des großen Teils der Werktätigen zur aktiven Mitarbeit geführt werden.

net. Das sollte andeuten, dass es sich um einen vom Westen aus geplanten Umsturzversuch (»faschistischer Putschversuch«) gehandelt hat. Ursprünglich stammte der Begriff aus dem Westen und wurde, vor allem bei den Institutionen und Organisationen, die sich mit Wiedervereinigungsfragen und »Ostarbeit« befassten, für den Tag der Wiedervereinigung verwendet. Vgl. Fricke, Karl Wilhelm; Engelmann, Roger: Der »Tag X« und die Staatssicherheit. 17. Juni 1953 – Reaktionen und Konsequenzen im DDR-Machtapparat. Bremen 2003, S. 19–26.

14 Nachfolgendes funktionsloses »zu« nicht wiedergegeben.

21. Oktober 1953

Informationsdienst Nr. 1099 zur Beurteilung der Situation

Quelle: BStU, MfS, AS 39/58, Bd. 2, Bl. 97–107 (2. Expl.).
Serie: Informationsdienst.
Verteiler: Kein Nachweis einer externen oder internen Verteilung.
Vermerke: Mehrere vertikale Randmarkierungen (hier nicht im Einzelnen dokumentiert).
Bemerkungen: Gedrucktes standardisiertes Deckblatt mit Inhaltsverzeichnis (nur 1. Gliederungsebene mit 6 Punkten).
Anlage: Großfahndung nach bewaffneten Gruppen aus der Tschechoslowakei.

Die Lage in Industrie, Verkehr, Handel und Landwirtschaft

a) Industrie und Verkehr

Hauptgesprächsthema in den Betrieben ist weiterhin der Beschluss über die Senkung der Lohnsteuer.[1] Als Dank an die Regierung gibt es Beispiele, wie im VEB Reifenwerk Fürstenwalde, wo sich die Kollegen des Mischsaales und der Abteilung Konfektion verpflichteten, am kommenden Sonntag eine Sonderschicht von acht Stunden zu leisten.

Wenn auch nach wie vor eine positive Stellung zu diesem Beschluss von den Werktätigen in allen Bezirken bezogen wird, so sind auch Anzeichen vorhanden, besonders im Bezirk Dresden, wo negative Diskussionen verstärkt auftreten. Ein Arbeiter im Sachsenwerk Radeberg sagte: »Man spricht von einer Erleichterung durch die Steuersenkung, die es im richtigen Sinne gar nicht gibt, da man ja 1947 die Steuern erhöht hat.[2] Wir wollen erst einmal abwarten, es wird sicherlich dafür etwas anderes teurer.«

Positive Beispiele zur Planerfüllung sind aus dem Eisenhüttenkombinat »J. W. Stalin« und dem VEB Wolltuch Luckenwalde bekannt. So konnte im Eisenhüttenkombinat »J. W. Stalin« in den letzten Tagen der Produktionsplan mit 100 % und teilweise darüber hinaus erfüllt werden. Die BPO im VEB Wolltuch entfaltet gegenwärtig eine breite Agitationsarbeit, um eine 500-Schuss-Bewegung zu erreichen. Jeder Weber soll nach dem Beispiel von Frida Hockauf[3] über seinen täglichen Plan hinaus 500 Schuss mehr weben.

1 Verordnung zur Änderung der Besteuerung des Arbeitseinkommens vom 15.10.1953. In: GBl. 1953, S. 1031–1033. Die wichtigsten Änderungen betrafen die Erhöhung der steuerfreien Grenze für Arbeitseinkommen von monatlich 124,99 auf 174,99 DM, die Ermäßigung der Steuersätze im unteren und mittleren Einkommensbereich (175 bis 1 258 DM monatlich), die Steuerfreistellung von Leistungsprämien, soweit sie aus dem Direktorenfonds bezahlt werden, und die Neueinteilung der Steuerklassen.

2 Gemeint ist wahrscheinlich die Erhöhung der Lohnsteuer um 25 % und der veranlagten Einkommenssteuer um 35 % (Steuerklasse I) durch das Kontrollratsgesetz Nr. 61 vom 19.12.1947. In: ZVOBl. der Zentralverwaltungen der SBZ 1948, S. 53–56.

3 Frida Hockauf, geborene Kloß, Jg. 1903, Weberin, ursprünglich Sozialdemokratin, seit 1946

Durch Materialmangel, ungenügende technische Ausrüstung, schlechte Kohlenlieferungen und Stromsperren ist die Planerfüllung verschiedentlich gefährdet.

In der VEB Schachtanlage Niederröblingen wurde ein Massenwettbewerb organisiert. Für diesen Wettbewerb sind augenblicklich jedoch keine technischen Voraussetzungen vorhanden, da nur noch für zwei Tage Mauersteine zur Verfügung stehen. Bemühungen der örtlich verantwortlichen Stellen, diesen Zustand zu verändern, blieben bisher erfolglos.

Der VEB Kalk-, Ziegel- und Sandwerke in Geithain ist aufgrund seiner schlechten technischen Ausrüstung nicht in der Lage sein Plansoll zu erfüllen. Im Gipswerk Sperenberg, Kreis Zossen, kann aufgrund regelmäßiger Stromsperren, am Tag ca. acht Stunden, der Jahresplan nicht erfüllt werden. Vom Sägewerk Briescht, Kreis Beeskow, wird gemeldet, dass am 19.10.1953 die Arbeit wegen Holzmangel eingestellt werden musste.

Das Berliner Gaswerk Dimitroffstraße konnte wegen schlechter Qualität der Kohlenlieferungen in den letzten Monaten sein Kokssoll nicht erfüllen. Obwohl die Importkohle aus der Volksrepublik Polen qualitätsmäßig sehr gut ist, wird Kohle minderer Qualität an Berlin und Brandenburg geliefert. Verantwortlich dafür soll im Staatssekretariat für Energie, Abteilung Materialversorgung, der Kollege *Große* sein.

Immer noch werden Diskussionen über gemachte Fehler bei der Prämierung am 13. Oktober 1953 geführt. So äußerte sich eine parteilose Arbeiterin aus dem Sachsenring Automotorenwerk Hohenstein-Ernstthal, die eine Prämie von 4,00 DM erhielt: »Ich würde der BGL und SED-Betriebsgruppe das Geld an den Kopf schmeißen. Das ist keine Prämie, das sind Pfennige.« Ein Arbeiter aus der Schiffsbaureparaturenwerft Stralsund, der zur Auszeichnung am 13. Oktober vorgeschlagen war, aber abgelehnt wurde, äußerte, dass er keinen FDGB-Beitrag mehr zahlen will, bis er den Grund seiner Ablehnung erfährt.

Unzufriedenheit unter den Betriebsarbeitern herrscht in den Fragen der unterschiedlichen Bezahlung für gleiche Arbeit, für Nichtgewährung des Haushalttages und über die Höhe ausgegebener Quartalsprämien. So wird aus dem VEB Hartsteinwerke Hohnstädt/Leipzig berichtet. Dort kommt es vor, dass drei Arbeiter, die in diesem Betrieb beschäftigt sind, jeweils in einer anderen Außendienststelle, aber im gleichen Haus wohnen, dieselbe Arbeit verrichten und trotzdem alle verschieden bezahlt werden.

SED-Mitglied, verpflichtete sich als »Beitrag zur Verwirklichung des neuen Kurses« am 29.9.1953 auf einer Gewerkschaftsaktivtagung der Mechanischen Weberei Zittau, im IV. Quartal 1953 45 laufende Meter Stoff bester Qualität über ihren persönlichen Plananteil hinaus zu weben. Sie wurde von der SED als Vorbild aufgebaut, von ihr soll der Leitspruch stammen: »So wie wir heute arbeiten, wird morgen unser Leben sein«. Vgl. »Menschen unserer Republik: Frida Hockauf«. In: ND, Berliner Ausgabe, v. 3.10.1953, S. 3. Nach Erfüllung ihrer Verpflichtung wurde sie zur weiblichen Galionsfigur der »Aktivistenbewegung«.

Da die Frauen mit eigenem Haushalt im VEB Mauxion in Saalfeld keinen Haushaltstag[4] erhalten, weigern sie sich, FDGB-Beiträge zu zahlen. Im Gummiwerk Riesa herrscht Unzufriedenheit über die Höhe der ausgegeben Quartalsprämien an leitende Angestellte. So wird von Arbeitern dieses Betriebes geäußert: »Wenn ein Arbeiter im Leistungslohn arbeitet, so kommt er auf einen Überverdienst von 200 DM, aber die leitenden Angestellten erhalten Quartalsprämien bis 1700 DM.«

Absatzschwierigkeiten hat die Schuhfabrik »Panther« Ehrenfriedersdorf, Kreis Zschopau. 15000 Paar Damen- und Herrenschuhe werden von der DHZ nicht abgenommen. Dadurch kommt der Betrieb in Zahlungsschwierigkeiten.

Durch gute Zusammenarbeit der Partei und der Kreisdienststelle des SfS wurde bei den Belegschaftsmitgliedern im ECW Eilenburg Zustimmung zur Entlassung eines Provokateurs in einer zweiten Belegschaftsversammlung erzielt, da hier Material über diesen Provokateur von der Dienststelle des SfS der Parteiorganisation zur Verfügung gestellt wurde.

b) Handel und Versorgung

In der Kartoffelversorgung bestehen in den Bezirken Karl-Marx-Stadt, Halle, Cottbus, Gera und Suhl Schwierigkeiten. Im Bezirk Suhl ist der Stand der Kartoffelversorgung am 17.10.1953 bei Einzelverbrauchern 47,8 %, bei Großverbrauchern 19 %. Der Stand der Einfuhr aus anderen Bezirken bis 19.10.1953 liegt bei 28,7 %. Im Kreis Liebenwerda/Cottbus hat bis 19.10.1953 die Konsumgenossenschaft noch keine Verbraucher mit Einkellerungskartoffeln versorgt.

Im Bezirk Neubrandenburg beklagt sich die Bevölkerung, dass zu wenige HO-Waren aufs Land kommen. In verschiedenen Kreisen des Bezirkes Potsdam werden Konsumverkaufsstellen schlecht mit Waren beliefert, so fehlte in der Konsumverkaufsstelle Gutengermendorf tagelang Butter, später war 14 Tage kein Zucker vorhanden und anschließend fehlte es acht Tage an Salz. In Privatgeschäften war jedoch diese Ware vorhanden. Im Kreis Ueckermünde/Neubrandenburg lässt der Absatz von Zigaretten für 0,16–0,24 DM merklich nach. Grund: Bessere Qualität der billigen Zigaretten.

Ungenügende Versorgung der Bevölkerung mit Arbeitskleidung ist im

4 Ein monatlicher bezahlter arbeitsfreier Tag stand lediglich voll berufstätigen Frauen zu, wenn der Ehemann voll beschäftigt, krank oder dauernd arbeitsunfähig war bzw. wenn Kinder oder arbeitende bzw. in Ausbildung stehende Jugendliche unter 16 Jahren oder pflegebedürftige Angehörige zum Haushalt gehörten. Vgl. § 34 der Verordnung über die Wahrung der Rechte der Werktätigen und über die Regelung der Entlohnung der Arbeiter und Angestellten vom 20.5.1952 (GBl. 1952, S. 377–383, hier 383). Allgemein siehe Sachse, Carola: Der Hausarbeitstag. Gerechtigkeit und Gleichberechtigung in Ost und West 1939–1994. Göttingen 2004, S. 49–100.

Kreis Altenburg/Leipzig zu verzeichnen. So mussten Bezugsscheine bereits fünfmal verlängert werden, da keine Waren vorhanden waren.

Im Schlachthof Pritzwalk/Potsdam befinden sich 200 notgeschlachtete Schweine, die trotz Mitteilung an den Rat des Bezirkes nur schleppend weitergeleitet werden. Dadurch können notwendige Schlachtungen von erkrankten Schweinen nicht durchgeführt werden (so im VEG Horst/Potsdam).

c) Landwirtschaft

Die Zurückhaltung in politischen Fragen tritt weiterhin auf. Der Stand der Kartoffelernte in den Bezirken ist im Allgemeinen gut. Dies ist zum größten Teil auf den Einsatz freiwilliger Erntehelfer zurückzuführen. Besonders freudig wird der Einsatz von VP bei der Kartoffelrodung begrüßt, so z.B. in der LPG Friedrichshof, wo die VP eine gute Arbeit leistete. Der Stand der Kartoffelrodung im Bezirk Neubrandenburg liegt bei 97,2 %. Demgegenüber bei Rüben 26,5 %.

Im Bezirk Halle ist die Kartoffelernte durch Einsatz freiwilliger Helfer gut. Am 19.10.1953 kamen im Kreis Eisleben 1800, Aschersleben 1200 und Bitterfeld 1015 Personen zum Einsatz. Entgegen der letzten Mitteilung (Abschluss der Kartoffelernte im Bezirk Cottbus) wird berichtet, dass die Kartoffelernte noch nicht restlos abgeschlossen ist, da einzelne Flächen noch zu roden sind. Ein großer Teil der Bevölkerung ist mit der Mitteilung »Über Beendigung der Kartoffelernte« in der Lausitzer Rundschau nicht einverstanden. Man äußert dazu, wenn man etwas in der Presse veröffentlicht, muss dies auch der Wahrheit entsprechen.

Großbauern versuchen immer wieder die Forderung nach »freier Wirtschaft« zu propagieren sowie ihr Ablieferungssoll hinauszuschieben, wobei sie verschiedene Gründe angeben. Die wahren Ursachen sind jedoch in den meisten Fällen bewusste Verzögerung. Ein Großbauer aus Bockelwitz/Leipzig: »Man soll die freie Wirtschaft einführen. Früher ging es auch, dass jeder anbauen konnte was er wollte. Heute kommt man sich vor wie in einer Zwangsjacke.« Großbäuerin aus der Gemeinde Dessau/Magdeburg: »Für mich und meinen Mann reicht es, was wir an Kartoffeln geerntet haben. Was an Kartoffeln noch in der Erde steckt, kann verkommen, es ist uns gleich, was aus ihnen wird. Die Regierung streicht uns aufgrund des neuen Kurses sowieso das nicht aufgebrachte Soll.«

Verärgerung unter der Landbevölkerung wird durch verschiedene Ursachen (mangelhafte Qualität von Maschinen, Fehlen von Dünger, mangelnde Futtergrundlage, Stromabschaltung usw.) hervorgerufen. Von der MTS Gösen/Gera wandern Traktoristen ab, da sie infolge der vielen Ausfälle an Maschinen zu wenig verdienen.

Im Bezirk Gera beklagen sich Bauern über das Fehlen von Grunddünger.

Der Sekretär der Ortsparteiorganisation der SED in Bolschwitz/Cottbus und Bauer äußerte: »Ich weiß nicht was ich machen soll, entweder kann ich mein Vieh weiter halten und nicht abliefern oder ich muss mein Vieh verkaufen und kann liefern. Ich füttere schon jetzt Heu, weil ich keine Futtermittel mehr habe.«

Negative Diskussionen über Stromabschaltungen werden in den Bezirken Rostock, Magdeburg und Karl-Marx-Stadt geführt.

Über die Steuerermäßigung wird in den Bezirken Neubrandenburg, Schwerin, Frankfurt und Gera zum größten Teil positiv diskutiert. Einzelne negative Stimmungen treten besonders bei Bauern auf. Traktorist der MTS Altenhof/Neubrandenburg: »Es ist eine gute Tat unserer Regierung, die Steuern waren für den Arbeiter bisher zu hoch, das sind die ersten Auswirkungen des neuen Kurses. Jetzt haben wir auch Interesse bei wichtigen Aufträgen länger zu arbeiten.«

Bauern aus Thierbach/Gera:[5] »Steuersenkung schön und gut, uns Bauern nützt sie aber nichts, das ist nur eine Vergünstigung für die Arbeiter. Na, wir werden schon aushalten bis Adenauer kommt und uns die goldene Zeit bringt.«

Stimmung der übrigen Bevölkerung

Eine Zurückhaltung in politischen Fragen ist unter der Bevölkerung noch weiterhin vertreten. Im Vordergrund aller Diskussionen stehen die Stromabschaltungen, die verschiedentlich stärker als bisher auftreten. Darüber wird in den Bezirken Schwerin, Neubrandenburg, Potsdam, Magdeburg, Cottbus, Karl-Marx-Stadt und Suhl diskutiert. Im Kreis Schmalkalden/Suhl erhöhten sich die Abschaltung von zwei auf vier Stunden.

Über Steuerermäßigungen wird in den Bezirken Schwerin, Neubrandenburg, Rostock, Dresden, Halle und Gera in der Mehrzahl positiv, in einzelnen Fällen negativ, diskutiert. Ein Maurer aus Grimmen/Rostock: »Durch die Steuersenkung verdiene ich jetzt 20,00 DM mehr und kann den ersehnten Radioapparat kaufen.« Ein Funktionär der LDP aus Dippoldiswalde: »Wie kann die Regierung eine Steuersenkung vornehmen, wo sie erst erklärt, wir senken nicht Steuern, sondern die Preise. Die Ärmsten der Armen (Rentner, Fürsorgeempfänger) hätten von der Preissenkung etwas gehabt, die Steuersenkung hilft nur denen, die schon einigermaßen Auskommen haben.«

In Frankfurt/Oder wurden in der 2. Grundschule 50 Kinder durch die evangelische Kirche verschickt. Im vorigen Jahr wurden bereits diese Erholungsreisen, jedoch unter dem Deckmantel der SVK, durchgeführt.

Im Kreis Beeskow/Frankfurt/Oder besteht eine starke Beunruhigung über den Anfang Oktober freigelassenen Mörder [Name], der 1947 zu lebenslänglichem Zuchthaus verurteilt wurde. Er ist als geistig minderwertig bekannt und soll bereits früher in Rumänien zwei Morde verübt haben. Die Bevölkerung kann nicht begreifen, dass ein Mörder schon nach sechs Jahren

5 Thierbach, Kreis Lobenstein, Bezirk Gera.

wieder auf freien Fuß gesetzt wird. Aus diesem Grunde wagt sich niemand mehr abends auf die Straße.

Im Bezirk Cottbus besteht unter der Bevölkerung, besonders des Kreises Lübben und der angrenzenden Kreise, starke Beunruhigung über das Unwesen der Banditen.[6] Unter starker Beteiligung der Bevölkerung der Stadt Cottbus und zahlreichen Delegationen aus Betrieben und Kreisen fand am 20.10.1953 die Trauerkundgebung der drei ermordeten VP-Angehörigen statt.[7] Beteiligt waren ca. 80 000 bis 10 000 Personen. Mitgeführt wurden ca. 200 bis 300 Kränze. Die Trauerfeier verlief ohne Vorfälle.

Am 20.10.1953 fuhr ein Angehöriger des Betriebsschutzes der SED-Bezirksleitung Cottbus von seinem Wohnsitz mit dem Motorrad zur Trauerfeier. In Merzdorf wurde er von einem Pkw überholt und von diesen Insassen gefragt, ob er zur Beerdigung fahre. Als er es bejaht, wurde er durch den Pkw so scharf an den Rand gedrückt, dass er gegen einen Baum fuhr und eine Kopfverletzung erlitt. Er wurde in das Krankenhaus Cottbus überführt.

Feindtätigkeit

a) organisierte

Flugblattverbreitung verstärkt im Bezirk Gera (NTS),[8] vereinzelt in den Bezirken Rostock, Cottbus, Frankfurt/Oder, Halle, Dresden und Karl-Marx-Stadt. In Görlitz/Dresden wurden 95 Hetzzeitschriften verbreitet, die sich gegen die SU richteten.

Im Bezirk Leipzig wurden in letzter Zeit Hetzbriefe, vorwiegend an Ingenieure und Techniker, von der Reichsrundfunkgesellschaft mbH i. L., Berlin

6 Zur Großfahndung gegen eine Gruppe bewaffneter Tschechoslowaken, die versuchte sich nach Westberlin durchzuschlagen, siehe Anhang »Großfahndung nach zwei Banden von flüchtigen ČSR-Angehörigen im Bezirk Cottbus und Leipzig«.

7 Es handelte sich um den Fahndungsoffizier der Cottbuser Kriminalpolizei, Martin Lehmann, den Hauptwachtmeister Heinz Sunkel und den Oberrat der Kriminalpolizei, Herbert Hoffmann. Letzterer wurde allerdings nicht von den tschechoslowakischen Flüchtigen, sondern irrtümlich von den eigenen Leuten erschossen. Vgl. Mittmann, Wolfgang: Fahndung. Große Fälle der Kriminalpolizei. Berlin 1995, S. 169–173. Zum Kontext siehe Anhang »Großfahndung nach zwei Banden von flüchtigen ČSR-Angehörigen im Bezirk Cottbus und Leipzig«.

8 Narodno-Trudowoj Sojus (NTS), deutsch: Volksarbeitsbund. Es handelte sich um eine seit 1930 bestehende russische Emigrantenorganisation, deren »geschlossener Sektor« streng konspirativ organisiert gegen die Sowjetunion arbeitete. Dabei ging es vor allem um die Verbreitung von antikommunistischem Propagandamaterial. Zur Zielgruppe dieser Aktivitäten gehörten in der SBZ/DDR vor allem die Angehörigen der sowjetischen Truppen. Ab Ende der Vierzigerjahre wurde der NTS insbesondere von US-amerikanischen Geheimdienststellen unterstützt und angeleitet, von den sowjetischen Sicherheitsorganen und unter deren Federführung auch vom MfS wurde er vehement bekämpft. Vgl. Stöver, Bernd: Die Befreiung vom Kommunismus: Amerikanische »Liberation Policy« im Kalten Krieg 1947–1991. Köln u. a. 2002, S. 318–331.

W 15, Emserstraße 40/41, versandt, worin sie aufgefordert werden, dort vorzusprechen.

Am 19.10.1953 wurden in Lübz/Schwerin zwei Funktionäre der SED überfallen und niedergeschlagen. Ein Täter wurde bereits festgestellt. Am 19.10.1953, gegen 1.00 Uhr nachts, wurde der VP-Oberwachtmeister Alfons *Johns* von einer unbekannten Person auf der Straße nach Treuenbrietzen mit einem Knüppel niedergeschlagen.

Von einem Pfarrer aus Bentwisch, Kreis Perleberg, wurde dem Bürgermeister des Ortes ein Schreiben mit folgendem Inhalt überreicht: Am 21. Oktober findet ein Gebetsgottesdienst statt, für die noch nicht heimgekehrten Gefangenen, Vermissten, Verschleppten und Internierten. Dieses Schreiben sollte den Einwohnern bekannt gegeben werden. Ein gleicher Bittgottesdienst soll am 21.10.1953, 20.00 Uhr, in der Kirche in Fichtenberg,[9] Kreis Bischofswerda, abgehalten werden.

Aus der Westberliner Zeitung »Der Tag« vom 21.10.1953[10] stammt nachfolgender Auszug: Adenauer sagte in seiner Regierungserklärung zur Situation Berlins und der Sowjetzone: »Die Bundesregierung wird alles tun, um über die Kirchen und karitativen Organisationen die private Hilfe an die Bewohner der sowjetischen Besatzungszone mit Nahrung und Kleidung zu unterstützen.«

b) vermutlich organisierte

Am 18.10.1953, 8.55 Uhr, brannte die Scheune des Volksgutes Großschweidnitz,[11] Kreis Löbau, ab. Der Schaden beläuft sich auf ca. 60000–80000 DM. Die Täter wurden bisher noch nicht gefasst.

Einschätzung der Situation

Durch die Steuersenkung verbessert sich die Stimmung der Arbeiter. Deshalb bemüht sich der Gegner krampfhaft, das sich entwickelnde Vertrauen zur Regierung zu zerstören. Zzt. ist die Unzufriedenheit am größten über Stromabschaltungen.

9 Im Original »Lichtenberg«.
10 Die Zitation ist korrekt. Vgl. »Für Berlin und die Zone«. In: Der Tag v. 21.10.1953, S. 2.
11 Im Original »Großseidnitz«.

Anlage zum Informationsdienst Nr. 1099

Großfahndung nach zwei Banden von flüchtigen ČSR-Angehörigen im Bezirk Cottbus und Leipzig

a) Kessel Luckau–Lübben, Bezirk Cottbus

Am 10.10.1953 wurde vom Bahnhof Elsterwerda durch den Betriebsschutz dem Bahnhof Uckro mitgeteilt, dass in Elsterwerda fünf verdächtige Personen, vermutlich ČSR-Angehörige, Fahrkarten in Richtung Uckro gelöst haben. Daraufhin verständigte der Fahrdienstleiter des Bahnhofes Uckro den zuständigen Abschnittsbevollmächtigten der VP. Dieser führte gemeinsam mit dem Schnellkommando (neun VP-Angehörige) des VPKA Luckau eine Kontrolle durch. Der VPKA-Leiter und die BdVP wurden von dem Einsatz nicht verständigt. Die Bande, bestehend aus fünf Personen,[12] verließ in Uckro den Zug und hier fand diese Kontrolle statt.

Bei der Kontrolle wurde der VP-Kommissar *Grummini*[13] von einem Banditen durch Kopfschuss getötet. Als ein weiterer Bandit zur Waffe griff, wollte dies der VP-Unterkommissar *Strempel*[14] verhindern, wurde aber von diesem durch mehrere Schüsse lebensgefährlich verwundet (Leber-, Nieren-, Lungen- und mehrere Darmschüsse). Der VP-Oberwachtmeister *Wittkewitz*[15] erhielt einen Schulterdurchschuss. Die fünf Banditen ergriffen die Flucht und entkamen.

Daraufhin wurde erst der VPKA-Leiter, die Kommandantur und BdVP verständigt und Alarmstufe III wurde ausgelöst. In dem Raum, wo sich die

12 Es handelte sich um die Brüder Ctirad und Josef Mašín, Milan Paumer, Václav Švéda und Zbyněk Janata. Sie verstanden sich als antikommunistische Widerstandskämpfer und überfielen 1951–53 in der Tschechoslowakei Polizeistationen und einen Geldtransport, außerdem zündeten sie bei einer Aktion gegen die Kollektivierung der Landwirtschaft in großem Stil Scheunen an. Bei ihren Aktionen töteten sie zwei Polizisten sowie den Begleiter des Geldtransportes. Später beschlossen sie, sich über die DDR nach Westberlin durchzuschlagen, was den Brüdern Mašín und Paumer am 31.10.1953 letztendlich auch gelang. In der Nacht vom 3. zum 4.10.1953 überschritten sie bei Deutschneudorf die Grenze zur DDR. Auf ihrem Weg nach Berlin erschossen sie drei Volkspolizisten (Hermann Grummini, Martin Lehmann, Heinz Sunkel). Durch den im Dokument beschriebenen Vorfall vom 10.10.1953 in Uckro kam es zu einer Großfahndung, an der VP und KVP (laut Abschlussbericht der DVP insgesamt 5000 Mann) sowie Soldaten der sowjetischen Armee beteiligt waren. Hierbei kamen mindestens vier weitere Angehörige der VP bzw. KVP durch Schüsse ihrer eigenen Kollegen ums Leben. Vgl. Mittmann, Wolfgang: Fahndung. Große Fälle der Kriminalpolizei. Berlin 1995, S. 135–194. Darstellung der Ereignisse durch die Tochter von Josef Mašín: Masin, Barbara: Gauntlet: Five Friends, 20,000 Enemy Troops, and the Secret That Could Have Changed the Course of the Cold War. Annapolis 2006.

13 Hermann Grummini, Jg. 1906, Abschnittsbevollmächtigter der VP in Uckro.

14 Helmut Strempel, Jg. 1929, Leiter des Schnellkommandos des VPKA Luckau.

15 Im Original fälschlich »Wittkowitz«. Helmut Wittkewitz, Oberwachtmeister des Schnellkommandos des VPKA Luckau.

Banditen aufhielten, wurde ein Kessel (Luckau–Lübben) von ca. 180 km gebildet.

Am 10.10.1953, 20.00 Uhr, wurde ein Bandit gestellt und festgenommen. Es handelt sich um den *Janata*, Zbyněk,[16] geb. 1933. Am 16.10.1953 wurde aufgrund einer Mitteilung aus der Bevölkerung das Gebiet um Luckau nochmals einer intensiven Fahndung unterzogen. In der Nähe von Reichwalde stieß man mit den vier Banditen zusammen und es fand ein Feuergefecht statt. Hierbei wurde ein Kraftfahrer des SfS durch zwei Schüsse am rechten Arm verwundet. Die vier Banditen entkamen in Richtung Waldow.

Im Gebiet Waldow wurden sie von VP-Einheiten eingekreist und gestellt. Durch Einbrechen der Dunkelheit wurde der Kessel Waldow nicht durchkämmt. Die Banditen schlichen sich an die VP heran und eröffneten das Feuer. Dabei wurden der Abschnittsbevollmächtigte der VP aus Golßen[17] durch Herzschuss und der VP-Kommissar *Lehmann*[18] durch Kopfschuss von den Banditen getötet. Durch Verschulden der VP-Kräfte wurden der VP-Oberrat *Hoffmann*[19] und ein Unterleutnant der KVP sowie der VP-Hauptwachtmeister *Sunkel* getötet.[20] Den Banditen gelang es aus dem kleinen Kessel (4 km²) herauszukommen.

In den Morgenstunden des 17.10.1953 wurde in der Nähe einer Försterei (Kessel Waldow) ein graues Jackett, auf der Brustseite mit Durchschuss und Blutspuren, gefunden. Gegen 11.45 Uhr des gleichen Tages fand man den Bandit am Friedhof in Waldow und nahm ihn fest. Es handelt sich um den *Švéda*, Václav[21] (deutscher Name: Wenzel).

Insgesamt wurden bei dieser Fahndung im Bezirk Cottbus bisher sechs Angehörige der VP und KVP getötet, dabei drei durch Verschulden der eigenen Kräfte. Sechs VP-Angehörige und drei Bauern wurden verletzt. Beim ersten Kessel kamen ca. 8000 VP-Kräfte zum Einsatz. Beim zweiten Kessel ca. 4000 VP-Kräfte, drei Panzerspähwagen und 117 Spürhunde. Außerdem

16 Im Original fälschlich »Jannata *Ctynok*« (Vertauschung von Vor- und Nachnamen, stark verfremdete Schreibung des Vornamens). Zbyněk Janata, wurde später zusammen mit Václav Švéda an die tschechoslowakischen Behörden ausgeliefert, beide wurden 1955 vom Obersten Gericht der ČSR zum Tode verurteilt und hingerichtet.

17 Welcher Tote sich hinter dieser Funktion verbirgt, ist unklar. Vielleicht ist hier Heinz Sunkel gemeint, der laut ND, Berliner Ausgabe, v. 22.10.1953, S. 3, auch als ABV eingesetzt gewesen ist. Das hieße, dass er im Dokument doppelt aufgeführt wurde.

18 Martin Lehmann, Jg. 1912, Fahndungsoffizier der Cottbuser Kriminalpolizei.

19 Herbert Hoffmann, seit 1946 SED-Mitglied, seit 1947 bei der Polizei, Oberrat der Kriminalpolizei.

20 Heinz Sunkel, Jg. 1930, seit 1951 bei der VP. Nach der Rekonstruktion von Mittmann, Wolfgang: Fahndung. Große Fälle der Kriminalpolizei. Berlin 1995, S. 169, wurde Sunkel von Ctirad Mašín erschossen.

21 Im Original »Sveda *Wazlaw*« (Vertauschung von Vor- und Nachnamen). Václav Švéda, Jg. 1921, wurde später zusammen mit Zbyněk Janata an die tschechoslowakischen Behörden ausgeliefert, beide wurden 1955 vom Obersten Gericht der ČSR zum Tode verurteilt und hingerichtet.

wurden schwere Maschinenwaffen zum Einsatz gebracht. Die Auflösung des Kessels Waldow erfolgte am 19.10.1953, 22.00 Uhr, da bereits mehrmals der Kessel ohne Erfolg durchkämmt wurde. Man setzte Streifengruppen ein. Größere motorisierte VP-Einheiten wurden in den umliegenden Orten bis zum Ring um Berlin stationiert. Die Bevölkerung im Kreis Luckau sowie in den angrenzenden Kreisen ist durch diese Bande stark beunruhigt.

Janata, Zbyněk, gab in der Vernehmung an, dass er und vier weitere Personen nach Westberlin wollten. Als Grund der Flucht äußerte er, dass er nach Westberlin wollte, um dort eine Hautkrankheit ausheilen zu lassen. Diese Vermittlung sei durch eine ČSR-Organisation in Westberlin zustande gekommen. Er gab weiter an, dass sie im Besitz von 25 amerikanischen Dollars sind und drei Banditen Schusswaffen haben. Er ist der Sohn eines Direktors der Mittelschule in Bzerteniece,[22] der vor 1938 Mitglied der sozialdemokratischen Partei der ČSR war. Nach 1945 ist er Mitglied der KPČ [geworden]. [Janata][23] selbst war seit 1948 im Sokol[24] organisiert und anschließend Mitglied der Jugendorganisation der Sozialdemokratischen Partei – Pfadfinder – (nach eigenen Angaben des J.).

Kenntnis über die ČSR-Organisation in Westberlin will er von einem Mašín[25] erhalten haben, dessen Vater General der 1. Republik gewesen sein soll.[26] Dieser ist ein großer Gegner der volksdemokratischen Ordnung der ČSR. Sie besaßen ein Gut von 50 ha und ein Haus in Podiebrad.[27] Beides wurde ihnen entschädigungslos enteignet, M. organisierte die Flucht und war Führer der Gruppe. Er wollte mit Freunden seines Vaters in Westdeutschland in Verbindung treten, die zum Emigrantenkreis um Zenkl[28]/Ripka[29] ge-

22 Einen Ort mit dieser Schreibung ließ sich nicht verifizieren. Es könnte Brtnice gemeint sein oder Bartoušov, der Geburtsort von Zbyněk Janata.

23 Im Original hier und im Folgenden fälschlich die Abkürzung »C.« für »Ctynok«. Im Folgenden mit »J.« berichtigt.

24 Tschechoslowakische Turnerbewegung.

25 Im Original »Maschin«. Vermutlich ist hier Ctirad Mašín (Jg. 1930) gemeint, der der Anführer der Gruppe war. Es könnte aber auch der Bruder Josef Mašín (Jg. 1932) gemeint sein.

26 Oberstleutnant Josef Mašín, Jg. 1896, der Vater von Ctirad und Josef Mašín jr., war nach 1938 im Widerstand gegen die deutsche Besatzung aktiv gewesen, er wurde 1941 von der Gestapo gefangen genommen und 1942 hingerichtet, posthum wurde er zum General befördert.

27 Im Original »Bodebrad«, eig. Poděbrady.

28 Petr Zenkl, Jg. 1884, tschechoslowakischer Politiker, 1937 Prager Bürgermeister, 1938 nach der deutschen Besetzung der Tschechoslowakei bis 1945 u. a. in den KZ Dachau und Buchenwald inhaftiert, 1945/46 wieder Prager Bürgermeister, Vorsitzender der Nationalsozialen Partei, 1946–48 stellv. Ministerpräsident, nach dem kommunistischen Putsch 1948 Flucht aus der ČSR, seit 1949 Vorsitzender des Washingtoner Zentrums der Exilorganisation »Rat der freien Tschechoslowakei«.

29 Im Original »Rybka«. Hubert Ripka, Jg. 1895, tschechoslowakischer Journalist und Politiker, in den 1930er Jahren Berater des Tschechoslowakischen Präsidenten Edvard Beneš. Nach der deutschen Besetzung der Tschechoslowakei 1938 in Frankreich und Großbritannien im Exil, Staatssekretär im Außenministerium der Exilregierung, 1945–48 Abgeordneter

hörten. Am 3.10.1953 begann die Flucht dieser Gruppe vom Hauptbahnhof in Prag.

Švéda, Václav, gab in der Vernehmung an, da das Gut seiner Frau und die Fabrik seines Schwiegervaters enteignet wurden, wollte er über Westdeutschland nach Kanada auswandern.

b) Kessel Grimma, Bezirk Leipzig

In der Nacht vom 11. bis 12.10.1953 wurde im Moritzburger Wald/Dresden ein Pkw mit vier Insassen durch zwei bewaffnete Banditen, die ČSR-Angehörige waren, angehalten. Der Fahrer wurde von den Banditen gezwungen, sie in Richtung Leipzig zu fahren. Bei Leisnig hielt der Wagen durch Reifenpanne an und die Banditen setzten ihre Flucht zu Fuß fort. In der Umgebung Grimmas wurden die Banditen gestellt, wobei ein Bandit festgenommen werden konnte. Dem anderen gelang es zu flüchten. Ein VP-Angehöriger wurde getötet (durch eigenes Verschulden).

der Nationalsozialen Partei und Außenhandelsminister der ČSR, nach dem kommunistischen Putsch 1948 Exil, Vorsitzender des Pariser Zentrums der Exilorganisation »Rat der freien Tschechoslowakei«.

31. Oktober 1953

Informationsdienst Nr. 2008 zur Beurteilung der Situation

Quelle: BStU, MfS, AS 39/58, Bd. 2, Bl. 2–12 (2. Expl.).
Serie: Informationsdienst.
Verteiler: Kein Nachweis einer externen oder internen Verteilung.
Vermerke: Zahlreiche vertikale Randmarkierungen (hier nicht im Einzelnen dokumentiert).
Bemerkungen: Gedrucktes standardisiertes Deckblatt mit Inhaltsverzeichnis (nur 1. Gliederungsebene mit 6 Punkten).
Anlage: Bevölkerungsstimmen zu den Preissenkungen.

Die Lage in Industrie, Verkehr, Handel und Landwirtschaft

a) Industrie und Verkehr

Die Preissenkung[1] steht auch heute wieder im Mittelpunkt der Diskussion und wird zum Anlass weiterer Produktionsverpflichtungen und freiwilliger Normerhöhungen von den Arbeitern der Industrie- und Verkehrsbetriebe genommen. Diskussionen werden in der Form geführt, dass es notwendig wäre, die Preise für Lebensmittel des täglichen Bedarfs, wie Butter u. Ä., ebenfalls zu senken. Diese sowie direkte negative Diskussionen zur Preissenkung treten jedoch im Verhältnis der großen Zahl der Zustimmungen nur wenig auf. Einige Beispiele:

Eine Brigade des Sachsenwerkes Niedersedlitz/Dresden erhöhte ihre Norm um 5 %. Im VEB Feintuch Finsterwalde/Cottbus verpflichteten sich der Werksleiter in seiner Freizeit 200 000 Schuss, eine Lehrlingsbrigade des 3. Lehrjahres 200 000 Schuss, der BGL-Vorsitzende und eine Kollegin jeweils 250 000 Schuss zusätzlich zu weben. Ein ähnliches Beispiel wird aus dem VEB Gummibandweberei Pulsnitz/Dresden bekannt, wo sich jeder Kollege verpflichtete, täglich 10 cm Gummiband zusätzlich herzustellen. Dadurch werden im 4. Quartal insgesamt 3 500 Paar Hosenträger zusätzlich[2] produziert. In einer Abteilung des EAW »J. W. Stalin« wird durch Veränderung des Arbeitsablaufes ein Betrag von 20 000 DM eingespart, ohne dass die Normen dabei erhöht werden.

Ein Arbeiter des VEB »7. Oktober« Berlin sagt zur Höhe der Preise der täglichen Bedarfsgüter: »Es war acht Jahre nach dem Krieg höchste Zeit, dass die Preise gesenkt werden. Die Artikel, die am allernotwendigsten gebraucht werden, sind immer noch zu teuer. Die Butter wurde überhaupt nicht billi-

1 Kommuniqué über die außerordentliche Sitzung des Ministerrats der DDR und Verordnung über die weitere Senkung von Preisen bei Lebensmitteln, Genussmitteln und Verbrauchsgütern vom 24.10.1953. In: ND, Berliner Ausgabe, v. 25.10.1953, S. 1.

2 Wort »zusätzlich« handschriftlich eingefügt.

ger. Die Milch wurde zwar um einige Pfennige herabgesetzt, aber immer noch zu wenig.«

Ein Arbeiter, Mitglied der SED, aus dem VEB EKM Motorenwerk Cunewalde, Kreis Löbau/Dresden: »Ich begrüße die Preissenkung ganz besonders, bin aber in der Frage der Trikotagen nicht einverstanden, weil diese seit 1952 um 100 % angestiegen sind. 1952 kam eine Unterhose 9,00 DM, 1953 dagegen 18,00 DM. Hier hat man die Arbeiter ganz schön überfahren.«

Eine der negativen Äußerungen zur Preissenkung ist die eines Arbeiters aus Krackow, Kreis Pasewalk/Neubrandenburg: »Für mich ist das keine Preissenkung, ich habe mir schon vor drei Jahren ein Fahrrad in der HO gekauft, das auch bloß 285 DM kostete.«

Eine Näherin im VEB Bekleidungswerk Bürgel, Kreis Eisenberg/Gera: »Heute werden die Warenpreise gesenkt und morgen steigen die wieder an.«

Als weiterer Anlass zur Steigerung der Produktion und Übernahme von Selbstverpflichtungen wird bisher in einzelnen Betrieben einmal der Monat der DSF und die Vorbereitung des IV. Parteitages der SED[3] genommen. Im VEB Industriewerk Rauenstein, Kreis Sonneberg/Suhl, wurden anlässlich des Monats der DSF von zehn Kollegen die Normen von 2–25 % freiwillig erhöht. Zur Vorbereitung des IV. Parteitages wurde ein Wettbewerb abgeschlossen, dem sich bis jetzt 88 % der Angehörigen des Wismut-Objektes Oberschlema anschlossen. Dabei ist das ingenieurtechnische Personal 100%ig durch Selbstverpflichtungen am Wettbewerb beteiligt. Ein Genosse des gleichen Objektes verpflichtete sich mit seiner Brigade den Anteil der Brigade am Fünfjahrplan bis 15.11.1953 zu erfüllen.

Durch mangelnde Waggongestellung ist die weitere Produktion im VEB Möbelfabrik Wittstock/Potsdam gefährdet. Da nicht genügend Lagerungsmöglichkeiten vorhanden sind, müssen die bereits fertiggestellten 350 kompletten Kücheneinrichtungen im Betrieb selbst untergestellt werden. Bei einer Anfrage der Betriebsleitung an die RBD Schwerin, warum dem Betrieb zum Abtransport dieser Möbel keine Waggons zur Verfügung gestellt werden, erhielten sie den Bescheid, dass sämtliche Waggons für Kartoffel- und Rübentransporte benötigt werden.

b) Handel und Versorgung

Schwierigkeiten in der Belieferung mit Einkellerungskartoffeln, die sich teilweise negativ auf die Stimmung der Bevölkerung auswirken, werden aus den Bezirken Suhl, Halle, Gera, Neubrandenburg und Magdeburg berichtet. Schwierigkeiten in der Versorgung mit Weißkohl werden aus Halle berichtet. Von einem abgeschlossenen Vertrag über 220 t wurden nur 9 t geliefert.

3 Der IV. Parteitag der SED war für das folgende Jahr geplant, er fand vom 30.3. bis 6.4.1954 statt.

Der Kreis Fürstenwalde/Frankfurt war mit 480 t Saatkartoffeln eingeplant. Obwohl die Menge bereits geliefert wurde, treffen täglich Waggons mit Saatkartoffeln in Fürstenwalde ein, die nun auf dem Bahnhof lagern. Rücksprache mit den Verwaltungsstellen beim Rat des Bezirkes ergab keine Klärung, eine Verwaltungsstelle schiebt die Doppellieferung auf die andere, wertvolles Saatgut aber trifft weiterhin täglich in Fürstenwalde ein.

Im Bezirk Cottbus wurden Saatkartoffen angeliefert, die von den Bauern aber nicht abgenommen werden, da sie den bestellten Sorten nicht entsprechen und für die dortigen Verhältnisse unbrauchbar sind. Eine Menge von 300 t Saatkartoffeln sollen nun an die VEAB ausgeliefert werden, was aber als unrentabel bezeichnet wird. Als Speisekartoffeln sind diese nicht zu verwenden, als Futterkartoffeln zu teuer und außerdem sind es Saatkartoffeln, die in anderen Bezirken benötigt werden.

c) Landwirtschaft

Im Mittelpunkt der Diskussion steht die durchgeführte Preissenkung. In den überwiegend positiven Meinungsäußerungen wird Vertrauen zur Regierung zum Ausdruck gebracht und teilweise durch Selbstverpflichtungen bekräftigt. Neben Diskussionen über Stromabschaltungen, die sich besonders in der Landwirtschaft auswirken, und Waggonmangel beim Abtransport von Zuckerrüben treten vereinzelt negative Äußerungen feindlicher Elemente in Erscheinung. Zwei Traktoristen der MTS Polenz/Dresden verpflichteten sich, ihren Jahresplan um 250 Einheitshektar zu erhöhen. Die Bauern von vier Gemeinden des Kreises Ueckermünde/Neubrandenburg verpflichten sich, elf Schweine und drei Rinder dem freien Aufkauf zur Verfügung zu stellen.

Ein Neubauer aus Markersdorf[4]/Gera: »Ich begrüße die Schritte der Regierung, die sie in letzter Zeit unternommen hat, um das Leben unserer Werktätigen zu verbessern und das zu halten, was vom neuen Kurs versprochen wurde.«

Ein Genossenschaftsbauer aus Neuhof/Suhl: »Für mich ist es in der Genossenschaft schon wesentlich leichter geworden und unsere Einkünfte haben sich erhöht gegenüber den vergangenen Jahren. Durch die Preissenkung sehen wir, dass die Regierung sich alle Mühe gibt, den Menschen das Leben immer leichter zu gestalten.«

Im Kreis Quedlinburg/Halle ist die Zuckerrübenernte zu 99 % abgeschlossen. Es fehlen aber die Waggons zum Abtransport. Von den Bauern wird dazu geäußert: »Erst heißt es immer schnell abliefern und dann kann man stundenlang auf dem Bahnhof auf die Waggons warten.«

Ein Mittelbauer aus Mildenau/Karl-Marx-Stadt: »In den Städten werden keine Stromabschaltungen vorgenommen, weil die Arbeiter meutern. Warum lassen wir uns alles gefallen.«

4 Bei Berga (Elster), Kreis Greiz.

Ein werktätiger Bauer aus Schlagsdorf[5]/Cottbus: »Es liegt etwas in der Luft, sonst würde die Regierung keine Preissenkung machen. Es nützt denen da oben nichts, sie können machen was sie wollen, auch die Preissenkung hält den Umsturz nicht auf.«

Aus Dresden wird mitgeteilt, dass einige LPG im Bezirk, vorwiegend im Kreis Meißen, sehr hoch verschuldet sind. 15 der größten LPG des Kreises Meißen haben insgesamt 1,2 Mio. DM Schulden. Umgerechnet pro ha im Durchschnitt 500 DM bei einer LPG sogar 600 DM.

Aus der LPG Berga/Gera, die noch aus vier Betrieben bestand, haben sich zwei weitere Betriebe ausgeschlossen. Die LPG in Galan[6]/Gera und Untergeißendorf[7]/Gera haben den Beschluss gefasst, sich nach der Ernte aufzulösen.

Beim Rat des Kreises Neuruppin/Potsdam wurden 250 Anträge auf Sollherabsetzung abgegeben. Demgegenüber ist festzustellen, dass sich die Ablieferung auf freie Spitzen erheblich gesteigert hat. In einer öffentlichen Gemeindevertretersitzung in Lüchfeld[8]/Potsdam brachten die dort anwesenden 20 Bauern zum Ausdruck, nicht abzuliefern, wenn nicht das Soll um 30 % gesenkt wird. Bemerkenswert ist, dass Mittel- und Kleinbauern wortführend waren, die Großbauern sich dagegen im Hintergrund hielten.

Stimmung der übrigen Bevölkerung

Auch in der übrigen Bevölkerung hält eine positive Stimmung weiterhin an. Allgemein wird zum Ausdruck gebracht, dass die Regierung bemüht sei, den neuen Kurs zu verwirklichen und den Lebensstandard der Bevölkerung zu erhöhen. Vereinzelt treten Diskussionen auf, dass die Preise für die wichtigsten Nahrungsmittel wie Butter, Mehl, Zucker und dgl. ebenfalls gesenkt werden müssten sowie negative Äußerungen, wie bereits an den Vortagen berichtet.

Eine Krankenschwester aus Grimmen/Rostock, CDU: »Das ist der beste Beweis, welche Staatsform das Leben seiner Bürger verbessern will. Im Westen stellt man Atomgeschütze über den geregelten Lebensunterhalt.«

Eine Reinemachefrau aus Suhl: »Ich bin begeistert von der Preisherabsetzung und Steuerermäßigung. Jetzt kann ich mir wesentlich mehr kaufen als vorher.«

Eine Hausfrau aus Karl-Marx-Stadt: »Die Preissenkung ist für uns ein vorzeitiges Weihnachtsgeschenk der Regierung. Ich bin bloß gespannt, was die Nörgler wieder zu meckern haben.«

5 Im Original »Schlagendorf«. Gemeint ist Schlagsdorf, Kreis Guben.

6 Ein Ort namens Galan ließ sich nicht verifizieren. Möglicherweise ist der ebenfalls bei Berga/Elster liegende Ort Gauern gemeint.

7 Im Original »Untergreifendorf«.

8 Im Original »Leuchfeld«. Lüchfeld, Kreis Neuruppin.

Eine Rentnerin aus Leipzig: »Ich und mein Mann sind hoch erfreut über die plötzliche Preissenkung. Obwohl wir Rentner sind, habe ich gleich für meinen Mann Unterwäsche gekauft, was wir uns vor der Preissenkung nicht hätten leisten können.«

Ein Angestellter aus Gera: »Die Preissenkung ist ja gut und schön, aber warum keine Senkung der Butterpreise und Hauptnahrungsmittel.«

Eine Hausfrau aus Schellenberg/Karl-Marx-Stadt: »Das ist ja zum Lachen, erst haben sie die Preise für Textilien hochgeschraubt und jetzt nennen sie das Preissenkung.«

Ein Arbeiter [aus] Penig/Karl-Marx-Stadt: »Erst wurde uns versprochen, dass kein Strom mehr abgeschaltet wird. Wir müssen erst wieder Krach machen, dann werden die in Berlin hören, dass wir noch da sind und wir werden wieder Strom haben.«

Organisierte Feindtätigkeit

Verstärkte Verbreitung von Flugblättern aus dem Bezirk Potsdam, vereinzelt aus den Bezirken Neubrandenburg, Dresden, Rostock, Halle und Berlin. In der Mehrzahl Flugblätter der NTS,[9] KgU[10] und SPD.[11] Zum Inhalt eines Flugblattes der SPD: »Bestochene Verräter als Kronzeugen der SED. Was Buchwitz[12] verschweigt – einst Westemigrant, heute Sowjetagent«. Aus dem

9 Narodno-Trudowoj Sojus (NTS), deutsch: Volksarbeitsbund. Es handelte sich um eine seit 1930 bestehende russische Emigrantenorganisation, deren »geschlossener Sektor« streng konspirativ organisiert gegen die Sowjetunion arbeitete. Dabei ging es vor allem um die Verbreitung von antikommunistischem Propagandamaterial. Zur Zielgruppe dieser Aktivitäten gehörten in der SBZ/DDR vor allem die Angehörigen der sowjetischen Truppen. Ab Ende der Vierzigerjahre wurde der NTS insbesondere von US-amerikanischen Geheimdienststellen unterstützt und angeleitet, von den sowjetischen Sicherheitsorganen und unter deren Federführung auch vom MfS wurde er vehement bekämpft. Vgl. Stöver, Bernd: Die Befreiung vom Kommunismus: Amerikanische »Liberation Policy« im Kalten Krieg 1947–1991. Köln u. a. 2002, S. 318–331.

10 Die »Kampfgruppe gegen Unmenschlichkeit« (KgU) war eine antikommunistische Organisation, die von Westberlin aus in die DDR hineinwirkte. Sie wurde 1949 u. a. von Rainer Hildebrandt gegründet, 1951 übernahm Ernst Tillich die Leitung. 1959 wurde die KgU aufgelöst. Wegen ihrer Anbindung an amerikanische Geheimdienststellen und des zeitweisen Einsatzes auch militanter Mittel galt sie dem MfS als besonders gefährlicher Gegner. Vgl. Merz, Uwe: Kalter Krieg als antikommunistischer Widerstand. Die Kampfgruppe gegen Unmenschlichkeit 1948–1959. München 1987; Engelmann, Roger: Die Kampfgruppe gegen Unmenschlichkeit. In: Henke, Klaus-Dietmar; Steinbach, Peter; Tuchel, Johannes (Hg.): Widerstand und Opposition in der DDR. Köln u. a. 1999, S. 183–192.

11 Das Ostbüro der SPD wurde 1946 zur Unterstützung der von der Zwangsvereinigung betroffenen ostdeutschen Sozialdemokraten gegründet. Zu seinen Aufgaben gehörten Flüchtlingsbetreuung, Informationsbeschaffung und das Einschleusen von Informations- und Propagandamaterialien in die SBZ/DDR. Vgl. Buschfort, Wolfgang: Parteien im Kalten Krieg. Die Ostbüros von SPD, CDU und FDP. Berlin 2000.

12 Otto Buchwitz, Jg. 1879, Politiker der SPD bzw. SED, 1919 stellv. Landrat in Görlitz, 1921–24 Abgeordneter des preußischen Landtags und 1924–33 des Reichtags, 1933–40 Exil in Dä-

Bezirk Gera wird gemeldet, dass dort verschiedentlich Flugblätter und Hetzbroschüren durch die Post versandt werden.

Am 29.10.1953, gegen 23.30 Uhr, wurde ein Pionierleiter des Kreises Gardelegen/Magdeburg nach dem Besuch einer FDJ-Veranstaltung auf dem Heimweg von drei unbekannten Tätern überfallen und niedergeschlagen.

Aus einer Meldung der Westberliner Zeitung »Telegraf« vom 30.10.1953 geht hervor, dass der Westberliner Sender RIAS aufgrund angeblicher Störungen durch »Sowjetzonensender« zwei Programme und zwar RIAS 1 und 2 schafft. Die Nachrichten und politischen Sendungen werden in den Abendstunden verändert. Die Sendezeit wird auf 24 Stunden erweitert.[13]

Vermutlich organisierte Feindtätigkeit

Im VEB Kleidermacher Görlitz/Dresden wurden 5000 Mäntel hergestellt, die in der Verarbeitung so schlecht sind, dass die von den Verkaufsstellen nicht abgenommen werden. Der Schaden beträgt 300000 DM.

Einschätzung der Situation

Die im Mittelpunkt stehende von der großen Mehrzahl in Stadt und Land positiv geführte Diskussion über die Preissenkung zeigt, dass sich das Vertrauen zur Politik von Partei und Regierung gefestigt hat. Durch weitere Verpflichtungen und Wettbewerbe zur Erhöhung der Produktion unterstützen die Belegschaften in vielen Betrieben den neuen Kurs. Die Verbesserung des Vertrauens zur Regierung zeigt sich auch auf dem Lande, teilweise in Selbstverpflichtungen. Die negativen Meinungen zur Preissenkung sind verhältnismäßig gering. Die teilweise Unzufriedenheit der Bevölkerung besteht vorwiegend wegen der ungenügenden Belieferung mit Einkellerungskartoffeln.

nemark, nach Einmarsch der Wehrmacht festgenommen und 1941 zu acht Jahren Haft verurteilt, bis 1945 Zuchthaus Brandenburg, 1946 SED, 1946–52 Abgeordneter des sächsischen Landtags und seit 1950 der Volkskammer, Mitglied des ZK der SED.

13 Durch die Schaffung zweier Programme, RIAS 1 und 2, die respektive von Berlin-Britz und Hof aus gesendet werden sollten, sollten eine größere Streuung der gleichen Sendungen über verschiedene Tage und entsprechende Ausweichmöglichkeiten für die Hörer geschaffen werden. Vgl. »Wellenkrieg gegen Berlin. Sowjetzonale Störsender in Steckdosen – RIAS gibt Gegenmaßnahmen bekannt.« In: Telegraf v. 30.10.1953, S. 1. Der RIAS 2 ging tatsächlich am 1.11.1953 auf Sendung.

Anlage vom 30.10.1953 zum Informationsdienst Nr. 2008

Stimmen der Bevölkerung über die Preissenkung

Die Preissenkung steht weiterhin im Mittelpunkt aller Diskussionen. Von der Mehrzahl der gesamten Bevölkerung wird sie freudig begrüßt. Besonders unter der Arbeiterklasse zeigt sich darüber große Freude und das Vertrauen zu unserer Regierung und zum neuen Kurs wurde bedeutend gefestigt. Dies kommt durch zahlreiche Produktionsverpflichtungen zum Ausdruck, mit denen die Arbeiter der Regierung danken und gleichzeitig die Grundlage für weitere Preissenkungen schaffen wollen.

Große Teile der Bevölkerung freuen sich vor allem darüber, dass die Regierung ihr Versprechen über die Verbesserung der Lebenslage schnell eingelöst hat und dass sich damit die Richtigkeit des neuen Kurses beweist. Weitere Stimmen besagen, dass dieser Schritt die Lebenslage der Bevölkerung verbessert, dass damit den Feinden der DDR ein Schlag versetzt wurde, indem ihre Theorie vom Bankrott der DDR zerschlagen wurde.

Ein kleiner Teil der Bevölkerung befürchtet, dass nicht genügend Waren vorhanden sind, um den Bedarf zu decken und man evtl. wieder vor leeren Geschäften steht. Andere wiederum finden die Preissenkung für gut, bemängeln jedoch, dass man nicht die wichtigsten täglichen Nahrungsmittel wie Butter, Zucker, Mehl und andere gesenkt hat. Wie aus den bekannt gewordenen Stimmen von Bauern zu ersehen ist, äußert sich nur ein Teil der Bauern positiv, während sich die Mehrzahl abwartend dazu verhält. Dazu einige Beispiele:

Der Grubenbetrieb des VEB Kaliwerk »Ernst Thälmann« Suhl verpflichtet sich anlässlich der Preissenkung, 20 000 t Rohsalz und 10 000 t Steinsalz über den Plan zu fördern. Die Brigade Görke Wismut AG, Schacht Johanngeorgenstadt, verpflichtete sich, eine Sonderschicht mit 200 % zu fahren. In der Wismut AG haben sich mehrere Brigaden noch zu Sonderschichten verpflichtet. Die Kollegen der Elektrowerkstatt im Karl-Marx-Werk Magdeburg verpflichteten sich, die ihnen anvertrauten Maschinen und elektrischen Anlagen der Stahlgießerei zu jeder Zeit in betriebsbereitem Zustand zu erhalten. Eine Brigadeleiterin aus dem VEB Mechanische Weberei Zittau verpflichtete sich, 30 qm Stoff über den Plan zu weben. Eine Kollegin aus dem RAW Berlin-Schöneweide erhöhte aus Anlass der Preissenkung ihre Norm um 10 %. Ein Bauer aus Krenzow/Neubrandenburg verpflichtete sich, bis Ende November zwei Schweine auf freie Spitzen zu liefern.

Ein Arbeiter (parteilos), Hydrierwerk Zeitz/Halle: »Ich hätte nicht erwartet, dass die Regierung so schnell den neuen Kurs verwirklicht. Erst die Lohnerhöhung, dann die Steuersenkung und jetzt die Preissenkung, da kann ich nur meine volle Zustimmung geben.«

Weberin VEB Mechanische Weberei Ostritz/Dresden: »Man sieht nun, dass es besser wird. Ich hatte zuerst nicht viel von den Reden der Funktionäre gehalten, aber jetzt bin ich restlos überzeugt.«

Bauarbeiter aus Berlin: »Jetzt kann man doch sehen, dass es die Regierung mit dem neuen Kurs ernst meint. Besonders gut ist es, dass die Zigaretten jetzt acht Pfennig kosten und auch das Bier ist billiger.«

Kraftfahrer des Deutschen Kraftverkehr Berlin: »Jetzt kann man schon eine Menge Geld im Monat sparen und sich etwas anderes kaufen. Das macht einem Spaß und Freude, damit wird der Lebensstandard der Bevölkerung um ein Beträchtliches verbessert.«

Arbeiter des VEB Textima Saalfeld/Gera: »Diese Preissenkung ist wieder ein Schlag für Bonn. Ich möchte wissen, was die für Augen machen, denn sie haben diese Preissenkung nicht für möglich gehalten.«

Arbeiter aus dem VEB Büromaschinen Mechanik Berlin: »Ich freue mich sehr über die Preissenkung, aber hoffentlich ist genügend Ware vorhanden. Es hat schon einige Preissenkungen gegeben, wo es danach nichts zu kaufen gab.«

Werktätiger Bauer aus Medow/Neubrandenburg: »Ich freue mich, dass unsere Partei und Regierung diesen großen Schritt getan hat um die Lebenslage unserer werktätigen Menschen bedeutend zu verbessern.«

Werktätiger Bauer aus Niedergrunstedt/Erfurt: »Hier erkennt man doch ganz klar, dass unsere Regierung ständig die Lebenslage der Arbeiter und Bauern vorantreibt. Die Richtigkeit des neuen Kurses ist damit bewiesen.«

Technologe Kreisverwaltung Neubrandenburg: »Ich begrüße die Maßnahmen der Regierung, aber gibt man uns auch die Gewähr, dass genügend Ware zur Verfügung gestellt wird.«

Schneidermeister aus Leuna/Halle: »Ich war kürzlich in Westdeutschland und dort hat man mir gesagt, dass es nicht möglich sein wird in der Ostzone einen höheren Lebensstandard zu erhalten. Umso mehr war ich überrascht, als plötzlich eine so große Preissenkung durchgeführt wurde.«

Rentner aus Gadebusch/Schwerin: »Auch für uns Rentner ist dies eine große Erleichterung und wir können uns doch jetzt ein Stück Zeug mehr kaufen.«

Negative Äußerungen besagen, dass diese Preissenkung zu gering sei und man sich trotzdem nicht viel mehr kaufen könne, während man im Westen doch angeblich billiger lebt. Weiterhin wird noch erklärt, dass man erst abwarten müsse, »ob man die Preise nicht in Kürze wieder erhöht, wie es schon einmal der Fall war«. Einige Stimmen sagen, man spreche hier von einer »großzügigen Preissenkung«, viele Waren seien vor Kurzem im Preis erhöht worden und jetzt würde nur das ursprüngliche Preisniveau wieder hergestellt werden.

Feindliche Elemente versuchen, die Preissenkung als ein »Propagandamittel der SED« hinzustellen, die dadurch »nur ihre Stellung zu halten versucht«. Andere wiederum erklärten, dass die Regierung durch das Volk zu einer Preissenkung gezwungen worden wäre. In Strasburg/Neubrandenburg kursiert das Gerücht, dass nach dieser Preissenkung bald eine Währungsreform durchgeführt werde.

Arbeiterin aus dem VEB Büromaschinen Mechanik Berlin: »Die Preissenkung ist zwar gut, aber man weiß nicht, ob die Preise wieder erhöht werden, wie es schon mal bei Marmelade und Kunsthonig der Fall war.«

Zeitungsträgerin aus Pößneck: »Na, was ist denn das schon, die sollen die Preise senken, die für Arbeiter wichtig sind, Fleisch, Wurst.«

Neubäuerin aus Arensdorf[14]/Halle: »Obwohl die Preissenkung zu begrüßen ist, steht die Preissenkung in keinem Verhältnis zu den Preisen bei landwirtschaftlichen Erzeugnissen. Ich habe keinen Nutzen davon.«

Geschäftsführer der Fa. Tetzlaff & Wenzel Stralsund/Rostock: »Jetzt können sie nichts mehr los werden, darum haben sie die Preise gesenkt. Hätten sie die Ware verkaufen können, wäre sie auch nicht billiger geworden.«

Schneidermeister aus Anklam/Neubrandenburg: »Ich begrüße zwar die Preissenkung, aber die Stoffe kosteten im Frühjahr auch schon mal so viel, wie sie jetzt wieder kosten, und da spricht man von einer Preissenkung. Ich zweifle noch, warten wir erst mal ab.«

Tabakwarenhändler aus Calbe:[15] »Man hat ja nur einige Waren herabgesetzt, die anderen lässt man, um die Besatzungskosten zu begleichen.«

Hausfrau aus Ludwigslust/Schwerin: »Das ist doch nur alles Propaganda, wenn im nächsten Jahr die Lebensmittelkarten wegfallen, bekommen wir gar nichts mehr zu essen.«

Westdeutsche Besucher erklären, dass sie vollkommen überrascht seien von dem Lebensstandard in der DDR und erst jetzt die Unterschiede zwischen der DDR und Westdeutschland erkennen.

Arbeiter aus Berlin-Staaken (Westsektor): »Ich bin vollkommen erstaunt über den Lebensstandard in der DDR. Was man hier auf Marken kaufen kann, können wir uns drüben nicht einmal frei kaufen, weil die Preise zu hoch sind, und dazu noch die Preissenkung der HO auf allen Gebieten.«

Besucher aus Westdeutschland zzt. Unterweißbach/Suhl: »Ich habe Gelegenheit gehabt, das Leben in der DDR gründlich zu studieren. Jetzt sehe ich, wo man wirklich besser lebt, drüben steigen die Preise für die wichtigsten Lebensmittel ständig und hier in der DDR werden die Preise gesenkt und das Leben verbessert sich.«

14 Im Original »Ahrensdorf«. Arensdorf, Kreis Köthen.

15 Da in den Originalquellen Kalbe/Milde (das seit 1952 eigentlich offiziell mit »K« geschrieben wird) und Calbe/Saale einheitlich mit »C« geschrieben werden und aus dem Kontext keine Zuordnung möglich ist, könnte es sich hier auch um Kalbe handeln.

14. November 1953

Informationsdienst Nr. 2021 zur Beurteilung der Situation

Quelle: BStU, MfS, AS 39/58, Bd. 1, Bl. 285–293 (2. Expl.).
Serie: Informationsdienst.
Verteiler: Kein Nachweis einer externen oder internen Verteilung.
Vermerke: Zahlreiche vertikale Randmarkierungen (siehe Einleitung) – Randmarkierung mit Nummerierung im Punkt »Stimmung der übrigen Bevölkerung«.
Bemerkungen: Gedrucktes standardisiertes Deckblatt mit Inhaltsverzeichnis (nur 1. Gliederungsebene mit 6 Punkten).
Anlage: Westberliner Reaktionen auf die Verhaftungen in der DDR.

Die Lage in Industrie, Verkehr, Handel und Landwirtschaft

Industrie und Verkehr

Nach wie vor hält die Diskussion über die Weihnachtszuwendungen[1] in den Betrieben weiterhin an. Dabei wird dieser Beschluss der Regierung vom größten Teil der Arbeiter zustimmend aufgenommen und als Fortsetzung des neuen Kurses betrachtet. Unzufriedenheiten werden auch heute wieder darüber bekannt, dass alleinstehende Frauen mit Kindern gegenüber verheirateten Frauen ohne Kinder benachteiligt sind. Der größte Teil der verhältnismäßig wenig negativen Diskussionen wird meist von Angestellten und Arbeitern geführt, die bei der vorjährigen Jahresabschlussprämierung größere Beträge ausgezahlt bekamen.

Eine Arbeiterin aus dem VEB LOWA Waggonbau Görlitz: »Man kann nicht mehr klagen, unsere Lebenslage wird ständig besser. Mein Mann und ich bekommen jeder 40,00 DM Weihnachtsgeld, dafür werden gleich Weihnachtsleckereien geholt. Unsere Regierung hat bis jetzt immer Wort gehalten, darüber bin ich sehr erfreut.«

Im Reifenwerk Fürstenwalde/Frankfurt/Oder diskutierten mehrere Arbeiter darüber, dass es nicht richtig ist, dass z. B., wo beide Eheleute arbeiten, 80,00 DM an sie ausgezahlt werden, im Gegensatz dazu alleinstehende Frauen mit einigen Kindern nur 40,00 DM oder weniger bekämen.

Von den Angestellten des Stahlwerkes Silbitz/Gera wird Folgendes diskutiert: »Im vorigen Jahr bekamen wir 75 bis 100 DM in Form von Prämien. Mit der jetzigen Auslegung können wir nicht einverstanden sein, da wir ja nur 30 bis 40 DM bekommen sollen. Die Prämienzahlung ist also nur eine Vortäuschung gewesen, um die Weihnachtsgratifikation in Wegfall zu bringen.«

1 Beschluss über die Zahlung von Weihnachtszuwendungen an die Arbeiter und Angestellten in der volkseigenen Wirtschaft vom 12.11.1953; BArch DC 20-I/3/206, Bl. 19 f. Die Zuwendungen betrugen bei Verheirateten 40,00 DM, bei Ledigen 30,00 DM und bei Lehrlingen 10,00 DM.

Die Diskussionen über die Entlarvung der Spionagezentrale Gehlen in der DDR[2] nehmen besonders nach der Pressekonferenz und nach verschiedentlich durchgeführten Betriebsversammlungen ein größeres Ausmaß an.[3] Dabei ist es trotzdem nicht so, dass solche Diskussionen von der Mehrzahl der Arbeiter geführt werden. Die Stellungnahmen zu dieser Frage sind bis auf wenige Ausnahmen größtenteils positiv.

Im RAW Rathenow/Potsdam sagte ein parteiloser Arbeiter zu einer dieser Versammlungen, wo ein Vertreter des SfS gesprochen hatte: »Ich bin erfreut, dass es gelungen ist, diese umfangreiche Spionage- und Sabotagegruppe zu entlarven. Derartige Versammlungen müssten aber des Öfteren durchgeführt werden, damit die breite Bevölkerung einen engeren Kontakt zu den Staatsorganen bekommt.« Von mehreren Kollegen der VEB Möbeltischlerei Luckenwalde wird die Meinung vertreten, dass die Verhaftung der Agentengruppen in der Kreispresse nur ungenügend ausgewertet wurde.

Eine Näherin aus den Kleiderwerken Großenhain: »Ihr habt keinen Grund zu reden, denn vor den Wahlen in Westdeutschland wurden viele Genossen hinübergeschickt und Geld haben sie auch bekommen. Das dürfen wir nicht vergessen, wenn wir von den westlichen Agenten sprechen.«

Über die Note der SU[4] werden auch weiterhin nur vereinzelte Diskussionen geführt. Von einem Teil der Arbeiter wird jedoch der Erfolg des Noten-

2 Vom 28. bis 30.10.1953 wurden in einer groß angelegten Aktion der Staatssicherheit mit dem Codenamen »Feuerwerk« über 100 Personen, überwiegend V-Leute der Organisation Gehlen, verhaftet. Es folgten große propagandistische Anstrengungen zur Popularisierung der Arbeit des SfS und zur Diskreditierung der Organisation Gehlen und anderer westlicher »Feindzentralen«. Vgl. Fricke, Karl Wilhelm; Engelmann, Roger: »Konzentrierte Schläge«. Staatssicherheitsaktionen und politische Prozesse in der DDR 1953–1956. Berlin 1988, insbes. S. 42–47.

3 Der Staatssekretär für Staatssicherheit, Ernst Wollweber, hatte am 5.11.1953 bei Siemens-Plania in Berlin-Lichtenberg und sein Stellvertreter Erich Mielke im Kabelwerk Oberspree in Berlin-Köpenick gesprochen. Vgl. Informationsdienst Nr. 2014 v. 7.11.1953 und Nr. 2015 v. 8.11.1953, aber auch auf Bezirksebene gab es solche Betriebsversammlungen auf denen Staatssicherheitskader sprachen. Am 9.11.1953 fand eine internationale Pressekonferenz statt, an der der Leiter des DDR-Presseamtes Fritz Beyling, sein Vorgänger Albert Norden, zum damaligen Zeitpunkt Professor für Neuere Geschichte an der Humboldt-Universität zu Berlin, der für Agitation zuständige Leiter der Abteilung Allgemeines im SfS Gustav Borrmann und der ehemalige stellv. Leiter einer Westberliner Filiale der Organisation Gehlen und Doppelagent der Staatssicherheit, Hans Joachim Geyer, teilnahmen. Vgl. »Aufsehenerregende Enthüllungen über USA-Spionagetätigkeit in der DDR«. In: ND, Berliner Ausgabe, v. 10.11.1953, S. 1, sowie »Erklärung des ehemaligen stellvertretenden Leiters der USA-Spionagedienststelle ›Filiale X/9592‹ in Westberlin«. In: ebenda, S. 3.

4 Über die Vorschläge der UdSSR zur Lösung der Deutschlandfrage und zur Entspannung der internationalen Lage. Aus der Note der Regierung der UdSSR vom 3.11.1953 an die Regierungen Großbritanniens, Frankreichs und der USA als Erwiderung auf deren Note vom 18.10.1953. In: Dokumente zur Deutschlandpolitik der Sowjetunion. Hg. v. Deutschen Institut für Zeitgeschichte, Bd. 1, Berlin (Ost) 1957, S. 363–371. Geringfügig unterschiedliche Übersetzung in: ND, Berliner Ausgabe, v. 6.11.1953, S. 3. Hier auch der Wortlaut der Note der Westmächte vom 18.10.1953.

wechsels angezweifelt. Diskussionen über andere politische Fragen treten nicht in den Vordergrund.

Ein Möbeltischler aus Zeulenroda/Gera: »Die neue Sowjetnote an die Amerikaner zeigt wieder deutlich die Bereitwilligkeit der Sowjetregierung zu Verhandlungen. Die russischen Staatsmänner sind wirklich daran interessiert, das Deutschlandproblem auf dem Verhandlungswege zu lösen. Ich bin selbst im Krieg in Russland gewesen und weiß aus den Erzählungen der russischen Bürger, dass diese kein Interesse an einem neuen Krieg haben.« Die bei dieser Diskussion anwesenden Kollegen äußerten sich weder negativ noch positiv dazu.

Ein Kollege des VEB Waggonbau LOWA Görlitz: »Der Vorschlag der SU ist zwar gut, aber ich zweifle daran, dass damit bei den Westmächten etwas erreicht wird.«

Anlässlich des Monats der Deutsch-Sowjetischen Freundschaft werden wiederum vereinzelte Produktionsverpflichtungen und Neuwerbungen für die DSF bekannt. Im VEB Maschinenbau Görlitz wurden in den letzten Tagen 96 Mitglieder für die DSF geworben. In einem Schacht der Wismut AG in Annaberg verpflichtete sich eine Brigade bis zum Mai 1954 ihren Anteil am Fünfjahrplan zu erfüllen. Gleichzeitig wurden hier Wettbewerbe unter den Brigaden mit dem Ziel, den Monatsplan bis 25. zu erfüllen, Material einzusparen und den Titel »Brigade der besten Qualität« [zu erwerben,] abgeschlossen.

In einer Diskussion von Funktionären der TAN-Abteilung der Neptunwerft mit Arbeitern der Taklerei wurde den Arbeitern die Frage gestellt, ob sie nicht gewillt sind, ihre Normen zu erhöhen. Die Arbeiter standen diesem Vorschlag positiv gegenüber. Der Brigadier, Mitglied der SED, war jedoch damit nicht einverstanden und beeinflusste in diesem Sinne die Arbeiter, die daraufhin ebenfalls die Normenerhöhung ablehnten.

Produktionsschwierigkeiten entstehen weiterhin teilweise durch Materialmangel, besonders jedoch durch Waggonmangel, in einem Teil der Betriebe. Im Schacht »Robert Blum« in Osternienburg, [Kreis] Köthen, [Bezirk] Halle, reicht der Bestand an Grubenschwarten nur noch wenige Tage. Andererseits liegen solche in Nedlitz/Zerbst, die nicht angeliefert werden, da angeblich keine Waggons zur Verfügung stehen. Der VEB Metallwarenfabrik Sonneberg/Suhl erhielt von den angeforderten und benötigten 9 t Aluminiumblechen nur 3 t angeliefert.

Durch Initiative der Belegschaft des VEB Ferrolegierungswerk Lauchhammer/Cottbus wird in den Abendstunden eine Strommenge eingespart, mit der rund 30 000 Haushalte versorgt werden können.

Unzufriedenheit ist in mehreren Betrieben wegen der Ausgabe von Quartalsprämien und mangelhafter Kartoffelbelieferung aufgetreten.

So sagte ein Arbeiter, Mitglied der SED, aus dem VEM Kjellberg/Finsterwalde zur Ausgabe von Quartalsprämien an die Betriebsleitung und Intelligenz:

»Ich bin der Meinung, dass in der Regierung noch Saboteure sitzen, die solche Maßnahmen befürworten, um Uneinigkeit in unsere Reihen zu tragen.«

Eine Kollegin will aus allen Organisationen, außer dem FDGB, austreten. Sie sagte: »Es ist doch keine Arbeiterregierung, die am ›Tag der Aktivisten‹ 20000 DM verteilt und für die Quartalsprämien 60000 DM zur Verfügung stellt.«

Wegen der schlechten Kartoffelbelieferung entsandte das RBA Wustermark/Potsdam eine Delegation zur Bürgermeisterei Elstal/Nauen. Sie erklärten, dass sie die Arbeit niederlegen, wenn in den nächsten Tagen keine Kartoffelbelieferung erfolgt.

Handel und Versorgung

Schwierigkeiten in der *Kartoffelversorgung* werden aus den Bezirken Cottbus, Karl-Marx-Stadt, Halle, Potsdam und Magdeburg berichtet.

Mangel an *HO-Butter und Margarine* wird aus den Kreisen Demmin und Altentreptow/Neubrandenburg gemeldet. Im Kreis Geithain/Leipzig werden durch den erhöhten Umsatz 10 t *Margarine* für das 4. Quartal benötigt. 7,7 t stehen jedoch nur zur Verfügung. Wie durch den Rat des Bezirkes mitgeteilt wird, ist eine Aufstockung nicht möglich. Es wird befürchtet, dass im letzten Monat (Weihnachten) keine HO-Margarine verkauft werden kann.

Landwirtschaft

In der *Ablieferung der zum Soll noch fehlenden landwirtschaftlichen Produkte, besonders bei Kartoffeln*, werden Schwierigkeiten aus den Bezirken Dresden, Leipzig, Potsdam, Frankfurt/Oder, Neubrandenburg und Schwerin berichtet. Die Bauern, besonders Großbauern, lassen sich teilweise bewusst Zeit, ihren Verpflichtungen nachzukommen und die Ablieferung bis Jahresende hinauszuzögern. Obwohl die Erfassungskontrollleute bis auf wenige Einzelbeispiele sehr vorsichtig sind, wird ihnen verschiedentlich gedroht. Weiterhin sind folgende Hauptargumente festzustellen: Sich lieber einsperren zu lassen oder nach dem Westen abzusetzen, als 100%ig abzuliefern; der neue Kurs wird nicht eingehalten, da bei 100%iger Ablieferung die Futtergrundlage nicht gesichert ist; zum Teil wird bei 100%iger Ablieferung Futterrücklieferung wie Kleie und dgl. erwartet. Nachfolgend einige Beispiele:

Ein Großbauer aus Rehfelde/Frankfurt/Oder: »Wenn man uns alle Kartoffeln nimmt, haben wir hier nichts mehr verloren und werden uns nach dem Westen absetzen.«

Ein Großbauer aus Ottenhain/Dresden: »Vielleicht schmeiße ich euch gleich die Treppe runter. Ich habe jetzt keine Zeit abzuliefern. Ich kann nur eine Arbeit machen. Das Jahr läuft bis zum 31.12. und bis dahin müssen wir erfüllt haben.«

Ein Erfasser äußerte zu einem Großbauern aus Sonnenberg/Potsdam, als dieser aufzeigte, dass bei 100%iger Ablieferung das Vieh nichts zu fressen habe: »Dann gebt doch eure Betriebe ab, denn im nächsten Jahr werden sie euch sowieso abgenommen.«

Laut Anweisung des Staatssekretariats für Erfassung und Aufkauf werden im Kreis Templin/Neubrandenburg Kartoffeln von 3 cm Durchmesser und darüber erfasst (Ablieferung 61,8 %). Dazu äußern die Bauern: »Wenn man uns Saat- und Futterkartoffeln nimmt, soll man auch gleich das Vieh und die Wirtschaft nehmen.«

Industriekartoffeln, die in größeren Mengen in vielen Gemeinden des Bezirkes Cottbus lagern, durch Waggonmangel aber nicht abtransportiert werden, könnten zu 80 % als Speisekartoffeln Verwendung finden. Die Kartoffeln müssten lediglich aussortiert werden.

Im Kreis Parchim/Schwerin wurden bisher 68,6 % Getreide und 75 % Kartoffeln abgeliefert. Vom Rat des Kreises und der Kreisleitung der SED werden Instrukteure eingesetzt, um die Bauern von der Notwendigkeit der Ablieferung zu überzeugen. Dadurch wird unter der Bauernschaft Klarheit geschaffen und die Parolen des RIAS entkräftet.

Im Abtransport von Zuckerrüben werden Schwierigkeiten aus den Bezirken Frankfurt/Oder und Halle gemeldet. Im Kreis Gräfenhainichen/Halle vertritt man z.B. die Meinung, bei diesen Zuständen, wie sie jetzt herrschen, wird sich die Verladung der Zuckerrüben bis Mitte Januar hinziehen.

Anlässlich des Monats der Deutsch-Sowjetischen Freundschaft verpflichtete sich die Belegschaft der MTS Severin/Schwerin, bis zum 30. November den Plan 100%ig zu erfüllen. Ein Traktorist verpflichtete sich bis zum Geburtstag J. W. Stalins 500 ha zu pflügen. In der Gemeinde Gutendorf[5]/Karl-Marx-Stadt verpflichteten sich sämtliche Bauern, bis zum 20.11.1953 alle Produkte 100%ig abzuliefern.

Stimmung der übrigen Bevölkerung

Nur in geringem Maße wird über *politische Tagesfragen* diskutiert. *Über die Note der SU und das Schreiben unserer Regierung an die Westmächte*[6] wird z.B. nur sehr wenig gesprochen. Sehr oft wird die Meinung vertreten, dass der Notenwechsel sowieso zwecklos sei.

Eine Konsumverkäuferin aus Pasewalk/Neubrandenburg: »Die Westmächte sollen doch endlich auf die gemachten Vorschläge der SU eingehen. Denn so wie ich sehnt sich wohl jeder Mensch nach einem einheitlichen Deutschland und dem Frieden.«

5 Eine Gemeinde namens Gutendorf ließ sich lediglich im Kreis Weimar, Bezirk Erfurt, aber nicht im Bezirk Karl-Marx-Stadt verifizieren. Möglicherweise ist die Gemeinde Gutenfürst, Kreis Plauen, gemeint.

6 Schreiben der Regierung der DDR an die Regierungen der drei Westmächte vom 7.11.1953. In: ND, Berliner Ausgabe, v. 8.11.1953, S.1. Darin bittet die DDR-Regierung die Westalliierten um einen Erlass der Reparationszahlungen und Besatzungskosten für Westdeutschland analog den Vereinbarungen des sowjetisch-deutschen Kommuniqués vom 23.8.1953.

Ein Tankstelleninhaber aus Riesa/Dresden: »Die Note der SU und das Schreiben an die Westmächte ist lediglich eine Propagandaaktion. Der Notenwechsel hat bestimmt keinen Wert, denn zu Verhandlungen kommt es doch nicht.«

Die nur vereinzelt bekannt gewordenen Meinungsäußerungen über *die Entlarvung der Agenten in der DDR* tragen positiven Charakter. So sagte z. B. ein Konsumarbeiter aus Frankfurt/Oder: »Öffentlich aufhängen sollte man diese Banditen und eine Woche hängen lassen, damit es für die anderen abschreckend wirkt.«

Allgemein kann festgestellt werden, dass eine gewisse positive *Stimmung* nach den von der Regierung beschlossenen Maßnahmen zur Verbesserung der Lebenslage zu verzeichnen ist. Missstimmung und negative Äußerungen über Mängel in der Versorgung oder Stromabschaltungen, besonders aber über die Kartoffelversorgung, treten wieder stärker in Erscheinung.

Eine Hausfrau aus Schwarzheide/Cottbus: »Alle Tage diese Jagd nach Winterkartoffeln. Dieses Jahr ist aber auch alles schlechter als im Jahr zuvor. Der Konsum kann keine liefern, wo werden wir bloß die Kartoffeln herbekommen.«

Eine werktätige Frau aus Loburg/Magdeburg: »Das ist sehr schlecht, dass es nach acht Jahren Kriegsende bei uns noch Stromabschaltungen gibt, in Westdeutschland dagegen keine.«

Die Verordnung über die *Weihnachtszuwendung* hat unter den Angestellten der öffentlichen Verwaltungen Unzufriedenheit ausgelöst. Von den Arbeitern und Angestellten der Stadtverwaltung Wernigerode/Magdeburg wurde z. B. der Beschluss gefasst, eine Resolution an die Regierung zu verfassen. Weiterhin wurde die Drohung ausgesprochen, wenn sie keine Weihnachtszuwendung erhalten, in den Streik zu treten, damit die Regierung sieht, dass auch sie notwendige Arbeiter sind. Die Arbeiter hätten den neuen Kurs auch nur mit dem 17.6. erzwungen.[7]

Organisierte Feindtätigkeit

Verstärkte Verbreitung von Flugblättern wird aus den Bezirken Neubrandenburg und Frankfurt/Oder berichtet, vereinzelt aus den Bezirken Karl-Marx-Stadt, Dresden, Rostock, Gera und Potsdam. In der Mehrzahl handelt es sich um Flugblätter der NTS.[8]

7 Randvermerk eingekreiste »1«.

8 Narodno-Trudowoj Sojus (NTS), deutsch: Volksarbeitsbund. Es handelte sich um eine seit 1930 bestehende russische Emigrantenorganisation, deren »geschlossener Sektor« streng konspirativ organisiert gegen die Sowjetunion arbeitete. Dabei ging es vor allem um die Verbreitung von antikommunistischem Propagandamaterial. Zur Zielgruppe dieser Aktivitäten gehörten in der SBZ/DDR vor allem die Angehörigen der sowjetischen Truppen. Ab Ende der Vierzigerjahre wurde der NTS insbesondere von US-amerikanischen Geheimdienststellen unterstützt und angeleitet, von den sowjetischen Sicherheitsorganen und unter deren Fe-

Die Westberliner Zeitung »Telegraf« vom 13.11.1953 meldet: In der Zeit vom 16. bis 28.11.1953 gibt die sogenannte »Ernst-Reuter-Stiftung« im Haus des deutschen Gemeindetages, Charlottenburg, Straße des 17. Juni 5–8, an alle Bewohner des demokratischen Sektors von Berlin, die vor dem 1.1.1893 geboren sind, je ein Pfund Butter aus.[9]

Die Westberliner Presse meldet heute übereinstimmend, dass die Westmächte ab 16. November 1953, 0.00 Uhr, auf die Vorlage von Interzonenpässen bei Reisen aus der DDR nach Westdeutschland verzichten. Die Adenauer-Regierung will ebenfalls auf die Vorlage von Aufenthaltsgenehmigungen »verzichten«.[10]

Einschätzung der Situation

Die Weihnachtszuwendungen werden vom überwiegenden Teil der Arbeiter begrüßt. Unzufrieden sind hauptsächlich Angestellte der öffentlichen Verwaltungen und zum Teil diejenigen, welche 1952 bei Jahresabschlussprämien höhere Beträge erhalten haben. Der Aufschwung in den Betrieben durch Verbesserung der Produktion hält an, wird aber teilweise noch gehemmt durch Material- und Transportraummangel. Die Kartoffelversorgung wird weiterhin gehemmt durch die Verzögerung der Ablieferung, dies verstärkt vielfach die Unzufriedenheit.

Anlage vom 14.11.1953 zum Informationsdienst Nr. 2021

Stimmen aus Westberlin über die Mitteilung der Zerschlagung feindlicher Agenturen in der DDR

Handelsvertreter aus Westberlin: »Zur Vorbereitung eines neuen Krieges werden von den USA-Dienststellen solche verbrecherischen Elemente benutzt, um in der DDR wieder Unruhe zu schaffen und den neuen Kurs zu sabotieren. Dafür wird viel Geld ausgegeben. Ich kann solche Maßnahmen nur

derführung auch vom MfS wurde er vehement bekämpft. Vgl. Stöver, Bernd: Die Befreiung vom Kommunismus: Amerikanische »Liberation Policy« im Kalten Krieg 1947–1991. Köln u.a. 2002, S. 318–331.

9 Vgl. »Ausgabezeiten der Butterspende. Für über 60 Jahre alte Bewohner des Sowjetsektors«. In: Telegraf v. 13.11.1953, S. 10.

10 Vgl. z.B. »Westen verzichtet auf Interzonenpass. Jetzt hat Pankow das Wort«. In: Der Tag v. 14.11.1953, S. 1; »Semjonow wurde unterrichtet. Der Verzicht auf Interzonenpässe«. In: Der Tagesspiegel v. 15.11.1953, S. 1; »Westen hebt Paßkontrolle auf. Note der Westmächte an Semjonow – Bonn verzichtet auf Aufenthaltsgenehmigung«. In: Telegraf v. 13.11.1953, S. 1; »Note an Semjonow: Verkehr freigeben! Bonn schafft Aufenthaltsgenehmigungen ab«. In: Der Tag v. 15.11.1953; »Freier Interzonenverkehr«. In: Die Neue Zeitung v. 15.11.1953. Siehe auch die Pressemitteilung Nr. 1147/53 des Presse- und Informationsamtes der Bundesregierung v. 14.11.1953.

begrüßen, denn diese Maßnahmen, die durchgeführt wurden, dienen der Erhaltung des Friedens und damit uns allen.«

Angestellter der Westberliner Verwaltung: »Die Menschen, die so eine Tätigkeit ausüben, sind direkte Gewohnheitsverbrecher und die Stellen im Westen, die diese Verbrecher unterstützen, kann man nur als Verbrecherzentralen bezeichnen. Jedoch muss man einen Unterschied machen zwischen diesen Stellen, die solche Verbrecher finanzieren, und den offiziellen Stellen bei uns in Westberlin und in Westdeutschland.«

Ein Arbeitsloser aus Westberlin, SED-Mitglied: »Bei diesen vielen Verhaftungen erkennt man, dass die Agenten des Amerikaners viel zu wenig Erfahrung auf diesem Gebiet haben. Der Amerikaner wirft viel Geld für die Agenten raus und so sind es in der Hauptsache solche Menschen, die sich leicht Geld verdienen wollen.«

Eine Hausfrau aus Westberlin: »Ich bin für die Verhaftungen solcher Verbrecher, die solches Unheil anrichten, wie wir es am 17.6.1953 hier in Ostberlin gesehen haben. Die Verhaftungen sind noch die Auswirkungen dieses 17.6.«

24. November 1953

Informationsdienst Nr. 2029 zur Beurteilung der Situation

Quelle: BStU, MfS, AS 39/58, Bd. 1, Bl. 234–240 (2. Expl.).
Serie: Informationsdienst.
Verteiler: Kein Nachweis einer externen oder internen Verteilung.
Vermerke: Zahlreiche vertikale Randmarkierungen (hier nicht im Einzelnen dokumentiert).
Bemerkungen: Gedrucktes standardisiertes Deckblatt mit Inhaltsverzeichnis (nur 1. Gliederungsebene mit 6 Punkten).

Die Lage in Industrie, Verkehr, Handel und Landwirtschaft

Industrie und Verkehr

Die Diskussionen über die Entlarvung der Agentengruppen in der DDR[1] stehen noch in einer großen Anzahl der Betrieb im Mittelpunkt. Oftmals werden erst durch die Versammlungen, wo Vertreter des SfS sprachen, und durch die Veröffentlichungen in der Presse von den Arbeitern die Zusammenhänge und die Hintergründe der Spionageorganisationen erkannt und von ihnen darauf die notwendig richtigen Schlussfolgerungen gezogen.

Ein parteiloser Arbeiter des Karl-Marx-Werkes Zwickau sagte zu den Ausführungen eines Vertreters des SfS im Betrieb: »Die Agenten und Spione der westdeutschen Agenturen müssen in der DDR die strengste Strafe erhalten.«

Ein anderer parteiloser Arbeiter aus Ueckermünde/Neubrandenburg: »Durch die Veröffentlichungen in der Presse bekommt man Vertrauen zu unseren Sicherheitsorganen. Man hätte das jedoch schon viel eher machen müssen.«

Über die Aufhebung der Interzonenpässe[2] werden heute nur vereinzelte, jedoch überwiegend positive Stimmen bekannt. So sagte ein Arbeiter des

1 Vom 28. bis 30.10.1953 wurden in einer groß angelegten Aktion der Staatssicherheit mit dem Codenamen »Feuerwerk« über 100 Personen, überwiegend V-Leute der Organisation Gehlen, verhaftet. Leitende Kader der Staatssicherheit versuchten anschließend anhand dieses »operativen Erfolgs«, die Arbeit der Staatssicherheit auf Betriebsversammlungen zu »popularisieren«. Vgl. Fricke, Karl Wilhelm; Engelmann, Roger: »Konzentrierte Schläge«. Staatssicherheitsaktionen und politische Prozesse in der DDR 1953–1956. Berlin 1988, insbes. S. 42–47.

2 Da die Westalliierten seit dem 16.11.1953 von Deutschen, die von Berlin oder der DDR über die Interzonengrenze in die Bundesrepublik einreisten, keine Interzonenpässe mehr verlangten und auch die von Behörden der Bundesrepublik bisher ausgestellte Aufenthaltserlaubnis entfallen war, geriet der Osten unter Zugzwang. Der Minister des Innern der DDR erließ am 21.11.1953 eine Anordnung, nach der ab 25.11.1953 für das Passieren der innerdeutschen Grenze (damals noch »Demarkationslinie« genannt) kein Interzonenpass mehr erforderlich war. Die Aufenthaltsgenehmigung durch den zuständigen Rat des Kreises wurde allerdings aufrechterhalten. ND, Berliner Ausgabe, v. 22.11.1953, S. 1.

Porzellanwerkes Neuhaus in Schierschnitz/Suhl: »Ich begrüße diese Maßnahme und sehe darin eine weitere Erleichterung auf dem Wege der Verständigung.« Einige andere Kollegen des gleichen Betriebs sind der Meinung, dass man den früheren Kontrollpunkt Sonneberg-Hönbach[3] wieder eröffnen müsste, da man sonst große Umwege fahren muss, wenn man beispielsweise Verwandte in der Nähe von Coburg besuchen will.

Anlässlich des Monats der deutsch-sowjetischen Freundschaft verpflichtete sich die Jugendbrigade des VEB Ernst-Thälmann-Werk I Suhl, ihre Leistungen um 25 % zu steigern. Die Frauenbrigade »Anna Seghers« des gleichen Betriebes erhöhte ihre Norm freiwillig um 33 %.

Wegen Waggonmangel ist es der Dachziegelfabrik in Gudersdorf/Frankfurt/Oder[4] nicht möglich, die erforderlichen Dachziegel für die Bauten in der LPG Tantow/Kreis Angermünde und für weitere 28 Bauten im Bezirk Frankfurt/Oder zu liefern. Daraufhin mussten die Bauten vorläufig eingestellt werden.

Über die Umbildung der Wismut AG in eine Deutsch-Sowjetische Gesellschaft[5] werden weiterhin in größerem Umfange unter den Wismut-Kumpel Diskussionen geführt. Es wird darauf aufmerksam gemacht, dass trotz mehrmaliger Hinweise in den täglichen Informationen noch keine Veränderung in der Diskussion unter den Kumpel eingetreten ist und weiterhin die verschiedensten Gerüchte im Umlauf sind. In Diskussionen wird teilweise ein Unwillen zur Arbeit zum Ausdruck gebracht, da man durch die Umstellung mit größeren Entlassungen und materiellen Verschlechterungen rechnet. So sagen z.B. mehrere Kumpel aus dem Objekt Oberschlema: »Warum sollen wir uns die letzten paar Monate noch anstrengen, wir werden ja sowieso entlassen.«

In diesem Zusammenhang werden ähnliche Diskussionen auch im Leuna-Werk »Walter Ulbricht« geführt, wo man ebenfalls annimmt, dass bei der Übernahme des Werkes in Volkseigentum zahlreiche Entlassungen vorgenommen werden, besonders bei solchen Kolleginnen, deren Ehemänner ebenfalls im Arbeitsverhältnis stehen.

3 Im Original »Hohenbach«.

4 Ein Ort namens Gudersdorf ließ sich nicht verifizieren. Wahrscheinlich handelt es sich um Kodersdorf, das allerdings im Kreis Niesky, Bezirk Dresden, lag. Hier befand sich eine große Dachziegelfabrik, der VEB Kodersdorfer Dachziegel- und Klinkerplattenwerke.

5 Hintergrund ist die entschädigungslose Übergabe der Betriebe, die sich noch in sowjetischem Eigentum befanden und somit die Rechtsform einer Sowjetischen Aktiengesellschaft (SAG) hatten, in das Eigentum der DDR zum 1.1.1954. Das galt nicht für die SAG Wismut, die, ebenfalls zum 1.1.1954, als paritätische Sowjetisch-Deutsche Aktiengesellschaft (SDAG) neu gegründet wurde. Grundlage: Abkommen zwischen den Regierungen der UdSSR und der DDR über die Gründung der SDAG Wismut v. 22.8.1953. In: Boch, Rudolf; Karlsch, Rainer (Hg.): Uranbergbau im Kalten Krieg. Die Wismut im sowjetischen Atomkomplex. Berlin 2011, Bd. 2: Dokumente, S. 194–198. In den SAG-Betrieben und speziell bei der Wismut AG waren Löhne und Prämien besonders hoch, die Arbeiter befürchteten daher eine Schlechterstellung. Vgl. auch Information Nr. 1080 v. 29.9.1953, Informationsdienst Nr. 1086 v. 6.10.1953 und 1089 v. 9.10.1953.

Ein Mangel an Hochdruckkesselrohren ist trotz mehrfacher Versprechungen der Hauptverwaltung Kohle Berlin im VEB Braunkohlenwerk Nachterstedt, [Kreis] Aschersleben, weiterhin vorhanden. Die Berohrung der Kessel ist gegenwärtig so schlecht, dass in Kürze mit dem Ausfall der Kessel zu rechnen ist, was ernste Mängel in der Energieversorgung dort nach sich zieht.

Durch Fahrlässigkeit des Fördermaschinisten im Kaliwerk »Glückauf« Sonderhausen/Erfurt stürzten am 21.11.1953 zwei leere Förderwagen in den Schachtsumpf.[6] Dadurch wird die Förderung voraussichtlich bis 26.11.1953 unterbrochen.

Handel und Versorgung

In Handel und Versorgung machen sich immer wieder die bereits bekannten *Mängel* bemerkbar. So fehlen z.B. saisongerechte Lieferungen an Textilien (Winterbekleidung) in den Bezirken Neubrandenburg und Halle, Geschirr und Kochtöpfe sowie Würfelzucker im Bezirk Dresden, Frischfisch in Halle, HO-Butter im Bezirk Cottbus, Rosinen, Mandeln und dgl. im Bezirk Karl-Marx-Stadt, Pfeffer und Därme für Hausschlachtungen in ländlichen Kreisen des Bezirkes Erfurt, Margarine in Frankfurt/Oder, Eier in fast allen Bezirken und auch in Berlin. Im Kreis Hohenmölsen/Halle wurden *Fischkonserven* von 2,10 DM auf 2,60 DM erhöht. Negativ wirkt sich auch die Versorgung mit *Einkellerungskartoffeln* bei dem Teil der Bevölkerung aus, die diese noch nicht erhalten haben.

Landwirtschaft

Wie aus Potsdam berichtet wird, macht die *Kartoffelerfassung* weiterhin Schwierigkeiten. Festgestellt worden ist, dass durch die Arbeitsweise der Erfasser die Bauern sich noch sturer stellen und die Stimmung der Landbevölkerung immer schlechter wird. Mehrmals ist es schon vorgekommen, dass die Erfasser vorgefundene Kartoffeln, auch wenn sie nicht versteckt waren, zwangserfasst haben. Diese Methoden wandten einige Erfasser u.a. im Kreis Nauen, Pritzwalk und Wittstock an.

Aus Erfurt wird berichtet, dass in Bauernversammlungen, d.h. in den anschließenden Diskussionen, sehr oft die *»freie Wirtschaft«* von Groß- und Mittelbauern gefordert wird. Dies tritt besonders in den Gemeinden Weißensee, Tunzenhausen,[7] Leubingen und Günstedt in Erscheinung.

Ersatzteile fehlen in einigen MTS des Kreises Merseburg/Halle. So werden z.B. besonders Pflugscharen, Achsen, Furchenräder und Vorschneider zum Ziehen der Winterfurche dringend benötigt.

6 Unter der tiefsten Sohle liegender Schachtteil.
7 Im Original »Tusenhausen«.

Stimmung der übrigen Bevölkerung

Der Beschluss über die Gewährung einer *Weihnachtszuwendung*[8] hat unter den Angestellten der staatlichen Verwaltungen und Institutionen negative Diskussionen ausgelöst. Bis auf wenige Ausnahmen wird zum Ausdruck gebracht, dass auch sie als Arbeiter und Angestellte staatlicher Institutionen stets ihren Verpflichtungen nachgekommen sind, deshalb nicht verstehen können, dass sie bei der Weihnachtszuwendung nicht bedacht werden. Verschiedentlich richtet sich diese Stimmung gegen den FDGB (Beitragszahlung). Die Angestellten der Kreissparkasse Magdeburg brachten z. B. in einer Versammlung zum Ausdruck, falls sie keine Weihnachtszuwendung erhalten, solange keine FDGB-Beiträge zu bezahlen, bis das Geld wieder herauskommt.

In einer Gewerkschaftsversammlung des Krankenhauses Hohenmölsen/Halle wurde eine Resolution verfasst, die an die Regierung weitergeleitet wurde. BGL-Mitglieder der Stadtverwaltung Zwickau/Karl-Marx-Stadt, die den Auftrag erhielten, die Kollegen über die Weihnachtszuwendung aufzuklären, äußerten, dass sie nicht aufklären könnten, da sie selbst einer Aufklärung bedürfen.

Über die Aufhebung der Interzonenpässe wurden nur sehr wenige Meinungsäußerungen bekannt, die fast ausschließlich positiv sind. Ein Fleischermeister aus Hohenstein-Ernstthal: »Dies ist ein Zeichen, dass unsere Regierung zur Frage der Einheit Deutschlands steht.«

Eine Hausfrau aus Demmin/Neubrandenburg: »Es ist ein großer Erfolg für uns, dass die Interzonenpässe wegfallen. Ein Hindernis ist noch zu überwinden, wenn Personen von hier nach Westdeutschland fahren, müssen sie Westgeld haben.«

Die im Bezirk Cottbus zum *Monat der deutsch-sowjetischen Freundschaft* durchgeführten Veranstaltungen fanden in der Mehrzahl große Zustimmung bei der Bevölkerung. 2340 Mitglieder konnten bisher im Bezirk für die Gesellschaft für Deutsch-Sowjetische Freundschaft geworben werden.

Im Kreis Pritzwalk/Potsdam wird erregt darüber diskutiert, dass in den letzten Tagen *Weihnachtspakete* mit Lebensmitteln, wie Geflügel und dgl., von den Kontrollämtern zurückgesandt wurden. Bei den Paketen handelt es sich um Sendungen nach Westdeutschland.

8 Beschluss über die Zahlung von Weihnachtszuwendungen an die Arbeiter und Angestellten in der volkseigenen Wirtschaft vom 12.11.1953; BArch DC 20–I/3/206, Bl. 19f. Die Zuwendungen betrugen bei Verheirateten 40,00 DM, bei Ledigen 30,00 DM und bei Lehrlingen 10,00 DM. Sie waren auf die Beschäftigten der volkseigenen Industrie, Bauindustrie, des volkseigenen Verkehrs, des Post- und Fernmeldewesens, des volkseigenen Groß- und Einzelhandels sowie der volkseigenen Land- und Forstwirtschaft beschränkt. Auch durfte ein Bruttoeinkommen von monatlich 600 DM nicht überschritten werden.

Ein Kaufmann aus Putlitz/Potsdam: »Ist das der neue Kurs, dass ich meiner Tochter keine Gans mehr schicken darf, bis jetzt konnte ich das jedes Jahr, und jetzt geht es uns doch nicht schlechter.«

Negativ wirkt sich die Wohnraumnot im Bezirk Cottbus (Stadt) aus. Nach amtlichen Angaben fehlen 8 000 Wohnungen.

Organisierte Feindtätigkeit

Verstärkte Verbreitung von Flugblättern wird aus den Bezirken Neubrandenburg, Gera, Frankfurt/Oder, Dresden und Cottbus gemeldet, vereinzelt aus den Bezirken Karl-Marx-Stadt, Erfurt, Halle und Potsdam. In der Mehrzahl der Flugblätter handelt es sich um solche der NTS,[9] KgU[10] und vereinzelt Ostbüro der SPD.[11] In Gera wurden größere Mengen Flugblätter mit der Aufschrift »Heraus aus den LPGs« sichergestellt.

In der Gemeinde Libbenichen/Frankfurt/Oder äußerte der dortige Pfarrer während des Konfirmandenunterrichts: »Wenn die Jugendlichen einer Pioniergruppe angehören oder an der Volkstanzgruppe teilnehmen, dann sollen sie sich auch von diesen konfirmieren lassen, von mir werden sie jedenfalls nicht konfirmiert.«

In einer Sendung des RIAS werden die FDJ-ler in den Interessengemeinschaften aufgefordert, keine FDJ-»Funktionäre«, die »unter dem Einfluss des Zentralrates stehen«, zu wählen. Die Jugend soll solche Funktionäre wählen,

9 Narodno-Trudowoj Sojus (NTS), deutsch: Volksarbeitsbund. Es handelte sich um eine seit 1930 bestehende russische Emigrantenorganisation, deren »geschlossener Sektor« streng konspirativ organisiert gegen die Sowjetunion arbeitete. Dabei ging es vor allem um die Verbreitung von antikommunistischem Propagandamaterial. Zur Zielgruppe dieser Aktivitäten gehörten in der SBZ/DDR vor allem die Angehörigen der sowjetischen Truppen. Ab Ende der Vierzigerjahre wurde der NTS insbesondere von US-amerikanischen Geheimdienststellen unterstützt und angeleitet, von den sowjetischen Sicherheitsorganen und unter deren Federführung auch vom MfS wurde er vehement bekämpft. Vgl. Stöver, Bernd: Die Befreiung vom Kommunismus: Amerikanische »Liberation Policy« im Kalten Krieg 1947–1991. Köln u. a. 2002, S. 318–331.

10 Die »Kampfgruppe gegen Unmenschlichkeit« (KgU) war eine antikommunistische Organisation, die von Westberlin aus in die DDR hineinwirkte. Sie wurde 1949 u. a. von Rainer Hildebrandt gegründet, 1951 übernahm Ernst Tillich die Leitung. 1959 wurde die KgU aufgelöst. Wegen ihrer Anbindung an amerikanische Geheimdienststellen und des zeitweisen Einsatzes auch militanter Mittel galt sie dem MfS als besonders gefährlicher Gegner. Vgl. Merz, Uwe: Kalter Krieg als antikommunistischer Widerstand. Die Kampfgruppe gegen Unmenschlichkeit 1948–1959. München 1987; Engelmann, Roger: Die Kampfgruppe gegen Unmenschlichkeit. In: Henke, Klaus-Dietmar; Steinbach, Peter; Tuchel, Johannes (Hg.): Widerstand und Opposition in der DDR. Köln u. a. 1999, S. 183–192.

11 Das Ostbüro der SPD wurde 1946 zur Unterstützung der von der Zwangsvereinigung betroffenen ostdeutschen Sozialdemokraten gegründet. Zu seinen Aufgaben gehörten Flüchtlingsbetreuung, Informationsbeschaffung und das Einschleusen von Informations- und Propagandamaterialien in die SBZ/DDR. Vgl. Buschfort, Wolfgang: Parteien im Kalten Krieg. Die Ostbüros von SPD, CDU und FDP. Berlin 2000.

die »ihre Interessen« vertreten. Ratschläge dazu erteilt die Redaktion der »Freien jungen Welt«[12] Berlin-Charlottenburg.

Von der sogenannten »Butterspende« für die Bewohner des demokratischen Sektors machten am Vormittag des 23.11.1953 bereits ca. 3000 Personen Gebrauch.[13] Unter ihnen befanden sich viele jüngere Leute, die mit Vollmachten und Geburtsurkunden des Empfangsberechtigten diese sogenannten »Butterpakete« erhielten. Es ist geplant, insgesamt 420000 Halbpfund-Butterpackungen auszugeben.

Vermutlich organisiert Feindtätigkeit

Am 22.11.1953 brannte eine Scheune eines landwirtschaftlichen Kreisbetriebes in Sternberg/Schwerin nieder. Sachschaden beträgt ca. 25000 DM. Es handelt sich vermutlich um Brandstiftung.

Einschätzung der Situation

Nach bisher vorliegenden Informationen wird die Aufhebung der Interzonenpässe bis auf wenige Ausnahmen von der Bevölkerung begrüßt. Ein ernstes Problem ist weiterhin die schlechte Stimmung vieler Angestellter und zum Teil auch Arbeiter in öffentlichen Verwaltungen und Institutionen über die Weihnachtszuwendung. Der Gegner nutzt die Unzufriedenheit aus, um Aktionen besonders gegen den FDGB zu organisieren. Die verhältnismäßig positive Stimmung der werktätigen Bevölkerung zur Politik unserer Regierung wird immer wieder untergraben durch die fortdauernden Mängel in Handel und Versorgung. Die teilweise schlechte Stimmung unter den Bauern in einigen Kreisen ist das Ergebnis der Wühltätigkeit feindlicher Elemente und des RIAS, oft aber auch der mangelnden Aufklärung, besonders im Zusammenhang mit der Erfassung der Sollrückstände.

12 Hierbei handelte es sich um eine seit 1952 monatlich erscheinende Schrift der »Aktionsgemeinschaft FDJ«, eine in Westberlin ansässige Filiale des Ostbüros der SPD, die für die Verteilung in Ostberlin und der DDR bestimmt war. Vgl. Buschfort, Wolfgang: Das Ostbüro der SPD. Von der Gründung zur Berlin-Krise. München 1991, S. 70f.

13 Die Aktion »Butterspende«, die vom 23.11. bis 4.12.1953 durchgeführt wurde, sollte an die erfolgreiche Lebensmittelhilfeaktion vom Sommer/Herbst 1953 angeknüpft werden. Vgl. Stöver, Bernd: Die Befreiung vom Kommunismus: Amerikanische »Liberation Policy« im Kalten Krieg 1947–1991. Köln u.a. 2002, S. 491.

2. Dezember 1953

Informationsdienst Nr. 2036 zur Beurteilung der Situation

Quelle: BStU, MfS, AS 39/58, Bd. 1, Bl. 179–185 (2. Expl.).
Serie: Informationsdienst.
Verteiler: Kein Nachweis einer externen oder internen Verteilung.
Vermerke: Zahlreiche vertikale Randmarkierungen (hier nicht im Einzelnen dokumentiert).
Bemerkungen: Gedrucktes standardisiertes Deckblatt mit Inhaltsverzeichnis (nur 1. Gliederungsebene mit 6 Punkten).

Die Lage in Industrie, Verkehr, Handel und Landwirtschaft

Industrie und Verkehr

Über die Note der SU an die Westmächte zur Einberufung einer Viermächtekonferenz[1] wird weiterhin nur vereinzelt diskutiert. Dabei ist der Inhalt des übergroßen Teils der bekannten Diskussionen positiv. Verschiedentlich wird der Vorschlag der SU von den Betriebsangehörigen begrüßt, aber am Erfolg des Notenwechsels gezweifelt. Negative Diskussionen wurden nur sehr wenig bekannt.

Ein Angestellter des VEB Textima Großenhain/Dresden: »Es ist die entscheidendste Note, die die SU unseren Gegnern übermittelte. Es werden ganz konkrete Punkte festgelegt und die drei Westmächte müssen dazu unbedingt Stellung nehmen. Wenn sie jetzt wieder eine abwartende Haltung einnehmen und nicht konkret darauf antworten, dann ist es eine große Gemeinheit.«

Ein Arbeiter, Mitglied der SED, aus dem Gaswerk Demmin/Neubrandenburg: »Es wurden schon viele Noten gewechselt, aber Erfolge dadurch fast nicht erzielt. Es war genauso mit der letzten Note der SU und der der DDR an die Westmächte, wo nichts dabei herauskam.« Ein parteiloser Arbeiter des Kaliwerkes »Ernst Thälmann« in Merkers/Suhl: »Nun muss die SU doch nachgeben. Amerika hat den richtigen Weg gezeigt, der zur Einheit Deutschlands führt.«

Zur Unterstützung des neuen Kurses wurden z. B. von der Genossenschaft Leder und Textil Neubrandenburg Schuhwaren, Polstermöbel und Matratzen im Werte von insgesamt 40 000 DM zusätzlich produziert.

Unter den Arbeitern der *Volkswerft Stralsund wird zufriedenstellend über die Verhaftung* des für die Slippanlage verantwortlichen Ingenieurs dis-

1 Über die Einberufung von Konferenzen der Außenminister. Note der Regierung der UdSSR an die Regierungen Frankreichs, Großbritanniens und der USA vom 26.11.1953 als Erwiderung auf deren Note vom 16.11.1953. In: Dokumente zur Deutschlandpolitik der Sowjetunion. Hg. v. Deutschen Institut für Zeitgeschichte, Bd. 1, Berlin (Ost) 1957, S. 379–386. Geringfügig unterschiedliche Übersetzung in: ND, Berliner Ausgabe, v. 28.11.1953, S. 1. An beiden Stellen ist die Note an die französische Regierung dokumentiert.

kutiert.[2] So sagt ein Arbeiter: »Vor der Verhaftung des Ingenieurs sagten die Arbeiter: ›Na, hoffentlich fasst man nicht wieder die Kleinen.‹ Jetzt herrscht allgemeine Zufriedenheit unter den Arbeitern, dass man endlich streng durchgreift, denn der Schaden ist ja auch erheblich.« Eine von einem Ingenieur und anderen Angestellten des Werkes versuchte Unterschriftensammlung zur Freilassung dieses Ingenieurs wurde von den Arbeitern energisch zurückgewiesen.

Produktionsschwierigkeiten, teilweise durch Material- und Waggonmangel hervorgerufen, treten in einigen Betrieben auf. Im VEB DIMA,[3] Dingelstädt/Erfurt, ist gegenwärtig ein großer Mangel an Walzmaterial und Schrauben vorhanden. Da sich in Bezug auf Waggongestellung für den VEB Papierfabrik Großenhain/Dresden noch keine Verbesserung gezeigt hat und sämtliche Lagerräume des Betriebes überfüllt sind, muss dieser Betrieb voraussichtlich Anfang nächster Woche bei Nichtveränderung dieses Zustandes die Produktion einstellen.

Im VEB Baumwollspinnerei Adorf/Karl-Marx-Stadt sind die Maschinen des Kesselhauses seit dem Jahre 1890 in Betrieb und müssten jetzt generalüberholt werden, wofür jedoch die erforderlichen Investmittel nicht zur Verfügung stehen. Der technische Leiter des Betriebes sagte: »Diese Generalüberholung ist schon aus Gründen der Sicherheit notwendig. Beim Anheizen eines Ofens verlassen teilweise die Heizer den Heizraum, um nicht einer evtl. Explosion ausgesetzt zu sein. Obwohl diese Schwierigkeiten in Berlin bekannt sind, lässt sich höchstens von dort jemand sehen, wenn Kohlen einzusparen sind.«

Durch administrative Erhöhung der Arbeitsnormen bei Arbeitern der Abteilung Schlosserei des EKM Dampfkesselbau Gera legten 16 Arbeiter am 27.11.1953 für 15 Minuten die Arbeit nieder. Nach Rücksprache des BPO-Sekretärs und des Werksleiters mit den Arbeitern erklärten sie sich dann bereit, ihre Norm, die im Verhältnis zu anderen Brigaden zu niedrig war, zu erhöhen.

Unzufriedenheit herrscht bei den Arbeitern der Baustelle Drewitz, [Kreis] Guben, [Bezirk] Cottbus, über eine Mitteilung der Bau-Union Dresden, wonach mit Einvernehmen des MdI und Ministerium für Handel und Versorgung ab 1.1.1954 die Arbeiter die Lebensmittelkarte C erhalten und nicht

2 Der Unfall steht im Zusammenhang mit dem Versuch der DDR, eine eigene U-Boot-Produktion zu initiieren. Ende November 1953 war beim »Aufslippen« des Wracks eines im Mai 1945 vor Warnemünde versenkten U-Boots der deutschen Kriegsmarine (Typ VII C/41), das in der Volkswerft untersucht und vermessen werden sollte, ein Seil gerissen. Der Bootskörper sowie die Slippanlage wurden beschädigt. Der verantwortliche Ingenieur Rudolf Gellert wurde verhaftet und kam erst nach fünf Monaten wieder frei. Vgl. www.dubm.-de/besondere_ereignisse-2.html. Vgl. Informationsdienst Nr. 2032 v. 27.11.1953.

3 VEB DIMA Landmaschinenbau.

mehr in eine besondere Nomenklatur eingestuft werden. Die Arbeiter drohen teilweise mit Arbeitsniederlegung.

Handel und Versorgung

Zutaten für die Weihnachtsbäckerei wie Mandeln, Rosinen und dgl. fehlen in den Bezirken Karl-Marx-Stadt und Halle. So wird z.B. aus Karl-Marx-Stadt berichtet, dass unter dem Handelspersonal der Wismut AG zum Teil Missstimmung geäußert wird, da es im Allgemeinen an Winterbekleidung und an Zutaten für die Weihnachtsbäckerei fehlt.

Aus dem Kreis Freiberg/Karl-Marx-Stadt wird ein *Warenstau* von Weißkraut und Spirituosen gemeldet. Größere Mengen Weißkraut mussten bereits zu Futterzwecken abgegeben werden.

Stand der Versorgung der Bevölkerung mit *Einkellerungskartoffeln* im Bezirk Frankfurt/Oder am 26.11.1953: 83,3 %. Im Kreis Bernau/Frankfurt/Oder sind verschiedene Haushalte bereits wochenlang ohne Kartoffeln. In Basdorf kam es deswegen schon zu Unruhen. Die Bevölkerung verlangt ihre Kartoffeln, bevor der Winter kommt, erfrorene Kartoffeln könnten sie nicht gebrauchen.

Landwirtschaft

Schwierigkeiten in der *Erfassung landwirtschaftlicher Produkte* werden aus dem Bezirk Frankfurt/Oder berichtet. In vielen Fällen ist festzustellen, dass Mittel- und Großbauern bewusst nicht abliefern und zum Teil die Erfasser von den Höfen weisen. So z.B. sagte ein Großbauer aus Münschedorf[4] zu den Erfassern: »Scher dich vom Hof oder ich lasse die Hunde los.« Unter anderem sind solche Argumente stark vertreten, wie z.B. ein Mittelbauer aus Seelow äußert: »Nehmt doch gleich alles, für eine Fahrkarte nach Berlin wird es noch immer reichen.«

Wie aus Potsdam berichtet, wird immer wieder festgestellt, dass Bauern, die ihr Soll noch nicht erfüllt haben, Kartoffeln in Mieten versteckt halten. Trotzdem die Mieten mit Namen versehen sein müssen, wurde festgestellt, dass z.B. eine Großbäuerin in Schönhagen, die ihr Kartoffelsoll erst zu 50 % erfüllt hat, vier Kartoffelmieten verheimlichen wollte, indem die Mieten den Namen eines anderen Bauern trugen.

Unter den vom Hagelschaden betroffenen Bauern des Bezirkes Suhl ist, wie berichtet, eine gewisse Verärgerung zu verzeichnen, da diese Schäden bis jetzt noch nicht vom Soll abgerechnet wurden.

Das Jagdgesetz[5] wird in den landwirtschaftlichen Kreisen des Bezirkes Dresden allgemein begrüßt. So äußerte ein Mittelbauer aus Bühlau: »Ich freue

4 Ein Ort namens Münschedorf ließ sich nicht verifizieren. Es könnten Müncheberg oder Münchehofe gemeint sein, beide Orte im Kreis Strausberg.

5 Gesetz zur Regelung des Jagdwesens vom 25.11.1953. In: GBl. 1953, S. 1175–1178.

mich, dass es endlich soweit ist, dass die Wildplage bekämpft wird, das wird auch höchste Zeit.«

Bei Steudach/Suhl liegen *7,5 t Harz*, dazu äußert ein Waldarbeiter: »Durch den Frost platzen die Fässer und das Harz wird wertlos. Trotzdem das Ministerium für Land und Forst in Berlin davon verständigt wurde, wurde dieser Zustand noch nicht beseitigt.«

In der Zuckerrübenannahmestelle des VEAB Wietschke[6]/Halle lagern 5 500 Ztr. Zuckerrüben, die durch Waggonmangel nicht abtransportiert werden können. Die Zuckerrüben sind dem Verderb ausgesetzt und fangen bereits an zu verfaulen.

Stimmung der übrigen Bevölkerung

Über die Note der SU an die Westmächte wird nur in geringem Maße diskutiert. In der Mehrzahl der bekannt gewordenen Stimmen wird zum Ausdruck gebracht, dass die SU zur Herstellung der Einheit Deutschlands nichts unversucht lässt und unablässig für die Entspannung der internationalen Lage eintritt. Meinungsäußerungen, die den Erfolg des Notenwechsels anzweifeln und direkt negative Diskussionen, wurden nur ganz vereinzelt bekannt. So äußerte eine Hausfrau aus Leipzig: »In der Note der SU kommt erneut der Wille zur Entspannung der internationalen Lage und zur friedlichen Wiedervereinigung unseres Vaterlandes zum Ausdruck.« Ein ehemaliger Drogeriebesitzer aus Großenhain/Dresden: »Die feiern ja bald Jubiläum mit diesen Dingern und Erfolg hat es keinen.«

Über die Weihnachtszuwendung[7] wird aus den Bezirken noch immer Missstimmung unter den Arbeitern und Angestellten staatlicher Verwaltungen und Institutionen, die davon ausgeschlossen sind, berichtet. Diese Missstimmung wird teilweise von einzelnen Personen ausgenutzt bzw. gesteigert. So z. B. forderte der BGL-Vorsitzende (SED) der Heilstätten Zschadraß den BGL-Vorsitzenden der Krankenanstalt Hubertusburg/Leipzig telefonisch auf, ebenfalls eine Protestresolution zu verfassen und auf dem gleichen Wege das nächste Krankenhaus in diesem Sinne zu verständigen.

Negative Diskussionen über die *Wohnraumbeschaffung für sowjetische Offiziere* werden aus Leisnig/Leipzig, den Kreisen Gotha, Langensalza und Weimar/Erfurt sowie Glauchau (Stadt)/Karl-Marx-Stadt berichtet. So wird

6 Ein Ort namens Wietschke ließ sich im Bezirk Halle nicht verifizieren. Eventuell ist Wiederstedt gemeint.

7 Beschluss über die Zahlung von Weihnachtszuwendungen an die Arbeiter und Angestellten in der volkseigenen Wirtschaft vom 12.11.1953; BArch DC 20–I/3/206, Bl. 19 f. Die Zuwendungen betrugen bei Verheirateten 40,00 DM, bei Ledigen 30,00 DM und bei Lehrlingen 10,00 DM. Sie waren auf die Beschäftigten der volkseigenen Industrie, Bauindustrie, des volkseigenen Verkehrs, des Post- und Fernmeldewesens, des volkseigenen Groß- und Einzelhandels sowie der volkseigenen Land- und Forstwirtschaft beschränkt. Auch durfte ein Bruttoeinkommen von monatlich 600 DM nicht überschritten werden.

z. B. aus Erfurt berichtet, dass in Gotha (Stadt) 140 und in Ohrdruf 150 Wohnungen aufgebracht werden müssen. Neben den dadurch entstehenden Diskussionen sind feindliche Argumente festzustellen. So wird z. B. geäußert: »Im Westen werden wenigstens Wohnungen für die Besatzungstruppen gebaut, hier macht man sich es aber einfacher. Die Leute werden einfach aus den Wohnungen ausgewiesen.«

Wassermangel in den Gemeinden Immenrode, Peukendorf, Kleinbrüchter,[8] Holzthaleben und Keula/Erfurt löst unter den Einwohnern starke Missstimmung aus, da die Vervollständigung des Wasserleitungsnetzes bereits vor Jahren eingeplant war, jedoch noch nicht ausgeführt wurde.

Organisierte Feindtätigkeit

Verstärkte Verbreitung von Flugblättern wird aus dem Bezirk Potsdam, vereinzelt aus den Bezirken Gera, Karl-Marx-Stadt, Halle, Frankfurt/Oder, Rostock und Berlin berichtet. In der Mehrzahl handelt es sich um Flugblätter der KgU,[9] SPD[10] und NTS.[11]

Der Parteisekretär des VEB »Alfred Scholz« Werkes Welzow/Cottbus wurde am 1.12.1953 auf dem Weg zur Arbeitsstätte von bisher unbekannten Tätern niedergeschlagen. Mit einer Gehirnerschütterung musste er in das Krankenhaus eingeliefert werden.

In einem Wismut-Schacht bei Aue wurde am Erzprüfstand ein großer Klumpen Erz von unbekannten Tätern abgelegt. Dadurch leuchtete die Kon-

8 Im Original »Klein-Burchte«.

9 Die »Kampfgruppe gegen Unmenschlichkeit« (KgU) war eine antikommunistische Organisation, die von Westberlin aus in die DDR hineinwirkte. Sie wurde 1949 u. a. von Rainer Hildebrandt gegründet, 1951 übernahm Ernst Tillich die Leitung. 1959 wurde die KgU aufgelöst. Wegen ihrer Anbindung an amerikanische Geheimdienststellen und des zeitweisen Einsatzes auch militanter Mittel galt sie dem MfS als besonders gefährlicher Gegner. Vgl. Merz, Uwe: Kalter Krieg als antikommunistischer Widerstand. Die Kampfgruppe gegen Unmenschlichkeit 1948–1959. München 1987; Engelmann, Roger: Die Kampfgruppe gegen Unmenschlichkeit. In: Henke, Klaus-Dietmar; Steinbach, Peter; Tuchel, Johannes (Hg.): Widerstand und Opposition in der DDR. Köln u. a. 1999, S. 183–192.

10 Gemeint ist das Ostbüro der SPD, das 1946 zur Unterstützung der von der Zwangsvereinigung betroffenen ostdeutschen Sozialdemokraten gegründet wurde. Zu seinen Aufgaben gehörten Flüchtlingsbetreuung, Informationsbeschaffung und das Einschleusen von Informations- und Propagandamaterialien in die SBZ/DDR. Vgl. Buschfort, Wolfgang: Parteien im Kalten Krieg. Die Ostbüros von SPD, CDU und FDP. Berlin 2000.

11 Die »Kampfgruppe gegen Unmenschlichkeit« (KgU) war eine antikommunistische Organisation, die von Westberlin aus in die DDR hineinwirkte. Sie wurde 1949 u. a. von Rainer Hildebrandt gegründet, 1951 übernahm Ernst Tillich die Leitung. 1959 wurde die KgU aufgelöst. Wegen ihrer Anbindung an amerikanische Geheimdienststellen und des zeitweisen Einsatzes auch militanter Mittel galt sie dem MfS als besonders gefährlicher Gegner. Vgl. Merz, Uwe: Kalter Krieg als antikommunistischer Widerstand. Die Kampfgruppe gegen Unmenschlichkeit 1948–1959. München 1987; Engelmann, Roger: Die Kampfgruppe gegen Unmenschlichkeit. In: Henke, Klaus-Dietmar; Steinbach, Peter; Tuchel, Johannes (Hg.): Widerstand und Opposition in der DDR. Köln u. a. 1999, S. 183–192.

trolllampe ständig auf und viele Hunte[12] mit tauber Masse[13] wurden mit in die Erzbunker geschüttet.

Der VEB Falkenwerke Döbeln/Leipzig erhielt einen Brief, in dem von einer weiblichen Person geschrieben wird: »Sollte ihr Betrieb sich am Weihnachtshilfswerk für Rentner, die unter 100,00 DM monatlich ohne Nebenverdienst Unterstützung erhalten, beteiligen dürfen, so gebe ich ihnen die Adresse eines solchen Rentners auf.«

Am 1.12.1953 wurden von unbekannten Tätern im VEB Grobgarnwerk Kirschau/Dresden zwei Webketten derart beschädigt, dass dadurch ein erheblicher Produktionsausfall zu verzeichnen war.

Aus dem Bezirk Potsdam wird berichtet, dass durch die KgU Briefe an verschiedene Personen und Verwaltungen (Ärzte und Kreisrat) durch die Post versandt werden.

Einschätzung der Situation

Über die Note der SU zur Einberufung der Viermächtekonferenz wird noch nicht in größerem Umfange diskutiert. Von der Mehrzahl wird die Note begrüßt und anerkannt, dass die SU sich mit aller Kraft für die Einheit Deutschlands und die Entspannung der internationalen Lage einsetzt. Verschiedentlich wird der Erfolg des Notenwechsels bezweifelt. Negative Stimmen sind jedoch nur gering. In einigen Bezirken sind immer noch beachtliche Schwierigkeiten bei der Ablieferung landwirtschaftlicher Produkte, verstärkt durch das Verhalten feindlicher Elemente, zu verzeichnen. Der Gegner nutzt weiterhin die teilweise Unzufriedenheit über die Weihnachtszuwendung unter den in öffentlichen Verwaltungen Beschäftigten zur Organisierung feindlicher Handlungen aus.

12 Hunte sind auf Bohlen oder Schienen fahrende, offene kastenförmige Förderwagen, die im Bergbau verwendet werden.

13 Gestein ohne Erzgehalt.

14. Dezember 1953

Informationsdienst Nr. 2046 zur Beurteilung der Situation

Quelle: BStU, MfS, AS 39/58, Bd. 1, Bl. 103–110 (2. Expl.).
Serie: Informationsdienst.
Verteiler: Kein Nachweis einer externen oder internen Verteilung.
Vermerke: Zahlreiche vertikale Randmarkierungen (hier nicht im Einzelnen dokumentiert).
Bemerkungen: Gedrucktes standardisiertes Deckblatt mit Inhaltsverzeichnis (nur 1. Gliederungsebene mit 6 Punkten) – Die Nummer des Informationsdienstes ist auf dem Deckblatt unvollständig als »204« angegeben. Aus dem Überlieferungskontext geht jedoch hervor, dass es sich nur um Nr. 2046 handeln kann.

Die Lage in Industrie, Verkehr, Handel und Landwirtschaft

Industrie und Verkehr

Die neue Verordnung der Regierung[1] steht im Mittelpunkt der Diskussion, die die Masse der Arbeiter erfasst hat. Die meisten Arbeiter begrüßen die Maßnahmen und bringen der Regierung immer größeres Vertrauen entgegen. Negative Elemente versuchen, die Regierungsverordnung zu bagatellisieren. Die unzufriedenen und negativen Meinungen kommen meist aus Angestelltenkreisen. Einige Arbeiter übernahmen wieder neue Produktionsverpflichtungen.

Ein Wismut-Kumpel: »Was unsere Regierung beschließt, ist richtig und entspricht den Interessen der Arbeiter, denn es sind ja alles Arbeiter, die an der Regierung sitzen.«

Ein Hochöfner aus der Maxhütte: »Das sind Beschlüsse, die alle Arbeiter angehen. Das ist wirklich was. Die zukünftige Lohnerhöhung der Lohngruppen V–VIII, die Fahrpreisermäßigung für Urlauber, für Wohnungsbau, alles das sind Dinge für uns Arbeiter. Durch solche Beschlüsse können sie uns alle gewinnen, und die Arbeit macht dann auch mehr Spaß.«

Ein Steinkohlenkumpel aus Freital/Dresden: »Diese neue Verordnung, die im Beisein von Arbeitern beraten wurde, ist eine feine Sache. Wer diese Verbesserungen nicht sieht, der hat bestimmt ein Brett vor dem Kopf.«

Ein Arbeiter aus einem Privatbetrieb in Dippoldiswalde/Dresden: »Jetzt sind wir nicht mehr Arbeiter zweiter Klasse, sondern erhalten genau dieselben Vergünstigungen wie die Arbeiter in den volkseigenen Betrieben, darüber freuen wir uns am meisten.«

Eine Maurerbrigade von der Großbaustelle Ostseestraße in Berlin beschloss, sich der Frida-Hockauf-Bewegung[2] anzuschließen und monatlich

1 Verordnung über die weitere Verbesserung der Arbeits- und Lebensbedingungen der Arbeiter und der Rechte der Gewerkschaften vom 10.12.1953. In: ND, Berliner Ausgabe, v. 11.12.1953, S. 4 f.

2 »Aktivistenbewegung«, benannt nach Frida Hockauf, geborene Kloß, Jg. 1903, Weberin, ur-

6000 Steine zusätzlich zu vermauern. Eine Brigade im Stahlwerk Hennigsdorf fuhr zu Ehren der Regierungsverordnung in der Nacht vom 10. zum 11.12.1953 eine Stoßschicht und erreichte dabei ihre bisher höchste Leistung. Kollegen aus dem VEB Tuchfabrik Cottbus schrieben einen Brief an die Belegschaft einer Textilfirma in Augsburg, in dem sie eine Delegation einluden, damit sich die westdeutschen Arbeiter von dem steigenden Wohlstand der Werktätigen in der DDR überzeugen können.

Ein Angestellter aus der Dresdner Konsumbäckerei: »Es ist sehr zu begrüßen, dass die Regierung eine solche Verordnung beschlossen hat. Jedoch werden die nachgeordneten Organe es wieder verstehen, eine solche Auslegung zu finden, dass die Arbeiter doch nicht in den Genuss der versprochenen Dinge kommen.«

Ein Angestellter aus dem VEB »Heinrich Rau« Wildau: »Das ist eine reine Gewerkschaftsangelegenheit und geht darauf hinaus, dass die Gewerkschaften sich noch mehr einschalten müssen, damit mehr geleistet wird. An sich bringt uns der Beschluss gar nichts.«

Ein Verladearbeiter aus der Maxhütte, Angehöriger einer christlichen Sekte: »Na was haben sie nun Erleichterndes gebracht? Gar nichts, keine Preissenkung, nur großes Geschrei.«

Angestellte der kaufmännischen Abteilung in der Farbenfabrik Wolfen/Halle sagten, Walter Ulbricht hätte ihnen 1951 bereits auf einer Kundgebung in der Filmfabrik Wolfen eine Verbesserung in der Gehaltsfrage versprochen. Bis jetzt habe sich jedoch noch nichts geändert und in der Verordnung der Regierung sei diese Frage auch nicht berücksichtigt worden.

Über die bevorstehende Viermächtekonferenz[3] sind nur vereinzelt Meinungsäußerungen ohne neue Argumente bekannt geworden. Es ist anzunehmen, dass dieses Problem durch die Regierungsverordnung vorübergehend etwas in den Hintergrund gedrängt worden ist.

Prozesse gegen Agenten und Saboteure fanden in den letzten Tagen in Erfurt (gegen ehemalige leitende Angestellte des Kalikombinats Volkenroda)[4]

sprünglich Sozialdemokratin, seit 1946 SED-Mitglied, verpflichtete sich als »Beitrag zur Verwirklichung des neuen Kurses« am 29.9.1953 auf einer Gewerkschaftsaktivtagung der Mechanischen Weberei Zittau, im IV. Quartal 1953 45 laufende Meter Stoff bester Qualität über ihren persönlichen Plananteil hinaus zu weben. Vgl. »Menschen unserer Republik: Frida Hockauf«. In: ND, Berliner Ausgabe, v. 3.10.1953, S. 3.

3 In einer Note vom 26.11.1953 hatte die Sowjetunion eine Viermächtekonferenz zur Diskussion der Deutschlandfrage vorgeschlagen. Die Westmächte stimmten einer Außenministerkonferenz der Vier Mächte in der Antwortnote vom 8.12.1953 zu. Sie fand vom 25.1. bis 18.2.1954 in Berlin statt.

4 Am 12.12.1953 verurteilte der 2. Strafsenat des Bezirksgerichts Erfurt den Grubenbetriebsleiter der Schachtanlage Pöthen des Kalikombinats Volkenroda und den ihm vorgesetzten Grubendirektor Robert Lischewsky gemäß SMAD-Befehl Nr. 160 (Sabotage) zu zehn bzw. acht Jahren Zuchthaus. Anlass war der Einsturz einer Decke der Schachtanlage am 19.11.1952 (Buß- und Bettag), bei dem wegen des Feiertags niemand zu Schaden kam. Der Prozess war zunächst als Schauprozess geplant, wurde dann aber wegen der schlechten Be-

und in Magdeburg (gegen Agenten des Büros Blank)[5] statt.[6] Die Teilnehmer an den Prozessen, Arbeiter, haben nicht nur schlechthin eingesehen, dass die Wachsamkeit in den Betrieben verstärkt werden muss und dass die Verbrecher hart bestraft werden müssen, sondern oft wurde die Meinung laut, die Angeklagten hätten noch viel härter bestraft werden müssen.

Materialmangel verhindert im VEB Messgerätewerk Treuenbrietzen/Potsdam die Erfüllung des Planes. Flach- und Sechskanteisen fehlen. Die DHZ Berlin antwortet, bis Ende April 1954 könne solches Material nicht geliefert werden. Die Arbeiter sind deshalb missgestimmt und diskutieren: »Wenn wir trotz der Planerfüllung in den Walzwerken kein Material erhalten, muss doch da oben etwas faul sein. Entweder sitzen in der Staatlichen Plankommission unfähige Leute oder Saboteure.«

Handel und Versorgung

Mängel in der Versorgung mit Lebensmitteln bestehen in den Bezirken Erfurt und Halle bei Margarine Sorte I und II (im Kreis Dessau wegen Rohstoffmangel wenig Margarine), im Bezirk Potsdam bei Mandeln, Rosinen, Zitronat u. Ä.

Eine Lieferung verdorbener Gänse kam am 11.12.1953 in Berlin an. Es handelt sich um 16 t, die aufgrund zu enger Lagerung und mangelhafter Vereisung sich in einem schlechten Zustand befanden. Um einen Verlust zu vermeiden, muss ein sofortiger Verkauf auf der Freibank erfolgen, da ein Verkauf in HO und Konsum nicht mehr erfolgen kann.

weislage nur mit sehr eingeschränkter Öffentlichkeit durchgeführt, jedoch über den RIAS DDR-weit bekannt. Vgl. Weber, Petra: Justiz und Diktatur. Justizverwaltung und politische Strafjustiz in Thüringen 1945–1961. München 200, S. 244–246.

5 Gemeint ist das sogenannte Amt Blank, die von Theodor Blank geleitete Dienststelle des »Bevollmächtigten des Bundeskanzlers für die mit der Vermehrung der alliierten Truppen zusammenhängenden Fragen«, die Vorläufereinrichtung des Bundesverteidigungsministeriums. An das Amt war bis zum Oktober 1953 ein eigener militärischer Nachrichtendienst angeschlossen, der vom ehemaligen Freikorpsführer Friedrich Wilhelm Heinz geleitet wurde. Vgl. Meinl, Susanne: Im Mahlstrom des Kalten Krieges. Friedrich Wilhelm Heinz und die Anfänge der westdeutschen Nachrichtendienste 1945–1955. In: Krieger, Wolfgang; Weber, Jürgen (Hg.): Spionage für den Frieden? Nachrichtendienste in Deutschland während des Kalten Krieges. München 1997, S. 247–266.

6 Am 11.12.1953 verurteilte der 1. Strafsenat des Bezirksgerichts Magdeburg wegen militärischer, wirtschaftlicher und politischer Spionage nach Art. 6 der DDR-Verfassung und Kontrollratsdirektive 38 die ehemalige Grundbesitzerin Fedora von Steinmetz, den Klempnermeister Armin Zopf und den Friedhofsverwalter Johannes Blauert zu lebenslänglichem Zuchthaus, vier weitere Angeklagte zu je 15 Jahren, einen Angeklagten zu zehn Jahren, zwei Angeklagte zu je acht Jahren und einen Angeklagten zu sechs Jahren Zuchthaus. Es handelte sich um einen Schauprozess, der mit einer extremen Verunglimpfung der Beschuldigten einherging. Vgl. »Dienststelle Blank bereitet den Krieg gegen die DDR vor. Elf Verbrecher in Magdeburg abgeurteilt«. In: ND, Berliner Ausgabe, v. 16.12.1953, S. 4.

Mangel[7] *an Textilien* werden [sic!] gemeldet aus den Bezirken Neubrandenburg und Karl-Marx-Stadt mit Winterbekleidung und aus Bezirk Erfurt mit Herrenanzugstoffen, Unterwäsche und Bettwäsche.

Schwierigkeiten in der Belieferung mit Möbeln und Porzellanwaren durch Waggonmangel werden aus dem Kreis Worbis/Erfurt berichtet. Abgeschlossene Verträge im Werte von 46 700 DM konnten bisher nur mit 8 000 DM realisiert werden.

Landwirtschaft

Schwierigkeiten in der Ablieferung werden von Bauern aus dem Bezirk Rostock und Potsdam bekannt. Im Allgemeinen wird dabei geäußert, dass durch die konsequente Erfassung die Futtergrundlage nicht gewährleistet sei.

Abschnittsbevollmächtigter der Gemeinde Kurtschlag/Potsdam: »Meiner Meinung nach geht man in der Erfassung bei den werktätigen Bauern zu radikal vor. So hat man hier bei einem Bauern die Kartoffeln zwangserfasst ohne zu überprüfen, warum der Bauer sein Soll nicht erfüllt hat. Das führt dann meistens dazu, dass die Bauern in ihrer Verärgerung den Erfasser vom Hof prügeln wollen. Wie ich festgestellt habe, hat der Erfasser seine Aufgabe nur durch Druck zu lösen versucht.«

Schlechte Parteiarbeit wurde vom 1. Parteisekretär der Ortsparteiorganisation der SED in Podelzig/Frankfurt/Oder geleistet. Die Genossin lehnte eine Agitation unter den Bauern über die Regierungserklärung und die Sowjetnote sowie die Kartoffelerfassung ab, da sie sich mit den Bauern »nicht überwerfen will«.

Stimmung der übrigen Bevölkerung

Über die bevorstehende Viermächtekonferenz wird unter der Bevölkerung und Landbevölkerung weiterhin diskutiert. Die Argumente sind die gleichen wie bisher. Während die Mehrzahl einen Erfolg auf dieser Konferenz erhofft, sieht ein Teil darin keinen Fortschritt. Die zweifelnden Stimmen treten auf dem Lande stärker in Erscheinung als in den Städten.

Die Agitationseinsätze haben dort, wo sie gut vorbereitet und durchgeführt wurden, auch gute Erfolge gebracht. So verpflichteten sich in der Gemeinde Karlshof/Frankfurt/Oder acht werktätige Einzel- und Genossenschaftsbauern, schon jetzt Fleisch für das Jahr 1954 zu liefern. Dagegen wurden im Kreis Seelow/Frankfurt/Oder, wo die Agitationseinsätze mit der Kartoffelablieferung verbunden wurden, negative Stellungnahmen abgegeben.

Über den Ministerratsbeschluss[8] wird unter der Bevölkerung, einschließlich Landbevölkerung, im Allgemeinen positiv gesprochen. Ein Schlosser der

7 Im Original »Mängel«.

8 Gemeint ist die am Anfang des Berichts genannte Regierungsverordnung.

MTS Schmölln/Bischofswerda/Dresden: »Wer jetzt noch nicht begriffen hat, dass die Regierung alles für uns tut, läuft blind durch die Welt. Mit solchen Maßnahmen muss es doch zu einer Einigung kommen.«

Einzelne negative Stimmen bringen zum Ausdruck, dass sie von dieser Sitzung mehr erhofft hätten. Angestellter der Versicherungsanstalt Cottbus: »Ich hatte mir von der Sitzung mehr erhofft, eine große Preissenkung, Vergünstigungen finanzieller Art, Rentenerhöhungen oder Ähnliches.«

Aufenthaltsbescheinigungen für Interzonenreisende können in Rudolstadt/Gera seit einigen Tagen nicht mehr ausgegeben werden, da keine Vordrucke vorhanden sind. Dies führt zur Verärgerung unter der Bevölkerung.

Freistellung von Wohnraum für sowjetische Familien führte in den Kreisen Glauchau und Hohenstein-Ernstthal/Karl-Marx-Stadt zu negativen Diskussionen unter der Bevölkerung. In Glauchau kam es zu einigen Zwischenfällen und es mussten Zwangsräumungen durchgeführt werden. Einwohner aus Oberlungwitz, Kreis Hohenstein-Ernstthal: »Es ist eine Schande, dass der knappe Wohnraum immer mehr eingeschränkt wird. Man muss einmal die Familien hören, die räumen müssen. Wenn man das erzählen würde, wie die über diese Maßnahmen sprechen, so müsste man Angst haben, dass sie vom SSD[9] eingesperrt werden.«

Ereignisse von besonderer Bedeutung

3. Tag des Deutschen Friedenstages in Weimar:[10] Die organisatorische Vorbereitung, Unterbringung und Verpflegung der Delegierten war gut. Im organisatorischen Ablauf der Veranstaltung traten durch zeitweiliges Ausfallen der Lautsprecher am 13.12.1953 bei wichtigen Diskussionen Störungen auf, die den Unwillen der Delegierten erregten. Der Verantwortliche erklärte, dass dies eine »objektive Störung« sei.

Weiterhin hinterließ der Dolmetscher bei der Übersetzung der Rede des sowjetischen Delegierten Sofronow[11] einen schlechten Eindruck, da die Übersetzung schlecht und stockend ausgeführt wurde. Inhaltlich wurde diese Rede mit großem Beifall aufgenommen.

Zur Unterstützung der Friedensarbeit in Westdeutschland sagte ein westdeutscher Delegierter, dass wir dabei noch einen Fehler begehen würden, indem wir den Marxismus zu stark als Plattform benutzen. Den westdeutschen Friedenskämpfern wurde marxistische Literatur zugesandt, das stoße manche

9 Staatssicherheitsdienst. Im westdeutschen Sprachgebrauch und auch in der DDR im Volksmund übliche Abkürzung für das MfS/SfS.

10 Der vom DDR-Friedensrat veranstaltete Deutsche Friedenstag fand vom 10. bis 12.12.1953 in Weimar unter dem Motto »Wie kann Deutschland ein Land des Friedens werden?« statt. Es nahmen Delegationen aus der Bundesrepublik und anderen europäischen Ländern teil.

11 Im Original »Sofranow«. Anatoli Sofronow, Jg. 1911, sowjetischer Dramatiker, Stalinpreisträger, 1948–53 Sekretär der Schriftstellervereinigung der UdSSR. Übersetzung seiner Rede auf dem Deutschen Friedenstag Weimar in: ND, Berliner Ausgabe, v. 13.12.1953, S. 3.

ab. Er schlug vor, mehr schöngeistige Bücher nach Westdeutschland zu senden.

Die Teilnahme der Bevölkerung an der Abschlusskundgebung betrug ca. 15000 Personen.

Organisierte Feindtätigkeit

Flugblätter geringer in den Bezirken Dresden, Karl-Marx-Stadt, Leipzig, Neubrandenburg, stärker in Gera, Cottbus und Halle.

Der RIAS brachte: Die Auszahlung der Weihnachtszuwendung werde von Funktionären in einigen Betrieben von der Mitgliedschaft im FDGB [und] von [der] Beitragszahlung abhängig gemacht. Außerdem werde in den Betrieben propagiert, die Arbeiter mögen auf das Geld verzichten. RIAS fordert die Arbeiter auf, solche »Machenschaften« nicht zu dulden, denn sie ständen im Widerspruch zur Anordnung der Regierung.

Überfälle: In den Abendstunden des 11.12.1953 wurde der Parteisekretär in der Gemeinde Burg Dorf/Cottbus beim Verlassen eines Geschäftes von einem aus der Partei ausgeschlossenen Kriminellen tätlich angegriffen. In Leipzig wurde in einer Gaststätte der Leiter des Projektierungsbüros der Bau-Union Leipzig von einem Unbekannten ins Gesicht geschlagen, weil er das Aktivistenabzeichen trug. Im Tagebau Schleenhain, [Kreis] Borna, [Bezirk] Leipzig, wurde in der Nacht vom 10. zum 11.12.1953 im Geschäftszimmer der Betriebsparteiorganisation eingebrochen und die Mitgliederkartei gestohlen.

Von München wird neuerdings eine Broschüre »Die ersten Opfer des Kommunismus – Weißbuch über die religiösen Verfolgungen in der Ukraine«, Herausgeber: Logos-Druckerei München,[12] in die Republik eingeschleust.

Stimmen aus Westberlin und Westdeutschland

In den Stimmen der Viermächtekonferenz kommen die Wünsche und Hoffnungen auf einen erfolgreichen Verlauf dieser Konferenz zum Ausdruck. Dazu äußerte ein Arbeiter aus Westberlin: »Ich habe die starke Hoffnung, dass es das letzte Weihnachten ist, das wir in dem Zustande verleben müssen. Ich hoffe, dass diese letzte Aufforderung der UdSSR an die anderen verstanden wird und dass sie endlich dazu übergehen, einen Frieden für Deutschland und die ganze Welt herbeizuführen.«

Eine Hausfrau aus Westberlin: »Es ist alles auf die neue Konferenz gespannt. Welchen Erfolg die haben wird. Nur muss man wünschen, dass man endlich einen Erfolg sehen möchte.«

12 Im Original »Lojos-Druckerei«. Als Herausgeber der 1953 erschienenen Broschüre firmierte der Ukrainische Pfadfinder-Verlag.

Ein Arbeiter aus Westberlin: »Nun hoffen wir auf die Viererkonferenz. Bei gutem Willen von beiden Seiten muss sich ein Weg finden lassen.«

Andererseits kommt in den Stimmen der Einfluss der Antisowjethetze und Hoffnungslosigkeit zum Ausdruck, wie z. B. ein Arbeiter aus Nürnberg: »Jetzt werden öfter Versuche unternommen mit den Russen ins Gespräch zu kommen, aber die Russen beweisen immer ihre Sturheit und wollen nicht verhandeln.«

Eine Angestellte aus Westberlin: »Jetzt setzt man alle Hoffnungen auf das Vierertreffen in Berlin, ist vielleicht auch Unsinn. Es ist eine moderne Taktik, Menschen erwartungsfroh zu machen, zu vertrösten und schließlich fallen zu lassen.«

Einschätzung der Situation

Die Stimmung der Arbeiter in den Betrieben verbessert sich weiter aufgrund der neuen Regierungsverordnung, das Vertrauen zur Regierung wächst und der neue Kurs findet große Unterstützung. Eine Minderheit, besonders Angestellte, ist skeptisch und diskutiert negativ. Auch die in geringem Umfange geführten Diskussionen sind im Allgemeinen zustimmend. Die Diskussionen über die Viermächtekonferenz gehen weiter, in Betrieben weniger, wobei teilweise Zweifel am Erfolg bestehen, besonders auf dem Lande.

24. Dezember 1953

Informationsdienst Nr. 2055 zur Beurteilung der Situation

Quelle: BStU, MfS, AS 39/58, Bd. 1, Bl. 31–42 (2. Expl.).
Serie: Informationsdienst.
Verteiler: Kein Nachweis einer externen oder internen Verteilung.
Vermerke: Zahlreiche vertikale Randmarkierungen (siehe Einleitung) – Außerdem in der Anlage: Umrandete Ziffern 7 und 8 am linken Blattrand.
Bemerkungen: Gedrucktes standardisiertes Deckblatt mit Inhaltsverzeichnis (nur 1. Gliederungsebene mit 6 Punkten).
Anlage: Bevölkerungsstimmung zur Viermächtekonferenz.

Die Lage in Industrie, Verkehr, Handel und Landwirtschaft

Industrie und Verkehr

Allgemein sind die Diskussionen über die politischen Probleme durch die Vorweihnachtsstimmung zurückgegangen.

Über den Prozess gegen die Spionageorganisation Gehlen[1] wird in geringerem Maße diskutiert. Die meisten Stimmen sind positiv. Darin wird zum Ausdruck gebracht, dass die Verbrecher eine schwere Strafe verdient haben und zum Teil die ausgesprochenen Strafen nicht hart genug sind. Des Öfteren wird betont, dass durch den Prozess die Gefährlichkeit dieser Verbrecher erst richtig erkannt wurde. Negative Diskussionen sind nur vereinzelt bekannt, wonach die Aussagen den Angeklagten vorgeschrieben waren.

Ein Hauer aus Oberschlema/Karl-Marx-Stadt: »Ich kann nicht verstehen, dass man mit solchen Spionen noch so viele Umstände macht. Wenn es nach mir ginge, müssten die Lumpen alle erschossen werden.«

Ein Arbeiter aus dem Stahlwerk Brandenburg/Potsdam: »Der Gehlen-Prozess hat mir klar bewiesen, dass die Agenten mit einer Raffinesse arbeiten, wie ich es so lange nicht glauben wollte. Diese Banditen müssen strengstens bestraft werden.«

1 Vom 18. bis 21.12.1953 fand vor dem 1. Strafsenat des Obersten Gerichtes der DDR ein Schauprozess gegen sieben Angeklagte statt, die der Organisation Gehlen zugeordnet wurden. Hauptangeklagter war Werner Haase, Leiter der Westberliner Filiale 120 D der Organisation Gehlen, der in der Nacht zum 14.11.1953 in den Ostsektor verschleppt worden war. Haase sowie der Dreher Karl-Heinz Schmidt aus Luckenwalde und der Oberreferent im Ministerium für Aufbau, Walter Schneider, wurden zu lebenslänglichem Zuchthaus, der Gewerbelehrer Siegfried Altkrüger aus Neuenhagen bei Berlin, der Landwirt Walter Rennert aus Blumberg (Kreis Torgau) und der Elektriker Rolf Oestereich aus Wismar zu 15 Jahren und der Lehrer Helmut Schwenk aus Köthensdorf (Kreis Karl-Marx-Stadt) zu 12 Jahren Zuchthaus verurteilt. Vgl. Fricke, Karl Wilhelm; Engelmann, Roger: »Konzentrierte Schläge«. Staatssicherheitsaktionen und politische Prozesse in der DDR 1953–1956. Berlin 1988, S. 120–129.

Ein Arbeiter aus dem Elektrostahlgusswerk Leipzig: »Das waren keine Originalübertragungen im Rundfunk, wo die Angeklagten selbst gesprochen haben. Außerdem war ihnen vorgeschrieben, was sie sprechen sollten.«

Missstimmung herrscht bei den BS-Angehörigen des Thälmann-Werkes Suhl und des VEB Werkzeug-Union Steinbach-Hallenberg/Schmalkalden/Suhl über ihren Tariflohn von 265,00 DM Brutto, bei den Kollegen der Märkischen Ölwerke Wittenberge/Schwerin wegen schlechter Zuteilung von Bezugsscheinen für Arbeitsbekleidung.

Missstände treten im Abbau der Decke an der Förderbrücke des Braunkohlenwerkes »Franz Mehring«, Kreis Senftenberg/Cottbus, auf, wodurch bei jetzt eintretendem Frost eine 100%ige Belieferung der Brikettfabriken und des Synthesewerkes Schwarzheide nicht garantiert ist.

Schwierigkeiten in der Beschaffung von Rohstoffvorlaufmaterial für das 1. Quartal 1954 bestehen im VEB Patentpapierfabrik Penig/Karl-Marx-Stadt, wodurch die Produktion im 1. Quartal gefährdet ist.

Waggonmangel besteht bei den VEB Möbelwerken in Zeulenroda/Gera, wodurch eine große Stauung fertiger Möbel zu verzeichnen ist. Durch Benutzen notdürftiger Lagerräume besteht jetzt die Gefahr, dass sich die Möbel durch Feuchtigkeit verziehen. Des Weiteren besteht im Eisenhüttenkombinat »J. W. Stalin« im Zementwerk die Gefahr, dass wegen Waggonmangel die Silos überfüllt sind und die Produktion vermindert werden muss.

Betriebsstörungen. Am 22.12.1953, gegen 5.20 Uhr, stieß auf dem Schacht Zobes, Auerbach/Karl-Marx-Stadt ein Förderkorb durch Versagen der Bremsen gegen die Seilscheibe, wodurch der Korb und die Seilscheibe schwer beschädigt wurden. Sachschaden: 20000 DM. Am 21.12.1953 brannte im Eisenpanzer des Hochofens V im Eisenhüttenkombinat »J. W. Stalin« ein Loch durch, obwohl die Wasserkühlung in Ordnung war. Ca. 25–30 t Eisen sind dadurch ausgelaufen. Sachschaden. ca. 450000 DM.

Handel und Versorgung

In Görlitz/Dresden *fehlen noch ca. 8 000 Weihnachtsbäume.* Beim Verkauf musste das Schnellkommando der VP zur Sicherung eingesetzt werden.

Schwierigkeiten in der Versorgung der Werksküchen mit Kartoffeln werden aus dem Bezirk Frankfurt/Oder berichtet. In der Werksküche des VEB Bau Fürstenwalde werden [sic!] z.B. anstelle von Kartoffeln Brot ausgegeben.

In Stalinstadt/Frankfurt/Oder ist in den HO-Geschäften zzt. keine *Margarine* zu erhalten. In einigen Kreisen des Bezirkes Frankfurt/Oder sind keine *Sicherungen* vorhanden. Vielfach werden die alten geflickt, wodurch Ursachen für Brände und andere Schäden entstehen.

Möbelpreise sind von 15 bis 50 DM im Konsum Delitzsch/Leipzig angestiegen. Dazu erklären Angestellte der DHZ, dass die VEB Gewinnpläne zu erfüllen hätten. Soweit dies nicht erzielt wird, sind diese in der Lage die Kalkulation zu ändern. Auf der Leipziger Messe abgeschlossene Kundenaufträge können deshalb nicht erfüllt werden.

Landwirtschaft

Anlässlich des Geburtstages des Genossen Stalin[2] wurden die MTS Lauterbach, die als Sieger im Wettbewerb aller MTS im Bezirk Karl-Marx-Stadt hervorging, mit der Sturmfahne ausgezeichnet und die Leistungen der Traktoristen und Arbeiter feierlich gewürdigt.

Aus dem Kreis Rochlitz wird berichtet, dass bei den *VdgB-Wahlen* verschiedentlich Bauern die Versammlung vor durchgeführter Wahl verließen. In Tauscha z.B. verließ ein Mittelbauer vorzeitig die Versammlung, dem mehrere Bauern folgten. In Elsdorf konnte die Wahl durch die geringe Anwesenheit nicht durchgeführt werden.

Über unzureichende Vergütung für Landabgabe durch die Erweiterung des Tagebaues »John Scheer« beschwerten sich die Bauern aus Tätzschwitz/Cottbus.

Über das neue Jagdgesetz[3] diskutieren die Angestellten der Staatlichen Forstbetriebe in Waltersdorf/Dresden anerkennend. Unter anderem wurde aufgezeigt, dass oft mit Schrot und Karabinern auf Rehwild geschossen wurde (VP), ohne dass es den Revierförstern möglich war, die Personalien festzustellen.

Stimmung der übrigen Bevölkerung

Vereinzelte Diskussionen über die *Ausgabe von 20,00 West-Mark* oder Bettelpaketen im gleichen Wert[4] werden aus den Bezirken Halle, Potsdam und Schwerin berichtet. So z.B. erklärt eine Frau aus Weißenfels/Halle, die zum Besuch ihrer Tochter in Westdeutschland weilte: »Ich wurde zum Rathaus Celle bestellt. Außer mir waren noch 20 Interzonenreisende aus der DDR anwesend. Alle erhielten dort ein Weihnachtsgeschenk in Form von 20 West-Mark, wofür nur eine Quittung über den Erhalt des Geldes unterschrieben wurde.« Ähnliche Diskussionen werden auch in den Anschlusszügen zu Interzonenzügen festgestellt.

Wie aus Freital/Dresden berichtet wird, erhielt ein katholischer Pfarrer am 16.12.1953 ca. 32 *Westpakete*. Weiterhin schickt er täglich ca. 20 bis 30

2 Nach dem gregorianischen Kalender hatte der am 5.3.1953 verstorbene Stalin am 18. Dezember Geburtstag.

3 Gesetz zur Regelung des Jagdwesens vom 25.11.1953. In: GBl. 1953, S. 1175–1178. Das Gesetz verbot in § 14 »Schalenwild (Rot-, Dam-, Muffel-, Rehwild) durch Schrot und Postenschuss oder Schuss mit gehacktem Blei, auch als Fangschuss, zu jagen«.

4 Am 17.12.1953 war eine weitere US-amerikanische Lebensmittelhilfe angelaufen, bei der Besucher aus der DDR in westdeutschen Sozialämtern Gutscheine für ein Lebensmittelpaket im Wert von 20 DM abholen konnten. Vgl. Stöver, Bernd: Die Befreiung vom Kommunismus: Amerikanische »Liberation Policy« im Kalten Krieg 1947–1991. Köln u. a. 2002, S. 491.

Briefe und Karten nach Westdeutschland, um weitere Pakete zu erhalten. (Angeblich sammelt er Adressen, die er nach Westdeutschland schickt.)

Mitglieder der evangelischen Studentengemeinde der Universität Leipzig vertreten die Auffassung, dass mit der Broschüre »Über kommunistische und religiöse Moral«[5] von der FDJ der Beweis erbracht wurde, dass Marxisten und Christen nicht zusammenarbeiten können. (Die Broschüre wurde vom Verlag Neues Leben herausgegeben.)[6] Einige Theologiestudenten sind daraufhin aus der FDJ ausgetreten.

Über schlechten Rundfunkempfang (Berlin III und Deutschlandsender) werden heftige Diskussionen der Bevölkerung aus Plauen/Karl-Marx-Stadt berichtet.

Organisierte Feindtätigkeit

Flugblätter stärker in Potsdam (17 500) und Suhl (10 000), geringer in Cottbus, Karl-Marx-Stadt, Frankfurt/Oder, Halle und Dresden.

In den Nachtstunden des 22.12.1953 wurde in Brieskow-Finkenheerd/ Frankfurt/Oder von einigen Jugendlichen ein SED-Mitglied überfallen und ein FDJ-ler geschlagen.

In der Zeit zwischen dem 1. und dem 10.12.1953 wurden von unbekannten Tätern im VEB Sächsische Rosshaarweberei in Coswig/Dresden von der Unterlagerungstraverse eines Webstuhls vier Schrauben gelockert. Durch rechtzeitiges Erkennen wurde ein Produktionsausfall verhindert. Im selben Betrieb wurden wahrscheinlich im November 1953 durch unbekannte Täter von zwei im Websaal befindlichen Kübelspritzen die Spritzdüsen abgeschnitten. Im Falle eines Brandes wäre hierdurch eine Brandbekämpfung unmöglich gewesen.

In der Zeit zwischen dem 26. und 28.11.1953 wurde durch unbekannte Täter auf dem VEG Großschweidnitz,[7] [Kreis] Löbau, [Bezirk] Dresden, in den Kühler eines Traktors Wasser gegossen, wodurch infolge Frosteinwirkung der Motorenblock platzte. Auf der MTS Krangen/Neuruppin/Potsdam wurde vor einigen Tagen versucht, mit einer Eisenstange Pflüge zu beschädigen.

Durch fiktive Warnung [wurde] in Güstrow/Schwerin versucht, Bürger zum Verlassen der DDR zu bewegen. So wurde z.B. eine Frau aus Güstrow

5 Bei dem für die »Unionsgesellschaft zur Verbreitung Politischer und Wissenschaftlicher Kenntnisse« von Pjotr F. Kolonizki verfassten antireligiösen Traktat »Kommunistische und religiöse Moral« handelte es sich im Wesentlichen um eine Exegese der einschlägigen Texte von Marx, Engels, Lenin und Stalin. Es erschien 1952 in Moskau und 1953 in einer deutschen Lizenzausgabe, die vom Zentralrat der FDJ herausgegeben wurde. Zum Kontext vgl. Halbrock, Christian: Evangelische Pfarrer der Kirche Berlin-Brandenburg 1945–1961. Amtsautonomie im vormundschaftlichen Staat? Berlin 2004, S. 342–344.

6 Das trifft nicht zu. Die Broschüre erschien im FDJ-Verlag Junge Welt.

7 Im Original »Groß-Schwiednitz«.

von einem Unbekannten angesprochen und ihr gesagt, dass sie vom SfS beobachtet wird und kurz vor der Verhaftung stünde.

Am 3. Feiertag soll in Westberlin in der Nähe des Funkturms eine Tagung der Sekte »Zeugen Jehovas«[8] stattfinden.

Der RIAS bezeichnete die polnische Steinkohle als Abraumbrennstoff und erklärte, die Eisenbahner haben deshalb ein Recht darauf, diese Kohle zurückzuweisen und die gleiche Qualität zu fordern, die für Transitkolonnen ausgegeben wird. Außerdem sollten die Lokpersonale [sic!] jetzt einwandfreie, für die Steinkohlenfeuerung hergerichtete Lokomotiven verlangen.

Vermutlich organisierte Feindtätigkeit

In der Nacht vom 21. zum 22.12.1953 wurden bei einem Kleinbauern in Zemitz,[9] Kreis Wolgast/Rostock, Mitglied der SED, verschiedene Maschinen und Ackergeräte zerschlagen und ein Wagen in die Jauchegrube geworfen.

Einschätzung der Situation

Bei überwiegender Weihnachtsstimmung ist die Lage wie an den Vortagen.

Anlage (»Beilage«) vom 24.12.1953 zum Informationsdienst Nr. 2055

Zur Stimmung über die Viermächtekonferenz

Die zur Viermächtekonferenz[10] bekannt gewordenen Meinungsäußerungen aus der DDR und dem demokratischen Sektor von Berlin sind zum überwiegenden Teil positiv. Am stärksten tritt die Hoffnung auf einen günstigen Verlauf der Konferenz, Abschluss eines Friedensvertrages und Herstellung der Einheit Deutschlands in Erscheinung. In vielen Diskussionen werden die konsequente Friedenspolitik der SU und die ständigen Bemühungen zur Entspannung der internationalen Lage sowie die Lösung der Deutschlandfrage anerkannt.

Eine Angestellte aus dem Hauptlager der RBD Berlin: »Die Kollegen im Büro sind alle mit der Viererkonferenz einverstanden und hoffen endlich auf

8 Nach ihrem Verbot im August 1950 wurden die Zeugen Jehovas in der DDR systematisch verfolgt. Da sie als »imperialistische Feindorganisation« eingestuft wurden, lag ihre Bekämpfung in der Zuständigkeit der Staatssicherheit. Vgl. Hirch, Waldemar: Die Glaubensgemeinschaft der Zeugen Jehovas während der SED-Diktatur. Unter besonderer Berücksichtigung ihrer Observierung und Unterdrückung durch das Ministerium für Staatssicherheit. Frankfurt/M. 2003.

9 Im Original »Zemnitz«.

10 In einer Note vom 26.11.1953 hatte die Sowjetunion eine Viermächtekonferenz zur Diskussion der Deutschlandfrage vorgeschlagen. Die Westmächte stimmten einer Außenministerkonferenz der Vier Mächte in der Antwortnote vom 8.12.1953 zu. Sie fand vom 25.1. bis 18.2.1954 in Berlin statt.

die Einheit Deutschlands. Auch ich hoffe, dass die Staatsmänner endlich darüber beraten, wie der Friede erhalten werden kann.«

Ein Rangieraufseher vom Bahnhof Grünau: »Die Kollegen setzen große Hoffnung auf die Konferenz der vier Großmächte und erwarten positive Ergebnisse.«

Eine Hausfrau aus Berlin-Weißensee: »Alles ist gespannt, was die Außenministerkonferenz in Berlin bringen wird. Schön wäre es, wenn die Grenzen fallen würden und wir sagen könnten, das ganze Deutschland soll es sein.«

Eine Arbeiterin aus Magdeburg: »Bei einer Einigung der Großmächte könnte viel Gutes geschaffen werden. Alle warten wir auf den Fortfall der Zonengrenzen, ohne noch einmal einen Krieg zu erleben.«

Ein Arbeiter aus Marienberg/Karl-Marx-Stadt: »Verhandlungen müssen geführt werden, auch wenn wenig dabei herausspringt, denn solange verhandelt wird, besteht die Möglichkeit, den Frieden zu erhalten.«

Ein Kollege vom Wagendienst des Bahnhofes Berlin-Lichtenberg: »Hoffentlich kommen die Außenminister zu einer Einigung. Ich habe keine Lust, noch einmal in den Krieg zu ziehen.«

Ein Arbeiter aus Werdau/Karl-Marx-Stadt: »Es wäre zu begrüßen, wenn deutsche Vertreter an der Konferenz in Berlin teilnehmen würden.«

Ein Stahlschmelzer aus dem VEB ABUS Berlin-Lichtenberg: »Ich begrüße die Vorschläge der SU, eine Viererkonferenz in Berlin einzuberufen, damit endlich einmal das deutsche Problem endgültig behandelt wird. Wir wollen im Frieden leben und unser Stahl soll dem Frieden dienen.«

Ein Angestellter aus Berlin-Biesdorf: »Der Ruf nach Frieden ist unter den Völkern schon so stark geworden, dass auch die Separatkonferenz in Bermuda[11] diesen Friedenswillen nicht unterdrücken konnte. Dadurch musste man den wiederholten Forderungen der SU nach Verhandlungen zustimmen. In der Hoffnung, dass die Konferenz in Berlin uns den langersehnten Friedensvertrag und die Einheit Deutschlands bringt, wollen wir unser Weihnachtsfest verleben.«

Eine Hausfrau aus Wismar/Rostock: »Hoffentlich sieht der Ami auf der Außenministerkonferenz ein, dass er in Europa nichts zu suchen hat.«

Ein Angestellter der RBD Berlin (SED): »Obwohl die Westmächte alles versuchen, die Viermächtekonferenz unmöglich zu machen, erhoffen wir alle, dass sie endlich etwas Positives für unser Vaterland bringt. Die Vorschläge der SU sind Meilensteine auf dem Weg zur Einheit Deutschlands, die Argumente des Gegners werden damit zerschlagen.«

Ein Arbeiter aus Potsdam: »Die überragende und weitsichtige Politik der SU wird im Rahmen der internationalen Entspannung auch unsere deutsche

11 Vom 4. bis 7.12.1953 trafen sich die Regierungschefs der USA, Großbritanniens und Frankreichs sowie ihre Außenminister auf Bermuda. Dort bekräftigten sie ihre gemeinsame Politik und stimmten u. a. einer Außenministerkonferenz der Vier Mächte in Berlin zu. Vgl. Schlusskommuniqué der Konferenz in: Europa Archiv 1953, S. 6231 f.

Frage lösen helfen. Wie es aussieht, kommt es doch diesmal zu Verhandlungen zwischen den Außenministern in Berlin.«

Ein Angestellter aus Genthin/Magdeburg: »Einen großen Erfolg haben die Kräfte des Friedens bei allen Völkern erreicht, dass sie die Westmächte gezwungen haben einer Viererkonferenz zuzustimmen. Erfreulich dabei ist, dass diese Konferenz in Berlin stattfindet. Das deutsche Volk muss jetzt alles daran setzen, damit die Westmächte gezwungen werden, die Vorschläge der SU zur friedlichen Lösung der Deutschlandfrage anzunehmen.«

In zweifelnden Stimmen wird zum Ausdruck gebracht, dass man den Erfolgen der Viermächtekonferenz skeptisch gegenübersteht. Noten wurden schon sehr viel ausgetauscht, der Erfolg blieb jedoch aus. Ähnlich verhielt es sich mit den durchgeführten Konferenzen. Teilweise wird die Ansicht vertreten, dass der Amerikaner sowieso wieder Forderungen stellt, die nicht erfüllt werden können. In direkt negativen Stimmen, die nur wenig in Erscheinung treten, kommt zum überwiegenden Teil eine feindliche Einstellung zur SU und zur Regierung der DDR zum Ausdruck.

Ein Angestellter der RBD Berlin: »Die Konferenzen haben bisher nichts Positives gebracht, so wird auch bei der Berliner Konferenz nicht viel herauskommen.«

Ein Arbeiter aus dem VEB Ostglas Bischofswerda/Dresden: »Die Erfolge der Außenministerkonferenz zweifle ich noch an. In den bisherigen Zusammenkünften sind sie auch zu keiner Einigung gekommen.«

Ein Angestellter aus Weißenfels/Halle: »Die geplante Viererkonferenz bleibt im Ergebnis abzuwarten. Ich sehe jedenfalls noch keine Spur von einer Entspannung der Lage. Bei diesem bisherigen unfruchtbaren Notenwechsel, der inzwischen ermüdend wirkt und gleichgültig macht, konnte ich bisher nur feststellen, dass dabei lange Jahre vergangen sind und die Zerrissenheit Deutschlands sich als konstant erwiesen hat. Die große Gefahr ist, dass man sich von Jahr zu Jahr mehr an diesen Zustand gewöhnt hat.«

Ein Angestellter aus dem Stahlwerk Gröditz/Dresden: »Ich stehe der Konferenz skeptisch gegenüber. Der Ami kommt wieder mit Forderungen, die die SU nie annehmen kann.«

Ein Angestellter der Reichsbahn Berlin, Ostbahnhof: »Nach den bisherigen Erfahrungen kommt nie eine Verständigung zustande, denn der Ami wird die Vorwände finden, um eine Einigung zu verhindern.«

Ein Brigadier des VEB »Heinrich Rau« Wildau/Potsdam: »Ich glaube nicht, dass uns die Viererkonferenz einen Erfolg bringen wird, denn die vier werden sich doch nicht auf friedlichem Weg einig.«

Ein Arbeiter aus Markranstädt/Leipzig: »Ich habe nicht viel Hoffnung auf eine Einigung. Der Grund meiner Hoffnungslosigkeit ist die grenzenlose Hetze, die von uns Deutschen zwischen Ost und West getrieben wird. Wenn man den Rundfunk hört und die Zeitung liest, kann man es bald als Hass bezeichnen, und das soll zum Guten führen? Die Politik machen ja bloß die Großen und wir sind immer die Opfer.«

Ein Angehöriger der Feuerwehr des VEB »Heinrich Rau« Wildau/Potsdam: »Es wird den Russen nicht gelingen, dem Ami seine Forderungen aufzuzwingen, denn der Ami führt sich genauso stark wie der Russe.«

Ein Meister aus dem VEB Textilwerk Zittau/Dresden: »Jetzt ist es soweit, dass der Russe nachgeben muss, denn er [hat] keine Rohstoffe mehr. Der Russe kann jetzt die freien Wahlen nicht mehr aufschieben. Er weiß auch, dass er bei den freien Wahlen durchfallen wird.«

In Westberlin wird die Viermächtekonferenz vom größten Teil begrüßt, jedoch sind die Meinungen sehr unterschiedlich. Nur ein Teil erkennt, dass die Initiative zur Verständigung von der SU ausgeht. Ein großer Teil hofft auf eine friedliche Lösung der Deutschlandfrage. Vielfach zweifelt man an einer erfolgreichen Verhandlung, da der Amerikaner nicht daran interessiert sei. Ein Eisenbahner aus Westberlin äußerte dazu: »Es wird Zeit, dass endlich die vier Großmächte zu einer Einigung kommen, denn letzten Endes haben wir als Deutsche den Erfolg davon. Gerade bei uns in Neukölln ist die amerikanische Unkultur ziemlich fortgeschritten, sodass abends das Betreten der Straßen mit Gefahr verbunden ist.«

Ein Eisenbahner, ehemals in der UGO,[12] jetzt im FDGB organisiert, sagte: »Ich habe schon beim UGO-Streik[13] festgestellt, dass die Politik der westlichen Herren nicht die richtige ist. Ich begrüße die Zusammenkunft zum Vierertreffen und glaube, weil die Zusammenkunft in Westberlin stattfinden soll, an ein volles Gelingen.«

Von einem fortschrittlichen Pfarrer wird die Konferenz begrüßt und erklärt, »dass die Amerikaner nach wie vor bei ihrem ›Nein‹ bleiben werden. Sie werden den Sowjetvertretern irgendwelche Bedingungen stellen, die selbstverständlich von ihnen abgelehnt werden müssen. Damit haben die Amerikaner wie üblich eine Handhabe, zu erklären, dass die SU gegen eine Verständigung sei.«

Von einem kleinen Fabrikanten wird der Vorschlag zur Außenministerkonferenz begrüßt und erklärt, dass es endlich der SU gelungen sei, den Amerikaner dazu zu zwingen, sich an den Verhandlungstisch zu setzen. Den Franzosen und Engländer müsse man ebenfalls lobend erwähnen, denn sie haben mit dazu beigetragen.

Eine Hausfrau aus Berlin-Tegel äußerte: »Es wird nun höchste Zeit, dass man sich über die Zusammenlegung von Ost- und Westdeutschland einig wird. Wenn wir auch nicht hungern müssen, so bleibt es doch für jeden Deutschen ein bedrückendes Gefühl, wenn Deutschland in zwei Teile gespalten

12 Unabhängige Gewerkschaftsopposition bzw. -organisation, SED-kritische, vor allem in den Westsektoren Berlins verankerte Strömung innerhalb des von den Kommunisten dominierten FDGB Groß-Berlins, die sich im August 1948 vom FDGB abspaltete und im Juli 1950 als Berliner Landesverband des DGB konstituierte.

13 Gemeint ist der von der UGO im Sommer 1949 organisierte Streik der Westberliner Eisenbahner gegen die von Sowjets und SED kontrollierte Reichsbahndirektion.

ist. An Krieg glaubt heute niemand mehr, weil es nicht mehr Sieger noch Besiegte geben kann. Ein Krieg würde beiden Seiten nur zum Nachteil gereichen oder auch sie würden sich gegenseitig zugrunde richten. Die Welt wünscht den Frieden und er wird kommen.«

Ein Teil behauptet, die Konferenz sei der Initiative der Westmächte zu verdanken. Viele zweifeln auch deshalb am Erfolg der Verhandlungen, weil sie nicht von dem ehrlichen Friedenswillen und der Verständigungsbereitschaft der SU überzeugt sind.

Ein Handwerksmeister erklärte z. B., dass in Gesprächen mit seinen meist in freien Berufen oder als leitende Angestellte tätigen Kunden das Zustandekommen einer Außenministerkonferenz begrüßt wurde. Die Kunden haben aber gleichzeitig ihre Bedenken darüber geäußert, dass die Sowjetdelegierten auf die Vorschläge der Westmächte doch nicht eingehen werden und es deshalb auf der Konferenz zu keinem Erfolg kommen wird.

Von einer Angestellten wird erklärt: »Glauben Sie wirklich, dass es zu einer Einigung kommt? Ich nicht. Es wird wieder ein Theater werden wie immer. Beide Partner meinen es ehrlich, jeder will das arme Deutschland retten und befreien, natürlich nach eigenem Muster. Auf das Östliche verzichten wir gern. Bei einer freien Wahl, zu der es wohl nie kommt, würde eure Seite pleite machen.«

Ein Arbeiter aus Berlin-Tempelhof äußerte: »Wenn bloß bald eine Einheit würde, aber ich glaube nicht mehr an eine Einigung mit dem Osten. Die geben doch nichts auf. Wenn man bedenkt, dass jetzt auf einmal die ganzen HO-Läden verschwinden sollen und das alles frei wie im Westen sein soll, daran glaube ich nicht.«

Von einem Arbeiter wurde erklärt: »Nun kommt wohl das Vierertreffen endlich zustande, dass die Westmächte schon immer herbeigesehnt haben. Aber die SU hat ihre Teilnahme immer abgelehnt. Wir sind ja sehr überrascht, über die plötzliche Zusage der SU. Hoffentlich machen die Sowjets nicht wieder einen Zurückzieher [sic!] und sagen ›Njet‹.«

Einige Westberliner Zeitungsreporter vertraten die Ansicht, dass die Außenministerkonferenz mit dem gleichen Ergebnis enden werde, wie die vorangegangenen. Sie meinen, dass die Amerikaner die EVG[14] so oder so verwirklichen werden. Sie »befürchten«, dass die Frage Berlins zugunsten der SU entschieden werden könnte und zwar deshalb, weil die Inkraftsetzung

14 Der Vertrag über die Europäische Verteidigungsgemeinschaft (EVG) sollte eine gemeinsame Armee Frankreichs, der Benelux-Staaten, Italiens und der Bundesrepublik Deutschlands schaffen. Er hätte die bundesdeutsche Wiederbewaffnung ermöglicht und wäre mit Aufhebung des Besatzungsstatuts verbunden gewesen. Der EVG-Vertrag wurde am 26./27.5.1952 unterzeichnet und am 19.3.1953 vom Deutschen Bundestag verabschiedet und im Mai 1953 von der Bundesrepublik ratifiziert. Die Ratifizierung in Frankreich zog sich aber wegen massiver politischer Widerstände hin und scheiterte schließlich im August 1954 endgültig mit der Ablehnung durch die Nationalversammlung.

des EVG-Vertrages bzw. des sogenannten Deutschlandvertrages[15] automatisch einen separaten Friedensvertrag zwischen der SU und DDR zur Folge haben würde. Eine Verbindung zwischen Westberlin und Westdeutschland, wie sie zzt. besteht, würde dann nicht mehr bestehen, und Westberlin würde in die DDR eingegliedert werden.

15 Vertrag über die Beziehungen zwischen der Bundesrepublik Deutschland und den drei Westmächten zur Herstellung einer weitgehenden Souveränität der Bundesrepublik. Er wurde am 26.5.1952 zwischen den Vertragspartnern geschlossen, das Inkrafttreten war aber an den Beitritt der Bundesrepublik zur Europäischen Verteidigungsgemeinschaft (EVG) gekoppelt. Nach dem Scheitern der EVG und dem Beitritt der Bundesrepublik zur NATO trat der Deutschlandvertrag in einer veränderten Version am 5.5.1955 in Kraft.

Abkürzungen

ABF	Arbeiter-und-Bauern-Fakultät
Abt.	Abteilung
ABUS	Ausrüstung von Bergbau und Schwerindustrie
ABV	Abschnittsbevollmächtigter (DVP)
AG	Aktiengesellschaft
AGL	Abteilungsgewerkschaftsleitung
AKW	Amt für Kontrolle des Warenverkehrs
APuZ	Aus Politik und Zeitgeschichte
Art.	Artillerie
AS	Allgemeine Sachablage
BArch	Bundesarchiv
BBW	Berliner Bremsenwerk
BDJ	Bund Deutscher Jugend
BdL	Büro der Leitung
BdVP	Bezirksbehörde der Deutschen Volkspolizei
BGL	Betriebsgewerkschaftsleitung
BHG	Bäuerliche Handelsgenossenschaft
BHZ	Berliner Handelszentrale
BKB	Braunkohlebergwerk
BKV	Betriebskollektivvertrag
BKW	Braunkohlenwerk
BMHW	Berliner Metallhütten und Halbzeugwerke
BPO	Betriebsparteiorganisation
BS	Betriebsschutz
BStU	Bundesbeauftragte(r) für die Unterlagen des Staatssicherheitsdienstes der ehemaligen Deutschen Demokratischen Republik
BV	Bezirksverwaltung
BVG	Berliner Verkehrs-Gesellschaft (später Betriebe)
Bw	Bahnbetriebswerk
BZ	Berliner Zeitung (West)
CD-ROM	Compact Disc – Read Only Memory
CDU	Christlich Demokratische Union Deutschlands
CIA	Central Intelligence Agency
ČSR	Tschechoslowakische Republik
CSU	Christlich-Soziale Union
DBD	Demokratische Bauernpartei Deutschlands
DDR	Deutsche Demokratische Republik
DFD	Demokratischer Frauenbund Deutschlands
DGB	Deutscher Gewerkschaftsbund
DHZ	Deutsche Handelszentrale
DIA	Deutscher Innen- und Außenhandel
DM	Deutsche Mark
dpa	Deutsche Presseagentur
DPA	Deutscher Personalausweis
DSF	Gesellschaft für Deutsch-Sowjetische Freundschaft

DVP	Deutsche Volkspolizei
EAW	Elektro-Apparate-Werke
ECW	Eilenburger Celluloid-Werk
EDV	Elektronische Datenverarbeitung
EKM	Energie- und Kraftmaschinenbau
EKS	Eisenhüttenkombinat Stalinstadt
ELMO	Elektromotoren
EMW	Eisenacher Motorenwerk
EVG	Europäische Verteidigungsgemeinschaft
EWW	Eisenwerk West
FDGB	Freier Deutscher Gewerkschaftsbund
FDJ	Freie Deutsche Jugend
FDP	Freie Demokratische Partei
FRAMO	Frankenberger Motorenwerke
GBl.	Gesetzblatt
Gewosei	Geraer Woll- und Seidenweberei
GI	Geheimer Informator
GM	Geheimer Mitarbeiter
GmbH	Gesellschaft mit beschränkter Haftung
HA II	Hauptabteilung II – Spionageabwehr
HA VIII	Hauptabteilung VIII – Konspirative Observation und Ermittlung, Festnahmen, Durchsuchungen
HA	Hauptabteilung
HF	Hochfrequenz- und Fernmeldetechnik
Hg.	Herausgeber/herausgegeben …
HICOG	High Commissioner of Germany
HO	(staatliche) Handelsorganisation
HV A	Hauptverwaltung Aufklärung
HVDVP	Hauptverwaltung Deutsche Volkspolizei
IFA	Industrieverband Fahrzeugbau
IG	Industriegewerkschaft
IKA	Installationen, Kabel und Apparate
K-Reihe	ZAIG-Ablage K (Verschiedenes)
KD	Kreisdienststelle
Kdo.	Kommando
Kfz	Kraftfahrzeug
KgU	Kampfgruppe gegen Unmenschlichkeit
KPČ	Kommunistische Partei der Tschechoslowakei
KPD	Kommunistische Partei Deutschlands
KPdSU	Kommunistische Partei der Sowjetunion
KVP	Kasernierte Volkspolizei
KW	Kraftwerk
KWO	Kabelwerk Oberspree
KZ	Konzentrationslager
LDP	Liberal-Demokratische Partei
LDPD	Liberal-Demokratische Partei Deutschlands
LEW	Lokomotivbau Elektrotechnische Werke
Lkw	Lastkraftwagen

LOWA	Lok- und Waggonwerk
LPG	Landwirtschaftliche Produktionsgenossenschaft
MdI	Ministerium des Innern
MfS	Ministerium für Staatssicherheit
MPi	Maschinenpistole
MTS	Maschinen-Traktoren-Station
MWD	Ministerstwo Wnutrennich Del = Ministerium für innere Angelegenheiten (Sowjetunion)
NAGEMA	Nahrungsmittel-, Genussmittel- und Verpackungsmaschinen (VEB)
NATO	North Atlantic Treaty Organization
ND	Neues Deutschland
NDPD	National-Demokratische Partei Deutschlands
NEMA	Netzschkauer Maschinenfabrik
NGO	Nurgewerkschaftliche Opposition
NKWD	Narodny Komissariat Wnutrennich Del = Volkskommissariat für innere Angelegenheiten (Sowjetunion)
NS	Nationalsozialismus/nationalsozialistisch
NSDAP	Nationalsozialistische Deutsche Arbeiterpartei
NTS	Narodno-Trudowoj Sojus (Volksarbeitsbund)
NWDR	Nordwestdeutscher Rundfunk
Pkw	Personenkraftwagen
PVC	Polyvinylchlorid
RAW	Reichsbahnausbesserungswerk
RBA	Reichsbahnamt
RBD	Reichsbahndirektion
RFT	Rundfunk- und Fernmeldetechnik
RIAS	Rundfunk im amerikanischen Sektor
SA	Sturmabteilung
SAG	Sowjetische Aktiengesellschaft
SANAR	Sanitäre Einrichtungen und Armaturen (VEB)
SBZ	Sowjetische Besatzungszone
SDAG	Sowjetisch-Deutsche Aktiengesellschaft
SdM	Sekretariat des Ministers – für Staatssicherheit
SED	Sozialistische Einheitspartei Deutschlands
SfS	Staatssekretariat für Staatssicherheit
SKK	Sowjetische Kontrollkommission
SMA	Sowjetische Militäradministration
SMAD	Sowjetische Militäradministration in Deutschland
SPD	Sozialdemokratische Partei Deutschlands
SS	Schutzstaffel
SSD	Staatssicherheitsdienst
StUG	Gesetz über die Unterlagen des Staatssicherheitsdienstes der ehemaligen Deutschen Demokratischen Republik
SU	Sowjetunion
SVK	Sozialversicherungskasse
SW	Südwesten
TAN	Technische Arbeitsnorm

Tbc	Tuberkulose
TEWA	Technische Eisenwaren
Textima	Textilmaschinenbau
Trapo	Transportpolizei
TRO	Transformatorenwerk
TU	Technische Universität
UdSSR	Union der Sozialistischen Sowjetrepubliken
Uffz.	Unteroffizier
UFJ	Untersuchungsausschuss freiheitlicher Juristen
UGO	Unabhängige Gewerkschaftsopposition bzw. -organisation
US	United States
USA	United States of America
VdgB	Vereinigung der gegenseitigen Bauernhilfe
VE	Volkseigen…
VEAB	Volkseigener Erfassungs- und Aufkaufbetrieb für landwirtschaftliche Erzeugnisse
VEB	Volkseigener Betrieb
VEG	Volkseigenes Gut
VEM	VVB Elektromaschinen
VFF	Verband der Film- und Fernsehschaffenden der DDR
VOS	Vereinigung der Opfer des Stalinismus
VP	Volkspolizei
VPA-T	Volkspolizeiabschnitt – Transportpolizei
VPKA	Volkspolizeikreisamt
VS	Verschlusssache
ZAIG	Zentrale Auswertungs- und Informationsgruppe
ZIG	Zentrale Informationsgruppe
ZK	Zentralkomitee
ZVOBl.	Zentralverordnungsblatt

Gesamtübersicht der Dokumente 1953

Alle im folgenden Verzeichnis aufgelisteten Dokumente befinden sich neben den übrigen Texten dieses Buches in einer Datenbank auf der beiliegenden CD-ROM und sind dort über verschiedene Ansichts- und Suchfunktionen erschlossen. Die im Verzeichnis fett hervorgehobenen und mit einer Seitenzahl versehenen Dokumente sind im vorliegenden Buch abgedruckt.

Juni 1953

Datum	Dokument	Seite
[Ohne Datum]	**Bericht über die Ereignisse in Berlin und in der Republik am 17. Juni 1953 bis 19.30 Uhr [Meldung Nr. 1/53]**	81
[Ohne Datum]	Zusammengefasster Bericht über die Ereignisse um 22.00 Uhr am 17.6.1953 [Meldung Nr. 2/53]	
[Ohne Datum]	**Über die Lage am 17. Juni 1953 in Groß-Berlin und der DDR [Meldung Nr. 3/53]**	96
[Ohne Datum]	Stimmungsberichte zum Kommuniqué des ZK der SED [Meldung Nr. 4/53]	
[Ohne Datum]	Situationsbericht von Groß-Berlin und der Republik vom 18.6.1953 von 0.00 bis 12.00 Uhr [Meldung Nr. 5/53]	
[Ohne Datum]	Zusammenfassender Bericht über die Ereignisse am 18.6.1953 in der Zeit von 12.00 Uhr bis 19.30 Uhr in Groß-Berlin und in der Republik [Meldung Nr. 6/53]	
[Ohne Datum]	**Meldung von tätlichen Übergriffen und deren Folgen in Groß-Berlin und in den Bezirken der Republik [Meldung Nr. 7/53]**	107
[Ohne Datum]	**Bericht über die Lage auf dem Lande [Meldung Nr. 8/53]**	115
[Ohne Datum]	Situationsbericht vom 18.6. für die Zeit von 18.30 bis 24.00 Uhr [Meldung Nr. 9/53]	
[Ohne Datum]	Bericht über die Lage in den Bezirken in der Zeit vom 18.6.1953, 19.00 Uhr, bis 19.6.1953, 2.00 Uhr [Meldung Nr. 10/53]	
[Ohne Datum]	Situationsbericht für die Zeit vom 19.6., 0.00 Uhr bis 12.00 Uhr [Meldung Nr. 11/53]	
19. Juni 1953	**Information Nr. 1 [Meldung Nr. 12/53]**	118
19. Juni 1953	Information Nr. 2 [Meldung Nr. 13/53]	
20. Juni 1953	Stimmungsbericht über die Ereignisse am 17.6. und 18.6.1953 [Meldung Nr. 14/53]	
[Ohne Datum]	Auswertung der Stimmungsberichte vom 19.6. bis 20.6.1953, 10.00 Uhr [Meldung Nr. 15/53]	
[Ohne Datum]	Zusammenfassender Bericht über die Lage in Groß-Berlin und in der DDR in der Zeit vom 19.6.1953, 14.00 Uhr, bis 20.6.1953, 10.30 Uhr [Meldung Nr. 16/53]	
20. Juni 1953	Bericht über die Lage in der Landwirtschaft [Meldung Nr. 17/53]	
21. Juni 1953	Information Nr. 3 [Meldung Nr. 18/53]	
[Ohne Datum]	Situationsbericht über die Lage in Groß-Berlin bis 22.6.1953, 4.00 Uhr [Meldung Nr. 19/53]	
22. Juni 1953	Situationsbericht über die Lage in den Bezirken der Republik und in Groß-Berlin am 22.6.1953, 4.00 Uhr [Meldung Nr. 20/53]	
22. Juni 1953	Auswertung der Stimmungsberichte aus der Bevölkerung zu den faschistischen Provokationen [Meldung Nr. 21/53]	
22. Juni 1953	Auswertung der Stimmungsberichte aus der Bevölkerung zu den faschistischen Provokationen [Meldung Nr. 22/53]	
24. Juni 1953	**Tagesbericht Nr. 1 [Meldung Nr. 23/53]**	121

25. Juni 1953	Stimmungsberichte von den zurückgekehrten Personen aus Westdeutschland und Westberlin [Meldung Nr. 24/53]	
25. Juni 1953	Tagesbericht Nr. 2 [Meldung Nr. 25/53]	
26. Juni 1953	Tagesbericht Nr. 3 [Meldung Nr. 26/53]	
26. Juni 1953	**Stimmungsberichte von zurückgekehrten Personen aus Westdeutschland und Westberlin [Meldung Nr. 27/53]**	128
27. Juni 1953	Tagesbericht Nr. 4 [Meldung Nr. 28/53]	
29. Juni 1953	Information Nr. 5 [Meldung Nr. 29/53]	
30. Juni 1953	Information Nr. 6 [Meldung Nr. 30/53]	

Juli 1953

[Ohne Datum]	**Information Nr. 1002**	132
2. Juli 1953	**Information Nr. 1003**	167
3. Juli 1953	Information Nr. 1004	
4. Juli 1953	Information Nr. 1005	
6. Juli 1953	Information Nr. 1006	
7. Juli 1953	Information Nr. 1007	
8. Juli 1953	Information Nr. 1008	
9. Juli 1953	Information Nr. 1009	
10. Juli 1953	Information Nr. 1010	
11. Juli 1953	Information Nr. 1011	
13. Juli 1953	Information Nr. 1012	
14. Juli 1953	Information Nr. 1013	
15. Juli 1953	Information Nr. 1014	
16. Juli 1953	Information Nr. 1015: Besondere Vorkommnisse [Buna-Werke]	
17. Juli 1953	Information Nr. 1016	
18. Juli 1953	Information Nr. 1017	
20. Juli 1953	Information Nr. 1018	
21. Juli 1953	Information Nr. 1019	
22. Juli 1953	Information Nr. 1020	
23. Juli 1953	**Information Nr. 1021: Analyse über die Vorkommnisse in den Chemischen Werken Buna vom 17.6. bis 22.7.1953**	189
24. Juli 1953	Information Nr. 1022	
25. Juli 1953	**Information Nr. 1023: Analyse über die Ereignisse im Leuna-Werk »Walter Ulbricht« in der Zeit vom 17.6. bis 21.7.1953**	200
25. Juli 1953	Information Nr. 1024	
27. Juli 1953	Information Nr. 1025	
28. Juli 1953	Information Nr. 1026	
29. Juli 1953	Information Nr. 1027	
30. Juli 1953	Information Nr. 1028	
31. Juli 1953	Information Nr. 1029	

August 1953

1. August 1953	Information Nr. 1030	
4. August 1953	Information Nr. 1031	
5. August 1953	Information Nr. 1032	
6. August 1953	Information Nr. 1033	
7. August 1953	**Information Nr. 1034**	209
8. August 1953	Information Nr. 1035	
10. August 1953	Information Nr. 1036	
11. August 1953	**Information Nr. 1037: Stimmung der Rückkehrer in das Gebiet der DDR**	213
12. August 1953	Information Nr. 1038	

13. August 1953 Information Nr. 1039
14. August 1953 Information Nr. 1040
15. August 1953 Information Nr. 1041
17. August 1953 Information Nr. 1042
18. August 1953 Information Nr. 1043
19. August 1953 Information Nr. 1044
20. August 1953 Information Nr. 1045
21. August 1953 Information Nr. 1046
22. August 1953 Information Nr. 1047
24. August 1953 Information Nr. 1048
24. August 1953 Information Nr. 1049
25. August 1953 Information Nr. 1050 ... 218
26. August 1953 Information Nr. 1051
27. August 1953 Information Nr. 1052
27. August 1953 Bericht zur Demonstration und Kundgebung am 26.8.1953 auf dem Marx-Engels-Platz über die Ergebnisse der Verhandlungen in Moskau [Information Nr. 1/53]
31. August 1953 Information Nr. 1055

September 1953

1. September 1953 Information Nr. 1056
2. September 1953 Information Nr. 1057
3. September 1953 Information Nr. 1058 ... 223
3. September 1953 Sonderinformation [Information Nr. 2/53]
4. September 1953 Information Nr. 1059
5. September 1953 Information Nr. 1060
8. September 1953 Information Nr. 1062
9. September 1953 Information Nr. 1063
10. September 1953 Information Nr. 1064 ... 229
11. September 1953 Information Nr. 1065
12. September 1953 Information Nr. 1066
14. September 1953 Information Nr. 1067
15. September 1953 Information Nr. 1068
16. September 1953 Information Nr. 1069
17. September 1953 Information Nr. 1070
18. September 1953 Information Nr. 1071
19. September 1953 Sonderinformation [Information Nr. 3/53] ... 237
19. September 1953 Information Nr. 1072
21. September 1953 Information Nr. 1073
22. September 1953 Information Nr. 1074
23. September 1953 Information Nr. 1075
24. September 1953 Information Nr. 1076
25. September 1953 Information Nr. 1077
[Ohne Datum] Analyse vom 1. bis 15. September 1953 [Nr. 1/53]
26. September 1953 Information Nr. 1078
28. September 1953 Information Nr. 1079
29. September 1953 Information Nr. 1080
30. September 1953 Information Nr. 1081

Oktober 1953

1. Oktober 1953 Information Nr. 1082
2. Oktober 1953 Information Nr. 1083
3. Oktober 1953 Information Nr. 1084

5. Oktober 1953	Information Nr. 1085	
6. Oktober 1953	**Informationsdienst Nr. 1086 zur Beurteilung der Situation** ...	240
[Ohne Datum]	**Analyse vom 16. bis 30. September 1953 [Nr. 2/53]**	246
7. Oktober 1953	Informationsdienst Nr. 1087 zur Beurteilung der Situation	
8. Oktober 1953	Informationsdienst Nr. 1088 zur Beurteilung der Situation	
9. Oktober 1953	Informationsdienst Nr. 1089 zur Beurteilung der Situation	
10. Oktober 1953	Informationsdienst Nr. 1090 zur Beurteilung der Situation	
12. Oktober 1953	Informationsdienst Nr. 1091 zur Beurteilung der Situation	
13. Oktober 1953	Informationsdienst Nr. 1092 zur Beurteilung der Situation	
14. Oktober 1953	Informationsdienst Nr. 1093 zur Beurteilung der Situation	
15. Oktober 1953	Informationsdienst Nr. 1094 zur Beurteilung der Situation	
16. Oktober 1953	Informationsdienst Nr. 1095 zur Beurteilung der Situation	
17. Oktober 1953	Informationsdienst Nr. 1096 zur Beurteilung der Situation	
19. Oktober 1953	Informationsdienst Nr. 1097 zur Beurteilung der Situation	
20. Oktober 1953	Informationsdienst Nr. 1098 zur Beurteilung der Situation	
21. Oktober 1953	**Informationsdienst Nr. 1099 zur Beurteilung der Situation** ...	255
22. Oktober 1953	Informationsdienst Nr. 2000 zur Beurteilung der Situation	
22. Oktober 1953	Sonderinformation [Information Nr. 4/53]	
23. Oktober 1953	Informationsdienst Nr. 2001 zur Beurteilung der Situation	
24. Oktober 1953	Informationsdienst Nr. 2002 zur Beurteilung der Situation	
26. Oktober 1953	Informationsdienst Nr. 2003 zur Beurteilung der Situation	
26. Oktober 1953	Sonderinformation [Information Nr. 5/53]	
27. Oktober 1953	Informationsdienst Nr. 2004 zur Beurteilung der Situation	
[Ohne Datum]	Analyse vom 1. bis 15. Oktober 1953 [Nr. 3/53]	
28. Oktober 1953	Informationsdienst Nr. 2005 zur Beurteilung der Situation	
28. Oktober 1953	Sonderinformation [Information Nr. 6/53]	
29. Oktober 1953	Informationsdienst Nr. 2006 zur Beurteilung der Situation	
30. Oktober 1953	Informationsdienst Nr. 2007 zur Beurteilung der Situation	
31. Oktober 1953	**Informationsdienst Nr. 2008 zur Beurteilung der Situation** ...	266

November 1953

2. November 1953	Informationsdienst Nr. 2009 zur Beurteilung der Situation	
3. November 1953	Informationsdienst Nr. 2010 zur Beurteilung der Situation	
4. November 1953	Informationsdienst Nr. 2011 zur Beurteilung der Situation	
5. November 1953	Informationsdienst Nr. 2012 zur Beurteilung der Situation	
6. November 1953	Informationsdienst Nr. 2013 zur Beurteilung der Situation	
7. November 1953	Informationsdienst Nr. 2014 zur Beurteilung der Situation	
8. November 1953	Informationsdienst Nr. 2015 zur Beurteilung der Situation	
[Ohne Datum]	Analyse vom 16. bis 31. Oktober 1953 [Nr. 4/53]	
9. November 1953	Informationsdienst Nr. 2016 zur Beurteilung der Situation	
10. November 1953	Informationsdienst Nr. 2017 zur Beurteilung der Situation	
11. November 1953	Informationsdienst Nr. 2018 zur Beurteilung der Situation	
12. November 1953	Informationsdienst Nr. 2019 zur Beurteilung der Situation	
13. November 1953	Informationsdienst Nr. 2020 zur Beurteilung der Situation	
14. November 1953	**Informationsdienst Nr. 2021 zur Beurteilung der Situation** ...	275
16. November 1953	Informationsdienst Nr. 2022 zur Beurteilung der Situation	
17. November 1953	Informationsdienst Nr. 2023 zur Beurteilung der Situation	
19. November 1953	Informationsdienst Nr. 2024 zur Beurteilung der Situation	
20. November 1953	Informationsdienst Nr. 2025 zur Beurteilung der Situation	
21. November 1953	Informationsdienst Nr. 2026 zur Beurteilung der Situation	
[ohne Datum]	Analyse vom 1. bis 15. November 1953 [Nr. 5/53]	
23. November 1953	Informationsdienst Nr. 2028 zur Beurteilung der Situation	
24. November 1953	**Informationsdienst Nr. 2029 zur Beurteilung der Situation** ...	283

25. November 1953 Informationsdienst Nr. 2030 zur Beurteilung der Situation
26. November 1953 Informationsdienst Nr. 2031 zur Beurteilung der Situation
27. November 1953 Informationsdienst Nr. 2032 zur Beurteilung der Situation
28. November 1953 Informationsdienst Nr. 2033 zur Beurteilung der Situation
30. November 1953 Informationsdienst Nr. 2034 zur Beurteilung der Situation

Dezember 1953

1. Dezember 1953 Informationsdienst Nr. 2035 zur Beurteilung der Situation
2. Dezember 1953 Informationsdienst Nr. 2036 zur Beurteilung der Situation ... 289
3. Dezember 1953 Informationsdienst Nr. 2037 zur Beurteilung der Situation
4. Dezember 1953 Informationsdienst Nr. 2038 zur Beurteilung der Situation
5. Dezember 1953 Informationsdienst Nr. 2039 zur Beurteilung der Situation
[Ohne Datum] Analyse vom 16. bis 30. November 1953 [Nr. 6/53]
7. Dezember 1953 Informationsdienst Nr. 2040 zur Beurteilung der Situation
8. Dezember 1953 Informationsdienst Nr. 2041 zur Beurteilung der Situation
9. Dezember 1953 Informationsdienst Nr. 2042 zur Beurteilung der Situation
10. Dezember 1953 Informationsdienst Nr. 2043 zur Beurteilung der Situation
11. Dezember 1953 Informationsdienst Nr. 2044 zur Beurteilung der Situation
12. Dezember 1953 Informationsdienst Nr. 2045 zur Beurteilung der Situation
14. Dezember 1953 Informationsdienst Nr. 2046 zur Beurteilung der Situation ... 295
15. Dezember 1953 Informationsdienst Nr. 2047 zur Beurteilung der Situation
16. Dezember 1953 Informationsdienst Nr. 2048 zur Beurteilung der Situation
17. Dezember 1953 Informationsdienst Nr. 2049 zur Beurteilung der Situation
18. Dezember 1953 Informationsdienst Nr. 2050 zur Beurteilung der Situation
19. Dezember 1953 Informationsdienst Nr. 2051 zur Beurteilung der Situation
21. Dezember 1953 Informationsdienst Nr. 2052 zur Beurteilung der Situation
22. Dezember 1953 Informationsdienst Nr. 2053 zur Beurteilung der Situation
[Ohne Datum] Analyse vom 1. bis 15. Dezember 1953 [Nr. 7/53]
23. Dezember 1953 Informationsdienst Nr. 2054 zur Beurteilung der Situation
24. Dezember 1953 Informationsdienst Nr. 2055 zur Beurteilung der Situation ... 302
28. Dezember 1953 Informationsdienst Nr. 2056 zur Beurteilung der Situation
29. Dezember 1953 Informationsdienst Nr. 2057 zur Beurteilung der Situation
30. Dezember 1953 Informationsdienst Nr. 2058 zur Beurteilung der Situation
31. Dezember 1953 Informationsdienst Nr. 2059 zur Beurteilung der Situation
[Ohne Datum] Analyse vom 16. bis 31. Dezember 1953 [Nr. 8/53]

Hinweise zur CD-ROM

»Die DDR im Blick der Stasi 1953 Die geheimen Berichte an die SED-Führung«

Die vorliegende CD-ROM enthält die komplette Edition des Jahrgangs 1953. Das Programm läuft nur unter WINDOWS.

Systemvoraussetzungen

Um das Programm ausführen zu können, müssen zumindest folgende Hardwarebedingungen gegeben sein:

- PC mit Prozessor 500 MHz
- Windows ab 2000 (2000, XP, Vista, Windows 7 und 8)
- mindestens 256 MB Arbeitsspeicher
- genügend freier Speicherplatz zur Installation der CD
- Bildschirmauflösung mindestens 1024 × 768

Für eine exakte grafische Darstellung des Programms ist die Standardeinstellung »Normalgröße (96 dpi)« für die Bildschirmeinstellung notwendig. Sind an den Grafikeinstellungen keine Änderungen vorgenommen, sollten keine Darstellungsprobleme auftreten. Bei Windows-XP sind diese Einstellungen zu finden unter: Start > Einstellungen > Systemsteuerung > Darstellung und Designs > Anzeige. Dort unter dem Reiter »Einstellungen« auf »Erweitert« klicken. Unter dem Reiter »Allgemein« stehen die DPI-Einstellungen. Bei WINDOWS 7 finden Sie diese Einstellungen unter: Start > Systemsteuerung > Anzeige. Dort stehen unter »Benutzerdefinierte Textgröße (DPI) festlegen« die DPI-Einstellungen.

Die Anwendung startet nach dem Einlegen der CD-ROM in der Regel von selbst.
Das Startfenster bietet nun folgende Funktionen an: Der Button »Starten« führt direkt zum Programm und den Daten, die ausschließlich von der CD gelesen werden. Mit »Installation« beginnt die Installation auf der Festplatte des Computers. Hierbei führt das Programm durch die Installation.

Falls die automatische Startfunktion des CD-Laufwerks abgeschaltet ist, kann das Programm auch über das Öffnen der Datei »EasyBrowse2K2.exe« im Hauptverzeichnis der CD-ROM aktiviert werden.

Ein Internetzugang ist zur Anwendung nicht erforderlich.